Josef Calasanz Poestion

Griechische Philosophinnen
Zur Geschichte des weiblichen Geschlechtes

ISBN/EAN: 9783743684942

Hergestellt in Europa, USA, Kanada, Australien, Japan

Cover: Foto ©ninafisch / pixelio.de

Weitere Bücher finden Sie auf **www.hansebooks.com**

Josef Calasanz Poestion

Griechische Philosophinnen

Zur Geschichte des weiblichen Geschlechtes

Griechische Philosophinnen.

Zur Geschichte des weiblichen Geschlechtes.

Von

Jos. Cal. Poestion,

Autor von „Griechische Dichterinnen" 2c.

Bremen.

Verlag von Hinricus Fischer.

1882.

Motto : . . . . „Den Weisheitsborn"
Anschließend erscheint und gesellt auch uns
Sich die Muse mit Huld: nicht Allen fürwahr,
Nur wenigen lacht in der Menge sie zu,
Doch ein inniges Band
Hält Musen und Frauen umschlungen!

          Euripides in Medea vv: 1084—1089.
             (Chor der Frauen.)

Vorwort.

Die freundliche Aufnahme und verständnißvolle Beurtheilung, welche meinem im Jahre 1876 erschienen Buche „Griechische Dichterinnen" zu Theil geworden, macht es mir zur angenehmen Pflicht, mein damals bedingungsweise gegebenes Versprechen, einen Band über Griechenlands Philosophinnen und gelehrte Frauen folgen zu lassen, nunmehr einzulösen. Ohne meine Schuld hatte sich die Drucklegung des schon seit Jahren fertigen und an den Verleger abgelieferten Manuskriptes ungemein lange verzögert, so zwar, daß ich mich jetzt, nachdem meine Studien und literarischen Arbeiten inzwischen eine andere Richtung genommen, dem eigenen Buche fast ein wenig entfremdet fühle. Die Erfahrung und literarische Weiterbildung mehrerer Jahre hat mich aber auch Mängel an demselben entdecken lassen, die nachträglich zu beseitigen mich einen dermalen unaufbringlichen Aufwand von Zeit gekostet haben würde.

Namentlich an den Styl hätte ich hier und da gerne noch eine schärfer glättende Feile angelegt. Indessen liegt ja das Hauptgewicht und die Eigenart dieses Buches fast ausschließlich an dem neuen Stoffe. Denn außer den einschlägigen, aber mangelhaften und unkritischen Werken des Franzosen Menage und des Deutschen J. Ch. Wolf, welche in lateinischer Sprache geschrieben haben, und der höchst ungenauen und gleichfalls kritiklosen Uebersicht der philosophischen Frauen Griechenlands, welche Stephan Wolf seinem Essay über „Hypatia" vorausgeschickt hat, ist mir keine Schrift bekannt geworden, welche sich zusammenhängend oder ausführlicher mit dem hier behandelten Thema beschäftigte. Jedenfalls ist das vorliegende Buch der erste Versuch, die griechischen Philosophinnen und gelehrten Frauen in eine organische Verbindung mit der Geschichte der griechischen Philosophie und der Wissenschaften zu bringen. Neu und ganz den bisherigen Anschauungen widersprechend sind auch meine in der Einleitung niedergelegten Ausführungen über die Stellung des Weibes bei den alten Griechen. Ich habe damit wohl in das Wespennest der Philologen gestochen.

So sehr aber auch sonst die Philologen durch mein Buch berührt werden mögen, so ist dasselbe doch keineswegs für sie, sondern — wie ich ausdrücklich bemerken will — für das große Publikum bestimmt, insofern sich dasselbe nämlich für einen gewiß höchst bemerkenswerthen Theil der menschlichen Kultur= geschichte interessirt. Meine Arbeit beschäftigt sich nicht mit sprachlichen Konjekturen u. dgl.; sie sucht ein Gebiet urbar zu machen, welches die Philologen bisher mit stolzer Geringschätzung brach liegen ge= lassen haben. Ueberall habe ich aus den alten Quellen selbst geschöpft und mir meinen Stoff mit unsäglicher Mühe zusammengetragen und gesichtet; dabei habe ich aber auch die neuesten und besten mir zugänglichen Schriften, welche in irgend einer Be= ziehung zu meinem Thema standen, gewissenhaft zu Rathe gezogen und zum Theil auch benützt. Um meinen Lesern wenigstens ein beiläufiges Bild der zu leistenden Arbeit zu geben, nenne ich nur die Namen der alten Autoren, deren öft zahlreiche Werke eingesehen werden mußten. Von griechischen Dichtern und Schriftstellern habe ich herangezogen: Athenaeos, Aristaenetos, Alkiphron, Aristophanes, Aelianos, Apollodoros, Aristoteles, Diodoros Sik., Dionysios Halik., Herodot, Homer, Lukian, Pausanias, Justinos, Pindar, Platon, Polybios, Porphyrios, Stobaeos, Strabo, Themistios, Markellinos, Thuky= dides, Xenophon, Theokrit, Hesiod, Euripides, Plutarch, Diogenes Laërt., Theognis, Hyperides, Galenos, Jamblichos, Pollur, Anna Komnena, Suidas, Eunapios, Synesios, Palaephatos, Hesychios, Philostratos, Photios, Eudokia u. A.; dazu die griechische Anthologie und das Florilegium Mona-

cense und Meineke, Fragmenta Comicorum Grae-
corum; von römischen Schriftstellern und Dichtern:
Martial, Ovid, Propertius, Cicero, Didys Cretensis,
Cornelius Nepos, Plinius d. Ä. Sueton, Publilius
Syrus, Aulus Gellius, Hyginus, Ausonius, Apulejus,
Quintilian, Valerius Maximus, Horaz u. A.; von
alten Kirchenschriftstellern: Clemens Alexandrinus,
Lactantius Firmianus, Hieronymos, Tatianos, So-
crates Scholasticus, Nikephoros Kallistos, Theodoretos,
Augustinus u. A. Wo mir gute Uebersetzungen
dieser Autoren zur Hand waren, habe ich dieselben
ebenfalls benützt und bei Zitaten — namentlich bei
solchen in Versen — wörtlich wiedergegeben*). Vieles
— Prosa und Verse — habe ich selbst übersetzt, so
namentlich auch die schwierigen Fragmente von
Schriften pythagoräischer Frauen, welche sich bei
Stobaeos erhalten finden, desgleichen den Brief aus
Aristaenetos, einige Fragmente aus griechischen Komikern u. s. w. Den Angaben verschiedener alter
und auch neuerer Autoren habe ich keineswegs blindes
Vertrauen geschenkt, sondern dieselben mit einer gewissen Skepsis aufgenommen, — mit einer größeren
jedenfalls, als Stephan Wolf, der Fachmann, der
in seiner vor Jahresfrist erschienenen, oben angeführten

*) Die Verantwortung für die Uebersetzung bleibt
daher auch den betreffenden Autoren (J. G. Regis,
W. E. Weber, G. Thudichum, Fr. Jakobs u. A.)
überlassen.

Schrift über Hypatia durch seine Kritiklosigkeit die sprüchwörtlich gewordene Phrase von „philologischer Genauigkeit" einmal gründlich Lügen strafte.

Was die Behandlung des Stoffes betrifft, so bemühte ich mich, dieselbe so wenig trocken als möglich zu halten, und habe namentlich auch, um der Darstellung mehr Lebhaftigkeit und dem an manchen Stellen spröden Stoffe mehr Biegsamkeit zu verleihen, kleine, mehr oder weniger einschlägige Erkurse über bisher nur wenig bekannte Partien des öffentlichen und Privatlebens der alten Griechen eingeflochten, so daß die Lektüre des Buches nicht nur anregend und belehrend, sondern auch wirklich unterhaltend sein wird. Absichtlich habe ich es unterlassen, das hier behandelte Thema mit der gegenwärtig so eifrig ventilirten Frauenfrage in nähere Beziehung zu bringen.

Es erübrigt mir noch, mein Verhalten gewissen delikaten Partieen meines Themas gegenüber klarzustellen. Ich glaubte bei dem griechischen Stoffe mich auch in Allem auf den Standpunkt der Griechen stellen zu müssen, den Plinius mit den Worten kennzeichnet: Graecus mos est nihil velare. Unbefangenheit ist ja überdies eine der unerläßlichsten Eigenschaften, die der Kulturhistoriker besitzen muß. Verheimlichen heißt hier fälschen, beschönigen entstellen. Ich suche auch mein Publikum nicht unter der Jugend, sondern unter reifen und wahrhaft gebildeten Männern und Frauen;

jener ist das Buch vielmehr so fern als möglich zu
halten. Gern hätte ich wenigstens den Anhang „Die
griechischen Hetären" ungeschrieben gelassen; derselbe
hängt jedoch mit dem ganzen Stoffe so eng zusammen,
daß ich ihn ohne arge Schädigung der Treue meines
Kulturbildes nicht unterdrücken konnte. Nunmehr
mußte auch hier eine möglichst getreue Schilderung
der betreffenden Verhältnisse geliefert werden, und da
ich nicht nur Bekanntes wiederholen wollte, so habe ich
auf der Grundlage und mit theilweiser Benützung
der besten über dieses Thema bereits vorliegenden
Arbeiten (Fr. Jakobs vermischte Schriften, IV. Bd.
„Hetären" in Pauly's Reallexikon, Becker in „Charikles") eine neue, hauptsächlich durch bisher nicht ver-
werthete Züge aus der griechischen Anthologie bereicherte
Darstellung des Hetärenthums gegeben.

Daß es mir übrigens an Gegnern nicht fehlen
wird, weiß ich; ich bin aber auch eingedenk des
Spruches Solon's, der da lautet: Μᾶσιν ἐάσιν χείσάν.

Zum Schlusse kann ich nicht umhin, dem Herrn
Verleger für die elegante Ausstattung des Buches
meinen Dank auszusprechen.

Wien, im Dezember 1881.

Jos. Cal. Poestion.

X

Griechische Philosophinnen.

Einleitung.

—

I. Stellung des griechischen Weibes im Allgemeinen (bei den Doriern und Aeoliern). — Bei den Joniern.

Bei aller Schwärmerei der Nachwelt für das geniale Volk der alten Hellenen hat man es diesen doch stets übel genommen, daß sie die Frauen nicht ehrten. Man stellte sich nämlich unter dem altgriechischen Weibe ein von Staat und Gesellschaft unterdrücktes, völlig rechtloses und vom Sklaven kaum unterschiedenes Wesen vor, das hinter Schloß und Riegel ein unbekanntes und freudloses Dasein fristete, oder wenn es sich doch zu einiger Selbstständigkeit und Freiheit erhob, auf seinen guten Ruf Verzicht leisten mußte. Allerdings scheint eine solche Vorstellung von dem altgriechischen Weibe durch Aeußerungen berühmter und glaubwürdiger antiker Autoren, sowie durch gewisse damals geltende gesetzliche Bestimmungen hinsichtlich der sozialen Stellung des Weibes gerechtfertigt zu sein. Solon dachte wirklich vom anderen Geschlechte sehr gering, da er in seinen Gesetzen von der Erziehung der Töchter ganz schweigt, weil er sie nicht als einen Bestandtheil des Volkes ansah, oder in die Redlichkeit der Weiber ein solches Mißtrauen setzte, daß er eigens die Bestimmung erließ, sie dürfen, damit sie keinen Unterschleif machen können, an Eßwaaren nicht mehr als einen Obol (etwa 6 Kreuzer ö. W.) im Werthe aus dem Hause des Mannes mitnehmen, und dergl. Platon, obschon sonst ein Anwalt des weiblichen Geschlechtes, stellt eine treffliche Gattin doch nur auf die Stufe eines guten, treuen und anstelligen Sklaven; Aristoteles anerkennt zwar eine gewisse politische Stellung des Weibes; „denn wie Mann und Frau — schreibt er*) — die Bestandtheile der Familie bilden, ebenso hat man offenbar auch den Staat einer ähnlichen Zweitheilung unterliegend anzusehen, nach welcher er in die männliche und weibliche Bevölkerung zerfällt. In allen denjenigen Staatsverfassungen also, wo die Verhältnisse der Frauen übel geordnet sind, da fehlt eben der Hälfte des Staates gesetzliche Ordnung überhaupt." Allein er räumt dem Weibe doch nur eine Zwischenstellung zwischen dem Herrn und dem Sklaven ein. „Die beste Frau", sagt ferner Thukydides, „ist die, von der man weder im Guten noch im Bösen spricht." — So gewichtig aber auch die Autorität dieser Gewährs-

---

*) Polit II., c. 6 § 5.

männer erscheint, so dürfen wir doch ihre Aeuße=
rungen nicht als gemeinsamen Maßstab für die
Bestimmung des Umfanges weiblicher Rechte und
der gesellschaftlichen Stellung bei der Gesammtheit
der hellenischen Stämme zu Grunde legen, wie wir
weiter unten nachweisen werden.

Man hat auch aus verschiedenen griechischen Dich=
tern, namentlich aus den Komikern, einen Beweis für
die geringe Achtung des weiblichen Geschlechtes bei
diesem Volke zu erbringen versucht; Hesiod z. B. ist
voll bitterer Aeußerungen gegen das weibliche Geschlecht.
In seiner „Theogonie" (Geschlechtsregister der Götter)
macht er u. A. folgenden weiberfeindlichen Ausfall:

„Die Stämme der Frauen
Wohnen zu großem Verderben inmitten der sterblichen
Männer,
Theilen die klägliche Noth niemals, nein, blos die Ver=
schwendung.
Wie wenn tief in dem Bau der gewölbten Körbe die Bienen
Drohnengezücht aufziehen, der böslichen Werke Genossen:—
Jene den völligen Tag, bis spät sich die Sonne gesenket,
Mühen sich allzeit ab und legen das weißliche Wachs ein,
Diese verbleiben darin im Bau der gewölbten Stöcke,
Weil sie den fremden Erwerb ansammeln im eigenen Bauche:
Also gerad' hat den sterblichen Männern zum Leide die
Weiber
Zeus, der erhabene Donn'rer gesetzt, gar mißlicher Werke
Schlimme Genossen — — —."

Des Simonides von Amorgos längeres
Gedicht von der Abstammung der Weiber von Thieren

ist bekannt. — Hipponax kennt nur zwei schöne Momente für den Mann, der sich ein Weib nimmt:

„Von eines Weibes Tagen sind die zwei am schönsten,
Wo man sie freit und man sie — todt hinausführt."

Menandros, Aristophanes und andere Komiker gehen nicht glimpflicher mit dem „schönen Geschlechte" um. So sagt der Erstere einmal:

„Viel giebt es Ungeheuer wohl zu Land und Meer,
Der Ungeheuer größtes aber ist das Weib."

Man könnte sogar eine ziemlich reiche Blumenlese gehässiger Aeußerungen der griechischen Autoren über das weibliche Geschlecht zusammenstellen. Dennoch würde dies kein Beweis sein, daß das griechische Weib im Allgemeinen verhaßt und verachtet war. Denn wie aus dem früher gerne gegen die Frauen citirten Homer bei genauem Zusehen eher ein Lob=redner des weiblichen Geschlechtes ersteht, indem bei ihm sogar die Jungfrau in ziemlich freier Stellung erscheint, wie z. B. Nausikaa und die ganze Odyssee ja eigentlich ein „Lobgesang auf Penelope" ist, so lassen sich auch aus den übrigen Dichtern wenigstens gerade so viele Zeugnisse für als wider die Frauen schöpfen. Der= selbe alte Griesgram Hesiod, der sich noch öfter*)

---

*) Vergl. auch Poestion, Griechische Dichterinnen. Ein Beitrag zur Geschichte der Frauenliteratur. 2. Aufl. Wien, Pest, Leipzig. 1882. Seite 7.

wenig respektirlich über das „schöne“ Geschlecht äußert, bezeugt einer guten Frau alle Achtung:

„Denn nichts Besseres kann der Mann sich wahrlich erbeuten,
Als ein treffliches Weib — — —“

sagt er selbst. Simonides von Amorgos schätzt gleichfalls den Werth eines guten Weibes:

„Das Weib ist dessen, was der Mann erbeuten kann,
Wenn gut, das beste, aber schlimm, das schrecklichste.“

Auch der Weiberfresser Euripides soll, wenn er vom Kothurn der Tragödie herabstieg und gewöhnliches Menschenbrod aß, gar nicht so kannibalisch gegen das arme Frauengeschlecht gesinnt gewesen sein; wenn man der Fama glauben darf, stak vielmehr ein antiker Don Juan in ihm. Uebrigens hat man diesen Tragiker mit Unrecht zu einem fanatischen Weiberhasser zu stempeln versucht. Seine, freilich oft bitterherben Invektiven gegen die Frauen sind nichts Anderes als Rügen fehlerhafter Sitten einzelner Personen in Athen, und entflossen der dramatischen Situation; es wäre lächerlich hinter jede Person seiner Dramen den Dichter selbst zu stecken und jedes heftige oder witzige Wort für eine Anspielung auf politische und soziale Zeitverhältnisse zu halten. Die vielen edlen weiblichen Charaktere, die Euripides handelnd in seinen Dramen auftreten läßt, sowie das Interesse, das er auf sie gelegt hat, bezeugen vielmehr seine und des Zeitalters Achtung für weibliche Tugend

und Vortrefflichkeit. Er rügt nur so bitter, weil —
wie Bernhardy sagt*) — niemand sich das sittliche
und gesellschaftliche Elend der Frauen so sehr zu
Herzen genommen hat, als er. — Wenn aber andere
griechische Literaten=Misogyne, wie Menandros und
Andere von dem weiblichen Geschlechte wenig Vortheil=
haftes zu berichten wissen, so ist es nur dieser Männer
eigene Schuld und dürfen wir uns deshalb auch gar
nicht verwundern, da die meisten derselben mit Liber=
tinen zusammenlebten.

Was aber den angeführten Zeugnissen über die
gedrückte Stellung des Weibes bei den Griechen den
Charakter der allgemeinen Giltigkeit benimmt, ist deren
fast ausschließliche Beziehung auf die gesellschaftlichen
Verhältnisse des jonischen resp. attischen Volks=
stammes. „Nirgends waren — um abermals Bern=
hardy*) zu citiren (denn wer möchte die Gewähr
dieses Trefflichen von sich weisen, ohne seiner eigenen
zu schaden) — griechische Frauen in gleichem Grade
zurückgesetzt und der Gesellschaft entfremdet, als unter
den Attikern. Dort besaßen sie weder sittlichen
Rang und Einfluß auf die Mitglieder der Familie,
noch einen Antheil an der Bildung; ihnen fehlte
jede Kenntniß des Lebens, der feinen Kultur und der
Musik; um so zäher haftete dort der veraltete Dialekt

---

*) Grundriß der griechischen Literatur. II. 2.
**) a. a. O. I. Bd.

und der Aberglaube der Kinderzeit, und je rascher Athen fortschritt, desto mehr empfanden die Männer den durch sie verschuldeten Rückstand der Weiber. Die Jungfrau saß in strenger Abgeschlossenheit bei der Mutter, ohne von der Außenwelt zu hören; die Ehefrau kam halb unmündig in die Hand des Mannes, bei dem sie die politischen Zwecke des Staates erfüllt und den Haushalt unter beschränkender Aufsicht besorgt; ihr war versagt in die Kinderzucht einzugreifen, und mit Ausnahme religiöser Handlungen blieb sie auf ihr Gemach angewiesen. Kein Wunder wenn die Frau den beweglichen Athener zu fesseln nicht vermag, und noch weniger ihn für ein zartes Ver= ständniß der Ehe gewinnt. Eine so spröde, dem natür= lichen Gefühl widersprechende Stellung konnte nur mit jenem Grade der Erniedrigung und Entartung schließen, welcher grell im Verlauf des peloponnesischen Krieges hervortrat und vor allen dem Euripides eine reiche Nahrung für schwermüthige Reflexion darbot."

Die Dorier und Aeolier hingegen, also die Mehrzahl der griechischen Stämme, räumten den Frauen eine durchaus würdige Stellung ein. Die ersteren namentlich, welche in jeder Beziehung als die Repräsentanten des echten Hellenenthums erscheinen, "gönnten dem weiblichen Geschlechte einen hohen Grad von Freiheit und Anerkennung, wie einen Platz in der öffentlichen Erziehung, sogar eine lebhafte Mit= wirkung in der Oeffentlichkeit, und hier bewiesen sie das starke Selbstgefühl ihres Stammes, wiewohl sie sich in den Schranken der stillen Ueberlieferung hielten; auch übten sie die Formen der musischen Kunst und bewahrten in aller Einfalt lange die Gläubigkeit und Seelengröße des Stammes." In Sparta führte diese Freiheit, die sich hier auch auf geschlechtliche Verhältnisse erstreckte und den Bestimmungen des Lykurgos entstammte, freilich zu großen Mißbräuchen und schließlich zu einer vollständigen Demoralisation.*) Allein bei den übrigen Stammesgenossen im Peloponnes, auf den Inseln und in den Kolonien, vorzüglich in den dorischen Niederlassungen in Großgriechenland, war die den Frauen eingeräumte freiere Stellung von günstigem Einflusse auf die Gestaltung

---

*) Spartanerinnen (nachher auch besonders Makedonierinnen) betrieben auch den Rennsport und erschienen zum Wagenkampfe bei den olympischen Spielen. Kyniska, eine spartanische Königstochter, Schwester des Agesilaus, hielt auf dieses ihres Bruders Rath Renngespanne und siegte mit denselben als das erste Weib zu Olympia. Ein Epigramm feiert diesen ersten Wagensieg durch ein Weib, wie folgt:

„Sparta's Könige sind mir Väter gewesen und Brüder,
Doch da zu Wagen ich siegte, mit stürmenden Rossen, Kyniska,
Stellt' ich das Bild hier auf, und es hat den Kranz von den Weibern
Aus ganz Hellas vor mir keine noch, rühm' ich, empfahn."

Andere, wie Euryleonis u. s. w., thaten es der Kyniska nicht ohne Erfolg nach. Natürlich ist nicht daran zu denken, daß sie den Wagen selbst lenken. Sie hatten ihre Wagenlenker, wie die heutigen Sportsmen ihre Jockeys.

der gesellschaftlichen und oft sogar politischen Ver=
hältnisse begleitet und entwickelte eine fast rege Theil=
nahme an Dichtung, Künsten und Wissenschaften auch
von Seiten des weiblichen Geschlechtes, wie die nicht
geringe Anzahl von Dichterinnen, Philosophinnen,
gelehrten Frauen u. desgl. bezeugen, die diesem kräf=
tigen Stamme entsprossen. Auch an heldenhaften
und kriegerischen Zügen fehlte es den Dorierinnen
nicht, wie unter anderem das Beispiel der Dichterin=
Heroine Telesilla zeigt, die an der Spitze argivischer
Frauen ihre Vaterstadt gegen die anstürmenden Feinde
vertheidigte.

Die Frauen bei den Aeoliern, „deren Gesell=
schaft locker und ohne streng sittliches Maß sich frei
bewegte, wo die Liebe zum Gesang allgemein war,
traten mit lebhaftem Gefühl in einer genußreichen
Stellung hervor und vielfach angeregt, förderten sie
das Lied neben anderen Spielarten der lyrischen
Poesie." Aus ihnen ging „die geistreichste Frau von
Hellas" die unsterbliche Dichterin S a p p h o*) hervor,
an der das Alterthum „die Reize weiblicher Anmuth
und den Schwung genialer Kunst bewundert", und
die zuerst dem Seelenleben des Weibes in der Lite=
ratur einen Platz" gab. Ihnen gehörte auch die
frühverstorbene, aber ungemein begabte Dichterin

---

*) Ueber Sappho ist erschöpfend gehandelt in meinen
„Griechischen Dichterinnen". Seite 33 fgd.

Erinna,*) wie die Besiegerin Pindar's im poeti=
schen Wettkampfe, die Böotierin Korinna und ihre
und der ersteren Lehrerin in der Dichtkunst, Myrtis
von Anthedon an.

Die Nation selbst aber ehrte ihre hervorragenden
weiblichen Geister und bewahrte ihnen ein pietätvolles
Andenken in zahlreichen Lobgedichten, Schriften und
Denkmälern, und nannte ihre Namen bis zum Ueber=
maß mit den schmeichelhaftesten, erhebendsten Attri=
buten und Vergleichen, worüber wir zahlreiche Zeug=
nisse besitzen. —

Mag also auch in einzelnen, namentlich jonischen
Gegenden Griechenlands das Weib in unwürdiger
Erniedrigung gelebt haben; mögen gerade die weib=
lichen Bewohner der Metropole griechischer Bildung
und Kultur, die Athenienserinnen, am meisten ver=
nachlässigt und zurückgesetzt worden sein; mögen
immerhin des Griechen Sinn für Freiheit und Unab=
hängigkeit, sowie gewisse traditionelle Anschauungen
der gesunden Entfaltung vertraulichen Familienlebens
und glücklicher Häuslichkeit entgegengewirkt haben;
mögen endlich mit dem Laufe der Zeit und dem
Wechsel der Politik der einzelnen Stämme auch
Aenderungen der sozialen Verhältnisse hinsichtlich des

---

*) Ausführliches über diese 19jährig gestorbene und
von den Griechen so gepriesene Dichterin findet man
gleichfalls in meinen Griechischen Dichterinnen. S. 92 fgd.

weiblichen Geschlechtes verbunden gewesen sein: das griechische Weib stand im Allgemeinen nicht auf jener Stufe schmachvoller Erniedrigung, auf die es von der Nachwelt gewöhnlich herabgedrückt zu werden pflegt. Weibliches Verdienst und hervortretende weibliche Originalität wurde anerkannt und rückhaltlos bewundert, Betheiligung an Literatur, Künsten, Politik und öffentlichen Festen nicht zurückgewiesen, sondern gefördert und geachtet. Und konnten denn — kann man mit Recht fragen — die Frauen verachtet sein, aus denen die Orakel ertheilenden Götter ihre Organe wählten, und die, mit priesterlicher Würde bekleidet, zwischen Menschen und Göttern vermittelten? aus denen jene Manto von Theben, des berühmten Sehers Tiresias Tochter hervorging, die bei der Einnahme ihrer Vaterstadt von den Epigonen gefangen und dem delphischen Apollo geschickt wurde, weil sie diesem das Beste, was sie erbeuten würden, versprochen hatten?....

Dem bescheidenen Sinn der Griechen war es allerdings gegeben, zumeist in stiller Zurückgezogenheit der häuslichen Künste zu walten und nur bei seltenen Anlässen in die Oeffentlichkeit herauszutreten. Die Mädchen wuchsen im Umgange mit ihren Müttern und deren Sklavinnen auf und lernten die weiblichen Arbeiten, wie Sticken, Spinnen und Weben, sowie die Pflege des Körpers und der äußeren Erscheinung. Neben diesen häuslichen Künsten, welche allerdings die

Hauptbeschäftigung der Mädchen und Frauen bildeten, wurde jedoch auch Gesang, Tanz und die Uebung anderer musischer Künste betrieben. An verschiedenen Orten, z. B. in Mitylene auf Lesbos, in Olympia, in Sparta u. s. f.,*) bestanden besondere Schulen für Jungfrauen zur Ausbildung im Gesang und Tanz, um an den Festen der Götter bei feierlichen Aufzügen zu fungiren. Auch das Kithara=Spiel mochte häufig in den Frauenstuben angetroffen worden sein und die Recitation populärer und besonders Liebesgedichte begleitet haben. Diese Gedichte, die sich durch mündliche Ueberlieferung fortpflanzten, erregten nicht selten Antrieb zu eigener poetischer Gestaltung von Lieblingsgedanken und geheimen Regungen oder zur Nachahmung als Zerstreuung in müßigen Stunden. Diese

---

*) Ueber die Jungfrauenschulen zu Mitylene und Sparta vergl. man „Griechische Dichterinnen" Seite 40, 73 und 147. Zu Olympia stand eine solche Anstalt wie gewöhnlich in Verbindung mit dem Tempel der Here und wurden dort auch die Spiele der Mädchen gefeiert, denen sechzehn aus den acht Stämmen der Eleer gewählte Frauen von untadelhaften Sitten vorstanden. An den Spielen nahmen aber nur die elischen Mädchen Theil, und jene sechzehn Matronen erkannten über den Preis im Wettlaufe, aus welchem diese Spiele bestanden. Die Mädchen liefen dabei fast nackt und ließen die aufgelösten Locken um die Schultern flattern. Ein Olivenkranz schmückte die Siegerin, und sie erhielt die Erlaubniß, ihr Bild im Tempel der Here aufzustellen.

dilletantenhafte Beschäftigung mit der Poesie brauchte deshalb nicht immer mit der Kenntniß des Lesens und Schreibens verbunden gewesen zu sein, da ja namentlich auf das Letztere auch bei der gewöhnlichen Bildung der Knaben nur wenig Werth gelegt wurde.

Doch konnten bei einer ernsteren dichterischen Thätigkeit, wie sie uns auch bei den Frauen mannigfach entgegentritt, diese, sowie grammatikalische und metrische Kenntnisse, desgleichen einige Belesenheit wohl um so weniger außer Acht gelassen werden, als ja, wie bereits erwähnt, die Frauengemächer noch die Formen der veralteten Sprechweise bewahrten. Bis zu welcher Beherrschung, Korrektheit und kunstmäßigen Handhabung der Sprache es vielmehr auch Frauen brachten, zeigt unter anderen wieder das Beispiel der Sappho, deren Gedichte nicht nur die tiefste poetische Empfindung, sondern auch eine bewunderungswürdige Formgewandtheit und Bildsamkeit der Sprache zur Schau tragen.

Daß Mädchen und Frauen häufig genug selbst nach gelehrter Bildung strebten, in einzelnen Wissenschaften oft Vorzügliches leisteten und so den Vorwurf der allgemeinen Unbildung der Griechinnen glänzend zu Schanden machen, sollen eben die nachfolgenden Blätter beweisen, welche über mehr als hundert Philosophinnen und gelehrte Frauen Griechenlands berichten werden.

Neben literarischer Beschäftigung konnte man in

den Gynäkeen aber auch der Ausübung bildender Künste begegnen; namentlich haben sich die Namen mehrerer **Malerinnen**, wie einer Aristarete, Olympias, Irene, Anaxandra, Kallo u. s. w. erhalten.

Die Mädchen waren durchaus nicht so streng von dem Verkehre mit der männlichen Jugend abgeschlossen und bewacht, als man gewöhnlich behauptet. Welchen Sinn hätten sonst die zahlreichen Stellen bei Dichtern und sonstigen Schriftstellern, die von den Spielen und Tändeleien der Liebenden sprechen? — Wir erfahren, wie diese auf mancherlei Art ihre Liebe zu erkennen gaben. Sie schrieben den Namen des oder der Geliebten in die Rinde der Bäume, an die Wände der Häuser, in Bücherrollen, auf Blätter, meistens mit dem schmeichelhaften Zusatz „der schöne" oder „die schöne". Man bekränzte die Thürpfosten, wo die geliebte Person wohnte, mit Blumen, oder goß Wein davor aus. Man warf sich einander Aepfel, Orangen, Granatäpfel und dergleichen zu, theilte sie mit einander oder schickte sie, nachdem man davon abgebissen, der angebeteten Person u. s. w.

Wäre nicht sogar häufig einige Freiheit im Umgange mit dem anderen Geschlechte gestattet gewesen, wie könnten wir uns die selbst in den kurzen Bruchstücken noch so überaus reizende und lebendige Schilderung eines Liebesverhältnisses der Sappho, wie zahlreiche, dasselbe Thema behandelnde Epigramme der griechischen Anthologie erklären? — Allein durfte sich allerdings kein Mädchen auf der Straße zeigen, da nach guter Sitte auch Frauen nicht ohne Begleitung von wenigstens einer Sklavin außerhalb des Hauses gesehen werden durften. Doch gaben die sie begleitenden Dienerinnen, fast immer Vertraute und frühere Ammen der Mädchen, meistens die Vermittlerinnen geheimer Einverständnisse und Neigungen zwischen den jungen Leuten ab.*) Auch zeugt es gerade nicht von einer sehr strengen häuslichen Ueberwachung, wenn die Mädchen sich des Abends heimlich davon machen und die Nacht in den Armen des Geliebten verbringen konnten, wie z. B. bei Theognis ein Mädchen, das nicht heirathen darf, sich schadlos hält, und sich mit den Worten entschuldigt:

---

*) Es gab darunter aber auch sehr strenge Sittenwächterinnen, die Schritt, Blick und Geberde ihrer Schutzbefohlenen mit Argusaugen bewachten und vor verliebten Nachstellungen der Männer zu schützen suchten. Ein griechisches Epigramm illustrirt dies recht gemüthvoll. Ein schmachtender Jüngling, der, seine Schöne verfolgend, von der sie begleitenden Amme mit strengen Worten zur Rede gestellt wird, entgegnet derselben:

„Alte, der Lieblichen Amme, was bellest du, wenn ich mich nahe,
 Und wirfst doppelt so stark nagenden Schmerzen mir zu?
Denn du geleitest die schönste der Jungfrauen, der auf den Spuren
 Folgend den eigenen Weg redlich ich wahre, du siehst's,
Blos an der süßen Gestalt mich beseligend! Mußt du den Augen
 Neiden ihr Glück? wehrt's wer, Formen der Götter zu schaun? —"

(Diotimos).

„Mich verrathen die Freund' und verbieten mir mich zu
verloben,
Wenn sich zeiget ein Mann; aber ich gehe von selbst
Abends hinaus und kehr' um das Frühroth wieder nach
Hause,
Wenn des erweckenden Hahns Stimme vernehmen sich läßt."

Bei den Spartanern, wo sich die Erziehung der
Mädchen beinahe in Nichts von der der Jünglinge
unterschied, indem sie sogar auch nackt wie diese und
in deren Gegenwart (wie auch sie selbst den männlichen Ringkämpfen zusahen) gymnastische Uebungen
betrieben, war der Verkehr zwischen den beiden Geschlechtern völlig freigegeben.

Auch bei den Kyaneern kamen an allen Festen
die Jungfrauen mit den Jünglingen zusammen und
waren gegenseitig Zuschauer und Bewunderer ihrer
Spiele und Tänze, und die Mädchen konnten sich
bei ihnen nach freiem Willen den Gatten wählen.

Die Ehe entbehrte damals freilich jener idealen
Harmonie, welche ihr erst das Christenthum zu geben
bestimmt war. Doch dürfen wir auch hier nicht eine
solche Schroffheit des gegenseitigen Verhältnisses der
beiden Ehegatten annehmen, wie man dies durch die
Behauptung zu thun pflegte, daß die Ehegattin doch nur
eine Sklavin des Mannes gewesen sei. Giebt doch ein
griechischer Schriftsteller (Plutarchos) selbst als Grundsatz der Ehe an, daß der Mann zwar über der Frau
sein soll, „aber nicht wie ein Herr über sein Eigenthum, sondern wie die Seele über den Körper, indem

er durch gleichen Affekt und gleiche Zuneigung mit ihr verbunden ist. Wie man für den Körper sorgen soll, ohne seinen Lüsten und Begierden zu dienen, so soll man auch sein Weib durch Liebe und Wohl= wollen beherrschen. —"

Die Hausfrau besaß wenigstens innerhalb ihrer Häuslichkeit die ausgedehntesten Rechte und stand hoch über dem Sklaven. Sie führte gar nicht selten auch das Regiment über den Mann und machte sich demselben oft unliebsam genug, wie die Verse eines alten Komikers es recht köstlich zum Ausdruck bringen, wo ein Jung= gesell, sich vergnügt die Hände reibend, von einem solchen, aller Wahrscheinlichkeit nach sogar athenischen, Pantoffelhelden sagt: *)

„D e r wird für glücklich auf dem Marktplatz ausgeschrie'n:
Doch kommt er heim, dann ist er ein geschlagener Mann;
Die F r a u ist Herr in Allem, gebeut, bekämpft ihn stets.
D e n wurmt es um gar Manches, aber m i c h um Nichts.

Um nur ein Beispiel solch' unbeschränkten, häus= lichen Waltens der Hausfrau auch über den Mann zu erbringen, will ich hier wiedergeben, was von Pittakos', jenes bekannten Weisen Gemahlin erzählt wird.*) Als nämlich Pittakos einstmals Freunde be= wirthete, kam seine Ehehälfte dazu und warf im Zorne den Tisch um. Die Freunde waren darüber

---

*) Bei Plutarch. De animi tranquilitate 11.
**) Ebendaselbst.

sehr betreten, er aber sprach: „ein Jeder von uns trägt sein Uebel, wer kein größeres hat, als ich, der ist am glücklichsten."

In der Regel finden wir aber bei den verhei= ratheten Griechinnen eine resignirte Hingabe in den Willen, und eine seltene Toleranz hinsichtlich der Schwächen und Ausschreitungen des Mannes, getreu dem Rathe, welchen der Dichter und Leiter der Sän= gerinnenschule Alkman in Sparta den Weibern gab: „Vielsprech heiße der Mann und die Frau heiß': Alles
zufrieden."

Eine Ausnahmsstellung behaupteten die fürstlichen Frauen, die wir in großer und schon hart an Eman= zipation grenzender Freiheit sich bewegen sehen, sowie natürlich wieder die Frauen von Lakedämon, wo die Männer „stets willig auf die Stimme der Weiber hörten und denselben eine größere Einmischung in die öffentlichen Angelegenheiten gestatteten, als die Frauen es umgekehrt bei ihren häuslichen thaten."*) Späterhin befand sich sogar der größte Theil der lakedämonischen Reichthümer in den Händen der Frauen; so besaßen sie auch von dem gesammten Grundbesitze zwei Fünftel, und genossen deshalb so viel Ansehen und Macht, daß Aristoteles die damalige lakedämonische Staatswirthschaft geradezu als ein Weiberregiment bezeichnete. —

---

*) Plutarch, Agis c. 7.

Nachdem die Stellung des griechischen Weibes im Allgemeinen, d. i. nach den beiden Volksstämmen der Dorier und Aeolier bestimmt und gewürdigt worden, müssen wir nun auch der zurückgesetzten Jonierinnen gedenken und zwar um so mehr, da man vorzugsweise unter ihnen einer Klasse von Frauenzimmern begegnet, die mit dem stillen Familienleben und der Sitte brechend, sich oft zu völliger Freiheit und Unabhängigkeit emporschwangen und zum Theil sehr wichtige und sogar geschichtlich bedeutende Rollen spielten: den Hetären.

Die Jonier hatten, als sie sich zuerst in Kleinasien ansiedelten, die Töchter der benachbarten Karier gewaltsam zu ihren Frauen gemacht. Die Ehe mit Weibern der überwundenen Barbaren befriedigte sie jedoch nicht; sie suchten daher Zerstreuung außerhalb der Familie und hatten für ihre Frauen, die ja noch dazu Barbarentöchter waren, nur Geringschätzung und Verachtung. Sie betrachteten die Frau lediglich als Vermittlerin einer rechtmäßigen Nachkommenschaft. Diese niedrigen, aber nicht unerklärlichen Anschauungen von der Ehe waren auch bei den nachkommenden Stammesgenossen so festgewurzelt, daß wir uns nicht wundern dürfen, das weibliche Geschlecht bei ihnen auf jener unwürdigen gesellschaftlichen Stufe anzutreffen, die bei dem sonstigen prädominirenden Hervortreten der Jonier in Politik, Kunst, Literatur und Wissenschaft leicht zu dem Schlusse führen konnte, alle Griechen hätten

dem weiblichen Geschlechte eine so niedrige und ge=
drückte Stellung in der Gesellschaft eingeräumt.

Wir wollen von den Jonierinnen dem Loose der, an=
fänglich wenigstens, am meisten vernachläſſigten Athe=
nienserinnen unsere Aufmerkſamkeit ſpenden, die ja ſchon
der Schauplatz ihres Daseins für ſie in Anspruch nimmt.

Es iſt durchaus begreiflich, daß gerade die Haupt=
repräsentanten griechiſcher Bildung, die feinen Athener,
an ihren Gemahlinnen keinen Gefallen fanden und ſich
wenig um dieselben kümmerten. Theils aus dem ſchon
erwähnten, den Joniern angeborenen „Gefallen an Un=
abhängigkeit und zwangsloser Häuslichkeit“, theils in
Folge jener überkommenen Anſchauungen von der Ehe,
vorzüglich aber wegen des ungemein regen politiſchen und
gesellschaftlichen Mitlebens aller Athener war der Mann
faſt immer außer dem Hauſe, oder doch fern vom
Gemache der Weiber die ihn ja wegen ihrer (eben
in Folge dieser Vernachläſſigung genährten) Unbildung
und mangelhaften Umgangsformen höchlich langweilen
und zarterem Verkehre noch mehr entfremden mußten.

Von Jugend an reichte die Freiheit des atheniſchen
Weibes nur bis zur Hausthüre*). Die Mädchen

_____

*) Diese ganze nachfolgende Schilderung bezieht ſich
nur auf die beſſere Volksklaſſe. Der niedrige Stand
gewährte den Weibern eine bei weitem größere Freiheit
und nahm, zur Zeit des Ariſtophanes wenigstens, keinen
Anſtand, ſich mit denſelben in den Wirthshäuſern zu ver=
gnügen. (Faſt alle Athenienſerinnen ſollen nämlich mehr
oder weniger dem Trunke ergeben geweſen ſein.)

wurden streng abgeschlossen und höchstens in den weiblichen Beschäftigungen, die sie als künftige Hausmutter nothwendig brauchten, unterrichtet. Nur die Mädchen vornehmen Standes erhielten eine sorgfältigere Ausbildung jedoch auch mehr in kosmetischen und gesellschaftlichen Künsten, als in den einfachsten Wissenschaften. Das Hauptaugenmerk richteten die Mütter auf eine schöne Haltung des Körpers. Sie lehrten ihre Töchter wie sie sich gerade halten, die Schulter zurückziehen, den Busen mit einem breiten Bande unterbinden, um ihm eine reizende Form zu geben, und durch Mäßigkeit und andere Mittel unschönem Embonpoint vorbeugen sollten. Auch wurde auf ein sittsames und bescheidenes Betragen gesehen. Nur bei seltenen, festlichen Gelegenheiten durften sie das Haus verlassen, um entweder bei gottesdienstlichen Feierlichkeiten Lieder abzusingen oder Tänze aufzuführen, oder, wie an den Panathenäen, dem „Allergriechenfeste", welche zum Andenken an die Vereinigung aller Hellenen gefeiert wurde, an den Festen der Demeter und des Dionysos einen Korb mit heiligen Geräthen beim Festaufzuge auf dem Kopfe zu tragen.

Reizend bringt ein Gedicht der griechischen Anthologie das monotone, freudlose und einsame Leben der Mädchen innerhalb der engen Schranken des Weibergemaches gegenüber der Freiheit der Jünglinge zum Ausdruck in der folgenden Klage einer Jungfrau:

„So viel Drangsal dulden die Jünglinge nicht, wie uns arme,
    Weichgeschaffene, sanftmüthige Mädchen verfolgt.
Denn die haben Gefährten von gleichem Alter, vertrauen
    Denen im kühnen Gespräch ihre Betrübnisse, Schmerz,
Und dann treiben erheiternde Spiele sie, schweifen, mit
                        Farben
    Bunt die Geberden verstellt, schwärmend in Gassen umher.
Aber uns auch nicht einmal an das Licht aus läßt man;
                     in Kammern
    Zagen wir, welken in dumpf nagendem Kummer dahin."
                             (Agathias).

Fünfzehn Jahre alt, wurden die Mädchen ge=
wöhnlich an einen ihnen unbekannten Mann verhei=
rathet, der sie nun erst mit den Geschäften der
Haushaltung und mit dem, was sie ihm leisten müssen,
vertraut machte und gleichsam erst zähmen, abrichten
und an seinen Umgang gewöhnen mußte. „Wie
hätte ich" sagt bei Xenophon*) ein Neuvermählter von
seiner Gattin, „eine Kundige empfangen sollen, da
sie, noch nicht fünfzehn Jahre alt, zu mir kam, in
der Zeit vorher aber unter einer Obhut war, der
es nur darum zu thun war, daß sie so wenig als
möglich sehen, so wenig als möglich hören, so wenig
als möglich fragen möge? Du hältst es doch nicht
etwa für genügend, wenn sie, als sie zu mir kam,
nichts wußte, als aus Wolle, die sie erhielt, ein Kleid
zu verfertigen, und nichts gesehen hatte, als wie den
Mägden ihre Wollarbeiten zugetheilt werden?"

---

*) Oeconom. c. 7, § 5.

Man heirathete nicht aus Liebe, sondern der Mitgift halber, wie auch die Eltern reicher Töchter auf nichts als auf den Reichthum des Bräutigams sahen. — Auch die Freiheit der Frauen erstreckte sich nicht auf öffentlichen Verkehr, mit Ausnahme bei Götterfesten und Scheidungsprozessen. Die Frau hatte nämlich das Recht, sich von einem Manne, der sie schlecht behandelte, scheiden zu lassen und mußte ihre Klage und Bitte persönlich vorbringen. Im Uebrigen wurden aber die Frauen, auch wenn sie noch so reich sein mochten, von den Gesetzen beständig als Unmündige angesehen. Von der Athenienserin gilt es, was Cornelius Nepos*) von der Griechin überhaupt sagt: „Sie wird nur zu einem Gastmahle unter Verwandten beigezogen, darf sich nur im inneren Theile des Hauses, den man „Frauenzwinger" (Gynäkonitis) nennt, und wohin Niemand als die nächsten Verwandten Zutritt haben, aufhalten." Während es dem Manne gestattet war, sich neben seiner Gemahlin noch so viele Beischläferinnen zu halten als er wollte, wurde die Frau wegen der geringsten Verletzung ihrer Ehre gestraft.

Gerade diese übertriebene Strenge reizte aber, im Vereine mit dem Klima, das den Trieb zur Wollust begünstigte, allmälig zu immer häufigeren Versuchen, die gesetzten Schranken zu durchbrechen. Schon war eine ungeheuere Putzsucht in die Frauen-

*) Praefatio § 7.

gemächer eingedrungen und das Hauswesen wurde vernachlässigt. Gegen die Zeit des peloponnesischen Krieges hin, riß bereits eine solche Lockerung der Sitten unter den Weibern ein, daß alle Abgeschlossenheit und die härtesten Maßregeln kaum im Stande waren, die Hausehre rein zu erhalten. Die Frau hatte keine andere Tugend mehr als Furcht vor Schande und suchte wenigstens zu Anfang ihre Liebeshändel geheim zu halten.

Zur Zeit des Alkibiades, der, wie Bion der Borystenite*) sagt, „als Knabe die Männer den Frauen, als Jüngling die Frauen den Männern entführte", buhlten die Athenienserinnen schon öffentlich um seine und anderer schönen Jünglinge Liebe und verbarben die Unschuld der Jugend. Zugleich fingen sie an, das Joch der Oberherrschaft des Mannes immer mehr von sich abzuschütteln und namentlich, wenn sie eine reiche Mitgift gebracht, die Herrin zu spielen. Die Anmaßungen der Weiber mußten endlich sogar recht bedenkliche Dimensionen angenommen haben, da die Lustspieldichter Alexis und Amphis je ein Stück „Weiberherrschaft" (Gynäkokratie) betitelt, der Letztere noch dazu eine „Weibermanie" (Gynäkomanie) auf die Bühne bringen konnten.

---

*) Bei Diog. Laert. lib. V. § 49.

II. Erscheinung, Kleidung und Toilette der Griechinnen.

Zeichnete sich schon die männliche Schönheit bei den Hellenen aus durch Harmonie in der körperlichen Bildung, durch einen stattlichen Wuchs, durch die Pracht und das Ebenmaß geschmeidiger Formen, des in gelindem Profil sich senkenden Gesichtes, der breiten gewölbten Brust, den kräftigen Gliedmaßen, durch die lockige Fülle des Haupthaares, wie durch die äußerst bewegliche und empfängliche Organisation des Auges*), so war dem weiblichen Geschlechte eine geradezu i d e a l e S c h ö n h e i t , besonders in gewissen Landschaften, verliehen. Die hervortretendsten Eigenthümlichkeiten weiblicher Schönheit bei den Griechen bestanden in einem großen, äußerst lebhaften Auge, in der ungemein edlen Zeichnung des Gesichts- profils (und der Nase) sowie in der reizenden, maß- vollen Form des Busens.

Die „g r i e c h i s c h e N a s e“, die noch heute als

---

*) Adamantos Physiogn. II. 24, beschreibt das grie- chische Auge als „schmachtend, funkelnd-hell, wildrollend und glanzvoll: denn von allen Völkern haben die Grie- chen die schönsten Augen.“

die ästhetisch schönste gilt, ist gerade, ohne einen Bug zwischen Stirne und Nasenwurzel, schmal und proportionirt länglich. Der „griechische Busen", gleichfalls nach den Gesetzen der Aesthetik der schönste, ist nicht zu groß, etwa von der Größe einer großen Orange, so daß er gerade noch mit der hohlen Hand verdeckt werden kann. Vorzüglich scheinen den Griechen gedrungene und hügelähnliche Brüste, die sich zuspitzen, für die schönsten gegolten zu haben. Um das zu üppige Wachsthum des Busens zu hindern, gebrauchte man einen Stein von der Insel Naxos, welcher geschabt auf die Brust gestreut wurde.

Auch auf die Schönheit der Augenbrauen hielt man große Stücke. Für schön galten besonders diejenigen, welche nur einen dünnen Faden von Härchen bildeten und man nannte sie deshalb „Augenbrauen der Grazien". Dagegen wurden sehr gewölbte, die man mit dem gespannten Bogen oder mit Schnecken verglich, für unschön gehalten. Bei Beschreibung schöner Personen pflegten endlich die Alten auch häufig die schmucke Form des Fußes besonders zu erwähnen, welche ja bei der freieren Kleidung der Griechinnen oft genug sichtbar wurde.*)

---

*) Ausführlichere Schilderungen idealischer Frauenschönheit und zwar durch die Griechen selbst, findet der Leser später, wo von zwei der berühmtesten griechischen Schönheiten des Alterthums, den beiden Lais, die Rede sein wird.

Bei dem allen Griechen angeborenen Schönheits-
sinn war man sich schon frühzeitig dieser Vorzüge
leiblicher Formen bewußt und hatte die größte Acht-
samkeit auf die Ausbildung schöner Körper, welche
nicht nur durch die Dichtung und Plastik gefeiert,
sondern auch durch öffentliche Schönheitswettkämpfe
Allen zur Schau gestellt wurden. Die weibliche
Schönheit namentlich war unausgesetzt der Gegenstand des begeistertsten, dichterischen Lobes, wie der
mannigfachsten Huldigung und Auszeichnung. „Nichts
ist ja für das Auge so ergötzlich, als die Gestalt
eines schönen Weibes", sagt Athenaeos.

Schon in den homerischen Gedichten finden wir
zahlreiche Schilderungen weiblicher Schönheit und An-
muth und erfahren, daß „Hellas das Land der rosigen
Jungfrauen" ist. Helena's Erscheinung erregte die
Bewunderung selbst der ältesten und ernstesten
Männer und in bedrängtester Zeit. Als sie sich der
Versammlung der Aeltesten Trojas auf dem skäi-
schen Thore naht, da redet Mancher leise:

„Tadelt nicht die Troer und hellumschienten Achäer,
Die um ein solches Weib so lang' ausharren im Elend!
Einer unsterblichen Göttin fürwahr gleicht jene von
     Ansehn!" *)
Als vorzüglich schön werden die Lesbierinnen ge-
priesen, von denen auch schon der Mäonide sang,
daß sie „an Reiz der Sterblichen Töchter besiegten;"

—————————

*) Ilias, III., v. 156—158.

auch Sparta war „reich an schönen Frauen",*) des=
gleichen Tenedos und andere Orte.

Von Lesbos scheinen zuerst die Schönheitswett=
kämpfe oder sogenannten Kallisteneen ausgegangen
zu sein, welche zu Mitylene im Tempel der Hera
aufgeführt und auf Tenedos, bei den Eleern und
am Alpheos (wo sie Kypselos zur Feier der eleusini=
schen Demeter stiftete und dessen Gemahlin Herodike
den ersten Preis gewann) nachgeahmt wurden. Denn
„wenn die Jünglinge in so manch' Anderem wetteifer=
ten, worin sollten die Jungfrauen, um doch, gleich
jenen, einen Adel durch Wettkämpfe unter sich zu
haben, anders oder eher sich messen?" (Welcker).

Den Griechen war auch sonst häufig Gelegenheit
geboten, die körperliche Schönheit des Weibes zu
bewundern, indem ja die griechische Kleidung ein
Hervortreten und Sichtbarwerden der reizendsten For=
men und Partien des weiblichen Körpers gestattete.
Aber auch die Kleidung selbst war die denkbar schönste
und edelste Hülle eines schönen Körpers und galt stets
und gilt noch heute als die Hauptnorm des guten
Geschmackes. Die Griechinnen waren übrigens, nament=

---

*) Die Spartanerin Xenopeithea war nach Theo=
pompos die schönste von allen Peloponesierinnen. Sie
war die Mutter des Lysandridas und wurde, nachdem
Agesilaus diesen seinen Gegner besiegt und durch die
Spartaner hatte verbannen lassen, sammt ihrer Schwester
Chryse getödtet.

lich in Athen, Korinth und anderen größeren Städten
ebenso putzsüchtig und eitel wie die jetzige Damen=
welt. Wir wollen denn nicht nur im Interesse unserer
schönen Leserinnen, sondern auch zum leichteren Ver=
ständniß der später mitgetheilten Schriften und Frag=
mente der Pythagoräerinnen, hier eine kurze Beschrei=
bung der Kleidung und des Putzes der Griechinnen
geben.

Das gewöhnliche Frauengewand war der Chiton
oder das Chitonion. Es wurde unmittelbar auf
dem Leibe getragen und war ein hembartiges, aus
Wolle oder Linnen verfertigtes Gewand mit weiten
Armlöchern, aber ohne Aermel, welches bis auf die
Fersen reichte und auf den Achseln mittelst eines
Knopfes zusammengehalten wurde. Unter der Brust
oder um die Hüften ging ein Gürtel, welcher das
Hemd etwas emporhob und dadurch einen Bausch
bildete. Es gab dem Gewande eine würdigere Form,
wenn es nicht unter der Brust, sondern über den
Hüften gegürtet wurde, weil es tiefere und vollere
Falten schlug. Schon die homerischen Frauen gingen
„tiefgegürtet" oder wie man es daher nannte: „wohl=
gegürtet". Zuweilen wurde der obere Theil des
Stückes Zeug, welches das Chitonion bildete, überge=
schlagen, so daß dieser Ueberschlag mit seinem Saum
bis über den Busen und gegen die Hüften herab=
reichte. Indem das Zeugstück auf der linken Seite
weiterreicht, als auf der rechten, entsteht hier ein

Ueberhang und Faltenschlag, der als eine Haupt=
zierde der griechischen Frauenkleidung galt. Das
dorische Frauenkleid, die ursprüngliche Tracht aller
Griechinnen, bestand aus einem nicht sehr großen
Stück Wollentuch, welches ohne Aermel durch Span=
gen an den Schultern festgehalten wurde, und an
der linken Seite gewöhnlich in der Mitte zusammen=
genäht, nach unten aber, nach echt dorischem Brauch,
offen gelassen ward, so daß die beiden Zipfel ent=
weder durch Nadeln zusammengehalten, ineinander
lagen, oder auch, zur freieren Bewegung aufgesteckt,
auseinanderschlugen.*)

Die Spartanerinnen trugen außer dem Chitonion

---

*) Das griechische Hemd „la chemise grecque", tauchte
vor gar nicht so langer Zeit in Nachahmung des antiken
Kleidungsstückes, auch in den Modejournalen der ersten
Städte Europa's wieder auf. „Es entstand im Jahre
1792 in England, und glich im Schnitte dem griechischen
Hemde. Diese Mode verpflanzte sich bald über ganz
Europa, und die Pariserinnen trieben es soweit, daß sie
auch die wärmeren, wollenen Unterröcke wegwarfen und
sie durch fleischfarbene Tricot's ersetzten; 1797 warf man
auch noch das letzte Unterkleid ab, die Hose, und bedeckte
seinen Körper mit einem einzigen, jedoch überaus durch=
sichtigen Kleidungsstücke. Sogar Schuhe und Strümpfe
warf man ab und trug Sandalen. 1800 sah man auf
den Promenaden von Paris genug Damen, die ein ein=
ziges durchsichtiges Kleid ohne Aermel trugen, und das
gleiche Costüm trat in allen übrigen Hauptstädten Europa's
auf. (Aus: Klemm, die Frauen.)

kein Kleid, während man sonst noch ein Ueber=
gewand, den Peplos, umzuwerfen pflegte, ein
mantelartiges Stück Zeug, das auf verschiedene Art
geschmackvoll bald als Schärpe, bald freihängend und
dem Winde preisgegeben, getragen wurde. Auch ein
kürzerer Rock, der über den Hüften mit einem brei=
ten Band festgebunden und wie das Chitonion unten
mit Streifen oder Bändern von verschiedenen Far=
ben besetzt war, wurde gern getragen. Alle diese
Kleidungsstücke waren aus Linnen, Baumwolle und
vorzüglich Wolle gemacht und gewöhnlich weiß; die vor=
nehmeren Damen nahmen auch gefärbte, besonders schar=
lachene und purpurne in verschiedenen Nüancen, am
liebsten vom Dunkelroth in's Violette spielende Zeuge.
Goldgestickte oder mit Blumen bemalte Kleider zu
tragen, verbot die gute Sitte den ehrbaren Frauen.

Im Sommer trug man leichte Zeuge, die am
feinsten auf den Inseln Amorgos und Kos gewebt
wurden. Von Kos ging auch das Tragen seidener
Gewänder aus. Eine Koierin Namens Pamphile soll
nämlich erfunden haben, wie man das Gespinnst der
Seidenraupen abwickelt und webt. Diese seidenen
Stoffe waren oft so durchsichtig, daß man die bloße
Haut durch dieselben sehen konnte und Plinius sagte
daher von deren Erfinderin, man raube ihr nicht
den Ruhm, ersonnen zu haben, wie ein Kleid ein
Weib nackt zeige. Anständige Damen trugen in der
besseren Zeit keine koischen Gewänder oder sie thaten

es doch nur verstohlen; dagegen liebten die Hetären Stoffe aus „gewebtem Wind" oder „leinenem Nebel", wie sie ihrer Durchsichtigkeit wegen auch genannt wurden.

Eine besondere Kleiderordnung, auf deren Befolgung die Behörden streng gesehen hätten und nach welcher dieselben z. B. in geblümten, bunten oder golddurchwirkten Kleidern erscheinen und Goldschmuck und Blumenguirlanden in den Haaren hätten tragen sollen, bestand jedoch für die Hetären nicht — wie dem entgegen mehrfach behauptet wird, „indem man das, was nicht verboten war und wovon die Hetären häufig Gebrauch machten, für geboten annimmt. Es lag ja in der Natur der Sache, daß die Buhlerinnen, die ja reizend erscheinen und erobern wollten, sich nicht mit der einförmigen, anspruchlosen Tracht der griechischen Hausfrauen begnügten, und namentlich lebhafte, dem Auge angenehme Farben wählten, sowie sie ihre Haare sorgfältiger, aber doch gewiß nicht auf eine durch das Gesetz vorgeschriebene Weise ordneten und schmückten. (Becker, Charikles, II. B. S. 68 ffg.)

Der ganze Aufputz der weiblichen Kleidung bestand meistens nur aus einem unten herumlaufenden Saum, der gewöhnlich ein breiter Purpurstreifen oder auf mannigfaltige Art gestickt war.

Der schon erwähnte Gürtel, ohne den eine Frau sich nicht zeigen durfte, wenn sie nur einigermaßen angekleidet erscheinen wollte, war gewöhnlich eine ganz schmucklose, weiße Binde, die man nicht zu sehen bekam, da sie von den überbauschenden Falten des Chitonion oder vom Mantel bedeckt war. Man hielt es für schön, sich so zu gürten, daß man den Wuchs der rechten Seite höher erscheinen ließ und der Fuß unten nicht bedeckt war.

Wohl zu unterscheiden von dem Gürtel, den der Bräutigam seiner Braut in der Hochzeitskammer löste, und der über dem Kleide getragen wurde, ist eine andere Binde, die man unter demselben trug: die Busenbinde. Sie vertrat die Stelle unserer Mieder und war ein breites Band, womit die Damen den Busen unterbanden und zusammenhielten, damit er eine schöne Form bewahren oder annehmen sollte. Auch gebrauchte man sie zu dem Zwecke, den zu vollen Busen einzuschnüren. Unverheirathete Mädchen mußten, wenn sie sich vor Männern sehen ließen, einen Schleier tragen.

Hosen trugen die Damen, mit Ausnahme der Tänzerinnen, nicht.

Zum sonstigen Putz der Griechinnen gehörten Ohrgehänge, Spangen an der Stirn und in den Haaren, Armbänder und ein Halsschmuck, der aus einem, den Hals lose umgebundenen Faden oder schmalen oft aus Goldbrokat gewirkten Bande bestand, worauf Körner aus Stein, Zylinder und Tropfen, sowie andere Zierathen aus Gold und Edelsteinen in der Art aufgereiht waren, daß sie sich fächerartig auf der Brust ausbreiteten. An den Halsbinden waren auch die Amulette angebracht, gewöhnlich mit mystischen Inschriften versehene Edelsteine. Gravirte Edelsteine wurden überhaupt gern als Putz getragen. Man bezog sie vorzüglich aus Indien, das ja das Vaterland der Edelsteine und besonders der Diamanten war, weshalb sie auch „indische Steine" genannt wurden. Ehrbare Frauen trugen nur wenig Schmuck, wogegen die Hetären Hals und Brust mit Gold und kostbaren Gesteinen bedeckten, die sie der Gunst ihrer Liebhaber verdankten.

„Einer sittsamen Frau," schreibt Lukianos,[*) „genügt, um ihre Schönheit bemerklicher zu machen, ein zartes Halsband, ein lichter Reif um den Finger, eine Perle im Ohr oder ein Band, das freie Haar zusammen zu halten, was ihrer Schönheit so viel zusetzt, als der Purpurstreif am Kleide; die Hetären hingegen, vorzüglich die mißgestalteten, tragen Kleider ganz von Purpur und bedecken ihren Hals mit Gold. Sie glauben, daß ihre Arme heller strahlen, wenn goldene Spangen daran glänzen, daß goldene Sandalen die Form ihrer Füße verbessern und daß selbst ihr Gesicht anmuthiger scheinen werde, wenn es mit dem Schmuck des strahlendsten Metalles erscheint."

---

*) De domo c. 7.

Strümpfe und Handschuhe kannten die Griechinnen nicht, auch keine Hüte. Nur auf Reisen trugen sie eine hut- oder haubenartige Kopfbedeckung. Als Fußbekleidung gebrauchten sie theils Sandalen, theils eigentliche Schuhe. Die Schuhe, welche man auf alten Gemälden findet, sind von gelber Farbe, vor= wärts rund und in die Höhe laufend, nicht unähnlich unseren heutigen Pantoffeln. Auch Absätze, aus kleinen Lederstücken zusammengesetzt, trug man. Die Sandalen bestanden aus einer, einen Finger bis zwei Daumen dicken Sohle aus Korkholz, die oben und unten mit Leder überzogen und am Rande zierlich gesteppt war. Sie bedeckte nur die Fußsohlen, ließ den oberen Theil des Fußes bloß und war fast bis auf die Mitte des Schenkels mit Riemen befestigt, welche auf eine zierliche Art kreuzweise den Fuß sich heraufschlangen.

Die Mode verlangte es, daß sich die Damen die Augenbrauen schwarz färbten, das Gesicht mit weißer und rother Schminke verschönerten, die Haare mit Blumen schmückten, mit gelbem Puder bestreuten und mit köstlichen Narden salbten. Die gewöhnlichste Schminke war Bleiweiß und Safflor, doch bediente man sich auch der Kreide, des Bohnenmehls, des Mennigs, des Honigs, sogar der Excremente des Krokodils zum Schminken.

Selbst die anständigsten Frauen huldigten dieser Mode, wie wir unter Anderen auch aus Xeno-

phon*) sehen, wo Jschomachos dem Sokrates von
seinem braven tugendhaften Weibe erzählt. „Einst
sah ich einmal," so hub er an (und meine gütigen
Leser werden diese kleine Abschweifung wegen einiger
treffenden, auch für unsere schminksüchtigen Damen
wohl zu beherzigenden Bemerkungen des Xenophon
verzeihen) . . . „einst sah ich, o Sokrates, wie sie
sich viel Bleiweiß eingerieben hatte, um noch weißer
zu scheinen, als sie war, und viel Safflor, um röther
als sie in Wahrheit war, auszusehen; auch bemerkte
ich, wie sie hohe Schuhe trug, um glauben zu machen,
sie sei größer, als sie von Natur war. Da sprach
ich zu ihr: Sage mir, o Weib, in welchem Fall
möchtest du mich wohl für einen deiner Liebe·wür=
digeren Genossen in Betreff der Gütergemeinschaft
halten, wenn ich dir gerade das, was ich habe,
zeigte und weder prahlte, als ob ich mehr besäße,
als ich wirklich besitze, noch etwas von dem, was
ich habe, verheimlichte, oder wenn ich versuchte, dich
zu täuschen, und theils mehr als mein ist, für mein
Eigenthum ausgebend, theils dir falsches Silber,
Geschmeide, die inwendig Holz sind, und unächte
Purpurgewänder zeigend, behauptete, es seien wirk=
liche Schätze? — Und sie, mir ins Wort fallend,
erwiderte auf der Stelle: O laß doch diese Reden,
daß du nicht ein Solcher werdest! Ich wenigstens

---

*) Oeconom. c. 10, §§ 2—9.

würde dich), wenn du so wärest, nicht von Herzen lieben können. — Haben wir uns nun nicht, fuhr ich fort, miteinander verbunden, o Weib, um auch unsere Körper gemeinschaftlich zu besitzen. — Die Leute sagen es wenigstens, gab sie zur Antwort. — Nun, in welchem Falle, fragte ich, möchte ich dir wohl in Betreff der Körpergemeinschaft ein deiner Liebe würdigerer Genosse scheinen, wenn ich dir meinen eigenen Körper zu bieten suchte, es mir angelegen sein lassend, daß er gesund und kräftig und dir mithin meine frische Farbe keine Lüge sei, oder wenn ich mich dir mit Mennig übertüncht und die Augen mit Schminke untermalt zeigte, und dir beiwohnte, dich betrügend und statt meiner eigenen Haut dir Mennig zu sehen und zu fühlen gebend? — Ich für meinen Theil, erwiderte sie, würde weder Mennig lieber fühlen, als dich, noch Schminke lieber sehen, als die deinige, noch auch deine Augen lieber untermalt, als in gesundem Zustande sehen. — Nun denn, so sei überzeugt, o Weib, daß auch ich weder an der Farbe des Bleiweißes, noch an der Farbe des Safflors mehr Freude habe, als an der deinigen. Wahrlich, wie nach der Einrichtung der Götter den Pferden die Pferde, den Rindern die Rinder, den Schafen die Schafe das Liebste sind, so glauben auch die Menschen im unverfälschten Körper des Menschen das Liebste zu besitzen. Jene Fälschungen aber möchten vielleicht im Stande sein, die Fremden in nicht zu überführender Weise zu täuschen; wenn sich aber Leute, die in engster Gemeinschaft mit einander leben, gegenseitig zu betrügen suchen, so ist unver= meidlich, daß sie immer darüber ertappt werden. Denn entweder werden sie beim Aufstehen vom Lager überrascht, ehe sie vollständig herausgeputzt sind, oder sie werden vom Schweiß Lügen gestraft, von den Thränen des Betrugs überwiesen, oder vom Bad in ihrer wahren Gestalt gezeigt." —

Ja, der fatale Schweiß richtet freilich in er= borgten Gesichtern oft eine unangenehme Verwüstung an! Dies beschreibt das Bruchstück einer verloren ge= gangenen Komödie des griechischen Lustspieldichters Eubulos*), „Die Blumenhändlerinnen" betitelt, recht köstlich. Diese, die Blumenmädchen, spricht er zu den ehrbaren Frauen, sind, obwohl sie ein zweideutiges Ge= schäft betreiben,

„sie sind, bei Gott, nicht so mit Bleiweiß übertüncht, Noch haben sie die Wangen, wie ihr, mit Maulbeersaft Gemalt! Daher euch, wenn ihr etwa zur Sommerszeit Ausgeht, ein Doppelstrom von Schwärze sich ergießt. Von beiden Augen und von den Wangen zieht der Schweiß In purpurrothen Furchen sich zum Nacken hin, So daß die Locken, von dem Bleiweiß eingefärbt, Das Angesicht umflattern, greisen Haaren gleich."**)

---

*) Bei Athenäus, Deiphnosoph. lib. XIII. p. 557 ffg.
**) Uebers. v. Jakobs. An den Mißbrauch der Schminke knüpft sich ein nettes Geschichtchen von der berühmten Buh= lerin Phryne. Dieselbe hatte einen so frischen und schönen

Ein eben so großer Unfug wurde mit S a l b e n und wohlriechenden O e l e n getrieben. Man vermischte sie mit dem Wein und salbte den Körper damit, wenn man sich gewaschen und gebadet hatte, namentlich aber das Haupthaar. Dies geschah, während dasselbe in zierliche Locken gekräuselt wurde, durch eine besondere Sklavin. Sie nahm das Salböl in den Mund und spritzte es mit einer für uns völlig verloren gegangenen Kunst aus demselben in dem feinsten Staubregen in die aufgelockerten Haare. Auch die Gewänder wurden auf diese Art damit bespritzt. Die Ingredienzen dieser Salben wurden theils aus Indien, theils aus Arabien und anderen Orten bezogen. Darum sagte man auch von salbentriefenden Personen, daß sie einem das ganze glückliche Arabien entgegenduften lassen.

Teint, daß sie der Schminke nicht bedurfte. „Als einstmals bei einem Gastmahle," erzählt Galen (Protrept c. 11) bei welchem Phryne und mehrere Hetären gegenwärtig waren, ein Spiel in Gang gebracht wurde, wobei jeder Gast den übrigen etwas aufgeben mußte, befahl Phryne, als die Reihe an sie kam, daß alle ihre Hände in Wasser tauchen, damit über das Gesicht fahren und dasselbe dann mit einem Handtuch abtrocknen sollten. Sie selbst machte den Anfang. Da erschienen nun die Gesichter der Anderen voll von Flecken und wie Schrecklarven, Phryne allein erschien noch schöner als vorher, denn sie war von Natur schön und bedurfte keiner trügerischen Verschönerung."

Die Toilette der Damen war mit allen Tände=
leien besetzt, die wir bei uns finden. Man sah hier
bei den Reichen silberner Waschbecken und Gieß=
kannen, Spiegel mit verschiedenen Malereien, Haar=
nadeln, Kräuseleisen, breite und schmale Bänder, um
die Haare zusammenzuhalten, Netze um sie einzuhüllen;
dann Schächtelchen mit Zahnpulver, Kästchen aus
Elfenbein oder Bergkrystall, worin man die ver=
schiedenen Spezereien und Essenzen in Vasen, Fläsch=
chen und Kännchen von Alabaster, Onyx u. dgl.
aufbewahrte, Schminkekästchen u. dgl. Zum Zeitver=
treibe wurden in den Frauengemächern gern Tauben
aus Sizilien und Meliteerhündchen gehalten. Diese
waren eine Art Schooßhündchen von der Insel Melita
oder Malta und besonders gepflegt im Schooße
der Witwen.

Den ganzen Kram von Putzsachen, deren sich die
Griechinnen in den verweichlichten Zeiten bedienten,
zählt in dem Fragmente einer verloren gegangenen
Komödie*) des Aristophanes ein Sklave auf, der mit
der Herbeischaffung derselben für die Weiber beauf=
tragt wurde, und nachdem er sich darüber zuerst in
den Versen:

> „Großer, mächtiger Zeus! wie roch mir in die Nase
> Beim Aufthun der verfluchte Sack, von Myrrhen
> Und Narden!“

---

*) „Die Weiber am Thesmophorierfeste“ — eine
Fortsetzung der erhaltenen gleichnamigen Komödie.

Luft gemacht, einem Anderen den Inhalt des herbei=
schleppten Mantelsackes also beschreibt:

„Schabeisen, Spiegel, Scheere, Seife, Wachs,
Pomade, Locken, Bänder, Diademe,
Des Teufels Wirthschaft, Schminke, schwarz und roth,
Oel, Salbe, Bimsstein, Binden, Pfeile in's Haar,
Bleiweiß, Halsbänder, Augenliderschwärze,
Nießwurzel, Schleppen, Mützchen, Schleier, Netze,
Pracht=Ueberwürfe, Säume, Gürtel, Flöre,
Halskragen, Hemden, Galgenstricke, Kämme,
Und dann das Köstlichste von Allem . . . „„Was?"“
Verlocken, Ohrgehänge, Demantkreuze,
Agraffen, Spangen, Schnallen, Ketten, Nadeln,
Kniebänder, Siegelringe, Schönheitspflaster,
Gazehäubchen, Quasten, „Tröster"*), Karneale,
Goldperlen . . . . . tausend Dinge, deren du
Gern mehr noch zähltest, aber ich hab's satt." — **)

Die größten Putznärrinnen waren zu allen Zeiten
die Athenienserinnen, wie hauptsächlich von ihnen

---

*) Ein häufiger Unterhaltungs=Gegenstand der mit
so feuriger Sinnlichkeit begabten Griechinnen.

**) Uebersetzung von Jacobs. Zur Ergänzung möge
nachfolgendes Gedichtchen von Leonidas v. Tarent Platz
finden, welches die Weihegeschenke an die Liebesgöttin
einer glücklich an Mann gekommenen Schönen aufzählt.

„Von Silber hier den Eros und den Knöchelsaum
Des Kleides, und der lesbischen Locken purpurnes
Geringel, und den grünlich gefärbten Busenhalt,
Den erzgegoß'nen Spiegel und des Frauenhaars
Zusammenhalter, diesen breiten Kamm von Bux,
Hat Kalliklea, da sie ihren Wunsch erreicht,
In deinen Hallen, holde Kypris, aufgestellt."

zu gelten scheint, was Aelianus*) von der Ueppigkeit
der Griechinnen schreibt, ihnen vorwerfend, daß „sie
auf dem Kopfe einen hohen Aufsatz trugen, unter die
Füße Sohlen banden, daß ihnen von den Ohren
lange Gehänge herabhingen und daß sie von ihren
Unterkleidern den Theil von den Schultern bis zu
den Händen nicht zusammenreihten, sondern mit einer
Reihe von goldenen und silbernen Spangen hefteten",
und dazu bemerkend: „So war es bei denen im
hohen Alterthume". So ruft auch noch Alkiphron**)
aus: „Die Athenienserinnen! Die zerfließen in
Ueppigkeit, entlehnen ihre Gesichtszüge und sind von
äußerst schlimmen Sitten. Ihre Wangen färben sie
mit allerlei Schminke, besser als die künstlichsten
Maler!"

---

*) Variae hist. I., 18.
**) lib. III. ep. 11.

III. Gelehrte Bildung bei den Griechinnen.

Gebildete Frauen waren, wie wir schon oben gesehen, bei den Griechen keine so große Seltenheit, als man bisher angenommen hatte. Aber auch an äußerer Anregung zur geistigen Bildung der Frauen fehlte es so häufig nicht, und es wurden schon frühzeitig Stimmen laut, welche öffentlich für Frauenbildung plaidirten. So hat z. B. schon Kleobulos, einer der sieben Weisen Griechenlands, der um 600 v. Chr. lebte, eine sorgfältigere, auch auf die Bildung des Geistes Rücksicht nehmende Erziehung der Mädchen empfohlen, und eine solche auch seiner berühmten Tochter Eumetis*) (oder Kleobuline) mit dem schönsten Erfolge angedeihen lassen. Später war es hauptsächlich Platon der die Frauenfrage auch nach dieser Hinsicht ernstlich vor die Oeffentlichkeit brachte und

---

*) Ueber Eumetis vergl. meine „Griech. Dichterinnen" S. 149. Kleobulos that auch den Ausspruch, man müße die Mädchen verheirathen, wenn sie den Jahren nach noch Jungfrauen, der Klugheit nach aber schon Weiber seien.

als Anwalt der Frauenrechte und damit der Frauen=
bildung, ja geradezu der Frauenemanzipation auf=
trat. „Viele Frauen, schreibt er in seiner „Republik"*),
sind zu vielen Dingen besser als viele Männer, und
es gibt kein Geschäft der Staatsverwaltung, das
ausschließlich dem Weibe als Weib, dem Manne als
Mann zukommt, sondern die Gaben der Natur sind
beiden Arten von Wesen auf ähnliche Art zuertheilt,
und der Natur nach nimmt Weib und Mann an
allen Geschäften theil, nur daß das Weib in Allem
der schwächere Theil ist." Da die Natur beider
Geschlechter also nur in dem Grade, nicht in der Art
ihrer Kräfte verschieden, sollte das Weib keineswegs
von Staatsgeschäften und sonstigen Obliegenheiten des
Mannes ausgeschlossen sein, sondern nach seinen
Kräften dem Staate dienen. Dann müsse das Weib
aber auch dieselbe Erziehung genießen, wie der Mann,
d. h. „die Weiber müssen in Musik (worunter die
Griechen die höhere wissenschaftliche und künstlerische Bil=
dung verstanden) und Gymnastik**) ausgebildet werden.

---

*) lib. V. p. 455.

**) Bekanntlich spielte die Gymnastik in der Erziehung
der Griechen eine wichtige Rolle; denn durch körperliche
Uebungen „mit geschmeidiger Stärke gerüstet und vom
Vertrauen auf kernhafte Gesundheit erfüllt, gewann die
Jugend kräftigen Schwung und stille Besonnenheit; das
Mannesalter wurde zu jeder Praxis, zum Kriegsdienste
und zum behaglichen Genuß befähigt, und der Greis be=

Die Art, wie Platon diese Gleichstellung durchzu=
führen gedachte, widerstrebt freilich der Gegenwart,*)
indem er will, daß der keusche Sinn der Frau, und
weiter durch Weibergemeinschaft die Familie und die
Ehe zerstört würde, nach dem Grundsatze, daß das
Nützliche auch schön, das Schädliche aber häßlich sei.
Dem Spotte der Witzlinge auf die männlichen Uebun=
gen der Weiber, namentlich „daß die Weiber nackt
und unter den Männern sich auf den Uebungsplätzen
üben und zwar nicht nur die jungen, sondern gar
erst die älteren, wie ja auch ältere Männer, wenn
sie schon runzelig sind und gar nicht mehr erfreu=
lichen Anblicks, doch noch die Uebungen machen",
diesen Spöttern also begegnet er mit der Erinnerung,
daß es nicht lange her sei, als es auch den Hellenen
schimpflich und lächerlich erschien, daß sich Männer

------

hielt noch genug frischen Lebensmuth, um ohne
Stumpfheit mit heiterer Ausdauer die Gegenwart
zu begleiten. Das Ziel dieser praktischen Pflege der
Gesundheit war Freiheit und Sicherheit in Beherrschung
der menschlichen Kraft, und die Frucht solcher Uebungen
blieb ein Gemeingut." Bernhardy, Grundriß d. gr. L.
I. pag. 90.

*) Daß jedoch der Grundgedanke Platons keine
Chimäre ist, bezeugen die immer mächtiger hervortreten=
den Emancipationsbestrebungen des weiblichen Geschlechts
der Gegenwart.

nackt sehen lassen*.) Seitdem es sich aber bewährt habe durch die Erfahrung, daß es um den guten Zweck vollkommen zu erreichen, besser sei sich zu entkleiden, als Alles zu verhüllen, so ist auch das für den Anblick Lächerliche verschwunden vor dem durch Gründe angezeigten Besseren. „Mögen sich also", so verlangt Platon, „die Frauen immer entkleiden, da sie ja die Tugend statt des Gewandes überwerfen werden, und mögen Theil nehmen an dem Kriege und an der übrigen Obhut über die Stadt. Wir wollen jedoch das Leichtere den Weibern zutheilen vor den Männern, wegen des Geschlechtes Schwäche. Ein Mann aber, welcher lacht über entkleidete Frauen, die sich des Besten wegen auf diese Art üben, und der sich des Lächerlichen unreife Frucht von seiner Weisheit pflückt, weiß, wie man wohl sieht, nicht, worüber er lacht, noch was er thut. Denn auf das Trefflichste ist dies gesagt und wird auch immer so gesagt bleiben, daß das Nützliche schön ist und das Schädliche häßlich."

Zu diesem in mannigfacher Rücksicht unnatür-

---

*) Das Entkleiden war schon zu Homers Zeiten gewöhnlich, doch pflegte man noch die Geschlechtstheile mit einem Tuche zu bedecken, welches aber, da es bei den heftigen Uebungen ohnehin wenig helfen konnte, in der Folge auch weggelassen wurde. Thukydides berichtet, daß die Lakedämonier die ersten gewesen seien, welche sich ganz nackt entkleidet hätten und Dionysios Halikarn. nennt den Lakedämonier Akanthos als den ersten, der ganz nackend gelaufen sei.

lichen Institute seines idealischen Staates veranlaßte
den Philosophen wohl, die namentlich während seines
Aufenthaltes in Großgriechenland an den damals in
großem Rufe stehenden „pythagorischen Frauen" ge=
machte Erfahrung, daß auch das Weib sich durch
Einsicht, Tugend und Muth hervorthun könne, und
deshalb die bei seinen attischen Stammesgenossen
beliebte zu große Unterdrückung und Herabsetzung
des anderen Geschlechtes eine Ungerechtigkeit sei.

Mit praktischeren Argumenten verfochten Spätere
die Frauenbildung. So schrieb u. A. Plutarch eine
Schrift: „Daß auch die Weiber Bildung empfangen
müssen", und Musonios machte es zum Gegenstande
einer Abhandlung, „ob man den Töchtern gleiche
Bildung wie den Söhnen angedeihen lassen soll."
Der erstere Autor verficht in einer anderen Schrift
den Satz, „daß die Tugend und Tüchtigkeit eines
Mannes und Weibes nicht verschieden sei", gegen
solche, die weibliches Verdienst nicht anerkennen
wollen: „Wenn wir behaupten", wendet er sich gegen
die Misogyne, „die Kunst zu malen, sei dieselbe bei
Männern und bei Weibern, und solche Gemälde von
Weibern, wie sie ein Apelles, oder ein Zeuxis oder
ein Nicomachos hinterlassen hat, zum Beweise dafür
aufbringen könnten, hätten wir wohl Tadel verdient,
daß wir mehr darauf bedacht sind zu gefallen und
zu ergötzen, als zu überzeugen? Ich glaube nicht.
Oder wenn wir, um zu beweisen, daß die Poesie

oder die Kunst der Nachahmung bei Männern und Weibern nicht verschieden sei, die Lieder der Sappho mit denen des Anakreon, oder die Orakel der Sibylla mit denen des Bakis zusammenstellten, wird man unsere Beweisführung mit Recht deshalb tadeln können, daß sie den Leser zu seiner eigenen Freude und Ergötzung zur Ueberzeugung führe? Gewiß nicht." Und Eingangs dieser Schrift „von den Tugenden der Weiber", die er einer sehr gebildeten Frau aus Delphi, Namens K l e a widmete, sagte er: „Hinsichtlich der weiblichen Tugenden, meine Klea, bin ich anderer Meinung, als Thukydides,*) nach welchem diejenige Frau die beste Frau sein soll, von der man auswärts am wenigsten zu ihrem Lob oder zu ihrem Tadel hört; es müsse, meint er, gleich dem Leibe auch der Name einer guten Frau eingeschlossen sein, ohne sich außerhalb blicken zu lassen. Besser gefällt mir der Ausspruch des Gorgias, daß nicht die Gestalt, sondern der Ruhm eines Weibes den Leuten bekannt werden soll."

Freundliche Anerkennung weiblicher Geistesbildung treffen wir selbst auch bei Euripides. Denn welch' anderer Sinn läge in den von uns zum Motto gewählten Versen dieses Dichters in seiner Medea, wo der Chor der Weiber spricht:

---

*) Vgl. oben Seite 2.

„Den Weisheitsborn
Aufschließend erscheint und gesellt auch uns
Sich die Muse mit Huld: nicht Allen, fürwahr,
Nur Wenigen lacht in der Menge sie zu,
Doch nie inniges Band
Hält Musen und Frauen umschlungen."

Derselbe Tragiker schrieb auch ein (verloren ge=
gangenes) Stück des Titels: „Die Philosophin Me=
lanippe", worin er die gleichnamige Heldin (wegen
ihrer Klugheit von ihm euphemistisch „Philosophin"
genannt) also zur Ehre weiblicher Geistesthätigkeit
sprechen läßt:

„Ich bin ein Weib, doch wohnt in mir auch Geist!
Von Haus aus nicht verkürzt an Mutterwitz,
Hab' ich vom Vater und von älteren Männern
Manch' weises Wort gehört und viel gelernt." —

Der erste Anstoß zur ernsteren Pflege der Philo=
sophie und Wissenschaften durch das weibliche Geschlecht
ging von Pythagoras und den Doriern Großgriechen=
lands aus, verpflanzte sich von hier vornehmlich nach
dem philosophenreichen Athen und dann nach dem ge=
lehrten Alexandrien. Während die Anhängerinnen
der pythagoräischen Philosophie jedoch mehr als Mit=
glieder eines geheimen Ordens betrachtet werden,
genossen die Philosophinnen und gelehrten Frauen
Athens und Alexandriens sowie anderer Musensitze
als solche eines bedeutenden Rufes und vielseitiger
Anerkennung; und während die Ersteren trotz ihrer
oft ganz bedeutenden philosophischen Bildung dem

Kreise stiller Häuslichkeit nicht untreu wurden, scheinen die Letzteren sich doch bald mehr, bald weniger „emanzipirt" und zu einer gewissen Selbstständigkeit und Unabhängigkeit von häuslichen Verhältnissen emporgeschwungen zu haben. In den meisten Fällen lagen einem solchen Heraustreten aus der Sphäre des weiblichen Berufes unverfälschter Wissenstrieb und reine Lern- und Forschbegierde, nur selten und bei einer gewissen Klasse von Weibern Eitelkeit und Eigennutz, manchmal auch zerfällige Familienverhältnisse zu Grunde.

Später wurde einige Bekanntschaft mit der Philosophie und den wichtigsten Doktrinen der Wissenschaft auch in der Zurückgezogenheit vorzüglich der vornehmeren Gynäkeen Mode, und Mädchen wie Frauen beschäftigten sich immer häufiger mit Lektüre von Werken der Philosophen und hervorragender Schriftsteller und nahmen, wenn auch nicht öffentlichen, doch Privatunterricht bei bekannten Männern; oft übernahm es auch der Gatte, der Lehrer seiner Frau zu sein. So finden wir bei Plutarch in seinen Ehevorschriften,*) die er an ein eben vermähltes junges Ehepaar, Polianos und Euridike, welche vermuthlich früher seinen Unterricht genossen hatten, richtet, eine in dieser Hinsicht bezeichnende Stelle. Er giebt dem jungen Gatten folgende Ermahnung in die Ehe mit: „Da du bereits das gehörige Alter zur Philosophie erreicht hast, schmücke dein Inneres durch die klare

*) Praecept. conjug. § 48.

und herrliche Belehrung, die du empfangen; tritt herzu und mache dich mit dem bekannt, was dir nützen kann; sammle allerwärts her für deine Frau das Brauchbare, wie die Biene, und trage es mit nach Hause, theile es ihr in Gesprächen mit, und mache sie so mit den vorzüglichsten Schriften bekannt und vertraut. Denn:

— — Du bist ihr Vater und Mutter
Auch ihr Bruder allein. —

Nicht weniger ehrenvoll ist es, eine Frau reden zu hören: „o Mann, du bist mir ein Führer, Philosoph und Lehrer des Herrlichsten und Göttlichsten.“*) Solche Belehrungen bringen die Weiber am meisten von einfältigen Dingen ab; denn ein Weib, das die Geometrie erlernt, wird sich schämen zu tanzen; sie wird sich nicht mehr mit den Zauberkünsten abgeben, wenn sie von den Schriften des Platon oder Xenophon bezaubert ist. Wenn ihr Einer verspricht, den Mond herabzuziehen, so wird sie die Thorheit und den Unverstand der Weiber, die daran glauben, verlachen, weil sie in der Sternkunde nicht unbewandert ist, und weiß daß Aganife,**) die Tochter des Thessaliers Hegetor, welche die Verfinsterungen des Mondes kannte, und die

---

*) Anspielung auf Homer Il. VI., 429 fgd., wo Andromache ihren Gatten Hektor anredet:
„Hektor, o du bist jetzo mein Vater und liebende Mutter,
Auch mein Bruder allein, o du mein blühender Gatte!“
**) Ueber Aganife vgl. später.

Zeit, zu welcher der Mond von dem Schatten gefangen wird, voraus wußte, die Weiber täuschte und beredete, als ziehe sie den Mond vom Himmel herab." — „Du aber Eurydike", fährt Plutarch zur jungen Gattin redend fort, „du suche vor Allem dich mit den Aussprüchen der weisen und tugendhaften Männer vertraut zu machen, und bewahre stets jene Ermahnungen, die du schon als Mädchen von uns erhalten hast, damit du deinem Manne Freude machst, und von den übrigen Frauen wegen deines herrlichen Schmucks, der dich nichts kostet, bewundert wirst. Denn die Perlen dieser reichen Frau und die seidenen Gewänder dieser Fremden kannst du nicht erhalten und anlegen, ohne sie theuer zu kaufen; aber den Schmuck einer Theano,*) einer Kleobuline, einer Gorgo, des Leonidas Gemahlin, einer Timoklea, der Schwester des Theagenes, jener alten Claudia und einer Cornelia, der Schwester des Scipio und

---

*) Ueber Theano vgl. unten; Gorgo, die Tochter des Kleomenes und Gemahlin des berühmten spartanischen Königs Leonidas; Timoklea. Schwester des durch seine Wohlthätigkeit ausgezeichneten Theagenes. Sie soll sich bei der Zerstörung ihrer Vaterstadt Theben durch Alexander den Großen ausgezeichnet haben; Claudia, die Vestalin, welche das Schiff, das die Cybele oder Göttermutter von Pessinus nach der Tiber brachte, von da mit ihrem Gürtel in die Stadt zog und dadurch die Probe ihrer Keuschheit ablegte; Cornelia, die bekannte Mutter der Gracchen.

aller derer, die Bewunderung und Ruhm sich er=
worben, kannst du umsonst anlegen und damit dich
schmücken, und zugleich ein rühmliches und glückliches
Leben führen. Wenn Sappho wegen der Trefflichkeit
ihrer Lieder so stolz war, daß sie an eine reiche
Frau schrieb: „im Grabe wirst du liegen und Niemand
wird deiner gedenken; denn du hast nicht Theil an
den pierischen Rosen"; warum solltest du nicht weit
mehr auf dich stolz sein können, wenn du nicht an
den Rosen, sondern an den Früchten Antheil
hast, welche die Musen bringen und denen
schenken, welche Gelehrsamkeit und Philo=
sophie hochschätzen?"

Daß es schon frühzeitig anerkannt gelehrte und
weise Frauen gab, zeigt uns deutlich eine Stelle in
Platons Phaedros, wo Sokrates sagt, daß über das
Thema einer ihm vorgelesenen Rede „schon viel
früher weise Männer und Frauen gesprochen und
geschrieben haben." Auch war das nicht seltene Vor=
kommen gelehrter Frauen und Philosophinnen schon
bei den Griechen selbst ein Gegenstand literarischer
Behandlung, wie wir auf dem Titel eines leider
verloren gegangenen Buches von einem Stoiker,
Namens Apollonios, aus Tyros (aus dem ersten Jahr=
hundert v. Chr.) ersehen, welches darüber handelte,
„wie viel Frauen sich schon mit Wissenschaft
und Philosophie beschäftigt haben."

Wenn wir noch genauer in's Auge fassen wollen,

in welcher Reihenfolge die einzelnen Wissenszweige durch das weibliche Geschlecht gepflegt wurden, so finden wir, daß es zunächst einzelne Zweige der Arzneikunst, namentlich die Kräuterkunde, waren, mit denen sich die Frauen bekannt machten. Doch schöpften sie dieses Wissen nicht aus den Vorträgen von Lehrern, sondern aus der Erfahrung und Ueberlieferung. Ebenso ist auch schon in früherer Zeit von den Frauen die Geburtshilfe, mit den dazu gehörigen anderen Hilfeleistungen ausgeübt worden. Ja, wir finden auch schon frühzeitig weibliche Aerzte, die sich besonders auch mit Heilung weiblicher Krankheiten, hysterischer Zustände und dergleichen beschäftigen. Erst später erwachte das Interesse der Frauen auch an exakten Wissenschaften, namentlich an den verschiedenen Zweigen der Naturwissenschaften, besonders der Physik, und zwar mehr der spekulativen als empirischen, wie selbst an der Astronomie. Seit Pythagoras kamen sodann die „Philosophinnen" in Schwung, und Frauen und Mädchen drängten sich in die Hörsäle der berühmten athenischen Philosophen.

In Athen begegnen wir denn auch jener interessanten und für die Geschichte der Betheiligung der Frauen an den Wissenschaften nicht zu unterschätzenden Erscheinung, daß sich auch die Hetären der Philosophie und anderen Wissenschaften widmeten. Dies wurde seit Aspasia Mode und die Philosophen kamen dieser neuen Sitte selbst mit Zuvorkommenheit ent=

gegen, da sie darin ein bedeutendes Zugmittel für ihre Hörsäle erkannten und auch selbst gewisse Bequemlichkeiten fanden. „Wir finden oft Hetären", sagt Fr. Schlegel,*) „in einer Verbindung mit Männern, in welcher sich mit der Anmuth der Geliebten der die ernste Thätigkeit der Frau, die Würde der Mutter vereinigte, welcher zur Ehe nur die bürgerliche oder priesterliche Weihung — ein Vorrecht der Freien — fehlte. So lebten fast die meisten späteren Philosophen mit Hetären. Wenngleich nicht Alles wahr ist, was nachlässige, stumpfsinnige oder lügenhafte Sammler nach unbestimmten Gerüchten des Tages erzählten oder Komödiendichter, welche sagten, was das Volk, das den Philosophen sehr abgeneigt war, gern hörte, nachgeschrieben haben; wenngleich die Sitten nicht aller Philosophen gleich strenge waren, so bleibt es doch immer befremdend. Der Grund dieser Sonderbarkeit ist dieser: die Philosophen hatten die größte und gerechteste Abneigung gegen wirkliche Heirathen. Eine Familienverbindung war von einer politischen unzertrennlich; wer häusliche Geschäfte führte, konnte den öffentlichen, nicht entsagen. Und so wurden sie denn durch die Heirath in den trüben Strudel des öffentlichen, geschäftigen Lebens fortgerissen, wo, damals wenigstens, Eigennutz und Sinnlichkeit, Betrügerei und Zwietracht sich in ewigem, kleinlichem Kreise drehte." —

*) „Griechen und Römer", Seite 261.

Nicht in Großgriechenland und Athen allein gab sich das lebendigste Interesse an der Philosophie und den controversen Lehren und Lebensansichten wie Lebensmaximen der Philosophenschulen auch bei dem weiblichen Geschlechte kund; auch in anderen Städten und Kolonien sehen wir gelehrte Frauen und Philosophinnen auftreten, so namentlich in Megara, Lampsakos, auf der Insel Rhodos und in anderen Orten, vor allen aber, wenn auch viel später in Alexandria in Aegypten. Hier warfen sich die Jüngerinnen der Wissenschaft sogar auf Grammatik, Philologie und Archäologie, und hier feierte die weibliche Gelehrsamkeit ihren höchsten Triumph, indem eine Jungfrau von Staatswegen zur Vorsteherin und öffentlichen Lehrerin der Philosophie an der dortigen berühmten Gelehrtenschule ernannt wurde. Mit dem tragischen Untergange dieser wunderbaren weiblichen Erscheinung des Alterthums ging auch die heidnisch-griechische Gelehrsamkeit und Philosophie rasch ihrem völligen Verfalle entgegen. Man kann die zahlreichen Vertreterinnen griechischer Bildung und Gelehrsamkeit vornehmlich in zwei große Gruppen eintheilen: in solche, die, sich zur Lehre irgend eines Philosophen bekennend, entweder durch ihre eigene philosophische Bildung oder durch ihre Verbindung mit berühmten Philosophen bei den Zeitgenossen und zum Theil selbst bei der Nachwelt ein bedeutendes Ansehen genossen, und die wir als Philosophinnen im „engeren" Sinne be=

zeichnen wollen; und in solche, die sich mit irgend einem wissenschaftlichen, nicht speciell philosophischen Fache beschäftigt haben, und die wir nach dem Vorgange der Griechen, welche auch jede gelehrte Frau „eine Philosophin" nannten, Philosophinnen im „weiteren" Sinne heißen wollen. —

Zum Schlusse wollen wir hier noch kurz erwähnen, daß später auch einige christliche Griechinnen sich durch ernstere Beschäftigung mit den Wissenschaften hervorgethan haben, wie z. B. die ebenso schöne wie hochgebildete Athenais, die Tochter des athenischen Sophisten Leontios, welche durch ihre körperlichen wie geistigen Vorzüge die Aufmerksamkeit der Kaiserin Pulcheria erregte und von dieser zur Gemahlin ihres Bruders Theodosios des Jüngeren erkoren wurde. Sie ließ sich taufen und nahm als Christin den Namen Eudokia an. Vom Kaiser getrennt, starb sie im Jahre 460 in Palästina und hinterließ mehrere poetische Werke, worin sie die christliche Kirche und einige Märtyrer derselben feierte. Ferner sind noch zu nennen die schöne, vom Kaiser Theophilos (829—842) verschmähte Ikasia, die sich in ein von ihr gestiftetes Kloster zurückzog, sich hier den Studien hingab und geistliche Lieder verfaßte; dann eine andere Eudokia oder Eudoxia, mit dem Beinamen Mekrembolitissa, die Gemahlin Konstantins IX., Dukas (1059—1067), welche gleichfalls im Kloster, wohin sie Michael VI. sperren ließ, als er sich des Thrones bemächtigte,

ein unter dem Titel „Jonia" oder „Veilchengarten"
noch erhaltenes, wegen seiner zahlreichen Notizen aus
dem gesammten Gebiete des altklassischen Kultur-
und Literaturlebens geschätztes Werk schrieb; endlich
Anna Komnena, die Tochter Alexios I., Komnenos
(1081—1118), welche die schon von ihrer Mutter
Irene angefangene Geschichte des komnenischen
Kaiserhauses unter Entfaltung einer in jeder Hinsicht
gediegenen klassischen Bildung fortführte und beschloß.
Schiller hat eine deutsche Uebersetzung dieses ganz
bedeutenden Geschichtswerkes, das von der fürstlichen
Verfasserin „Alexias" (also vorzüglich die Verherrlichung ihres Vaters damit bezeichnend) betitelt worden
war, und trotz mannigfacher Uebertreibungen und
parteiischer Lobeserhebungen, zu den vorzüglichsten
Ueberresten der byzantinischen Literatur gehört, seiner
„allgemeinen Sammlung historischer Memoiren"
(Band 1 und 2) einverleibt. Noch machte sich die
Gemahlin des Manuel Komnenos (1143—1180)
Irene, um die damalige Wissenschaft verdient,
indem sie gelehrten Männern reichliche Unterstützung
und mannigfache Förderung zu Theil werden ließ,
wie auch selbst auf deren Schaffen anregenden Einfluß nahm (z. B. den fleißigen Gelehrten Joannes
Tzetzes zu mehreren Arbeiten über Homer veranlaßte.)

Erste Abtheilung.

Philosophinnen im engeren Sinne.

Die ersten stillen Anfänge der griechischen Philo=
sophie fallen in das 6. Jahrhundert vor Christus.
Ein schärferes Gepräge verliehen ihr zunächst die
sinnlich=erregbaren Jonier, welche die Sinnes=
erscheinungen zuerst einer strengen Analyse zu unter=
ziehen begannen, und sich einer empirischen Betrach=
tung der Welt hingaben. Den realistischen Anschauungen
der Jonier setzten die Dorier eine geistige Erklärung
des Daseins der Sinnenwelt entgegen und erhoben
durch den großen Weisen Pythagoras die Philo=
sophie zuerst zu einem wissenschaftlichen System.
Bald wagte man sich auch über die Sinnessphäre
hinaus, welche die Pythagoräer noch nicht überschritten,
und die sogenannten Eleaten eröffneten das Gebiet
des reinen Denkens, der metaphysischen Wahrheit,
während man gleichzeitig auch, zwar mit Hilfe der
Vernunft, aber doch an der Hand der sinnlichen Er=
fahrungen zu den Urgründen der Erscheinungen zu
gelangen suchte, wie die Naturforscher Empedokles,
Heraklitos u. A.

Zur erhabensten und für den Menschen wichtigsten
aller Wissenschaften wurde die Philosophie jedoch

erst durch Sokrates erhoben, der dieselbe zum
erstenmale auf den Kampfplatz des Lebens führte,
und ihr einen reineren und erhabeneren Zweck zu
Grunde legte, als sich blos mit unfruchtbaren Speku-
lationen über die Natur der Dinge an sich zu beschäftigen, nämlich die Moralität des Menschen zu
bessern. Rasch wurde sie nun durch Platon und
Aristoteles ihrem Höhepunkte und der Grenze der
Vollendung zugeführt, während mehrere Schüler des
Sokrates, die Lehre des Meisters einseitig fort-
bildend, neue philosophische Sekten stifteten.

Man unterschied nach Sokrates folgende philosophische „Schulen": 1. die platonische, welche
später in die sogenannte neuplatonische überging; 2. die peripatetische, von Aristoteles ge-
stiftet; 3. die kyrenäische oder aristipp'sche;
4. die kynische; 5. die megarische oder dialektische (auch eristische genannt); 6. die epikuräische, und 7. die stoïsche.

Fast alle diese Sekten hatten auch weibliche Mitglieder, nachdem schon, wie bereits erwähnt, Pythagoras mit dem Heranziehen des Frauengeschlechtes zu
seinem geheimen Bunde den ersten Anstoß zur Betheiligung
desselben an der Philosophie gegeben hatte. Nur bei den
Peripatetikern und Stoïkern sind uns keine bestimmten
weiblichen Namen überliefert, obgleich es auch unter
diesen nicht an weiblichen Mitgliedern gefehlt haben mag,
wenigstens nicht unter den letzteren, da es ja ein Stoïker

war, welcher die bereits oben erwähnte Schrift über Frauen, welche Philosophie betrieben, herausgab, und wozu denselben wohl das Auftreten philosophischer Frauen in der eigenen Sekte Veranlassung geboten haben dürfte. Uebrigens brauchten wir uns nicht zu wundern, gerade in dieser Sekte keine hervorragenderen Philosophinnen anzutreffen, da ja, wie Menage bemerkt, die Apathie oder Leidenschaftslosigkeit der Stoiker bei dem weiblichen Geschlechte nur selten zu finden sein dürfte. „Das Weib liebt entweder oder es haßt: ein drittes kennt es nicht", sagte ja schon der alte Lateiner Publius Syrus in einem seiner gefeierten Mimen.

Wir werden jene philosophischen Systeme, welche auch unter dem weiblichen Geschlechte Anhängerinnen fanden, im Nachfolgenden noch näher beleuchten. Hier möge nur noch erwähnt werden, daß die Alten auch mehrere Frauen, welche keiner der vorgenannten philosophischen Schulen angehörten, als „Philosophinnen" bezeichneten. So werden in einer Schrift des Lukianos zur Bekräftigung, daß auch Frauen an der Philosophie Theil hätten, Aspasia, Diotima und Thargelia angeführt, von denen keine einem bestimmten Systeme anhing, wenn auch die beiden ersteren in mehrfacher, sowohl persönlicher wie geistiger Beziehung zu Sokrates standen, und deshalb unter den Philosophinnen im engeren Sinne einen hervorragenderen Platz angewiesen erhalten. Thargelia, das Vorbild der Aspasia, von der wir die Art ihrer Beziehung zur Philosophie nicht mehr zu ermitteln vermögen, werden wir denn erst bei den Philosophinnen im weiteren Sinne kennen lernen.

1. Philosophinnen der pythagoräischen Schule.

Einer der ehrwürdigsten, unvergänglichen Namen, die aus Aeonenferne bis auf unsere Gegenwart herüberklingen, ist der des großen Sittenlehrers und Philosophen Pythagoras. Die vielen Jahrhunderte, welche das Andenken an diesen so hochgefeierten Mann mit gewissenhafter Pietät bis auf unsere Zeit fortpflanzten, haben dessen Namen mit dem Nimbus des Wunderbaren, Geheimnißvollen und Uebernatürlichen umgeben. So wenig Bestimmtes wir daher auch von Pythagoras und seinem segensreichen Wirken wissen, die Thatsache, daß sein Ruf sich durch mehr als zweitausend Jahre fast unverringert erhielt, zeigt deutlich, welch' großartiger Charakter und ungewöhnlicher Einfluß diesem Manne zu eigen gewesen sein muß.

Was sich aus den zahlreichen Sagen und Märchen, die sich schon in den frühesten Zeiten um die Person des Pythagoras gelegt haben, als historischer Kern herausschälen läßt, beläuft sich auf folgendes Wenige.

Pythagoras wurde um das Jahr 570 v. Chr. geboren und wird von der Ueberlieferung ein Samier genannt. Auch scheint es sicher zu sein, daß er ein Abkömmling der tyrrhenischen Pelasger war. Von den vielen und großen Reisen, die er zu dem Zwecke, sich recht viele Kenntnisse zu erwerben, gemacht haben soll, ist vielleicht nur die einzige nach Aegypten geschichtlich. Bestimmt historisch ist es, daß er sich — wie es heißt in seinem vierzigsten Lebensjahre — in Großgriechenland niederließ und vorzugsweise in Kroton, einer achäischen Pflanzstadt aufhielt. Hier entfaltete er seine sittenbildende und politisch-reformatorische Thätigkeit und stiftete, ausgerüstet mit mannigfachen und nicht gewöhnlichen Kenntnissen, besonders in der Mathematik, Medizin und Musik, jene merkwürdige, geheime Gesellschaft, die unter dem Namen „der pythagoräische Bund" bekannt und eine „Schule theoretischer und praktischer Weisheit" gewesen ist. Noch bei Lebzeiten des Stifters breitete sich diese Gesellschaft über die bedeutendsten Städte Großgriechenlands aus, und stiftete großen Nutzen unter der Bevölkerung der Republiken dieses schönen Landes. Der pythagoräische Bund war ein fest gegliederter geheimer Orden mit vielfachen Gebräuchen und Weihen. Mitglieder wurden nur nach strenger Prüfung zugelassen, mußten sich zuerst in einem zwei- bis fünfjährigen Schweigen üben und wurden dann in eine der verschiedenen Classen, in die sich der gesammte Orden gliederte, eingetheilt. Die höchste Classe — die eigentlichen Pythagoräer — hatte

Gütergemeinschaft, vorgeschriebene Lebens- und Tages-
ordnung, besondere Erkennungszeichen, Weihen und
gottesdienstliche Handlungen, diätische Vorschriften
zur Abhärtung des Leibes und eine Geheimlehre.
In Hinsicht auf das erhabene Ziel des Bundes, die
griechischen Republiken Unteritaliens sittlich und
politisch zu reformiren, mußten die Mitglieder desselben zuerst mit ihrer eigenen moralischen Vervoll-
kommnung und geistigen Ausbildung beginnen. Diese
letztere bestand in gemeinschaftlicher Uebung der Musik,
Mathematik, Medizin und Philosophie. — Von einem
besonderen p h i l o s o p h i s c h e n S y s t e m e des
Pythagoras ist nichts bekannt. In seinem Lehren
und Handeln nahm er sich die Grundanschauung einer
strengen, ebenmäßigen O r d n u n g, in welche sich das
Einzelne harmonisch fügt, zur Richtschnur und gründete
darauf seine Ansicht über das Weltganze. Auf dem
Zwecke der Erreichung einer solchen harmonischen
Ordnung beruhten denn auch die verschiedenen Lebens-
regeln und Vorschriften über Nahrung (wie Enthaltung von Fleisch, von Bohnen u. dgl.), da es
dem Pythagoras schwierig schien, das Leibliche unter
die Harmonie zu fügen.

Pythagoras errang durch den von ihm gestifteten
Bund bald einen so mächtigen Einfluß, daß er den
Demokraten in Kroton zu den ernstesten Bedenklich-
keiten Anlaß gab und dieselben denn auch beschlossen,
den Stifter wie die Mitglieder der geheimen Ver-

bindung aus dem Wege zu räumen. Als einst —
so wird berichtet — die Pythagoräer der obersten
Klasse, dreihundert an der Zahl, bei einer Versamm=
lung beisammen waren, wurde das Haus, worin sie
sich befanden, umzingelt und in Brand gesteckt. Alle
verbrannten, darunter auch Pythagoras selbst. Nach
einer anderen Sage soll jedoch Pythagoras entkommen
und später in Metapont in einem Alter von achtzig
bis neunzig Jahren ruhig und geehrt gestorben sein.
Durch jene Gewaltthat wurde die pythagoräische Partei
keineswegs vernichtet; sie gelangte vielmehr nach langen
andauernden Parteikämpfen in verschiedenen Städten
der großgriechischen Provinzen zu neuem Ansehen,
und stand zur Zeit des berühmten Mathematikers
A r c h y t a s von Tarent sowohl in dieser Stadt wie
auch anderwärts an der Spitze der Obrigkeiten. Mit
Archytas Tode verfiel jedoch die pythagoräische Philo=
sophie in rascher Auflösung, um erst drei Jahr=
hundert Jahre n. Chr. in mystischem Gewande als
N e u p y t h a g o r i s m u s wieder zu erstehen und ein
kurzes, wenig bedeutsames Bestehen zu fristen. —

Pythagoras war der erste Sittenprediger unter
den Griechen und seine Beredsamkeit, unterstützt durch
äußere Schönheit, wirkte geradezu Wunder. Dies
beweist der Umschwung, der sich nach dem Erscheinen
des großen Mannes in der in Üppigkeit und Hoffart
versunkenen Stadt Kroton vollzog. Seine moralischen
Reden, die er anfangs in den Gymnasien und

Tempeln, dann auch in dem Versammlungshause des großen Rathes zuerst an die Kinder, dann an die Jünglinge und endlich an den regierenden Rath selbst und auf dessen Befehl auch an die Matronen der Stadt hielt, machten einen solchen Eindruck auf die Zuhörer, daß — wie ein alter griechischer Autor schreibt — die Männer sich von ihren Kebsweibern trennten, die Jünglinge sich mit dem lebhaftesten Eifer auf Philosophie und schöne Wissenschaften warfen; die Frauen aber „trugen alle ihre goldge= stickten Kleider, Juwelen, Halsketten, Armbänder u. s. w. in den Tempel der Hera (Juno), legten sie der Göttin als ein Opfer der häuslichen Tugend zu Füßen und gaben zu erkennen, daß Zucht und Keuschheit, nicht schimmernder Putz, die wahre Zierde ihres Geschlechtes sei." Wenn wir auch diesem Berichte in seiner All= gemeinheit vollen Glauben zu schenken, einiges Be= denken tragen, ist es doch gewiß, daß Pythagoras eine große Anzahl von Jüngerinnen und Anhängerinnen seiner Lehre hatte, die nachher unter dem Namen „Pythagoräerinnen" oder „pythagoräische Frauen" eine große Berühmtheit erlangten. Die Männer selbst sollen es sogar gewesen sein, welche ihre Frauen und Töchter dem gleich einem Gotte verehrten Weisen zuführten, um dieselben zu belehren und zu erziehen. Nach den Berichten der Alten gab es auch viele Frauen, welche selbst zu dem geheimen Unterricht der obersten Klasse des pythagoräischen Bundes zugelassen wurden, wenngleich die Pythagoräerinnen nicht so tief in die Geheimnisse der Schule einge= weiht worden sein dürften, als Spätere glaubten.*) Der so freundschaftliche Sinn des großen Weisen gegen das weibliche Geschlecht war wohl eine Folge der Beziehungen, in denen Pythagoras zu der ehr= würdigen delphischen Priesterin Aristoklea (oder Themistoklea) gestanden, mit welcher er auch brieflichen Verkehr gepflogen haben soll.

Das Wirken der weiblichen Genossen jenes schönen, die Veredelung der Sitten erstrebenden Bundes, dessen Seele Pythagoras war, erwies sich als ebenso segensreich, wenn nicht noch segensreicher als das sittlich=politische Reformwerk der männlichen Mitglieder desselben. Sie verpflanzten den Geist strenger Sittenreinheit, reicher Mäßigung und Tugend in ihre Familien und waren ebenso zärtliche Gattinnen wie mustergültige Hausfrauen und vortreffliche Er= zieherinnen ihrer Kinder. Dabei zeichneten sie sich nicht nur durch die hohe Bildung des Geistes aus, die manchmal sogar zu schriftstellerischer und doktrinärer Thätigkeit führte; einige bewiesen auch bei ver=

---

*) Nichts ist bezeichnender für die wunderbar fas= cinirende Gewalt, welche Pythagoras auch über die weib= lichen Gemüther auszuüben verstand, als diese Theil= nahme des weiblichen Geschlechtes an einem Bunde, in welchem die Verschwiegenheit als die Haupttugend der Mitglieder galt.

schiedenen Anläſſen einen nicht geringen Heldenmuth
und ungewöhnliche Seelenſtärke.

Die erhaltenen Bruchſtücke aus den S c h r i f t e n
v o n P y t h a g o r ä e r i n n e n legen ein glänzendes
Zeugniß ab für die hohen und geläuterten Anſichten
dieſer denkwürdigen philoſophiſchen Frauen in Bezug
auf ſittliche Vollkommenheit und Harmonie, ſowie
für ihre praktiſche Beurtheilung gewiſſer Lebensver-
hältniſſe, und es birgt ſich darin ſo manche Nutzan-
wendung für das weibliche Geſchlecht und insbeſondere
für die Ehefrauen, die auch in unſeren Tagen noch
volle Berückſichtigung verdiente. Den Gegenſtand
dieſer Schriften bildete vornehmlich die Verherrlichung
und Lehre der weiblichen „S o p h r o ſ y n e“. (Die
Griechen verſtanden unter „Sophroſyne“ geſunden
Sinn, Mäßigung, Enthaltſamkeit, insbeſondere aber
die weibliche Keuſchheit und eheliche Treue, überhaupt: weibliche Lebensweisheit.) Die alten Schrift-
ſteller, welche der Pythagoräerinnen erwähnen, reden
daher auch ſtets mit der größten Begeiſterung von
denſelben. Doch iſt nicht zu leugnen, daß ſich in
die überſchwenglichen, ſchwärmeriſchen Darſtellungen,
die namentlich von den Neupythagoräern (Jamblichos,
Porphyrios, Juſtinus) über Pythagoras und ſeine
Anhänger männlichen und weiblichen Geſchlechtes
ausgingen, manche Unwahrheit und myſtiſcher Spuk
eingeſchlichen, ſo daß die Benutzung dieſer Quellen
demnach mit großer Vorſicht zu geſchehen hat.

Von einem athenischen Geschichtschreiber und Grammatiker, Namens Philarchos, existirte ein Buch über „Heroiden oder pythagoräische Frauen" von unbekanntem Werthe, da es nicht erhalten ist. Doch führt der erste Titel („Heroiden") auf die Vermuthung, daß es eine Sammlung von helden haften Zügen pythagoräischer Frauen enthalten habe, und somit gewiß von großem Interesse gewesen sein muß. Der Neupythagoräer Jamblichos führt in seiner Biographie des Pythagoras fünfzehn berühmte Philosophinnen aus der Schule desselben an, und meldet auch einen heldenhaften Zug einer Pythagoräerin, worauf wir noch zurückkommen werden. Andere Schriftsteller nennen noch andere Adeptinnen der pythagoräischen Philosophie, die zu oder nach den Lebzeiten des großen Sittenlehrers lebten. Es gab endlich eine solche Anzahl von Pythagoräerinnen, wahren und falschen, und dieselben machten soviel von sich sprechen, daß sie dem Spotte nicht entgingen und von den Komödiendichtern Alexis und Kratinos dem Jüngeren in je einem Stücke durchgezogen wurden. —

Von allen pythagoräischen Frauen ragt keine so glänzend an Ansehen und Berühmtheit hervor, als die Gemahlin des Pythagoras selbst, die „hochsinnige"

Theano.

Dieselbe wird auch als die erste Philosophin überhaupt bezeichnet und kann nach der Dichterin Sappho als die meistberühmte Frau bei den alten Griechen angesehen werden. Sie vereinigte Weisheit und Tugend zu so vollendeter Harmonie, daß sie nicht nur als Repräsentantin hoher Einsicht und Weisheit, sondern auch als strahlendes Vorbild echter Weiblichkeit berühmt war. Sie mag als nachahmungswürdiges Vorbild auch jenen Damen der Gegenwart dienen, die dem Drange nach Gelehrsamkeit und Wissenschaft nur allzuoft den schönsten Schmuck des Weibes — die Weiblichkeit — zum Opfer bringen.

Theano war nach der glaubwürdigsten Ueberlieferung aus der großgriechischen Stadt Kroton gebürtig und die Tochter eines gewissen Pythanax. Sie mochte sich unter den Zuhörerinnen des Pythagoras wohl am meisten durch Tugend, Wissensdurst und sonstige seltene Charaktereigenschaften ausgezeichnet haben, da der ernste, sittenstrenge Philosoph in Liebe zu ihr entbrannte. Und diese Liebe soll sogar nichts weniger als eine oberflächliche Neigung gewesen sein, wie der erotische Dichter Hermesianax in seinen „Leontion" betitelten Elegien andeutet. Dort werden nämlich berühmte Liebespaare aufgeführt, und zwar zumeist Dichter und ihre Angebeteten. Aber auch nicht die Männer der Wissenschaft,

„Ja, auch nicht Jene sogar, die im Menschengeschlecht Abtödtung
Wählend zum Ziele den Grund kitzlichen Wissens ersiecht.

Daß sie verfänglich in Schlüssen verstrickt ihr eigener
Tiefsinn,
Und die gepriesene Kunst siegenden Wortegefechts,
Auch sie wichen nicht aus, wenn im kriegerisch tobenden
Aufzug
Eros erschien, und gestreng lenkte der Gott sie
im Joch:
Als wie den samischen Bürger der Wahnsinn band
um Theano,
Jenen Pythagoras, der sinnig der Geometrie
Linien fand, und den Kreis, wie ihn rings einfasset
der Aether,
Fein nachbildend an unscheinbarer Kugel entwarf." —

Daß Pythagoras nur für ein in jeder Hinsicht
ausgezeichnetes, mit allen Vorzügen und Tugenden
geschmücktes Weib in solcher Liebe erglühen konnte,
ist um so unzweifelhafter, als es gewiß des großen
Weisen ernstester Wille und Vorsatz war, in seiner
Gemahlin allen Frauen seines Bundes eine Leuchte
weiblicher Tugend und Vollkommenheit hinzustellen.
Er verdankte die großen Erfolge, die er bei der
Heranziehung auch des weiblichen Geschlechtes zu
seiner Lehre erzielte, gewiß nicht zum geringsten
Theile seiner ihm treu in Lehre und Leben zur Seite
stehenden Gattin. —

Aus dem Leben der Theano sind uns nur wenig
charakteristische Züge bekannt und auch diese beziehen
sich nur auf Aussprüche, welche durch gewisse Umstände veranlaßt wurden. So wurde sie einmal
gefragt, wodurch sie berühmt zu werden gedenke.

Sie gab mit einem Verse aus Homer (Ilias I., 31) die schöne Antwort:

„Fleißig die Spindel drehend und meines Ehebetts wartend."

Ein anderes Mal wurde sie gefragt, worin der Inbegriff dessen, was einer Frau gezieme, bestehe. Sie gab zur Antwort: „Ganz für ihren Mann zu leben." — Wieder wurde sie gefragt, was die Liebe sei. „Krankheit einer müßigen Seele" war ihre Antwort.*)

Während sie einst den Mantel um sich warf, geschah es zufällig, daß sich hierbei ihr Arm bis zum Ellbogen entblößt zeigte. Einem Bekannten, der dies bemerkte, entwischte in der Bewunderung des schöngeformten, weißen Armes der Ausruf: „Was für ein schöner Arm!" „„Aber kein öffentlicher,"" replizirte Theano, schnell sich um= wendend und ihre Toilette ordnend. „Man begreift nicht gleich," um mit Wieland (im historischen Kalender für Damen für das Jahr 1790) zu reden, „was in diesem Worte so witziges oder besonderes sein soll, daß es von einem Moralisten (Plutarchos), zwei Kirchenvätern (Clem. Aler. und Theodoret.) und einer kaiserlichen Prinzessin (Anna Komnena) als ein gar merkwürdiges Apophtegma zitirt worden ist. Um den ganzen Nachdruck des griechischen Wortes auszudrücken, hätte man eigentlich übersetzen sollen: „Aber er gehört nicht dem Publikum an." Man

---

*) Florileg. Mon. 270.

sieht, daß ein zwar indirekter, aber ziemlich scharfer Verweis in der Wendung dieser Antwort liegt. Wenn ich (will sie sagen) eine Bildsäule wäre, die an einem öffentlichen Platze stände und ihren Arm zeigte, so wäre jedermann berechtigt, ihn anzusehen und in so laute Ausrufungen und Kundgebungen über seine Schönheit auszubrechen, als ihm beliebte; denn da gehört er dem Publikum an. Bei einer Hetäre oder öffentlichen Tänzerin wäre es eben dasselbe. Aber es war unschicklich und gegen die Ehrerbietung, sich einen solchen Ausruf zu erlauben, wenn man durch ein Ungefähr den Arm der Gemahlin des Pythagoras unverhüllt zu sehen bekommen hatte; wenn die Bescheidenheit in einem solchen Falle auch den Augen erlaubt, sich die Gunst des Zufalls zu Nutze zu machen, so sollte sie wenigstens den Mund verschließen. — Freilich erfordern die heutigen Begriffe von Galanterie gerade das Gegentheil, und nach diesen kam Theano mit dem bloßen Ausruf des unbescheidenen Zuschauers noch leicht genug davon. Aber sie nahm es, wie man sieht, etwas schärfer mit dem, was sich für eine ehrliche Frau schickt; und vielleicht las sie auch in den Augen dieses Profanen etwas, das eine Antwort, die ihn sogleich in seine Schranken zurückwies und vermuthlich mit keinem sehr anziehenden Lächeln begleitet war, nothwendig machte. Eine „petite maitresse" hätte sich freilich anders benommen."

Bei all' ihren strengen, sittlichen Grundsätzen war Theano dennoch frei von unzeitiger oder übertriebener Prüderie, wie sie nur allzuoft — wenn auch meistens als Verstellung — an unseren sogenannten m o r a l i s ch e n Damen zu bemerken ist. Dies beweist, daß sie einer Frau, die zu ihrem Manne gehen wolle, den Rath gab, mit den Kleidern auch die Scham abzulegen, aber sie beim Aufstehen mit den Kleidern wieder anzulegen. Auf die Frage: „welche Frau?" antwortete sie: „Ich; daher w e r d e i ch a u ch F r a u g e n a n n t." Diese Worte klingen in ihrer starren und schroffen Fassung fast etwas frivol, zum mindesten aber befremdend aus Theano's Munde. Gleichwohl ist darin eine tiefe Moral für die Ehefrauen enthalten. Die Gemahlin des Pythagoras war eben das Muster einer Ehefrau in jeder Hinsicht.*)

---

*) Sagt ja doch selbst der so gestrenge Sittenrichter Plutarchos in seinen ernsten Ehevorschriften: „Die Frau ist schlecht und verkehrt, welche, wenn der Mann Lust hat zu scherzen und zu liebkosen, ein ernsthaftes Gesicht macht, dagegen lacht und scherzt, wenn er ernsthaft ist; denn in dem einen Fall ist sie unfreundlich, in dem andern zeigt sie Geringschätzung." Und ähnlich später: „Eine häusliche Frau soll ebensowenig die Reinlichkeit vernachlässigen, als eine, die ihren Mann liebt, die Freundlichkeit: denn das mürrische Wesen der Frau macht die Sittlichkeit derselben eben so zuwider, als der Schmutz ihre Eingezogenheit."

In verschiedenen Theilen Griechenlands, sowie auch bei den italischen Lokrern wurde alljährlich ein Fest der Göttin Demeter (Ceres) Thesmophoros, d. i. der gesetzgebenden Demeter (insofern sie den Ackerbau und die Ehe und die darauf begründete bürgerliche Ordnung schuf) begangen, welches aus= schließlich von Frauen gefeiert wurde. Diese mußten sich dazu durch Fasten und strengste Keuschheit vor= bereiten und neun Tage theils vor, theils während der Begehung des Festes, von ihren Männern abge= schieden zubringen. Eine junge Frau, vielleicht eben in den Flitterwochen lebend, frug nun einmal die Gemahlin des Pythagoras, nach wie langer Zeit eine Frau, die sich einem Manne genähert habe, rein genug sei, um dem Thesmophorienfeste beiwohnen zu dürfen. „Sogleich, wofern es ihr eigener ist," antwortete die eben so aufgeklärte wie tugendhafte Theano, „und ist es ein anderer, niemals."

Wie viele Pythagoräerinnen hat auch schon Theano geschrieben. Ja, sie war sogar Dichterin und soll ein größeres, episches Gedicht in Hexametern verfaßt haben, wovon aber nicht die geringste Spur mehr erhalten ist.

Theano war auch schriftstellerisch für die Lehre ihres großen Gemahles thätig. Sie soll unter Anderem geschrieben haben: „Erläuterungen zur Philosophie"(?), „Sentenzen", „Briefe" und ein Buch: „Ueber die Frömmigkeit." Von diesen Schriften ist uns außer einigen ganz kargen Fragmenten nichts erhalten. Den „Sentenzen" scheinen zwei Sprüche entnommen zu sein, die sich in einer kleinen Blumen=lese aus alten, zum Theil verloren gegangenen griechischen Schriftstellern, Philosophen und Dichtern (dem sogenannten Florilegium Monacense) unter dem Namen Theano finden. Diese Sprüche lauten, und zwar der eine: „Es ist besser, sich einem ungezäumten Pferde anzuvertrauen, als einem thörichten Weibe"; der andere: „Wo=rüber es schön ist, zu reden, darüber ist es häßlich, zu schweigen, und worüber es häßlich ist zu reden, darüber ist es besser zu schweigen."

Aus dem Buche „Ueber die Frömmigkeit" stammt ein Excerpt bei Stobeäs, eine Erklärung der Lehre von den Zahlen nach Pythagoras. Das kurze Fragment bietet jedoch so wenig Interesse für meine Leser dar, daß wir es ohne Anstand übergehen dürfen. Demselben Werke scheint auch das folgende, mit aller Bestimmtheit der Theano*) zugewiesene Diktum entnommen zu sein, das, obwohl es nicht unanfechtbar ist, doch selbst Platon anzuwenden kein Bedenken trug. Dasselbe lautet: „Das Leben wäre für die Gottlosen ein wahrer Fest=schmaus, und wenn sie alle möglichen

---

*) Clem. Alex. str. lib. IV c. 7.

Laster begangen hätten und darauf sterben, der Tod nur ein Gewinn, wenn die Seele nicht unsterblich wäre." —

Von „Briefen" der Theano sind noch sieben zum Theil ganz, zum Theil fragmentarisch erhalten. Sie sind an Schülerinnen gerichtet, und zwar an Eubula (über die Erziehung der Kinder), an Nikostrate (über das Maitressenthum), an Kalisto (über die Leitung der Dienerschaft), an die „Philosophin Rhodope" (über Platons Dialog Parmenides), dann an Eurydike, Timäonidas und Euklides (über familiäre Angelegenheiten). Die vier letzten dieser Briefe tragen indessen deutlich den Stempel der Unechtheit an sich. Verloren gegangen sind hingegen die anscheinend echten Briefe, z. B. an Timarete*) u. A.

Die drei ersten der angeführten sieben Briefe, welche Wieland für echt hält**), behandeln so

---

*) Pollux X, 3. § 21.

**) Wir können indeß auch diesen drei Briefen kein größeres Vertrauen auf Echtheit entgegenbringen, als den von Wieland zumeist wegen Anachronismus ausgeschiedenen vier anderen Briefen „der weisesten Theano". Dieselben erscheinen uns vielmehr sämmtlich als Schulübungen aus späterer Zeit, da die sophistisch-rhetorische Richtung der hellenischen Bildung auf die kunstgerechte Composition von Reden, Dialogen und Briefen, die man gewöhnlich berühmten Vorfahren in den Mund oder in den Griffel zu legen oder unter deren Namen zu ver-

interessante und auch zeitgemäße Themata, daß wir
dieselben unseren freundlichen Leserinnen nicht vor=
enthalten wollen.   Wir bieten damit zugleich eine
Probe von Wielands artiger Uebersetzungskunst.

1. Brief.   Theano an Eubula.

Ich höre, du ziehest deine Kinder gar zu zärtlich
auf. Dein Wille ist, eine gute Mutter zu sein;
aber, meine Freundin, die erste Pflicht einer guten
Mutter ist, nicht sowohl dafür zu sorgen, daß sie
ihren Kindern angenehme Empfindungen verschaffe,
als sie so früh als möglich an das, was die Grund=
lage jeder Tugend ist, an Mäßigung und Bezähmung
der sinnlichen Begierden, zu gewöhnen. Du hast
dich also wohl vorzusehen, daß die liebende Mutter
nicht die Rolle einer Schmeichlerin bei ihnen spiele.
Kinder, die von ihrem zartesten Alter an wollüstig
erzogen sind, müssen nothwendig unvermögend werden,
dem Reiz der Sinneslust, der so mächtig auf sie
wirkt, jemals widerstehen zu können.   Es ist demnach

öffentlichen pflegte, ein großes Gewicht legte.   Solche
rhetorische Schulübungen sind ja auch die Briefe des
Demosthenes, Aeschines, Pythagoras, Sokrates, Phalaris
und vieler Anderer, die meist in der von Aldus Manutius
herausgegebenen Sammlung, der ja auch die sieben
Briefe der Theano angehören, enthalten sind.   Ob echt
oder unecht, bilden die drei angeführten Briefe schon
ihres hohen Alters wegen einen interessanten Beitrag zu
den darin behandelten Gegenständen.

Pflicht, meine Liebe, sie so zu erziehen, daß ihre Natur keine verkehrte Richtung bekomme, welches geschieht, wenn die Liebe zum Vergnügen in ihrer Seele die Oberhand gewinnt und ihr Körper gewöhnt wird, immer angenehme Gefühle zu verlangen, folglich d i e s e r übermäßig weichlich und reizbar, j e n e eine Feindin aller Arbeit und Anstrengung werden muß. Daher ist nichts nöthiger, als daß wir unsere Zöglinge in demjenigen am meisten üben, wovor sie sich am meisten scheuen, wenn sie gleich traurige Gesichter dazu machen und ihnen wehe dabei geschieht; es giebt kein besseres Mittel, zu machen, daß sie anstatt Sklaven ihrer Leidenschaften und ebenso verdrossen zur Arbeit und nach Wollust gierig werden, eine frühzeitige Hochachtung für das, was schön und edel ist, bekommen, und jener sich enthalten, diesem hingegen sich ergeben lernen. — Also, liebe Freundin, wenn du deine Kinder gar zu überflüssig und köstlich nährst, vielen Aufwand machst, um ihnen bald dieses, bald jenes Vergnügen zu verschaffen, sie immer spielen und Muthwillen treiben läßt; ihnen gestattest, Alles zu sagen und zu beginnen, was ihnen einfällt; immer befürchtest, „das liebe Kind" möchte weinen, und dir Mühe giebst, es lachen zu machen; lachst und deine Freude daran hast, wenn es nach seiner Wärterin schlägt oder dir selbst garstige Namen giebt; ferner, wenn du so große Sorge trägst, die Kinder im Sommer immer kühl, im Winter immer

recht warm und reich zugedeckt zu halten: so erlaube
mir zu sagen, daß du sehr unrecht daran thust.
Siehst du nicht, daß armer Leute Kinder, die von
diesem Allen nichts wissen, dem ungeachtet leichter
aufkommen, wachsen und gedeihen, und sich überhaupt
weit besser befinden? Du hingegen ziehst deine Söhne
wie lauter kleine Sardanapale auf und giebst
ihrer männlichen Natur durch diese Verzärtelung
einen Knick, wovon sie sich nie wieder erholen kann.
Ich bitte dich, was soll aus einem Knaben werden,
der, wenn er nicht augenblicklich zu essen bekommt,
weint? wenn er essen soll, immer nur das Lecker=
hafteste verlangt? wenn es heiß ist, gleich vergehen
will, wenn es kalt ist, schlottert? wenn ihm etwas
verwiesen wird, widerbellt und Recht haben will?
wenn man ihm nicht Alles giebt, was er verlangt,
den Mund hängen läßt, wenn er nicht immer geätzt
wird, sich erboßt? — Was kann aus solchen ver=
zärtelten Kindern, wenn sie zu männlichen Jahren
kommen, anders werden als elende Sklaven ihrer
eigenen und fremder Leidenschaften? — Mache dir
also eine ernstliche Angelegenheit daraus, liebe
Freundin, eine gänzliche Reform mit deiner Kinder=
zucht vorzunehmen, und anstatt dieser weichlichen eine
strenge Erziehung in deinem Hause einzuführen.
Laß sie Hunger und Durst, Hitze und Kälte aus=
stehen lernen und gewöhne sie mit Geduld zu ertragen,
wenn sie von anderen ihres Alters oder von ihrem

Vorgeſetzten beſchämt werden. Denn Abhärtung, Arbeit und Erduldung körperlichen Ungemachs ſind für junge Gemüther, was Alaunwaſſer für die Zeuge, die man mit Purpur färben will: je ſtärker ſie damit getränkt worden ſind, deſto tiefer bringt die Farbe der Tugend ein, deſto ſchöner, feuriger, dauer= hafter wird ſie. Sieh' alſo zu, meine Liebe, daß es deinen Kindern nicht ergehe, wie den Reben, die von ſchlechten Säften genährt, nothwendig ſchlechte Trauben bringen. Oder wie ſollte eine üppige und weichliche Erziehung beſſere Früchte bringen können, als Leicht= fertigkeit, Uebermuth und das Gegentheil von jeder Eigenſchaft, wodurch ein Menſch ſich ſelbſt und anderen nützlich iſt.

2. Brief. Theano an Nikoſtrate.

Auch mir, liebe Freundin, iſt zu Ohren gekommen, was von deinem Manne verlautet, der, wie es heißt, die Thorheit hat, ſich eine Maitreſſe zu halten; aber mir iſt leid, daß ich zugleich hören muß, du ſeieſt ſchwach genug, eiferſüchtig darüber zu ſein. Was deinen Gemahl betrifft, ſo kenne ich der Männer nur zu viele, die mit ſeiner Krankheit behaftet ſind. Die armen Leute laſſen ſich wie dumme Vögel durch die Lockungen dieſer Geſchöpfe fangen; ſie ſcheinen von dem Augenblick an, da ſie in das Garn gegangen ſind, alle Beſinnung verloren zu haben, und verdienen in dieser Rücksicht mehr Mitleiden als Unwillen. Du hingegen überläßt dich Tag und Nacht einer unmäßigen Traurigkeit und Verzweiflung und beschäftigst dich mit nichts, als wie du ihn beunruhigen und ihm den Genuß seiner neuen Liebschaft verkümmern wollest. Das solltest du ni ch t thun, meine Liebe! Die Tugend einer Ehefrau ist nicht, ihren Mann zu belauern und zu hüten, sondern sich in ihn zu schicken; und dies thut sie, wenn sie seine Thorheiten mit Geduld erträgt. Zudem sieht er in seiner Maitresse bloß eine Person, bei der er Vergnügen sucht; in seiner Frau hingegen eine Gattin, die einerlei Interesse mit ihm hat. Euer gemeinschaftliches Interesse aber ist, Uebel nicht mit Uebeln zu häufen, und wenn e r ein Thor ist, so ist kein Grund, daß du darum eine Thörin sein mußt. Es giebt Leidenschaften, meine Freundin, die durch Vorwürfe nur mehr gereizt, durch Schweigen und Geduld hingegen desto eher gehoben werden, wie man zu sagen pflegt, ein Feuer, das man ruhig brennen lasse, erlösche von sich selbst. Eine Frau, die ihren Mann, wenn er seine Untreue vor ihr zu verbergen sucht, Vorwürfe macht, zieht die Decke weg, hinter welcher er heimlich zu sündigen hoffte; und was gewinnt sie damit? Er sündigt fort und läßt sie zusehen. Wenn du dir von mir rathen lassen willst, Liebe, so denke nicht, seine Zuneigung zu dir sei nothwendig an die Unsträflichkeit seiner Sitten gebunden.*) Betrachte die Sache in einem anderen Lichte. Denke, daß deine Verbindung mit ihm eine Gemeinschaft für das ganze Leben ist — daß er zu seiner Maitresse nur geht, weil er gerade nichts Klügeres zu thun weiß und sich die Langeweile bei ihr zu vertreiben hofft, — und daß er immer wieder zu dir zurückkommt, weil er mit keiner Anderen als mit dir zu leben wünscht. Dich liebt er, wenn die Vernunft Herr über ihn ist, jene aus Leidenschaft; aber die Leidenschaft dauert eine kurze Zeit, man wird ihrer bald satt, und sie vergeht eben so schnell wieder, als sie entstanden ist. Ein Mann müßte ein ausgemachter Taugenichts sein, den eine Maitresse auf lange Zeit fesseln könnte. Denn was ist thörichter als ein Genuß, wodurch wir uns selbst Unrecht thun? Es wird nicht lange anstehen, so wird er merken, welchen Schaden er seinem Vermögen und guten Namen dadurch zufügt. Kein Mensch, der seinen Verstand nicht gänzlich verloren hat, läuft mit sehenden Augen

---

*) Die Griechen dachten eben in dieser Hinsicht viel freier als wir, resp. unsere Frauen. Sogar Plutarch sagt: „Wenn ein Privatmann, der in der Lust sich nicht mäßigen und beherrschen kann, sich einmal mit einer Dirne oder Magd vergeht, so soll seine Frau darüber nicht unwillig sein und zürnen, sondern bedenken, daß er aus Scham vor ihr, seine Trunkenheit, Geilheit und Uebermuth an einer Anderen ausgelassen hat."

in sein Verderben. Sei also versichert, das Recht, das du an ihm hast, wird ihn zu dir zurückbringen. Er wird einsehen, wie nachtheilig eine solche Lebensart seinem Hauswesen ist; er wird die Schmach der allgemeinen Mißbilligung nicht länger ertragen können; sein Gefühl für dich wird wieder erwachen und er wird bald wieder anderen Sinnes werden. — Du hingegen, liebe Freundin, anstatt dich mit einer Buhlerin messen zu wollen, zeige den großen Unterschied zwischen dir und einer solchen Dirne durch anständiges Betragen gegen deinen Mann, sorgfältige Führung deines Hauswesens, gutes Benehmen mit deinen Bekannten und wahre Mutterliebe zu deinen Kindern. Erweise diesem Geschöpfe nicht die Ehre, mit ihr zu eifern; denn nur mit tugendhaften Personen zu eifern, ist schön. Deinem Manne hingegen zeige dich immer zur Aussöhnung bereit. Ein edles Betragen gewinnt uns endlich sogar das Herz unserer Feinde und die Tugend, aber auch nur s i e allein, erwirbt uns die allgemeine Achtung. Durch sie kann eine Frau in gewissem Sinne über ihren Mann Gewalt bekommen und er wird immer lieber von einem solchen Weibe hochgeschätzt, als gleich einem Feinde belauert sein wollen. Je mehr Achtung du ihm zeigst, desto beschämter wird er werden, desto eher sich mit dir auszusöhnen verlangen und dich dann um so stärker und zärtlicher lieben, wenn er durch Betrachtung deiner untadeligen Aufführung und deiner Liebe zu ihm, zu einem soviel lebhafteren Gefühl seines Unrechts gegen dich gebracht worden ist. Euer Glück wird dann dieser kurzen Unterbrechung wegen nur desto größer sein, denn so wie es nach einer überstandenen Krankheit nichts Süßeres gibt als das erste Gefühl der wiederkehrenden Gesundheit, so enden sich auch die Mißhelligkeiten unter Freunden in einer desto innigeren Gemüthsvereinigung. — Nun, meine Freundin, stelle diesem Rathe die Eingebungen der Leidenschaft entgegen! Dieser rathet dir, weil e r krank ist, sollst d u dich durch Gram und üble Laune ebenfalls krank machen; weil e r gegen die Rechtschaffenheit sündigt, sollst d u wenigstens gegen die Anständigkeit sündigen; weil er seinem Vermögen und Credit Schaden zufügt, sollst d u das deinige auch dazu beitragen, indem du dich über ihn hinaufzusetzen scheinst und dein Interesse von dem seinigen absonderst. Du glaubst i h n zu züchtigen und strafst dich s e l b s t. Denn sage mir, wie willst du dich an ihm rächen? Etwa dich von ihm scheiden?*) So wirst du, weil du doch noch viel zu jung bist,

---

*) Das Unverständige eines solchen Schrittes beleuchtet Plutarch auch noch von einer anderen Seite her: „Eine Frau", schreibt er, „die aus Eifersucht sich scheiden lassen will, soll bei sich bedenken: wie könnte ich meiner Nebenbuhlerin eine größere Freude machen, als wenn sie sähe, wie ich mich so sehr quälte, mit meinem Manne zankte, und sogar Haus und Schlafgemach im Stiche ließe?"

verwittwet zu bleiben, es wieder mit einem anderen Mann versuchen, und wenn dieser in den nemlichen Fehler fällt, wieder mit einem anderen — oder dich entschließen müssen, dein Leben ledig und einsam zuzubringen. — Oder willst du dich nicht mehr um deine Haushaltung bekümmern, und indem du Alles darüber und darunter gehen läßt, deinen Mann zu Grunde richten? Würdest du dich dadurch nicht selbst zugleich mit ihm unglücklich und elend gemacht haben? — Du drohst der Buhlerin mit deiner Rache? Sie wird sich vor dir in Acht zu nehmen wissen; und wolltest du es bis zu einem persönlichen Angriffe treiben, so rechne darauf, daß ein Weib, die der Scham entsagt hat, streitbar ist. — Hältst du es für etwas Schönes, alle Tage mit deinem Manne in Zank und Hader zu gerathen, so bedenke, daß alles Keifen und Schelten seinen Ausschweifungen kein Ziel setzt, sondern bloß eure Zwietracht immer unheilbarer macht. Oder wie? solltest du etwa gar mit Anschlägen gegen seine Person umgehen? Nein, meine Freundin! Da würde die Tragödie, die uns die Verbrechen einer Medea in ihrem ganzen Zusammenhange darstellt, ihren Zweck sehr an dir verfehlen; denn sie lehrt uns, die Eifersucht zu bezähmen, nicht ihr die Zügel schießen zu lassen. Die Krankheit, an der du leidest, gleicht in diesem Stücke den Augenkrankheiten: man muß schlechterdings die Hände davon zurückhalten. Geduld und Standhaftigkeit sind das einzige Mittel, wodurch du sie zu heilen hoffen kannst.

3. Brief. Theano an Kallisto.

Die Gesetze haben euch jungen Frauen zwar die Gewalt gegeben, euer Hausgesinde zu regieren, sobald ihr heirathet; aber wie ihr regieren sollt, überlassen sie euch von den älteren zu lernen, die ohnehin so gerne von Oekonomie sprechen und gute Lehren geben. Es ist eine schöne Sache, das, was man nicht weiß, zu lernen und den Alten zuzutrauen, daß sie durch ihre Erfahrenheit am geschicktesten sind, uns guten Rath zu geben. Eine Person, die noch erst so kürzlich aus dem jungfräulichen Stand in den häuslichen getreten ist, kann nicht früh genug anfangen, ihre junge Seele mit solchen Dingen zu nähren. — Das erste, was eine Frau in ihrem Hause zu regieren hat, sind ihre Mägde; und hierbei, meine Liebe, kommt Alles darauf an, es dahin zu bringen, daß sie dir mit gutem Willen dienen. Die Herzen unserer Sklavinnen werden nicht zugleich mit ihren Personen gekauft; jene muß eine verständige Herrschaft sich erst durch ihr Betragen zu eigen machen; und dies geschieht, wenn man ihnen nicht mehr zumuthet als recht ist, und sie so behandelt, daß sie weder unter zu vieler Arbeit einsinken, noch aus Mangel an hinreichender Nahrung unvermögend werden müssen. Denn sie sind Menschen wie wir. Es gibt Frauen,

die zu ihrem größten Schaden viel dabei zu gewinnen
glauben, wenn sie ihre Mägde recht übel halten, sie
mit Arbeit überladen und ihnen, soviel sie nur immer
können, an ihrem nothdürftigen Unterhalt abbrechen.
Böser Wille, Untreue und heimliche Verschwörung des
Gesindes gegen das Interesse der Herrschaft sind die
natürlichen Folgen davon; um etliche Groschen im
Einzelnen zu ersparen, zieht man sich einen Schaden
zu, der zuletzt in's Große läuft. Um nicht in diesen
Fehler zu verfallen, meine Liebe, wirst du am besten
thun, deinen Sklavinnen etwas Gewisses und Fest=
gesetztes, nach Proportion der Wolle, die sie gesponnen
oder verarbeitet haben, zu ihrem täglichen Unterhalt
zuzumessen, so daß sie desto besser leben können, je
fleißiger sie gewesen sind. Was aber ihre Ver=
gehungen betrifft, so sieh' dabei hauptsächlich auf
das, was dir selbst anständig ist. Strafe deine
Mägde, je nachdem sie mehr oder weniger verschuldet
haben, ohne Zorn und ohne Grausamkeit; denn was
dir jener an deiner Würde benommen hat, kann
durch diese nicht wieder ersetzt werden. Wenn du
immer deiner selbst mächtig bleibst, so kannst du
ihnen nur desto besser zeigen, daß du entschlossen
seiest, keine Unarten noch Bosheiten an ihnen zu
dulden. Sind ihre Laster unverbesserlich, so mache
du lieber, daß du ihrer auf einmal los wirst und
verkaufe sie; denn was soll dir die Herrschaft über
ein Ding, das dir unnütz ist? In allem diesem

aber nimm immer die Vernunft zur Rathgeberin: sie wird dich nicht nur belehren, ob wirklich gefehlt worden ist, damit du nicht einem Unschuldigen Unrecht thust, sondern auch, wie groß der Fehler sei, damit du die Strafe mit dem Vergehen in Verhältniß bringen kannst. Oft ist Nachsicht und Verzeihung die vernünftigste Maßregel, die eine Frau nehmen kann, um größeren Schaden zu verhüten, und ihr Ansehen, worauf in den häuslichen Verhältnissen so viel ankommt, beizubehalten. Manche Frauen können so grausam sein, ihre Sklavinnen zu geißeln und in einem Anfall von Zorn oder Eifersucht ihren Grimm auf eine unmenschliche Art an ihnen auszulassen, um, wie sie sagen, ein abscheuliches Exempel an den Geschöpfen zu statuiren. Aber, was ist der Vortheil, den sie an einem so strengen Hausregiment haben? Die einen grämen sich über das Marterleben, das sie führen müssen, vor der Zeit zu Tode; andere suchen ihr Heil in der Flucht, noch andere haben sogar aus Verzweiflung Hand an sich selbst gelegt. Wenn sich dann zuletzt die Frau in ihrem Hause allein sieht und mit ihrem Schaden die Unklugheit ihrer häuslichen Regierung bejammert, dann kommt die Sinnesänderung zu spät. Erinnere dich, meine junge Freundin, der Saiten auf einem Instrument, die, zu wenig gespannt, keinen Ton von sich geben, und zu hoch gespannt, springen. Gerade so verhält es sich zwischen einer Frau und ihrem

Gesinde. Durch zu viel Nachsicht verliert die Frau ihr Ansehen und die Mägde vergessen ihre Schuldig=keit; zu viel Strenge hingegen kann die Natur nicht aushalten. Und so gilt auch hier der goldene Spruch: Der Mittelweg ist überall der beste.

*

Einem nicht sehr zuverlässigen Berichte zufolge soll Theano nach dem Tode des Pythagoras gemeinschaftlich mit ihren beiden Söhnen Telauges und Mnesarchos dem geheimen Bunde vorgestanden haben. Sicher scheint es jedoch zu sein, daß sie nicht nur Philosophie betrieb, sondern auch als Lehrerin der Grundsätze ihres Gemahls auftrat. Die Zeit ihres Todes ist unbekannt. Von den drei Töchtern, die sie hinterließ und welche alle in die Fußstapfen ihrer weisen Mutter traten, war die berühmteste

Myia.

Es wird erzählt, dieselbe sei so vortrefflich erzogen und von so ausgezeichneter weiblicher Tugend gewesen, daß sie bei festlichen Anlässen als Jungfrau den Chor der Mädchen, als Ehefrau den Chor der Frauen von Kroton angeführt habe und beim Hintritt vor die Altäre der Götter den übrigen vorangeschritten sei. Sie war mit dem berühmten Athleten Milon, einem Anhänger der Lehre ihres Vaters, vermählt.

Diese Ehe scheint eine sehr glückliche gewesen zu sein und Myia hatte — wie aus einer ungeschickten Notiz des griechischen Historikers Aelianus durchleuchtet — eine große Macht über ihren Gemahl. Auch Myia war Verfasserin verschiedener Schriften, von denen aber, bis auf einen kurzen Brief an eine Freundin über die Wahl einer Amme und Pflege der Säuglinge, Alles verloren gegangen ist. Myia's Wirken im Geiste ihres Vaters war so segenbringend und glänzend, daß sich der Ruf davon über ganz Griechenland verbreitete. Es scheint sogar eine ganze Literatur über diese Tochter Theano's vorhanden gewesen zu sein und ist der Verlust derselben um so mehr zu bedauern, als — aus der Bemerkung des Lukianos zu schließen, daß er „recht viel von dieser Pythagoräerin zu erzählen wüßte, wenn ihre Geschichte nicht schon allgemein bekannt wäre," — dieselbe sehr interessant gewesen sein muß. Was nun jenen Brief betrifft, so liefert derselbe als Aeußerung einer sehr gebildeten und verständigen Frau des Alterthums einen gewiß sehr beachtenswerthen Beitrag zu den vielen Schriften und Aufsätzen über die Pflege und Behandlung von Säuglingen. Der Brief lautet:

Myia an Phyllis.

Da du Mutter von Kindern geworden bist, so gebe ich dir folgende Ermahnungen. Suche dir eine Amme aus, die alle Geschicklichkeit hat, die reinlich,

dabei schamhaft und dem Schlaf und Trunke*) nicht
ergeben ist. Denn eine solche möchte für die beste
zu halten sein, um Kinder auf eine für Freie schädliche
Weise zu erziehen, wenn sie dabei eine nahrhafte
Milch hat und nicht zu männersüchtig ist. Denn
ein großer Theil, ja der erste und am meisten mit
dem ganzen Leben verbunden, beruht auf der Amme,
um gut auferzogen zu werden. Denn sie wird Alles
zur rechten Zeit gut verrichten. Sie wird die Brust
und Nahrung nicht geben, wenn es ihr eben einfällt,
sondern mit vorsichtiger Bedachtsamkeit, und so wird
sie das Kind gesund erhalten. Sie wird nicht
schlafen, wenn ihr selbst die Neigung dazu kommt, sondern
wenn das Kind Begierde zur Ruhe zeigt. Dies wird
nicht wenig zur Gesundheit des Kindes beitragen. Die
Amme darf auch nicht auffahrend und plauderhaft sein,
noch darf es ihr gleichgültig sein, welche Speisen sie ißt,
sondern sie muß dies ordentlich und mäßig thun. Wenn
möglich, sei sie keine Ausländerin, sondern Griechin.**)

*) Die Sitten der Säugammen waren nicht die besten.
Die Trunksucht dieser Weibspersonen war geradezu sprich=
wörtlich geworden. Dioskorides geißelt dieselbe in einem
Epigramm „auf das Grab einer Amme."
Seine Amme, Seilänis, die, wenn sie vom ächten Gewächs trank,
   Nie zu bezwingen ein Maaß mehr oder minder vermocht,
Grub auf dem Felde hier Hieron ein, auf daß die Berauschte
   Auch nach dem Tode noch nah' hätt' an den Keltern ihr Grab.
**) Am gesuchtesten waren die Ammen aus Lakedaimon
in Griechenland. Meistens nahm man dazu eigene
Sklavinnen, welche gerade säugten.

— Es ist am besten, wenn das Kind, nachdem es sich an der Brust satt getrunken hat, eingeschläfert wird, denn Ruhe ist den kleinen Kindern süß und erleichtert ihnen auch die Verdauung. Muß man nun andere Nahrung geben, so sei es die einfachste. Wein darf gar nicht gegeben werden, weil er zu stark ist, höchstens in seltenen Fällen eine Mischung, die leicht verdaulich und milchartig ist. Das Waschen darf nicht anhaltend geschehen; ein seltener, aber gut eingerichteter Gebrauch desselben ist besser. Dann muß stets angenehme, weder zu warme noch zu kalte Luft vorhanden und das Zimmer nicht zu sehr dem Winde ausgesetzt, aber auch nicht ganz eingeschlossen sein. Das Wasser darf weder zu hart noch zu weich sein. Auch das Bettchen soll nicht zu hart sein, sondern sich sanft um die Glieder schmiegen. In allen diesen Dingen fordert die Natur nur, was für sie sie schicklich ist, und gar nichts Kostbares. — Soviel für diesmal. Es würde übrigens auch nicht zwecklos sein, dir noch von den Hoffnungen, die aus der vorgeschriebenen Art der Aufziehung entstehen, Einiges zu schreiben. Mit der Gottheit Hilfe aber wollen wir dir ein anderes mal auch unsere besonderen Ermahnungen, die Erziehung der Kinder betreffend, geben.

*

Es ist bemerkenswerth, daß nach diesem Briefe Myia das Stillen der Kinder durch die Mutter durchaus für keine Naturpflicht gehalten zu haben scheint. Der Gebrauch von Ammen war bei den Griechen sehr häufig und entsprach ganz der Lebensart der griechischen Damen, deren Gefallsucht die Erhaltung der Schönheit zum Hauptziele des Strebens machte. Doch erhoben sich auch schon damals, namentlich unter den Philosophen, viele Stimmen, welche gegen den Unfug des überhand nehmenden Ammenwesens eiferten. —

Nicht unberühmt waren auch Myia's Schwestern, von denen sich Arignote außer als Philosophin auch als Epigrammdichterin einen nicht unbedeutenden Namen erwarb, während Damo sich durch treue Hütung eines väterlichen Auftrages ausgezeichnet haben soll. Es wird nämlich erzählt, Pythagoras habe bei ihr seine Denkschriften niedergelegt und den Auftrag gegeben, dieselben Niemanden außer der Familie mitzutheilen. Ob sie nun gleich diese Vorträge für vieles Geld hätte verkaufen können, ließ sie sich doch nicht dazu herbei und hielt Armuth und die Aufträge ihres Vaters für kostbarer als Gold. Bei ihrem Tode soll sie diese Schriften ihrer Tochter Bistalia (oder Bistale) gleichfalls mit dem Auftrage übergeben haben, sie nicht aus ihren Händen zu lassen und es waren dieselben (wenn sie überhaupt existirt haben) auch wirklich niemals in die Oeffentlichkeit gekommen. Diese Enkelin des Pythagoras gehörte gleichfalls zu den eifrigsten Anhängerinnen der Lehre desselben.

Von Einigen gleichfalls als Tochter des Pythagoras bezeichnet, nach Suidas jedoch eine Tochter des Leophron, ist die jüngere Theano aus Metapont oder Thurii. Dieselbe war nicht nur eine tüchtige Philosophin, sondern auch eine fruchtbare Schrift=stellerin. Sie schrieb „Ueber Pythagoras", „Ueber die Tugend" an einen Landsmann Hippodamos, dann „Ermahnungen an Frauen", „Denksprüche verschiedener Personen aus dem pythagoräischen Bunde" u. A.

Von sonstigen Pythagoräerinnen werden noch genannt: Melissa von Samos, Timareta, Nikostrata, Eubula, Kallisto, sämmtlich Schülerinnen der Theano; Phyllis, Kleareta, Tyrsenis von Sybaris, Philtis (Philtatis) von Kroton, Pisirrhonde (Bisorronde?), Abrotelia von Tarent, Timycha von Kroton, Okkello und Byndakis, zwei Schwestern aus Lukanien, Eche=kratia aus Phlius, Babelyma und Byo aus Argos, Phintys, des Königs Kallikrates Tochter, Nestheadusa, Kleächma, Kratesiklea und Chilonis aus Lakedämon, Periktyone, endlich Ptolemais von Kyrene. — Mehr als den bloßen Namen wissen wir von diesen pythago=räischen Frauen nur von Timycha, Phintys, Periktyone, Melissa und Ptolemais, wenngleich auch die Nach=richten über diese höchst spärlich sind oder nur in Fragmenten ihrer Schriften bestehen. Nur von

T i m y c h a

wissen wir einen, und zwar sehr charakteristischen Zug aus ihrem Leben, das, wie aus der nachfolgenden

Erzählung hervorgeht, in die Zeit des Tyrannen Dionysios von Syrakus fällt. Schon früher wurde erwähnt, daß sich mehrere Pythagoräerinnen auch durch seltenen Heldenmuth ausgezeichnet haben. Von der Timycha wird nun folgende, fast unwahrscheinliche Geschichte erzählt, die wir nach den vereinigten Berichten zweier alter Autoren wiedergeben. — Der Tyrann Dionysius von Syrakus kam auf den Ein= fall, einigen in den pythagoräischen Mysterien ein= geweihten Personen, die zu gewissen Zeiten von Tarent nach Metapont zu reisen pflegten, durch eine über= legene Anzahl Syrakusaner auflauern und dieselben mit Gewalt entführen zu lassen. Sein eigener. Schwager Eurymenes schämte sich nicht, sich zu diesem schmählichen Auftrage gebrauchen zu lassen. Er legte sich mit dreißig wohlbewaffneten Kriegsknechten in einen Hohlweg, den die Pythagoräer nothwendig passiren mußten, und als diese, ungefähr zehn Per= sonen stark, in ihrer Unschuld daherzogen, fiel er plötzlich mit großem Geschrei über sie her. Die guten Leute, wiewohl unbewaffnet, schlugen sich dennoch, wie es dem pythagoräischen Ordensmuth geziemte, eine Weile mit den dreißig Soldaten herum; endlich aber, als sie zu bemerken anfingen, daß die Partie gar zu ungleich sei, glaubten sie der Tugend nichts zu ver= geben, wenn sie sich mit der Flucht zu retten suchten. Sie würden auch, da sie leicht zu Fuß, die ihnen nachsetzenden Feinde hingegen schwer bewaffnet waren,

glücklich entkommen sein, wenn sie nicht auf der
Flucht an ein großes Bohnenfeld, das bereits
voll Schoten war, gerathen wären. Da ihnen nun
das pythagoräische Dogma nicht erlaubte, eine Bohne
auch nur anzurühren, so blieben sie auf einmal
stehen, wehrten sich auch mit Steinen und Knitteln
und Allem, was ihnen in die Hand kam, so lange
sie konnten und ließen sich zuletzt alle zusammen
lieber todt schlagen, als daß sie sich ergeben hätten.
Eurymenes, sehr ärgerlich darüber, daß er auch nicht
mit einem einzigen lebendigen Pythagoräer vor dem
Tyrannen erscheinen sollte, ließ die Erschlagenen
begraben, errichtete ihnen ein Denkmal und zog
mißmuthig nach Hause. Unterwegs stieß er auf
einen anderen Pythagoräer, Mylias von Kroton,
der mit seiner, baldiger Niederkunft entgegensehenden,
Frau Timycha von den übrigen zurückgelassen
worden war, weil die Frau ihres Zustandes wegen
nicht gleichen Schritt mit ihnen halten konnte.
Sogleich läßt sie Eurymenes gefangen nehmen, trägt
unterwegs große Sorge, daß ihnen nichts abgehe
und langt endlich wohlbehalten bei dem Tyrannen
an. Dieser läßt sich den ganzen Hergang erzählen,
bezeigt sich sehr betrübt darüber und verspricht dem
pythagoräischen Ehepaare, daß er sie vor allen Anderen
in hohen Ehren halten würde, wenn sie mit ihm
regieren wollten. Da aber jene sich zu nichts verstehen wollten, fuhr Dionysios fort: „Antwortet mir

wenigſtens nur auf eine einzige Frage, ſo will ich
euch unverſehrt und mit einer ehrenvollen Begleitung
wieder nach Hauſe ſchicken. Was war die Urſache,
Mylias, warum deine Freunde lieber ſterben als
durch ein Bohnenfeld entfliehen wollten?" „„Sie,
verſetzte Mylias, wollten lieber ſterben, als auf Bohnen
treten, und ich will lieber ſterben, als dir die Urſache
ſagen, warum wir auf keine Bohnen treten.""
Dionyſios, deſſen Neugierde durch dieſe Antwort
aufs Höchſte ſtieg, ließ den Mylias ſogleich abführen
und befahl, die Timycha zu foltern, in der Meinung,
ein Weib, das noch dazu in ſolchem Zuſtande und
von ihrem Mann verlaſſen iſt, würde durch die
Furcht vor der Marter leichter dahin zu bringen
ſein, ihm das Geheimniß zu entdecken. Aber die
heldenmüthige Frau, ohne ſich lange zu bedenken,
biß ſich ſelbſt die Zunge ab und ſpie ſie dem Tyrannen
in's Geſicht, um ihm zu zeigen, wenn auch die zartere
weibliche Natur durch die Folter gezwungen werden
könne, etwas, das ſie zu verſchweigen ſchuldig ſei,
zu verrathen, ſo habe ſie doch Muth genug, ſich
ſelbſt des dazu erforderlichen Organs zu berauben
und ihr Geheimniß dadurch in Sicherheit zu bringen.
Nach unſerem anderen Gewährsmann ſoll Dionyſios
die Timycha gefragt haben, warum ſie keine Bohnen
eſſe. Sie entgegnete: „Ich würde ſie gewiß eſſen,
wenn ich es ſagen wollte." Als man ſie durch die
Folter zwingen wollte, ſie zu koſten, ſagte ſie: „Ich

würde es gewiß sagen, wenn ich sie essen wollte" —
biß sich darauf die Zunge als das Werkzeug des
Redens und Essens ab und spuckte sie dem Tyrannen
in's Angesicht.

Wegen dieses seltenenen Heldenmuthes wurde
Timycha sogar noch von den heiligen Vätern den
Christenfrauen als bewundernswürdiges Beispiel hingestellt. Wieland, nach dessen Uebersetzung wir den
ersten Gewährsmann dieses Berichtes zitirten, bemerkt
zu diesem: „Was man auch von dieser Erzählung
halten mag, so däucht mich, Beispiele einer weniger
ungewöhnlichen Stärke der Seele, Beispiele der
Mäßigung, der Selbstverleugnung, der Geduld und
der Standhaftigkeit in Gelegenheiten, die im gemeinen
und häuslichen Leben häufig genug vorkommen,
würden den pythagoräischen Frauen eben so viele
Ehre gemacht haben, und für den größeren Theil
ihres Geschlechtes zur Aufmunterung und Nachfolge
dienlicher gewesen sein, als dieses Beispiel eines
beinahe unnatürlichen Heroismus. Manche der Welt
unbekannte Frau übt in dem engen Kreise ihres
häuslichen Lebens unbeschreibliche Tugenden aus, zu
welchen oft ein höherer Grad von Stärke des Gemüths
erfordert wird, als derjenige ist, womit auf dem
großen Schauplatze der Welt die Thaten gethan
werden, welche die Bewunderung der Menge erregen
und die Federn der Geschichtsschreiber beschäftigen.
Und beruht nicht größten Theils auf jenen unschein-

baren Tugenden das Wohl der Familie, sowie auf dieser der Wohlstand des Staates?"

Phintys.

Phintys war die Tochter des Königs Kallikretes und gehört zu den pythagoräischen Schriftstellerinnen. Aus ihrem Buche: „Ueber die weibliche Sophrosyne", welch' letzteren Begriff wir schon oben auseinandergesetzt haben, ist noch das nachstehende, beachtenswerthe Fragment vorhanden, worin sie von den, dem weiblichen Geschlechte besonders zukommenden Tugenden spricht.

Aus dem Buche: „Ueber die weibliche Sophrosyne."

Gut und bescheiden sei das Weib; aber ohne Tugend kann es dies nicht werden. Jede Tugend oder Vortrefflichkeit, welcher Sache sie immer zukommen mag, macht dieselbe lobenswerth, so die Tugend (die Vortrefflichkeit) des Sehens die Augen, des Hörens die Ohren, des Pferdes das Pferd, des Mannes den Mann und so auch des Weibes das Weib. Die erste weibliche Tugend ist aber die weise Mäßigung in allen Dingen, die „Sophrosyne", wodurch die Frau ihren Mann wird achten und lieben können. Viele werden vielleicht der Ansicht sein, daß es sich für ein Weib nicht schicke, Philosophie zu betreiben, sowie auch nicht zu reiten und in der Volksversammlung aufzutreten. Ich aber glaube, daß gewisse Beschäftigungen dem Manne, andere

dem Weibe und einige beiden gemeinschaftlich zu=
kommen; ferner, daß einige mehr für das Weib,
als für den Mann passen und umgekehrt. Dem
Manne gehört es zu, dem Heere oder dem Staate
vorzustehen und in der Volksversammlung aufzu=
treten; dem Weibe hingegen kommt es zu, das
Haus zu bewahren, daheim zu bleiben und den
Mann zu erwarten und ihn gut zu behandeln. Als
Beiden gemeinschaftlich zukommend nenne ich die
Tapferkeit, Gerechtigkeit und Klugheit. Sowohl der
Mann wie das Weib müssen aber sowie körperliche
auch Geistestugenden besitzen. Denn wie für Beide ein
gesunder Körper ersprießlich ist, so ist es auch die
Gesundheit der Seele. Tugenden des Körpers heiße
ich die Gesundheit, die Stärke, die Erhaltung der
Sinne und die Schönheit. — Ferner giebt es unter
den Tugenden solche, welche auszuüben und zu be=
sitzen, mehr dem Manne zukommt, wie die Tapfer=
keit und Klugheit, das eine wegen seiner Körper=
beschaffenheit, das andere wegen seiner Geistesanlagen.
Andere Tugenden gehören wieder mehr für das Weib,
worunter die Mäßigung. Man muß wissen, wodurch
diese Tugend erworben wird und aus wie vielen
und welchen Dingen dieses Gut für die Weiber
zusammengesetzt ist. Es sind aber deren fünf, und
zwar: erstens die Unsträflichkeit und Zärtlichkeit in
der Ehe; zweitens der Schmuck des Körpers; drittens
das Verhalten mit den Ausgängen aus dem Hause,

viertens die Enthaltung von den Festen der Götter=
mutter*) und den Bacchanalien, und fünftens die
Behutsamkeit und das Maßhalten bei den Opfern
der Götter. Wie schon gesagt, ist die Sophrosyne
die erste und vorzüglichste Tugend der Frau, die sie
dadurch übt, daß sie in der Ehe eine unverdorbene
Gemahlin ist und sich nichts mit einem fremden
Manne zu schaffen macht. Denn wenn sie in diesem
Punkte sich vergeht, beleidigt sie erstens die Geburts=
götter, da sie nicht die des Hauses und der Ver=
wandtschaft, sondern fremde anruft; dann ist sie
auch treulos gegen die anderen Götter, bei denen sie
im Verein mit ihren Eltern und Verwandten geschworen
hat, daß sie sich gesetzlich mit dem Gemahl verbinden
wolle zur Gemeinschaft des Lebens und zur Erzeugung
von Kindern. Sie fehlt auch gegen das Vaterland,
da sie seine Gesetze nicht verfolgt; dann vergeht sie
sich in eben den Dingen, auf welche als größte
Strafe sogar der Tod gesetzt ist, wegen der Größe
des Lasters, das aus Wollust und Leichtfertigkeit
begangen wird, höchst frevelhaft und in jeder Hin=
sicht nichtswürdig ist. Das Ende jeder Leichtfertig=
keit ist aber das Verderben. Sie möge aber auch
bedenken, daß sie für dieses Vergehen kein reinigendes
Mittel finden werde, um, wenn sie in die Tempel
der Götter geht und an die Altäre herantritt, vor

*) Kybele, bei deren Festen es toll und ausschweifend
zuging, wie an denen des Bacchus.

der Gottheit rein und wohlgefällig zu erscheinen. Denn dieses Laster ist auch der Gottheit am meisten verhaßt und sie verzeiht es am wenigsten.

Besonders ehrenvoll ist es aber für eine Frau, ihre Keuschheit für denn Mann durch die Aehnlichkeit ihrer Kinder zu beweisen*), indem diese den Typus der Aehnlichkeit mit ihrem Vater zeigen. Soviel über das eheliche Verhältniß selbst. Was aber den Schmuck des Körpers betrifft, so billige ich den weißen, einfachen und am wenigsten überflüssigen. Durchsichtige, verschiedenartige, bunte und aus Seide gewebte Kleider soll man nicht anziehen. Eine tugendhafte Frau wird also übertriebene Putzsucht und Weichlichkeit meiden und nicht in schlechtem Eifer anders thun; Gold und Smaragde wird sie daher nicht tragen, denn man weiß ja, daß sie dadurch Stolz vor den übrigen Menschen bekundet.**) Ein

---

*) Ein Epigramm der Dichterin Nossis auf das Portrait einer Freundin lautet:

„Dies ist Melinna selbst! Seht, wie mir das holde Gesichtchen
  Liebevoll milde gesinnt scheint in die Augen zu schau'n!
Wie wahrhaftig die Tochter in Allem ähnelt der Mutter!
  Schön ist's wahrlich, ein Kind ähnlich den Eltern zu
      seh'n.“

Ueber Nossis vergl. „Griechische Dichterinnen“ Seite 174—183.

**) Plutarch sagt: „Die Hausfrau wird wohl thun, alles Ueberflüssige, Buhlerische und Alles, was auf äußere Pracht geht, zu vermeiden und abzuweisen; sie

gut eingerichteter Staat muß in allen Theilen voll=
kommen sein, und muß durch stumme Ueberein=
stimmung mit seinen Satzungen gefördert werden.
Daher soll man die Verfertiger solcher Dinge aus=
weisen. Das Gesicht soll man sich nicht mit geborgter
oder fremder Farbe schön machen, sondern mit der
angeborenen und natürlichen Körperfarbe; man wasche
dasselbe mit einfachem Wasser und die Scham sei
seine schönste Zierde. So wird sie auch sowohl ihrem
Manne als sich selbst Ehre machen. Die einheimischen
Frauen sollen aber nur aus dem Hause gehen, wenn
sie dem obersten Gotte und Schützer des Staates für
sich, ihren Gatten und ihre ganze Familie Opfer dar=
bringen wollen. Wenn eine Frau aber ausgeht,
um etwas zu besichtigen oder einzukaufen, so geschehe
es nicht gegen Abend oder bei Anbruch der Nacht,
sondern am hellen Tage und wenn die Plätze von
Menschen voll sind, und zwar von einer, oder höchstens
zwei Dienerinnen begleitet. Die Opfer für die
Götter sollen ordentlich und nach den Vermögensver=
hältnissen dargebracht werden. Von der Feier des
Bacchusfestes und den Mysterien der Göttermutter,
die zu Hause abgehalten werden, soll sie sich jedoch
enthalten, da es ohnehin durch ein öffentliches Staats=
gesetz bestimmt, daß an solchen Festen die Weiber

---

wird vielmehr durch ein tugendhaftes und gefälliges
Benehmen alle Kunst gegen ihren Mann anwenden, um
ihn an ein anständiges Leben mit Lust zu gewöhnen."

nicht theilnehmen sollen, theils aus gewissen anderen
Gründen, theils weil sie sich berauschen und den
Sinn von dem Heiligen der Handlung abwenden.
Die Familienmutter aber, der die Leitung des Hauses
obliegt, muß maßvoll, schamhaft und von Allem
unberührt bleiben." —

Periktyone.

Als Namensverwandte der Periktyone, Mutter
des Philosophen Platon, wurde diese Pythagoräerin
irrthümlich öfter mit jener verwechselt und man
setzte deshalb auch Zweifel in die Echtheit der unter
ihrem Namen in Umlauf gewesenen Schriften, wovon
wir zum Theil noch Fragmente besitzen. Sie schrieb
außer Anderem ein Buch „Ueber die Weisheit
(Philosophie)", welches Aristoteles sehr schätzte, und
dem er sogar auch einige Ideen über die Beschaffen=
heit des Wesens und seiner zufälligen Eigenschaften
entlehnt haben soll. Eine andere Schrift handelte:
„Ueber die Harmonie des Weibes", wo unter dem
Worte „Harmonie", dessen Begriff sich ebensowenig
wie der von Sophrosyne durch ein deutsches Wort
völlig decken läßt, das richtige Verhältniß zwischen
Geist und Körper, Innerlichem und Aeußerlichem,
der Einklang des Lebens und Denkens, der Gesinnungen
und Handlungen, kurz das tugendhafte Wesen und
der in jeder Hinsicht vollkommene Charakter zu ver=
stehen ist, und sich deshalb von der Sophrosyne

kaum unterscheidet. Aus beiden Schriften hat uns der fleißige Sammler Stobäos (aus dem 5. oder 6. Jahrhundert), dem wir auch das Fragment aus Phintys verdanken, nicht unbeträchtliche Excerpte aufbewahrt. Periktyone tritt darin wie Phintys als strenge Sittenlehrerin auf; sie eifert mit aller ihr zu Gebote stehenden Beredsamkeit gegen den Luxus, die Hoffart und Wollust der Weiber und läßt uns einen Einblick thun in die Moden und Lieblingspassionen der griechischen Damenwelt in jener Zeit. Dann bringt sie wieder die hohe Anschauung der Alten von den Pflichten der kindlichen Liebe zum schrift= lichen Ausdruck. Doch treten wir lieber der ernsten Philosophin selbst das Wort ab.

Aus der Schrift:

„Ueber die Harmonie des Weibes."
Erstes Fragment.

Man muß, o Weib, die Harmonie der Seele zur höchsten Vollendung bringen, um Klugheit und Bescheidenheit zu erreichen. Allerdings muß aber eine natürliche Anlage zur Tugend vorhanden sein. Ein Weib, das darnach strebt, wird daher gerecht, brav, klug, mit seinem Loose zufrieden und eitlem Ruhm fremd sein. Wenn es diese Vorzüge besitzt, wird es sowohl sich selbst als seinem Gemahl, seinen Kindern und dem ganzen Hause Nutzen und Ehre bringen, manchmal sogar auch dem Staate, wenn ein solches über Länder und Völker herrscht. Um sich aber die göttliche Harmonie zu eigen zu machen, beherrsche es seine Begierden und den aufbrausenden Geist. Eine brave Frau wird sich darum keiner unerlaubten Liebe hingeben, sondern gegen ihren Mann, ihre Kinder und das ganze Haus voll Freundschaft sein. Denn diejenige, welche fremde Betten liebt, haßt alles Häusliche, ihre Kinder, wie ihre Dienstboten und ein solches Weib täuscht ihren Mann und erzählt ihm Lüge über Alle, damit sie allein ihm zugethan erscheine und als ob sie strenge Aufsicht im Hause führe. Eine solche liebt den Müssiggang, welcher der Ruin alles ihr und ihrem Manne Gehörigen ist. Doch hiervon genug.

Was den Körper betrifft, so muß auch auf diesen das richtige Maß der Natürlichkeit angewendet werden hinsichtlich der Nahrung, Kleidung, Bäder, Salbungen, Anordnung der Haare und allem, was zum Schmuck aus Gold und Juwelen verfertigt ist. Denn jene Weiber, die nur Kostbares essen, trinken, anziehen und tragen, sind zu jeder Schlechtigkeit geneigt und lassen sich sowohl in der Ehe wie in anderen Dingen viel zu schulden kommen. Daher stille man Hunger und Durst nur mit den nächstbesten, wohlfeilen Mitteln: gegen die Kälte schützt hinreichend ein Fellkleid oder eine Pänula. Weithergebrachte, kostbare und leckere Zukost zu essen scheint keine geringe Unzukömmlichkeit zu sein, so wie es ein Zeichen der Thorheit ist, sich nach prächtigen und purpurgefärbten Kleidern umzusehen: denn der Körper sucht sich nur gegen die Kälte zu schützen und will bescheidene Zierde nicht entbehren; alles Andere aber braucht er nicht. Der von Unwissenheit befangene, menschliche Sinn ist zum Eitlen und Ueberflüssigen geneigt; daher wird ein ver nünf = t i g e s Weib sich auch nicht mit Gold oder indischen und anderen fremden Steinen schmücken; es wird seine Haare nicht künstlich flechten, sich nicht mit Salben, welche arabischen Duft ausströmen, salben, und das Gesicht nicht mit Bleiweiß und rother Schminke beschmieren und auch die Augenbrauen und Augenlider nicht mit schwarzer Farbe bemalen; es wird graue Haare nicht färben und sich endlich nicht zu oft baden. Die dergleichen thut, sucht einen Bewunderer weiblichen Putzes. Ehrenhaften Weibern gefällt die S ch ö n h e i t d e s G e i s t e s und nicht die durch fremden Schmuck erworbene. Sie darf aber auch weder Adel nach Reichthum, noch ein großes Vaterland, noch Ruhm und Freundschaft ausgezeichneter und fürstlicher Männer für nothwendig halten, denn Alles dies macht zwar, wenn man es besitzt, keine Beschwer; es ist aber, wenn es mangelt, nicht gar zu sehr zu begehren. Ein kluges Weib kann auch ohne dieses leben. Man strebe also nicht nach jenen erwähnten großen und bewunderungswerthen Dingen, wenn man nicht im Besitze derselben ist, sondern man halte sich eher davon fern; denn sie sind mehr schädlich als nützlich, da sie zu allerlei Ungemach führen. Sie haben Nachstellungen, Eifersucht und Neid im Gefolge, und ein Weib, dem diese Dinge beschieden sind, kann nicht ruhig sein Leben genießen. Es möge vielmehr in hoffendem Vertrauen auf eine schöne Glückseligkeit die Götter verehren und den vaterländischen Gesetzen und Gebräuchen gehorchen.

Nächst den Göttern muß man sodann die Eltern ehren und pflegen, denn sie sind ja in Allem den Göttern ähnlich und gewähren ihren Kindern auch Aehnliches wie diese. Ein braves Weib wird auch dem Manne gegenüber sein Leben recht und wie das Gesetz es will, einrichten, wenn es nicht seine eigenen Gedanken hat, sondern das Ehebett hütet und bewahrt. Dies aber ist die Hauptsache. Den Mann muß man unter allen Umständen ertragen, auch wenn er von großem Unglück heimgesucht ist, oder sich aus Unwissenheit etwas zu schulden kommen läßt, wenn er krank oder betrunken ist, oder mit anderen Weibern sich abgibt. Den Männern wird ja ein solches Vergehen nachgesehen, nicht aber den Weibern, sondern diese trifft dafür Strafe. Man unterwerfe sich also dem Gesetze und lege die Eifersucht ab; man ertrage ferner an dem Manne Zorn, Knauserei, Klagen, Eifersucht, falsche Beschuldigung und was immer für einen Naturfehler er haben mag. Ihm muß das Weib sich ganz anpassen und

sich ganz nach seinem Wunsche richten; denn steht
es mit dem Manne auf gutem Fuß, so ist es diesem
auch theuer und es herrscht Harmonie zwischen
beiden. Es liebt seine Familie und es erfüllt auch
Fremde mit Zuneigung zu einem so bestellten Hause.
Wenn es aber seine Familie, Kinder und Dienstleute nicht liebt, so will es für seine Opfer keinen
glücklichen Ausgang sehen, sondern führt und wünscht
jede Art des Verderbens herbei. Da es ihm abgeneigt ist, wünscht es seinem Gatten den Tod, wie
einem Feinde, um mit Anderen Umgang zu haben,
und sie haßt Alle, denen er zugethan ist. Für brav
und „harmonisch" halte ich aber jene Frau, die
klug und maßvoll ist. Eine solche wird nicht nur
gegen den Mann wohlwollend sein, sondern auch
gegen ihre Kinder, Verwandten, Dienstleute und das
ganze Haus, zu dem Grundstücke, Freunde, Bürger
und Gastfreunde gehören, und sie wird ihnen nicht
den Luxus lehren, und nur Anständiges sprechen
und anhören. So wird sie sich dem Manne als
wahre Genossin des gemeinschaftlichen Lebens dar-
bieten und Freude haben an den Verwandten und
Freunden, denen der Mann gewogen ist. Endlich
wird sie auch Alles für angenehm und unangenehm
halten, was ihr Gemahl so findet, sie müßte denn
ein vollkommen ungereimtes Weib sein. . . . .

Zweites Fragment.

Man darf den Eltern weder durch Reden noch durch Handlungen etwas Böses zufügen, sondern muß ihnen, wie immer sie auch sein mögen, Gehorsam leisten. Wie auch der Zustand ihres Körpers oder der Seele oder der äußeren Verhältnisse gestaltet sei, in Frieden, Krieg, Gesundheit, Krankheit, Reichthum, Armuth, Ruhm, Verachtung, seien sie nun Privatleute oder obrigkeitliche Personen: man muß stets treu zu den Eltern halten und sie niemals verlassen. Nur wenn sie auch wahnsinnig sein sollten, braucht man ihnen nicht zu gehorchen; denn dies wird von frommen Menschen klug und billig gehalten. Die Mißachtung der Eltern aber ist ein Vergehen, welches sowohl im Leben wie im Tode von den Göttern verurtheilt, von den Menschen verabscheut und in der Unterwelt am Orte der Gottlosen in Gemeinschaft mit den übrigen Verworfenen von der Gerechtigkeit und den Göttern der Unterwelt, denen dies obliegt, ewig bestraft wird. Denn sehr ehrwürdig, ja geradezu göttlich ist das Antlitz der Eltern und sein Anblick und die Verehrung desselben muß heiliger sein als der der Sonne und aller Gestirne, die den so lieblichen Chortanz des Himmels bilden, oder wenn von jemand irgend etwas Anderes von sichtbaren und unsichtbaren Dingen höher gehalten wird als dies. Ich glaube fürwahr, daß die Götter, wenn sie sehen, daß die Eltern mißachtet werden, dies niemals zugeben werden; daher ist es Pflicht, sie im Leben und im Tode zu ehren und ihnen niemals zu widersprechen, vielmehr wenn sie etwas, sei es wegen Krankheit oder Täuschung des Geistes nicht wissen, sie zu beruhigen und zu belehren, ihnen aber keineswegs deshalb feind zu sein. Denn ein größeres Vergehen kann es unter den Menschen nicht geben, als Lieblosigkeit gegen die Eltern.

Aus dem Buche:
„Ueber die Weisheit (Philosophie)."

„Der Mensch ist so angelegt und beschaffen, daß er das Wesen der Dinge in der Natur und der Weisheit selbst untersuche; seine Aufgabe ist es, sich Einsicht in das Bestehende zu verschaffen und es zu betrachten. Zwar die Geometrie und Arithmetik und alles Uebrige, was auf Speculation beruht, sind auch Wissenschaften und beschäftigen sich mit wirklich vorhandenen Dingen. Die Philosophie aber befaßt sich mit allen Arten des Seienden; denn sie erstreckt sich über alles Vorhandene, wie das Gesicht über alles Sichtbare, das Gehör über alles Hörbare. Von den zufälligen Dingen kommen aber einige über= haupt allen Arten des Seienden zu, andere den meisten, wieder andere nur einzelnen derselben. Jene nun, welche allgemein allen zukommen, zu erkennen und zu untersuchen, ist Sache der Philosophie; jene aber

welche den meisten zukommen, der Physik; was hin=
gegen jedem Dinge für sich zufällig eigen ist, zu
erkennen, ist Aufgabe einer besonderen Wissenschaft.
Die Philosophie erforscht also den Ursprung
alles Seienden, die Physik dessen, was die
Natur hervorgebracht hat, die Geometrie, Arithmetik
und Musik aber den Ursprung der Größen und der
Harmonie. Wer demnach im Stande ist, alle Arten
des Seienden auf ein und denselben Ursprung
zurückzuführen und daraus wieder abzuleiten und zu
berechnen, der scheint mir der Weiseste und Glaub=
würdigste zu sein, ja sogar eine schöne Warte gefunden
zu haben, von der aus er die Gottheit und Alles,
was ihr an überirdischen Dingen gleichkommt, be=
trachten kann."

Man sieht, die Pythagoräerinnen besaßen eine
ganz respektable philosophische Bildung.

Melissa.

Diese Philosophin hat sich ein Andenken bei der
Nachwelt erhalten durch einen kurzen Brief an
eine Freundin, welche sie in Betreff der Haltung
des Putzes um Rath fragt. Was sie darin sagt,
kann als Ergänzung zu den von Phintys und Perik=
tyone mitgetheilten Fragmenten über den weiblichen
Luxus angesehen werden, und wird daher meinen
Leserinnen, die sich für die Moden der alten griechi=
schen Damen interessiren, nicht unwillkommen sein.

Melissa an Klearete.

Du scheinst mir von selbst und vermöge einer glücklichen Naturanlage so voll schöner und guter Gesinnungen zu sein, daß dein so ernstlich bezeigtes Verlangen, etwas über den Putz einer Frau von mir zu hören, mir desto gewissere Hoffnung gibt, du werdest durch alle Stufen des Alters eine getreue Anhängerin der Tugend sein. Eine verständige und edel denkende Frau muß sich dem Manne, mit dem sie gesetzmäßig verbunden ist, immer in einem stillen, unscheinbaren Putze nähern, aber keineswegs prächtig, kostbar und mit entbehrlichen Verzierungen überladen; in einer ganz einfachen, reinlichen weißen Kleidung wird sie immer geputzt genug sein.

Durchsichtige, ganz purpurne und mit Gold durchwirkte Kleider müssen aus ihrer Garderobe gänzlich ausgeschlossen sein. Die Buhlerinnen, die darauf ausgehen, so viele Männer als möglich in ihr Garn zu ziehen, mögen solcher Anlockungen bedürfen; aber der Schmuck einer Frau, die nur einem Einzigen gefallen will und soll, besteht in ihren Sitten, nicht in ihren Kleidern. An einer ehrenhaften Frau ist nichts schöner, als wenn sie ihrem eigenen Manne angenehm zu sein sucht, unbekümmert, ob sie einem jeden, der ihr vor die Augen kommt, gefalle oder nicht.

Statt der Schminke diene dir die schöne natürliche Röthe, die ein Zeichen der Schamhaftigkeit ist, und Rechtschaffenheit, Anständigkeit und Sittsamkeit, statt goldener Ketten und Edelsteine.

Eine Frau, der die Erfüllung ihrer Pflichten am Herzen liegt, zeigt ihre Liebe zum Schönen nicht in einem kostbaren Aufzuge, sondern in der guten Einrichtung ihres Hauswesens; und sie ist gewiß, daß sie ihrem Manne durch nichts besser gefallen kann, als wenn sie Alles nach seinen Wünschen anordnet und ausführt. Denn die Wünsche des Mannes müssen das ungeschriebene Gesetz sein, nach welchem eine wohlgeartete Frau ihr ganzes Leben führt. Sie muß glauben, daß ihre Tugend und ihr gutes Betragen die reichste Mitgift sei, die sie ihrem Manne zugebracht habe, und daß sie sich weit mehr auf die Schönheit und den Reichthum der Seele als auf äußerliche, gute Gestalt und Vermögen zu verlassen habe. Denn diese kann uns eine Krankheit oder die Mißgunst der Menschen und des Schicksals rauben; jene hingegen bleiben uns bis in den Tod, weil sie einen Theil, und unstreitig den besten Theil, von uns selbst ausmachen. —

Ptolemais.

Zu den von Pythagoras besonders empfohlenen und von ihm und seinen Anhängern geübten Künsten und Wissenschaften gehörte auch die Musik. Diese Kunst hatte sogar eine sehr hervorragende Bedeutung in der Lehre und Philosophie des großen Weisen

von Samos; die Harmonie bildete ja das Grund=
prinzip aller seiner philosophischen Anschauungen
und ihm wird ja auch die Auffindung der Zahlen=
verhältnisse der musikalischen Harmonie in den Inter=
vallen der Töne einer Oktave zugeschrieben. Seine
Behauptung von einem Sphärengesang oder Welt=
choral ist allgemein bekannt und stützte sich auf die
Annahme einer regelmäßigen Bewegung der Sphären
oder Himmelskörper in ihren Distanzen, welche mit
den Intervallen der Töne in der Musik überein=
kämen; da aber die Himmelskörper in der Luft
schwebten und durch ihre Bewegung in derselben
einen Schall hervorbringen müßten, werde eine har=
monische Musik bewirkt. Die Erdbewohner hören
darum die Musik der Sphären nicht, weil sie beim
Eintritte in's Leben gleich von ihr betäubt und
dadurch für sie unempfindlich werden. — Es ist
dies eine der schönsten, kühnsten und erhabendsten
Phantasieen, die je eine menschliche Einbildungskraft
hervorgebracht!

Pythagoras und die Pythagoräer bereicherten
die Harmonielehre um manche Erfahrung und gingen
in der Musik überhaupt ihre eigenen Wege. Der
pythagoräischen Musik wurde im Alterthum eine ganz
wunderbare Wirkung zugeschrieben und Pythagoras
glaubte durch besondere Melodieen jede Art von Lei=
denschaft sowohl erregen als unterdrücken zu können.
Es darf uns bei der Vorliebe der Pythagoräer für

Musik daher nicht Wunder nehmen, wenn auch die weiblichen Anhänger des samischen Philosophen sich gründlicher mit Musik und Musiktheorie befaßten, und uns in der Pythagoräerin Ptolemais sogar eine Musikschriftstellerin entgegentritt. Sie schrieb über pythagoräische Musik und über Musik überhaupt, und zwar, wie es scheint, ziemlich ausführlich.

2. Sokratische Schule.

„Der weiseste von allen Menschen", Sokrates, der Sohn des Bildhauers Sophroniskos und der Hebamme Phänarete, ist der erste Athener, von dem die Geschichte der Philosophie berichtet. Er gehörte zu den genialsten Männern seines Volkes und der uns bekannten Culturgeschichte überhaupt. Sein Geburtsjahr 469 v. Chr. fällt in die Glanzperiode Athens unter Perikles. Seine Lebensumstände und seine Verurtheilung zum Tode durch den Schierlings= becher im Jahre 399 sind allbekannt. Er bildete sich an den berühmtesten Lehrern seiner Zeit und besaß gewiß auch die Kenntniß von Einzeln=Wissen= schaften; namentlich in der Mathematik soll ihm ein mehr als gewöhnlicher Grad von Bildung eigen gewesen sein. In Bezug auf sein ihn belebendes philosophisches Prinzip war er aber Niemandes Schüler. „In seinem gesammten Leben und Auf= treten war es der Grundzug einer großartigen

Selbständigkeit, welche ihn auch schon in dieser
Beziehung weit über die Grenzen seiner Nation
erhob und wodurch er bei seinen Zeitgenossen den
Eindruck einer außerordentlichen und eigenthümlichen
Erscheinung machen mußte, wozu selbst seine äußere
silenenhafte Gestalt, sein breitschulteriger Körper mit
hängendem Bauche, sein etwas abnorm gebauter
Kopf mit hervortretenden Augen, aufgestülpter Nase,
großem Mund und dicken Lippen das ihrige bei-
trugen. Sokrates ging Winter wie Sommer un-
beschuht, stand ganze Nächte hindurch im Freien an
einer Stelle, in Nachdenken versunken, unbekümmert
um die Meinung der Leute, und wieder war er,
wenn sichs fügte, ein tüchtiger, aber nicht berauschter
Zecher, er tanzte gegen alle Sitte allein zu Hause,
um sich Bewegung zu machen, kurz, auch in seinem
körperlichen Sein war er kräftig und selbstständig,
und bekannt ist, mit welcher Tapferkeit er bei
Polidäa, Delion und Amphipolis kämpfte."*)

Des Sokrates Hauptaugenmerk war auf die Ver-
wirklichung des „Erkenne dich selbst", auf Selbst-
besserung und Moralität überhaupt gerichtet und er
wurde der eigentliche Stifter der philosophischen
Moral. Er lehrte nicht zu bestimmten Stunden, an
bestimmten Orten und für bestimmte Personen; er
errichtete keinen Lehrstuhl und nahm keine Honorare

*) Prantl., Geschichte der griech.=römisch. Philosophie
p. 49—50.

an, sondern wandelte den ganzen Tag an öffentlichen
Plätzen und in den Häusern umher und unterhielt
sich mit Leuten jeden Alters und Standes und wo
immer er sie traf: am Markte, auf den Spazier=
gängen, in den Gymnasien, den Werkstätten, und
knüpfte mit ihnen Unterredungen über den all=
gemeinen oder einzeln verschiedenen Lebenszweck und
über das Wissen an.

Aber nicht nur Männer, auch Frauen, ja
sogar Buhlerinnen zog er in den Kreis seines Um=
ganges hinein, wenn er sie zu bessern oder etwas
von ihnen zu lernen vermeinte. Er selbst gesteht,
daß er die Kunst der Liebe von der Priesterin
Diotima, die Kunst der Beredsamkeit von der Aspasia
gelernt habe. Er besuchte nicht nur die Schule der
Flötenspielerinnen, um daselbst nach seiner Art zu
katechetisiren, sondern erschien auch in den wollust=
hauchenden Boudoirs der Hetären und knüpfte lachend
und scherzend mit diesen Gespräche über ihr Gewerbe
an, die stets auf eine Moral hinausliefen. Es ist uns
noch ein solches interessantes Zwiegespräch zwischen ihm
und einer schönen Hetäre Theodota (Gottesgabe)*)

---

*) Diese Theodota soll es nach einigen Berichten
gewesen sein (während andere Timandra, die Mutter der
Lais nennen) welche als Geliebte und anhängliche Ge=
fährtin des Alkibiades demselben auch in seinem Elende
und bis zu seinem kläglichen Tode treu blieb und ihm
den letzten Liebesdienst erwies.

erhalten, worin er derselben die Kunst lehrt: „Männer zu fangen". Da es zugleich eine hübsche Probe von Sokrates Lehrweise und Unterredungsart ist, so wollen wir dasselbe für unsere schönen Leserinnen, die es gewiß ungern vermissen würden, hier folgen lassen.

Man erzählte dem Sokrates von einer Hetäre, Namens Theodota, die von unbeschreiblicher Schönheit sei und daß die Maler sie aufsuchten, um sie abzubilden, denen sie denn auch, soweit es sich mit dem Anstande vertrage, keinen ihrer Reize verhülle. „Ei, so muß man ja wohl zu ihr gehen, um sie zu sehen," erwiderte Sokrates, „denn was über alle Beschreibung geht, das läßt sich durch Hörensagen nicht begreifen." So machte er sich denn mit mehreren seiner Schüler, die gerade um ihn waren, auf den Weg zu Theodota, trafen sie, wie sie eben einem Maler stand, und betrachteten sie. Als endlich der Maler fertig war, sagte Sokrates: „Nun, Männer, sind wir der Theodota mehr Dank schuldig, daß sie uns ihre Schönheit zeigte, oder Theodota uns dafür, daß wir sie betrachteten? Denn wenn ihr es vortheilhafter ist, sich zu zeigen, muß sie da nicht uns dankbar sein, dagegen wenn es uns zu größerem Nutzen ist, sie zu sehen, wir ihr? — Als man ihm hierin Recht gab, fuhr er fort: „Zieht nicht diese schon aus unserem Lobe Gewinn und wird sie nicht, wenn wir dies Lob weiter verbreiten, noch mehr Vortheil davon haben? Wir aber tragen schon jetzt Verlangen, desjenigen, was wir sehen, auch theilhaftig zu werden, gehen mit geheimen Wunden im Herzen hinweg und werden, wenn wir fort sind, von Sehnsucht gequält werden; und daraus geht hervor, daß wir ihr dienstbar sind."

„„In der That,"" sagte Theodota, „„wenn dem so ist, werde ich mich wohl bei euch für das Sehen bedanken müssen."" Als hierauf Sokrates bemerkte, daß sie selbst kostbaren Schmuck trug und eine Mutter von nicht gewöhnlicher Bekleidung und Ausstattung bei sich hatte, auch zahlreiche und wohlaussehende Dienerinnen, an denen gleichfalls nicht gespart war, und daß das ganze Haus mit allem Uebrigen auf das Reichlichste versehen war, sprach er zu ihr:

„Sage mir, Theodota, bist du im Besitze von Aeckern?"

„„Nein!"" war die Antwort.

„Aber wohl von einem Hause, das dir etwas einbringt?"

„„Auch das nicht!""

„Aber vielleicht von geldverdienenden Sklaven?"

„„Auch nicht von Sklaven!""

„Nun, wovon lebst du denn?"

„„Wenn einer, der mein Freund geworden, mir etwas zukommen lassen will, das ist mein Einkommen.""

„Bei der (Göttin) Here!" sagte Sokrates, „ein schönes Besitzthum, Theodota, und um vieles mehr werth, als Schafe, Ochsen und Ziegen, wenn man eine Heerde von Freunden besitzt! Aber," fuhr er fort, „unterwirfst du dich ganz dem Zufall, ob dir ein Freund wie eine Mücke zufliegt, oder wendest du auch selbst irgend ein Mittel dazu an?"

„„Wie könnte ich dazu wohl ein Mittel finden?""

„Ei, beim Zeus, doch mit gutem Rathe weit eher als die Spinnen; denn du weißt doch, daß diese auf ihre Nahrung Jagd machen. Sie weben gar feine Netze, und was da hineinfällt, davon leben sie."

„„So räthst du mir also, daß auch ich so ein Fangnetz weben soll?""

„Allerdings; denn du darfst nicht glauben, daß das edelste Wild, die Freunde, ohne alle Kunst zu erjagen ist. Siehst du nicht, daß man auch bei der Jagd auf das Geringfügigste, die Hasen, nicht wenig Kunstgriffe anwendet? Weil diese bei Nacht auf Aasung ausgehen, hält man sich Nachthunde und jagt sie mit diesen; weil sie aber am Tage sich davon machen, so schafft man sich andere Hunde an, welche mittelst des Geruches ausspüren, auf welchem Wege sie von der Aasung zu ihrem Lager zurückgekehrt sind, und macht sie mit diesen ausfindig; weil sie aber sehr schnellfüßig sind, so daß sie, selbst wenn man sie gefunden, leicht wieder entwischen, so nimmt man noch andere, durch Schnelligkeit sich auszeichnende Hunde zu Hilfe, um sie mitten im

Laufe zu haschen; und weil sie endlich auch diesen zuweilen entkommen, stellt man in den Wegen, auf denen sie fliehen, Garne auf, damit sie in diese fallen und sich verwickeln."

„„Nun, und mit welchem dieser Mittel könnte ich mir wohl Freunde einfangen?"" fragte Theodota.

„Nun, wie wär's," erwiderte Sokrates, „wenn du dir statt eines Hundes Jemanden anschafftest, der dir die Liebhaber des Schönen und die Reichen auszuspüren vermöchte, und wenn er sie gefunden, es so zu machen wüßte, daß er sie in deine Netze triebe?"

„„Und was für Netze habe ich denn?"" fragte Theodota.

„Eins jedenfalls!" sagte Sokrates, „und zwar ein solches, das im Umschlingen gar wohl geübt ist, deinen Körper! In ihm aber noch ein anderes, die Seele, durch die du gelernt, auch durch Blicke zu bezaubern und durch Worte zu entzünden, und daß es nothwendig ist, die dir wirklich Wohlgesinnten freundlich aufzunehmen, dagegen den bloßen Wollüstlingen die Thüre zu verschließen, auch auf den kranken Freund mit Sorgfalt dein Auge zu richten und, wenn er etwas Schönes vollbracht, dich von Herzen mit ihm zu freuen, und dem, der dir mit wahrer Liebe zugethan ist, mit ganzer Seele dich hinzugeben. Weiß ich doch, daß du nicht bloß in wollüstiger, sondern auch in wohlwollender Weise zu lieben verstehst. Und daß dir deine Freunde werth sind, beweisest du ihnen nicht bloß mit Worten, sondern auch durch die That."

„„Ei nein,"" sagte Theodota, „„ich wende keins von diesen Mitteln an.""

„Und doch kommt gar viel darauf an, jeden Menschen seiner Natur gemäß und richtig zu behandeln, denn mit Gewalt möchtest du schwerlich einen Freund fangen oder fesseln, durch Wohlthun aber und freundliches Begegnen läßt sich dieses Wild fangen, sowie auch zähmen."

„„Ganz recht,"" sagte sie.

„Du mußt daher", fuhr Sokrates fort, „zuvörderst von denen, die sich um dich bemühen, nur Solcherlei fordern, was ihnen zu gewähren am leichtesten sein wird, dann aber die dir bewiesenen Gefälligkeiten in gleicher Weise zu erwidern, denn so möchten am sichersten Freunde zu gewinnen sein, die die längste Zeit ausharren und sich zu den größten Liebenswürdigkeiten bereit finden lassen. Besonders aber wirst du dich dadurch der Liebe versichern, daß du deine Gunstbezeugungen nur gewährst, wenn darnach Verlangen getragen wird. Denn du siehst, daß auch die süßesten Speisen, wenn man sie anbietet, ehe der Appetit da ist, ihren Reiz verlieren, ja dem Gesättigten sogar Ekel erwecken. Trägt man die Speisen erst auf, nachdem man den Hunger hat eintreten lassen, dann werden sie, selbst wenn sie geringerer Art sein sollten, ganz vortrefflich munden."

„„Wie könnte ich nun wohl Einem Hunger nach meinen Gunstbezeugungen einflößen?""

„Ei, vorerst dadurch," erwiderte Sokrates, „daß du sie den Gesättigten weder anbietest, noch in Erinnerung bringst, bis das Gefühl der Befriedigung vorüber ist und sie wieder darnach verlangen; die Verlangenden möchtest du dann am besten dadurch auffordern, daß du so sittsam wie möglich mit ihnen umgehst und bald auf ihre Wünsche eingehen, bald ihnen entfliehen zu wollen scheinst, bis ihr Bedürfniß den höchsten Grad erreicht hat; denn solcherweise erhalten die nemlichen Gaben einen weit höheren Werth, als wenn man sie giebt, ehe darnach verlangt wird."

„„Wie nun,"" sagte Theodota, „„möchtest du nicht, o Sokrates, beim Einfangen der Freunde mein Jagdgenosse werden?""

„Warum nicht," erwiderte Jener, „wenn anders du mich dazu überreden kannst."

„„Und wodurch könnte ich dich wohl überreden?""

„Das wirst du schon selbst suchen und finden, wenn du mich nöthig hast."

„„So komm' doch recht fleißig zu mir,"" sagte sie.

Sokrates aber, über seine unbeschränkte Muße scherzend, sagte:

„Es wird mir nun gar nicht leicht sein, Theo=
dota, die Zeit zu erübrigen, denn gar viele eigene
und öffentliche Geschäfte nehmen mich in Anspruch,
dann habe ich aber auch noch Freundinnen, die mich
Tag und Nacht nicht von sich lassen wollen, Liebes=
mittel und Zauberlieder von mir lernend."

„„Also auch darauf, o Sokrates, verstehst du
dich?""

„Wie sollt' ich nicht? Meinst du, der Apollodoros
und der Antisthenes gehen mir um nichts und
wieder nichts nie von der Seite? Oder Kebes und
Simmias kommen ohne gute Ursache bloß meiner
wegen bis von Theben hergelaufen? Du begreifst
doch, daß sowas nicht ohne Hexerei und Liebestränke
und Zauberschnüre möglich ist."

„„So sei denn so gut,"" sagte sie, „„und leihe mir
eine solche Schnur, damit ich sie gleich auf dich
werfen kann.""

„Ei nein," sagte Sokrates, „ich will nicht zu dir
hingezogen werden, sondern du sollst zu mir kommen."

„„Gut, ich werde kommen, nur laß mich auch
ein.""

„Das will ich wohl, es wäre denn, daß eben
Eine bei mir wäre, die ich lieber habe." —

Eine andere Buhlerin, Namens Kallisto, sagte
einmal zu Sokrates: „Ich bin mächtiger als du,
Sohn des Sophroniskos, denn du vermagst von
meinen Freunden mir keinen abspenstig zu machen;

ich aber alle die deinigen, wenn ich es will." Darauf
entgegnete er: „Dies ist ganz der Natur der Sache
gemäß; du führst die deinigen alle abwärts, ich
aber bringe bei den meinigen darauf, daß sie zur
Tugend aufstreben; und dahin ist der Weg steil und
den meisten ungewohnt."

So edle und lobenswerthe Motive den Sokrates,
wie wir sehen, auch von dem Verkehr mit der nach
unseren heutigen Anschauungen verachtungswürdigsten
Klasse des weiblichen Geschlechts nicht abhielten, so
hatten doch seine Feinde die Unverschämtheit, aus
diesem Umstande und namentlich wegen seiner im
Grunde doch ganz harmlosen Unterredung mit Theodota ihn mit Philänis, der berüchtigsten Metze
des griechischen Alterthums*) zusammenzustellen, ja
noch über diese und ähnliche Lehrerinnen schmählicher
Hetärenkünste zu setzen. Gab ja doch auch sein
Umgang mit Aspasia Anlaß zu verschiedenen Verdächtigungen, wie wir später sehen werden.

Eigentliche Schülerinnen, wie solche bei den
späteren Philosophen vorkamen, hatte Sokrates nicht,
da er ja auch keinen Hörsaal besaß. Wir bezeichnen
demnach als Frauen der sokratischen Schule diejenigen, die zu ihm in lern- oder lehrhafter und
freundschaftlicher Beziehung standen, wie eben Aspasia

*) Vgl. über Philänis: „Griechische Dichterinnen"
S. 217—221.

und Diotima, welch' letztere er wohl nur, ohne nähere Beziehungen zu ihr zu haben, en passant kennen gelernt hatte.

Am nächsten von allen Frauen, mit denen er verkehrte stand dem Sokrates freilich seine Gemahlin Xantippe. Allein die Ueberlieferung schweigt über die Beziehungen derselben zur Lehrthätigkeit und Philosophie ihres Mannes. Wohl hat sie aber demselben durch ihre unangenehme Gemüthsart oft Gelegenheit verschafft, Proben philosophischen Gleichmuths und bewunderungswürdiger Gelassenheit zu geben. Sie soll bekanntlich so mürrisch und zanksüchtig gewesen sein, daß sie weder bei Tage noch bei Nacht aufhörte, durch ihr unruhiges und ungestümes Betragen sich und Anderen beschwerlich zu fallen, und beim Ausbruch ihrer üblen Laune manchmal sogar zu Thätlichkeiten überging. Soll sie ihn ja doch einmal, nachdem sie ihn tapfer geschimpft, mit einer Schaale voll Wasser übergossen haben, worauf Sokrates ganz gelassen bemerkte: „Hab' ich's nicht gesagt, daß auf Xantippe's Donner Regen folgen werde." Ein anderesmal nahm sie ihm auf dem Marktplatze seinen Mantel weg. Als ihn deshalb seine Bekannten aufforderten, sich mit den Händen zu rächen, entgegnete er: „Beim Zeus! Wenn wir uns mit Fäusten schlügen, so würde der Eine von euch rufen: „Bravo Sokrates," der Andere „bravo Xantippe!" — Den Alkibiades (bekanntlich auch ein Schüler des

Sokrates) setzte die Ungezogenheit, womit Xantippe ihrem Mann begegnete, so sehr in Verwunderung, daß er den Sokrates einmal frug, wie er nur das unausgesetzte Geschmähe seiner Frau ertragen könne und warum er eine solche Furie nicht von sich aus dem Hause jage. „Das thue ich darum," antwortete ihm Sokrates, „weil ich durch die geduldige Ertragung dessen, was ich zu Hause von ihr leiden muß, mich dazu gewöhne, auch anderer Leute Muthwillen und Unrecht, das mir außer dem Hause widerfährt, desto geduldiger und gelassener zu ertragen.*)

Nach Anderen soll Sokrates auf des Alkibiades Frage, warum er den Zank und Hader seiner Frau so gelassen ertrage, geantwortet haben, er sei schon so daran gewöhnt, als wenn er das unangenehme Knarren der Winde anhören müßte. Sokrates frug ihn darauf wiederum seinerseits, warum er schnatternde Gänse halte? „Weil sie mir Eier legen," antwortete Alkibiades. „„Gut,"" versetzte Sokrates, „„Xantippe gebirt mir aber Kinder.""

Uebrigens scheint Xantippe's Name, der noch heute sprichwörtlich von einem bösen, zanksüchtigen und herrischen Weibe gebraucht wird, einen so üblen Ruf nicht zu verdienen. Sie besaß alle Tugenden einer sparsamen, klugen und thätigen Hausfrau und

---

*) Aul. Gell. L. I. c. 17.

liebte bei all ihren herben Aeußerungen eines un=
gestümen und mürrischen Charakters doch ihren Mann
und ihre Kinder recht herzlich, welch' letzteres auch
Sokrates selbst bezeugt; wie sehr sie aber diesem
selbst zugethan war, bewies sie, als sie denselben
in seinem Gefängnisse besuchte. Sie erhob ein lautes
Jammergeschrei um ihren Gatten, schwamm in
Thränen und war untröstlich über sein Unglück, so
daß Sokrates bat, man möge sie nach Hause bringen.

Was andere von einer zweiten Frau oder einem
Kebsweib des Sokrates, Namens Myrto, berichten,
die eine Enkelin des Aristides gewesen sei, ist
Dichtung. —

Von den beiden oben genannten sokratischen Frauen
gebührt mit Recht der Vortritt

Diotima.

Sie war eine Priesterin aus der vielberühmten
arkadischen Stadt Mantinea und diente nach dem
Zeugnisse späterer Schriftsteller in dem für besonders
heilig gehaltenen Zeustempel auf dem Berge Lykaeon.
Als Priesterin des lykäischen Zeus genoß sie ein
ganz besonderes Ansehen, da der Dienst an dieser
heiligen Städte so geheim gehalten wurde, daß man
auch nicht einmal nach der Beschaffenheit desselben
sich erkundigen durfte. Die Alten lobten sie nicht
nur wegen ihrer sonstigen hohen Einsicht und Klug=
heit, sondern auch wegen ihrer Beschäftigung mit

(wie Spätere behaupten pythagoräischer) Philosophie, und Sokrates, vom Rufe ihrer Weisheit angezogen, suchte sie, als sie einmal nach Athen kam, auf, um von ihr zu lernen. Sie erwirkte auch, nach der Aussage des Sokrates in Platon's „Gastmahl", den Athenern bei Gelegenheit eines Opfers einen zehn=jährigen Aufschub der Pest, welche im Jahre 430 in dem wegen des peloponnesischen Krieges mit ge=flüchteten Landleuten überfüllten Athen ausbrach und auch den berühmtesten Staatsmann jener Zeit, den „Olympier" Perikles dahinraffte.

Sokrates rühmt sich, von Diotima besonders in die Mysterien und die Kunst der Liebe eingeweiht worden zu sein, und er erzählt in der eben erwähnten Schrift seines Schülers eine Unterredung, welche er mit der „Fremdlingin" über diesen Gegenstand geführt habe. Tiotima behauptet darin, der Eros oder die Liebe sei ein großer Dämon, und ergeht sich dann in Auseinandersetzungen und Erklärungen über das Wesen und den Endzweck der Liebe in „prophetisch=orakelndem und dogmatisch=lehrhaftem Tone" und von oft so unverhüllter und das heutige Anstandsgefühl beleidigender Art, daß wir unsere Leser, welche sich mit der auch von Platon adoptirten „Philosophie der Liebe" der mantineischen Priesterin näher bekannt machen wollen, besser an die Quelle selbst verweisen. Die für eine anständige und sitt=same Frau wenig passenden Reden verlieren natürlich

im Munde einer priesterlichen Sprecherin alles
Anstößige; dann darf man auch hier nicht aus dem
Auge verlieren, daß den Griechinnen sowohl vermöge
ihrer religiösen Anschauungen als auch in Folge
gewisser sozialer Einrichtungen ein bei weitem weniger
zartes Sittlichkeitsgefühl zu eigen war, als unserer
überfeinerten Gegenwart, und daß sie namentlich
über seruelle Verhältnisse sehr sans gène sprachen
und schrieben.

Das Auftreten der Diotima in Platon's „Gast=
mahl" beweist zugleich, daß dieser Philosoph durch=
aus nicht so niedrig vom weiblichen Geschlechte
dachte und demselben nicht alle Befähigung zur
höheren Erkenntniß absprach, wie man bisher fast
allgemein behauptete, vorzüglich im Hinblick auf
dessen vom Geiste seiner Nation getragenen Aeußerungen
über die eheliche Liebe und die Vollkommenheit einer
Gattin und Hausfrau. —

Es ist von Neueren versucht worden, Diotima
des historischen Charakters zu entkleiden. Hierfür
lassen sich aber denn doch zu wenig positive Beweise
erbringen, und die Alten sprechen von ihr stets wie
von einer geschichtlichen Persönlichkeit. Lukianos,
ein Bild weiblicher Vollkommenheit zeichnend, sagt
sogar ausdrücklich: „Dasselbe wird der Diotima
nicht nur in dem, was Sokrates von ihr lobte,
sondern auch sonst an Einsicht und Klugheit
gleichen." — —

Viel besprochen, viel verlästert, aber jedenfalls eine der merkwürdigsten und auch von der Gegenwart am häufigsten genannten Frauen des griechischen Alterthums ist die schöne

Aspasia.

Bei der Unzahl bereits vorhandener Abhandlungen, Essays, Ehrenrettungen und romantischer Darstellungen, die sich in allen modernen Sprachen mit größerer oder geringerer Gründlichkeit und Parteilichkeit mit dieser gewiß beachtenswerthen Erscheinung in der Kulturgeschichte des Weibes beschäftigen, wollen wir uns hier auf eine gedrängte, rein historische Skizze über das Leben und die Geistesbildung Aspasiens beschränken.

Aspasia wurde um das Jahr 470 v. Chr. in der wegen ihren ausgelassenen Sitten verrufenen jonischen Stadt Milet geboren. Ihr Vater hieß Axiochos; derselbe ließ ihr eine sehr sorgfältige Erziehung angedeihen, die ihr nebst ihrer Schönheit und den großen geistigen Anlagen zu ihrem nachherigen Ruhme verhalf. In die Mädchenjahre gekommen, nahm sie sich ihre Landsmännin Thargelia, die wegen ihrer Liebenswürdigkeit und Gefälligkeit gegen das männliche Geschlecht bis zum Königsthrone gelangt war, zum Vorbilde. Zu besserer Verwerthung ihrer körperlichen und geistigen Reize begab sie sich nach Athen und erregte denn auch in der hellenischen Kapitale

durch ihre Schönheit und Bildung, vorzüglich aber
durch den Ruf ihrer wunderbaren Beredsamkeit bald
ein so großes Aufsehen, daß sogar Perikles, der damals an der Spitze des Staates stand, nicht nur
sich ihr näherte, sondern ein völliges Liebesverhältniß
mit ihr anknüpfte. Die Jonierin wußte ihn aber
so sehr mit ihren Reizen zu fesseln und gewann eine
solche Macht über ihn, daß er sich von seiner Gemahlin, von der er schon Kinder hatte, schied und
Aspasia zu seiner rechtmäßigen Frau erhob. Er
liebte sie so außerordentlich, daß er, wie ein griechischer
Schriftsteller dies bekräftigend erzählt, „sie alle
Tage bei jedem Kommen und Gehen vom Markte
sogar mit einem Kusse begrüßte." Der große Staatsmann, dem es gelang, die unruhigen Athener willig
unter seine Herrschaft zu bringen, stand selbst unter
der Botmäßigkeit des Willens seiner von ihm zu
höchstem Ansehen erhobenen Gemahlin, so daß eigentlich sie es war, welche durch ihn die Athener regierte.
Nach den Schilderungen, die uns die Alten von
ihren geistigen Anlagen entworfen, ist es auch
wahrlich kein Wunder, daß Perikles eine so tiefe
Neigung zu ihr empfand. Einstimmig werden ihre
seltene „Einsicht, ihre staatsmännische Erfahrung,
politische Klugheit und ihr eindringender, scharfer
Verstand," sowie ihre Kunst der Beredsamkeit ge-
priesen. Sie setzte sich aber auch über religiöse
Förmlichkeiten und pedantische Anschauungen hin-

weg und scheint im besten Sinne eine heidnische „Freidenkerin" gewesen zu sein.

Aspasia eröffnete den ersten Salon in der griechischen Hauptstadt, dessen geistiger Anziehungs- und Mittelpunkt sie selbst war und zu dessen zahlreichen Besuchern die ersten Staatsmänner, Philosophen, Künstler, Schöngeister und die jeunesse dorée von Athen gehörten. Es ereignete sich sogar der bei den gesellschaftlichen Verhältnissen der Athener ganz unerhörte und für Aspasia außerordentlich schmeichelhafte Fall, daß jene Männer auch ihre Frauen in die Salons der geistreichen Gemahlin des Perikles einführten, um von dieser nicht nur feine Manieren und angenehme Umgangsformen, sondern auch praktische Regeln über die Haushaltungskunst und vernünftige Leitung des Hauswesens zu lernen. Aber auch jene Männer selbst suchten im Umgang mit ihr zu profitiren; die Staatsmänner besuchten ihren Salon nicht nur, um im Schooße der Musen und Grazien auszuruhen, sondern auch um ihre Vorträge über Politik und Redekunst anzuhören; die Philosophen, wie Anaxagoras und Sokrates, um hier ihre Philosophie aufzuheitern und sich an dem Scharfsinn der schönen Wirthin zu weiden; die Phidias und Zeuxis, um schöne Bilder und Ideen aufzuhaschen; die Dichter, um an ihren Witzen und geistreichen Einfällen Anregungen zu neuem Schaffen zu schöpfen und ihren Werken die letzte Politur zu geben, die edelste Jugend endlich), um sich zu bilden, oder sich wenigstens r ü h m e n zu können, in Aspasia's Schule gebildet worden zu sein. Namentlich in der Rhetorik soll sich Aspasia ganz besonders ausgezeichnet haben; Platon preist sie als eine bewunderungswürdige Lehrerin der Redekunst, und Perikles wird nicht nur ihr Freund und Gatte, sondern auch ihr Schüler in der Rhetorik genannt, und man behauptete sogar, sie habe dem Gemahl des öfteren die Reden verfaßt, und einstudirt, die er mit so großem Beifall hielt; besonders sei seine berühmte Leichenrede auf die im peloponnesischen Kriege Gefallenen eigentlich ein Opus der Aspasia gewesen. Die Unrichtigkeit dieser letzteren Behauptung erhellt aber sofort bei Vergleichung beider uns erhaltenen Reden, jener, welche angeblich Aspasia verfertigt, und jener, die Perikles wirklich gehalten hat. Beide haben fast keine Aehnlichkeit mit einander als die Gleichheit des behandelten Thema's.

Nicht ohne Einfluß blieb sie, wie gesagt, auf die Politik des Perikles, und es mochten nicht selten die Hebel seiner diesbezüglichen Unternehmungen durch sie in Bewegung gesetzt worden sein. So wurde des Perikles Seezug nach Samos, für welchen er als Grund angab, „daß man der Aufforderung, mit Milet (der Vaterstadt der Aspasia) in friedlichen Verhältnissen zurückzutreten, keine Folge geleistet hätte," einem Akt der Gefälligkeit gegen

Aspasia zugeschrieben. Kleinliche Leute standen sogar
nicht an, die Feindschaft des Perikles mit dem Nach=
barstaat Megara und die Ursache des peloponnesischen
Krieges auf eine Erbitterung der Aspasia über einige
Megarer zurückzuführen. Der Lustspieldichter Aristo=
phanes läßt z. B. einen Bauern darüber politisiren:

„Es stahlen junge Bursche, die zu viel
Gebechert, die Simätha weg, die Metze
Aus Megara; in brünstigem Knoblauchschmerz;
Entführten drauf die Megarer zwei Dirnen
Aspasiens. So brach das Kriegsgewitter
Denn los in Hellas dreier Metzen wegen.
Perikles, der Olympier, warf im Zorn
Mit Blitz und Donner Hellas durcheinander
Erließ Edikte, ganz im Skolienstil*)
Und schloß die Megarer von Land und Meer,
Von allen Märkten, allen Häfen aus.
Die Megarer verspürten endlich Hunger
Und suchten Hilf' in Sparta wider dies
Verbot, erlassen dreier Metzen wegen.
Kein Wunder, gab's am Ende Schildgerassel!" —

Die Mehrzahl der Athener war auf Aspasia nicht
am besten zu sprechen und man dichtete ihr manche
böse Erfindung an. So erlaubten sich auch die
Komödiendichter gegen Aspasia, was sie sich sogar
gegen Sokrates, was sie sich gegen die größten
Männer der Republik und gegen Perikles erlauben
durften. „Eine Frau, die durch ihren Geist, ihre

*) Skolien = Trinklieder; vergl. „Griechische Dich=
terinnen." S. 160.

Talente, ihre Kenntnisse, die Eleganz der Sitten und die freiere Lebensart des jonischen Frauenzimmers, wovon sie den Athenern das erste und vollkommenste Modell an sich selbst zeigte, gegen die äußerst einfach erzogenen, unwissenden, langweiligen und fast immer in ihrem Gynäkeon vegetirenden Atheneriunen so gewaltig abstach, mußte ja wohl diesen zügellosen Witzlingen, die nichts zu scheuen hatten, und Götter und Menschen so lächerlich machen durften als sie wollten und konnten, manche Blöße geben, sie von Seiten ihren Sitten anzugreifen; und Aristophanes war kein Mann, der eine solche Gelegenheit un= benutzt ließ, zumal da er, indem er seine Pfeile auf Aspasia abdrückte, den Perikles selbst (der desto mehr Neider und Feinde hatte, je größer er war) un= gestraft verwunden konnte. Nicht zufrieden also, sie seine Omphale und Dejanira, und nachdem er sie geheirathet hatte, seine Hera zu nennen, ging Aristo= phanes so weit, der Feindschaft des Perikles gegen die Megarer und dem peloponnesischen Kriege eine Ursache zu geben, die, indem sie Aspasia's Sitten und Charakter anschmitzte, zugleich ein verächtliches und verhaßtes Licht auf den Perikles fallen ließ." (Wieland). Ueberhaupt hat man den Schlüssel zu den meisten Verleumdungen der Aspasia in dem Bestreben zu suchen, dem Perikles eine Kränkung zuzufügen. So wurde sie ja auch wegen ihrer Freisinnigkeit in reli= giösen Dingen der Gottlosigkeit und fast gleichzeitig auch wegen Kuppelei angeklagt, und Perikles, der selbst vor Gericht erschien und ihre Sache führte, soll es nur durch seine Beredsamkeit, sowie durch tausend Thränen und flehentliches Bitten bei den Richtern dahin gebracht haben, daß sie freigesprochen wurde.

Was Aspasia's philosophische Bildung betrifft, so dürfte dieselbe wohl über eine gesunde, natürliche Logik, einige sophistische Kunstgriffe und bedeutende dialektische Gewandtheit nicht hinausgegangen sein. Von den Philosophen, die bei ihr aus- und eingingen, war Sokrates ihr Mann. Seine geniale Eigenart zog sie so sehr an, daß sie nicht nur seine zärtlichste und intimste Freundin und Anhängerin wurde, sondern sich auch seine Lehrmethode und Gesprächsweise anzueignen suchte. Wir haben sogar noch einen solchen Versuch in der sokratischen „Hebammenkunst" von ihr erhalten, und zwar durch keine Geringeren als Cicero und Quinctilian*), die ihn als Beispiel für die Induction in der Beweisführung gebrauchen.

Es war wohl an einem ihrer Empfangsabende, als sie, in heiterster Laune bald hier bald dort durch ihren Witz und Geist Leben und Bewegung in die

---

*) Aus einer Schrift des Aechines, welche den Titel „Aspasia" führte. Ueber Aspasia und unter demselben Titel schrieb im Alterthum auch Antistenes. Neuerlichst hat der österreichische Dichter Robert Hamerling Aspasia zur Heldin eines Romans gemacht.

Gruppen der Gäste bringend, plötzlich die bei ihrem Manne stehende Gemahlin des Xenophon mit folgenden Worten attaquirte:

„Sage mir doch, du Gattin Xenophons, wenn Deine Nachbarin besseres Geld hat, als du hast, möchtest du das ihrige oder das deinige lieber haben?"

„„Das ihrige,"" versetzte diese.

„Und wenn sie Kleider und sonstige weibliche Schmucksachen von größerem Werthe hat, als du hast, möchtest du das Deinige oder das Ihrige lieber?"

„„Nun ja, das Ihrige,"" entgegnete sie.

„Wohlan denn, wenn jene einen besseren Mann hat, als du hast, möchtest du lieber deinen Mann, oder den ihrigen?" . . .

Die Gemahlin des Xenophon schwieg und erröthete. Nun wandte sich aber Aspasia in gleicher Weise an diesen.

„Sage mir doch, Xenophon," sprach sie ihn an, „wenn dein Nachbar ein besseres Pferd hat als das deinige ist, möchtest du sein Pferd lieber oder das deinige?"

„„Das seinige,"" versetzte dieser.

„Wie? wenn er ein besseres Grundstück hat, als du hast,· welches von beiden Grundstücken möchtest du wohl lieber haben?"

„„Natürlich jenes bessere,"" war die Antwort.

„Wie nun aber, wenn er eine bessere Gattin

hat, als du haft, welche von beiden möchteft du
lieben?" . . .

Nun schwieg Xenophon gleichfalls. Aspasia aber
fuhr fort:

„Weil ihr beide auf das allein nicht geantwortet
habt, was ich eigentlich allein hatte wiffen wollen,
so will ich euch sagen, was jedes von euch denkt.
Du, Frau, willst den besten Mann haben, und du,
Xenophon, willst die auserlesenste Frau haben. Wenn
ihr also das nicht bewerkstelligt, daß es weder einen
besseren Mann, noch eine auserlesenere Frau auf
Erden gibt, so werdet ihr fürwahr immer nach dem,
was ihr für das Beste haltet, vorzugsweise trachten,
daß nämlich du der Gatte der möglichst besten Frau
seiest, und sie den möglichst besten Mann zum Ge=
mahl habe." —

Sokrates, der selbst Zeuge dieses Gespräch was,
mochte dabei in heller Freude über seine talentvolle
Schülerin aufgegangen sein! — Aber auch e r lernte
von Aspasia und besuchte sie oft, „um etwas Kluges
von ihr zu hören." Sie soll ihn auch im Tanzen
unterrichtet haben und wird von Einigen neben
Diotima auch als seine Liebeslehrerin genannt. Des
Sokrates häufiger und vertraulicher Verkehr mit
Aspasia blieb übrigens nicht unbemerkt und daher
um so weniger unberedet, und seine Neider, besonders
mehrere Peripatetiker, die sich ein Geschäft daraus
machten, seinen Ruhm zu schmälern, sprengten allerlei

verdächtigende Gerüchte über ihn aus, und ein
späterer Schriftsteller bemerkt sogar ausdrücklich,
Perikles selbst habe dessen Zusammenkünfte mit
Aspasia für Ehebruch gehalten. Auch der schon
genannte Elegiendichter Hermesianax machte ihn zu
einem Verehrer Aspasiens und besingt dieses Ver=
hältniß, anknüpfend an Pythagora's Liebe zu Theano,
mit folgenden Versen:

„Wie dann schmelzte nicht ihn, den an Weisheit selber
Apollon
Allen im Menschengeschlecht, Sokrates, stellte
voran,
Kypria's Zorn in Flammen der Zärtlichkeit! daß aus
der tiefen
Seel' er zum Lichte des Tags leichtere Sorgen
entband,
Wenn zu Aspasia's Haus hinwandelnd, er nimmer
den Ausgang
Traf, wie geläufig ihm sonst Bahnen der Rede
gedieh'n!"

Jakobs bemerkt dazu sehr richtig, daß derjenige,
welcher die Macht der Liebe in glänzenden Siegen
über weise und ernste Männer feiern wollte, sich
nicht damit begnügte, in Sokrates nur einen Freund
und Jünger Aspasia's zu sehen; sie mußte seine
Geliebte gewesen sein! —

Im Jahre 429 wurde Perikles ein Opfer der
schrecklichen Pest, und Aspasia heirathete jetzt den
Demagogen und Schafhändler Lysikles, der nach
Aeschines Bericht „aus einer unedlen und gemeinen

Natur zum bedeutendsten Mann Athens geworden ist und zwar lediglich durch den Umgang mit Aspasia nach dem Tode des Perikles." Doch auch jener fiel schon 428 auf einem Kriegszuge und von da an verschwinden fernere Nachrichten über das Leben und die Schicksale dieser seltenen Frau. Ihr Name war aber so bekannt und berühmt, daß zwanzig Jahre später der jüngere Kyros seine schöne Favorit-sklavin aus Phokäa, die früher Milto hieß, Aspasia nannte, da dieselbe sich gleichfalls durch hohe weib-liche Eigenschaften und geistige Anlagen auszeichnete. In der Folge pflegte man aber häufig liebens-würdige und hochgebildete Frauen mit dem Namen Aspasia zu bezeichnen.

---

3. Platonische Schule.

Dem Sokrates soll einmal geträumt haben, daß ein junger Schwan sich zu ihm flüchtete, auf seinen Knieen flügge wurde und von da sich mit dem schönsten Gesang in die Lüfte erhob. Am folgenden Tage brachte ihm ein vornehmer Athener, Namens Ariston, seinen Sohn Platon, in welchem er sogleich den Schwan des Traumes erkannte. Platon war zwanzig Jahre alt, als er den Sokrates kennen lernte. Er hatte in der Jugend eine ausgezeichnete Bildung erhalten und sich der Dichtkunst zugewendet und war zur Zeit seiner Bekanntschaft mit Sokrates eben im

Begriffe, einige Trauerspiele auf die Bühne zu bringen; Sokrates brachte ihn jedoch von der Poesie ab und lenkte seinen Geist auf die Philosophie, welcher er nun von ganzem Herzen sich hingab. Zehn Jahre genoß er den Umgang des Weisesten aller Menschen und war ihm in innigster Liebe zugethan; aber auch Sokrates liebte den schwärmerischen, begeisterten Jüngling und schätzte ihn besonders wegen seines schriftstellerischen und philosophischen Talentes, wodurch sich derselbe vor allen seinen übrigen Anhängern auszeichnete.

Nach dem Tode des Meisters begab er sich zu seinem Freunde und Mitgenossen bei Sokrates, zu Euklides nach Megara, und von da nach Großgriechenland, wohin ihn der Ruf der pythagoräischen Philosophie lockte und wo er die Bekanntschaft des schon oben erwähnten Archytas von Tarent machte. Von hier wandte er sich nach Kyrene, um einen berühmten Mathematiker zu hören und begab sich dann nach Aegypten, um von den Kenntnissen der dortigen Priester zu profitiren. Die Begierde, den Aetna zu sehen, führte ihn von hier nach Sizilien und Syrakus, wo jetzt Dionysios der Aeltere regierte, der ihn an seinen Hof zog. Eine freimüthige Aeußerung zog ihm aber den Haß des Tyrannen zu, der ihn auf ein Schiff bringen und den Auftrag geben ließ, ihn entweder zu tödten oder als Sklaven zu verkaufen. Es geschah das letztere; allein der Philosoph wurde bald wieder losgekauft und kehrte nun nach Athen zurück. Hier widmete er sich ausschließlich der Philosophie und trat in der Akademie, einem mit Bäumen besetzten und zu gymnastischen Uebungen bestimmten Platz vor der Stadt, wo er von seinem Vater her schon einen Garten besaß, als Lehrer der= selben auf. Er gelangte bald zu ungeheurer Be= rühmtheit und seine Schüler trieben ihre Verehrung zu ihm so weit, daß einige sich sogar Mühe gaben, seine Aeußerlichkeiten nachzuahmen, ja sogar hohe und abgerundete Schultern zu zeigen, um Aehnlichkeit mit ihm zu haben. — Es wird noch von einer zweiten und dritten Reise Platons nach Syrakus erzählt, doch ist die Quelle der betreffenden Notizen nicht die zuverlässigste. Er starb zu Athen, einundachtzig Jahre alt, gerade an seinem Geburtstage und während er eben einem Hochzeitsmahle beiwohnte.

Platons philosophische Bestrebungen wurden gut und bündig mit folgenden Worten bezeichnet: Er bemühte sich, die Philosophie zum Range einer Wissen= schaft zu erheben, und dadurch unterschied er sich von Sokrates, der nur mit der Entwicklung der Verhaltungsmaßregeln für einzelne moralische Fälle sich beschäftigte, ohne die sittlichen Maximen bis zu ihren letzten Gründen zu verfolgen. Platon konnte sich damit nicht befriedigen, und sein Forschen nach sittlichen Prinzipien mußte ihn auch bald dahin bringen, ein festes Fundament der theoretischen Erkenntniß zu legen. Dazu kam nun noch, daß die öffentliche Religion ihre Autorität bei dem aufgeklärteren Theile des Publikums verloren hatte, und insofern der Pöbel noch an ihr hing, nur dazu diente, die Wirkungen der Aufklärung zu hemmen; daß die griechischen Staaten dem Zustande der Anarchie und der gänzlichen Auflösung immer mehr entgegen gingen und daß die Philosophie, welche zum Theil diese Uebel durch Beförderung der Aufklärung selbst herbeigeführt, noch nicht die Mittel aufgespürt hatte, wie auf den Trümmern des durch sie eingestürzten Gebäudes ein neues und festes durch eine reinere Religion und eine vernünftige Staatsverfassung aufzuführen sei. Die theoretische Erkenntniß von der Natur der Dinge neigte sich zum Skeptizismus hin, und dieser herrschte auch in Beziehung auf die Gründe der Sittlichkeit. Sokrates hatte das Raisonnement über die Fragen der Vernunft im Gebiete der theoretischen Philosophie blos niedergeschlagen, nicht aber als unstatthaft bewiesen, für die Belehrung und Stärkung des moralischen Gefühls zwar viel gethan, aber doch noch nicht die Moral auf ein festes, unerschütterliches Prinzip gegründet. Ließ sich also überhaupt in dieser Lage der Dinge eine Verbesserung von der Philosophie erwarten, so war dies nur dann möglich, wenn sie unerschütterliche Grundsätze des Denkens, der Erkenntniß und der Sittlichkeit aufstellte, und dies zu bewirken, war, wenn auch nicht ganz bestimmt und deutlich, doch im Allgemeinen das Ziel, nach welchem Platon strebte. —

In seinem Leben zeichnete er sich durch stete, unverletzte Jungfräulichkeit aus, was seiner unendlich gefeierten Persönlichkeit noch einen glänzenderen Nimbus verlieh, wie er ja überhaupt „der Göttliche" genannt wurde. Zwar hatte er als Jüngling immerhin eine kleine Liaison, worauf wenigstens ein paar seiner erhaltenen Jugendgedichte schließen lassen; allein es war wohl eben nur ein „platonisches" Verhältniß, und zwar weniger wegen zu großer Sittenhaftigkeit seinerseits, als weil seine Angebetete, wie es scheint, eine „Spröde" war; denn wenn er derselben das beliebte Liebeszeichen der Alten, einen Apfel zuschickt mit den Versen:*)

„Ich bin ein Apfel; mich wirft dir ein Liebender; nick'
　　　　　　　　ihm, Xantippe,
Ja zu; denn ich und du, welken ja beide dahin!..."

so war dies mehr als die Bitte um einen sittigen Händedruck; und wenn er seine Liebesgabe mit den bestimmteren Worten erneuert:

„Werf' ich den Apfel nach dir und du gewährest mir Liebe,
Nimm, und die Jungfrauschaft theile zum Lohne mit mir.
Denkst du jedoch, wie hoffentlich nicht, so nimm dir denselben
Dennoch, und siehe, wie kurz Tage der Jugend besteh'n...:"

so ersieht man, daß er die Bewahrung seiner Jung-

*) Griech. Anthologie. Uebrigens sind die Meinungen bezüglich der Echtheit der diesem Platon zugeschriebenen Epigramme getheilt.

fräulichkeit auch damals eigentlich nur der spröden
Maid zu verdanken hatte. Wer diese seine Jugendliebe
war, ist nicht bekannt geworden; doch dürfte Platons
fernere Gleichgültigkeit gegen das weibliche Geschlecht
vielleicht von der Erfolglosigkeit dieser seiner Liebes=
bewerbung hergerührt haben. Platon hatte übrigens
eine sehr einnehmende Erscheinung. Seine Gesichts=
züge regelmäßig, seine Miene ernsthaft, die Augen
voll Milde und Sanftheit, die Stirn offen und ohne
Haare, die Brust breit und die Schultern hoch, seine
ganze Haltung voll Würde, sein Gang ernst und sein
sein ganzes Aeußere voll Bescheidenheit: er war ein
s ch ö n er Mann. Dies mochte wohl auch nicht der
letzte Grund gewesen sein, weshalb auch F r a u e n
in die Akademie strömten, um seine Vorträge zu
hören, wovon dieselben auszuschließen ihm um so
weniger in den Sinn kommen mochte, als er bei
Gelegenheit seines Aufenthaltes in Großgriechenland,
wo er eifrig mit den Pythagoräern verkehrte, sicher
auch von der Betheiligung der Frauen an der
Philosophie die besten Eindrücke erhalten hatte.

Es ist dies der erste bekannte Fall zu Athen,
daß auch Frauen sich mit der eigentlichen Philosophie
beschäftigten; das Studium der Medizin, welches
zwar auch der Philosophie einverleibt war, wurde, wie
wir später sehen werden, dem weiblichen Geschlechte schon
früher freigegeben und von diesem auch eifrig betrieben.
Die Frauen und Mädchen der Akademie konnten es

aber nicht zu solcher Berühmtheit bringen, wie drüben in Griechenland die Genossinnen des pythagoräischen Bundes. Diese waren aber auch kräftigen, dorischen Blutes und lebten nach den Regeln ihres Ordens in größter Einfachheit und Tugend, während jene zumeist dem weichlichen Stamme der Jonier angehörten und in Ueppigkeit und Vergnügen lebten.

Diejenigen von den Schülerinnen Platons, welche sich noch am meisten hervorgethan haben, waren von auswärts gekommen; denn über ganz Griechenland war sein Ruhm verbreitet und die Kunde, daß er auch Frauen in seine Schule aufnehme, lockte manchen Blaustrumpf nach Athen. Hier war aber auch nicht der Ort, wo weiblichen Verdiensten und Bestrebungen die gebührende Würdigung hätte zu Theil werden können, und die vielen Gefahren und Verdächtigungen, denen die Moralität durch den freien Verkehr mit dem männlichen Geschlechte hier ausgesetzt war, mochten den ehrbaren Mädchen und Frauen die Beschäftigung mit der Philosophie bald verleidet haben, und zwar um so mehr, als nun auch die Hetären sich in die Hörsäle der Philosophen drängten, um sich interessanter zu machen.

Aus Platons weiblichem Familienkreis scheint nur seine Schwester Potone, die Mutter seines Schülers und Nachfolgers im Lehramte, Speusippos, der Philosophie näher gestanden zu haben. — Von den Besucherinnen der Akademie werden vorzüglich zwei genannt, die auch Schülerinnen des Speusippos waren, somit den Platon hörten, als er schon ein Greis war; es sind dies die beiden jungen Mädchen Lasthenia und

Axiothea.*)

Axiothea, mit dem Beinamen Phlisia, war gebürtig aus Phlius, einer kleinen peloponnesischen Stadt, welche zur Landschaft Sikyon, der Heimath der berühmten Skolien = und Dithyramben = Dichterin Praxilla gehörte. Es kamen ihr — so wird erzählt**) — einige Schriften Platons in die Hand, die sie mit größtem Eifer studirte. Ein Dialog über den Staat begeisterte das junge Mädchen so sehr, daß es seinem Verlangen, den wunderbaren Mann und Philosophen persönlich kennen zu lernen, und aus seinem eigenen Mund die Lehren, die er in seinen Schriften niederlegte, zu hören, nicht länger wider= stehen konnte, Männerkleider anzog und nach Athen wanderte, um in die Akademie aufgenommen zu werden. Hier behielt sie die Männerkleidung bei, worin sie lange nicht als ein Weib erkannt wurde, und gehörte in der Folge zu den eifrigsten und geist= reichsten Anhängerinnen der platonischen Philosophie. Platon selbst soll das junge strebsame Mädchen

*) Diog. Laert. lib. III. c. 46. Clemens Alexandr. Stromat. l. IV. seg. 19.
**) Themistius in Soph. orat. XXIII., p. 295 c.

so bevorzugt und wegen seines eminenten Geistes so sehr ausgezeichnet haben, daß er — nach späteren Zeugnissen — öfters sogar seine Vorlesungen aussetzte, wenn — oder so lange Axiothea nicht anwesend war. Und wenn er um die Ursache einer solchen Unterbrechung gefragt wurde, soll er zur Antwort gegeben haben: „Der Verstand (so nannte er auszeichnend Axiothea), der alles recht zu fassen und zu deuten habe wisse, sei noch nicht gegenwärtig.“*)

Sie besuchte die Akademie, auch noch nach dem Tode ihres Stifters, unter dessen Schwestersohn Speusippos.

Später trat sie auch selbst als Lehrerin der Philosophie auf und scheint sich neben eigentlicher Idealphilosophie auch mit physikalischen und naturgeschichtlichen Studien beschäftigt zu haben.

Aus ihrem Leben haben wir zwar sonst keine weiteren Nachrichten; doch könnten rigorose Sittenrichter aus ihrer Zusammenstellung mit Lasthenia voreilig einen für die Moralität ihres Lebenswandels gerade nicht günstig sprechenden Schluß ziehen. Allerdings mußte sie schon durch das Romantische ihrer Verkleidung eine Menge Anbeter an sich locken, die es ihrerseits gewiß nicht daran fehlen ließen,

---

*) So schöpfe ich aus Harleß nach Eberti, dessen angeblich neue Zeugnisse mir unbekannt blieben. Vgl. unten Seite 177 Anmerkung 1. Man erzählt dies sonst mit Beziehung auf Aristoteles.

die schöne und junge akademische Philosophin für
freies Leben und freie Liebe zu begeistern.

Ausdrücklich eine Hetäre genannt wird

Lasthenia.

Sie war aus Arkadien nach Athen gekommen,
um den Platon zu hören.*) Wie ihre Akademie-
genossin Axiothea, scheint auch sie nur von dem
Streben nach philosophischer Ausbildung beseelt ihre
Vaterstadt Mantinea verlassen und sich in die Hauptstadt Griechenlands begeben zu haben; hier erst
wurden ihre sittlichen Grundsätze durch den freien
Verkehr mit ihren Mitschülern, worunter sich genug
leichtlebige Männer befanden, allmählig untergraben,
bis sie endlich in der Akademie eine ähnliche Rolle
spielte, wie nachher die geistreiche Leontion in den
Gärten Epikurs. Vorzüglich scheint aber Speusippos
die meiste Schuld an Lasthenia's moralischen Ver-
irrungen getroffen zu haben. Er war wegen seiner
wollüstigen und ausschweifenden Lebensart bekannt,
und knüpfte denn auch mit Lasthenia ein Liebesverhältniß an, welches allein mit der höchsten Gefähr-
dung ihres guten Rufes gleichbedeutend war. Sie besaß
übrigens als Philosophin einige Berühmtheit. Der
Tyrann Dionysios von Syrakus, mit dem Speusippos
korrespondirte, schrieb ihm daher einmal scherzend:

---

*) Irrthümlich führt Jamblichos die Lasthenia unter
den pythagoräischen Frauen auf.

„Man kann von deiner arkadischen Schülerin auch Philosophie lernen."

Speusippos übergab nach achtjährigem Wirken den Lehrstuhl der Akademie wegen Kränklichkeit an den Platoniker Xenokrates. Er selbst starb in Folge seiner unordentlichen Lebensweise an der Phithiriasis oder Läusesucht. —

Einer späteren nennenswerthen Adeptin der platonischen Philosophie begegnen wir in einer unter den Kaisern Septimus Severus (193—211) und Caracalla (211—217) vermuthlich zu Rom lebenden Griechin, Namens

Arrhia.

Dieselbe ist wohl identisch mit der Gemahlin des Konsuls M. Nonius Macrinus und Mutter des Arrius, Consul ordinarius im Jahre 201.

Der berühmte Arzt Galenos, einer der größten Polyhistoren des Alterthums, oder wer sonst der Verfasser jener dem Galen zugeschriebenen und dessen vollkommen würdigen und auch ganz seinem Style entsprechenden medizinischen Schrift von Gegengiften war, rühmt in dieser Arrhia als eine ihm ungemein theure und von den vortrefflichsten Männern als eine sehr ausgezeichnete Forscherin im Gebiet der Philosophie und besonders als eifrige Platonikerin empfohlene" Frau, und erzählt, daß er sie von einer gefährlichen, atrophischen Krankheit des Magens, der keine Speise mehr annehmen oder verdauen wollte,

durch einen nach Galens Recepte bereiteten Wermuth=
wein wiederhergestellt habe. —

Auch Diogenes von Laerte kannte eine Arrhia,
die eine Anhängerin der platonischen Philosophie und
sehr gebildet war. Doch können wir diese unmöglich
mit der Arria des Galenos für identisch halten, da
des Diogenes Lebenszeit, wenn sie auch nicht mit
Bestimmtheit festgesetzt werden kann, doch wenigstens
um ein Menschenalter später fällt. Ich stehe nicht
an, diese jüngere Arrhia für eine Tochter der früheren
und Schwester des genannten Consuls Arrius zu halten.

Diogenes, bekannt als Geschichtschreiber der Philo=
sophie, widmete ihr sein uns noch erhaltenes Wort
über das Leben der Philosophen, und hatte demselben
einen Dedikationsbrief vorausgeschickt, der aber in
Verlust gerathen ist. Er spricht sie auch an zwei
Stellen seines Werkes an. So namentlich in dem
Abschnitte, wo er ausführlicher (und zwar eben seiner
gelehrten Freundin zu Liebe) über das Leben und
die Philosophie des Platon handelt; „Dir aber,"
apostrophirt er sie, ohne ihren Namen zu nennen,
(die Stelle ist in sehr deroutem Zustande auf uns
gekommen.) „Dir aber, die Du mit Recht eine
Freundin des Platon bist, und die Lehren des Philo=
sophen vor Allem fleißig erforschest, habe ich für
nöthig gefunden, sowohl die Natur seiner Vorträge
als die Ordnung seiner Unterredungen u. s. w. vor=
zuzeichnen."

4. Die kyrenäische Schule.

Der Stifter dieser Sekte war Aristippos aus Kyrene, der Hauptstadt einer griechischen Kolonie in Afrika. Seine Eltern waren reich und angesehen und er verlebte seine Jugend in allen Bequemlichkeiten und Vergnügungen des Lebens, von denen er auch nachher nicht mehr ablassen konnte. Sein Vater sandte ihn nach Griechenland, um sich dort auszubilden. Hier schloß er sich sofort dem Sokrates an, dessen fleißigster Schüler er anfangs wurde. Als er jedoch seinen Hang zu sinnlichen Vergnügungen fortwährend und strenge von seinem Lehrer getadelt sah, verlegte er sowohl aus diesem Grunde als auch, weil er die berühmte Hetäre Lais kennen gelernt hatte und um ihre Gunst buhlte, seinen Aufenthalt nach Aegina, wo die Gefeierte ihren Landsitz hatte. Er kam nur von Zeit zu Zeit nach Athen, um den Sokrates zu hören, bei dessen Tode er gleichfalls abwesend ist. Später lebte er am Hofe des Dionysios des Jüngeren in Syrakus, wo er sich allen Arten der Wollust überließ, kehrte dann wieder nach Athen zurück und lehrte daselbst Philosophie, bis er auf die Bitten seiner gelehrten Tochter Arete sich nach seiner Vaterstadt Kyrene begab, wo er auch starb.

Das Wesen der kyrenäischen Philosophie ist in einem Kernspruche Aristipp's enthalten, welcher lautet:

„Haben, nicht gehabt werden", das heißt mit anderen
Worten: Man soll die Verhältnisse sich, nicht sich den
Verhältnissen unterordnen. Dennoch betrachtete er
Lust und Genuß für den Endzweck des Lebens und
entfernte sich somit ziemlich weit von der Lehre des
Sokrates, dessen Moral ihm viel zu streng war.
Er glaubte, ohne die Grundsätze seines Lehrers zu
verletzen, einen bequemeren Weg zur Erreichung seines
Zieles finden zu können, und baute sein eigenes
philosophisches System auf folgende Grundprinzipien
auf: Die Sinne trügen. Was gibt es also für einen
Maßstab zur Beurtheilung des Guten und Bösen?
Der Mensch muß, um zu einer beruhigenden Gewiß=
heit zu gelangen, in sich selbst zurückkehren. Hier
findet er aber zwei von der Natur selbst eingepflanzte
Empfindungen, den Reiz für das Vergnügen und
die Abneigung gegen den Schmerz. Warum sollten
diese Triebe, die nie so tief eingeprägt sind, nicht
die Führer bei der Wahl meiner Handlungen sein
können, da sie ja doch von der Natur selbst eingepflanzt
sind? Sollte sie strafbar sein? Unmöglich! Da wäre
ja die Natur selbst im Widerspruch mit sich. Diesen
Trieben muß man also folgen. Was kümmert es,
was die Dinge an sich sind, was ihr wahres Wesen,
ihre wahren Eigenschaften, unabhängig von der Vor=
stellung der Dinge sein mögen. Alle Gegenstände
betrachte man demnach nach den Eindrücken des
Angenehmen oder Unangenehmen. Das ist gut und

nützlich, was die Empfindung des Angenehmen, das
schädlich und schlecht, was die Empfindung des
Unangenehmen erregt. Nur das Uebermaß angenehmer
Empfindungen, zu große Heftigkeit derselben ist
schädlich; dies vermeide man also und setze sein Glück
in eine ununterbrochene Folge sanfter Regungen,
welche die Seele bewegen, ohne sie anzugreifen.
Diesen Zustand nennt man aber Wollust.

Man ersieht aus diesen Grundsätzen, daß die
kyrenäische Philosophie, wenn sie auch in vieler Rücksicht sehr nachgiebig war, doch nicht erlaubte, daß
man sich rückhaltslos allen sinnlichen Genüssen überließ. Aristippos selbst gab einmal einen Beweis von
solcher Zurückhaltung. Dionysios erlaubte ihm
nämlich, aus drei schönen Buhlerinnen eine für sich
zu wählen. Er nahm aber alle drei unter dem
Vorwande, daß er das Schicksal des Paris fürchte,
wenn er Einer den Vorzug gäbe. Unterwegs über-
legte er jedoch, daß das Vergnügen der Selbstüber-
windung doch wohl besser wäre, als der Genuß ihrer
Reize, und ließ sie ruhig in ihre Häuser zurückkehren.

Es ist nicht zu verwundern, daß eine so gefällige
Philosophie bald zahlreiche Anhänger fand, und daß
auch Frauen, namentlich aber Buhlerinnen sich zu
dieser Sekte bekannten, denn „wenn auch Hetären
der Philosophie bedürftig sind", bemerkt Jakobs,
„so muß man gestehen, daß es keine Art von Philosophie gibt, die sich so gut zu ihrer Lebensart reimt,

als die kyrenäische." — Zu den kyrenäischen Philo=
sophinnen zählt auch die berühmte Laïs, die ältere.

Laïs.

Wenn man Umschau hält nach den bestgefeiertsten
Namen des griechischen Alterthums, so begegnet man
neben denen hervorragender Geister auf dem Gebiete
der Politik, Kunst, Literatur und Philosophie auch
solchen berühmter weiblicher Schönheiten.   Die häus=
liche Zurückgezogenheit der Griechinnen ehrbaren Standes
ließ jedoch nur selten den Ruf außergewöhnlicher
Schönheit in weitere Kreise der Gesellschaft, ge=
schweige denn durch das ganze Land sich verbreiten.
Wir finden daher unter jenen weiblichen Namen
vorzüglich solche, deren Trägerinnen ihre körperlichen
Reize häufiger und offener vor der Oeffentlichkeit
zur Schau zu tragen Gelegenheit hatten und aus
der Verwerthung ihrer Schönheit ein Gewerbe machten.
Unter diesen ist wieder der bei weitem berühmteste,
im Alterthum und in der Neuzeit am meisten in
zahlreichen kleineren und größeren Dichtungen und
Huldigungen gefeierte Namen: — Laïs (d. i. zu
deutsch: „Kind des Volkes", Dietlinde).

Es gab, zwei durch außerordentliche Schönheit
ausgezeichnete Griechinnen — Hetären — dieses
Namens, welche als ältere und jüngere Laïs unter=
schieden werden.

Die ältere und unstreitig berühmtere der

Beiden war die Tochter der gleichfalls nicht unberühmten Hetäre Timandra (scherzhaft „Damasandra" — Sieg=mennin), auch, und wohl am richtigsten, Epimandra genannt, welche durch ihre Anhänglichkeit an den unglücklichen Alkibiades im Guten von sich reden machte. Aus Sizilien gebürtig, kam Epimandra mit dem Dichter Philoxenos*), dem sie vom König Dionysios geschenkt worden war, nach Korinth. Laïs selbst wurde als siebenjähriges Mädchen gelegentlich der Eroberung ihres Geburtsortes Hykkara durch die Athenienser, welche eben damals unter Nikias den unglücklichen Versuch machten, in Sizilien festen Fuß zu fassen, als Sklavin nach Korinth gebracht. Hier wurde sie frühzeitig in die Künste der Galanterie

---

*) Nicht nur als trefflicher Dichter, sondern im Alterthum auch als großer Vielfraß bekannt. Er aß sich im wirklichen Sinne des Wortes zu Tode, indem er an dem übermäßigen Genusse eines sogenannten Meerpolypen von ungeheurer Größe starb. Er verlangte, als er schon sein Ende fühlte, noch den übriggebliebenen Kopf mit den Worten: „Nun, so laßt mich auch diesen noch ver=zehren, da ich einmal sterben muß." — Was Plutarch von einem gleichnamig nimmersatten Schmarotzer am Hofe des Tyrannen Dionysios erzählte, daß derselbe sich in Gemeinschaft mit einigen anderen Eßkünstlern — mit Respekt zu melden — in die Schüsseln schneuzte, um den Tischgenossen das Essen zu verleiden und sich allein an den aufgetragenen Speisen vollstopfen zu können, gilt nicht von unserem Dichter.

eingeweiht und sie scheint auch eine nicht unbedeutende Geistesbildung erhalten zu haben.

Zu beispiellos vollendeter Schönheit erblühten jedoch die körperlichen Reize der Laïs. Vorzüglich soll ihr Busen von so unbeschreiblicher Wohlgestalt gewesen sein, daß Maler und Bildhauer denselben zum Modelle für ihre Schöpfungen idealer weiblicher Gestalten nahmen. Sie überstrahlte nicht nur alle ihre Zeitgenossinnen, sondern auch die gefeiertsten Schönheiten der Vorzeit, wie wir unter Anderem dem Bekenntnisse des in solchen Dingen kompetenten Hyperides aus einer seiner Reden entnehmen können, wo er spricht von „Laïs, die sich von allen, die je gelebt, durch ihre Gestalt ausgezeichnet hat." Sie galt nachgerade als das Prototyp weiblicher Schönheit, und ihr Name wurde fortan tropisch zur Bezeichnung vorzüglich schöner Weiber gebraucht.

Eine Schilderung „laïsischer" Schönheit, deren Grundzüge wohl der Ueberlieferung von den Reizen des Urbildes entnommen sind, finden wir selbst noch viele Jahrhunderte nach dem Auftreten der berühmten Buhlerin. So beginnt eine dem Sophisten Aristaenetos zugeschriebene Sammlung von fünfzig erotischen Briefen mit folgender Beschreibung der Reize einer zweiten Laïs. „Von der Natur mit allen sonstigen Gaben ausgestattet, ward Laïs am schönsten von Aphrodite geschmückt und durch sie in den Chor der Grazien eingereiht worden. Eros (Amor) lehrte sie beglückende

Pfeile aus den Augen zu entsenden. O, schönstes Meisterwerk der Natur, du Zierde der Weiber, in Allem das belebte Ebenbild der Aphrodite! Denn dieser gleichen (um ihre aphroditische Schönheit, soweit es möglich ist, mit Worten zu schildern) die weiß und zartroth gefärbten, in natürlichem Rosenglanze blühenden Wangen; die zarten Lippen, durch einen kleinen Zwischenraum getrennt und röther als die Wangen; die Augenbrauen von reinster Schwärze und harmonisch von einander geschieden; die gerade zu den zarten Lippen passende Nase; die großen, glänzenden und in reinster Klarheit strahlenden Augen mit ganz schwarzen Augensternen und schneeweißem Augapfel, das Eine mit dem Andern an Glanz wetteifernd und den sie umgebenden Theilen Reiz verleihend. Die darin sitzenden Grazien sind wahrhaft anbetungswürdig. Das von Natur gekräuselte Haar ist ähnlich der Hyazinthenblume (wie Homer*) sagt,) und von Aphroditens Händen selbst gescheitelt. Ihr Nacken ist weiß und auch ganz ungeschmückt zu holder Wonne einladend; es umgibt ihn aber ein Halsband von Edelsteinen, worin der Name der Schönen ein= gravirt ist, und zwar so, daß die Steine nach der Reihenfolge der Buchstaben geordnet sind. — Ihre Gestalt ist schlank, die Kleidung elegant, harmonirend und dem Bau der Glieder angepaßt. Reizend ist sie

---

*) Od. VI. 231. XXIII. 158.

bekleidet; entkleidet aber ist sie ganz Wohlgestalt. Ihr Gang ist abgemessen und kurz und gleicht der Bewegung der Cypressen oder Palmen, wenn sie von einem leichten Windhauch bewegt werden; denn ihre Gestalt neigt von Natur aus zu etwas stolzer Haltung hin. Jene Bäume bewegt aber nur das Wehen des Zephyrs, diese jedoch tragen gewisser= maßen die Lüfte der Eroten. — Die vorzüglichsten Maler haben sie, soweit es möglich war, nachgebildet, und wenn sie eine Helena oder die Grazien zu malen haben, stellen sie sich die Gestalt der Laïs als über= schwängliches Muster der Schönheit vor Augen und bilden ihr Kunstwerk dieser auf eine würdige Weise nach. Beinahe hätte ich vergessen zu sagen, daß ihre schwellenden Brüste (kydonischen Aepfeln gleich) das umfassende Band (die Busenbinde) mit Gewalt weg= treiben. — Ferner sind ihre Glieder so regelmäßig und so üppig, daß man meinen könnte, es seien die Gebeine biegsam und dehnbar. Denn beinahe bis auf sie pflanzt sich der Druck der Finger auf das zarteste Fleisch fort, und sie geben bei der Umarmung der Liebhaber nach. Und wenn sie spricht, ihr Götter, welcher Zauber ihrer Rede, welch' leichte und gefällige Zunge! Der mit dem Gürtel aller Grazien umgürtete Bau bringt ferner das süßeste und verführerischste Lachen hervor. — Auf diese Weise hat man der Herrlichen, durch alle Reize der Schönheit Ausgezeichneten, nicht einmal Momos (bekanntlich der

Gott des Spottes und des Tadels), das Geringste
auszustellen." —

Alsbald nach ihrem Auftreten war die Laïs
auch in ganz Griechenland bekannt, gefeiert, ver-
göttert. Es war, wie ein griechischer Dichter sich
ausdrückt, ein Glück, daß Laïs als die Schönste
ihres Geschlechtes den Stand einer Hetäre gewählt
hat; denn, wenn sie nicht für Geld sich Allen hin-
gegeben hätte, so würde um sie in Griechenland ein
Streit wie um die Helena entstanden sein.

Der Ruf ihrer Schönheit veranlaßte in kurzer
Zeit eine förmliche Wanderung selbst der berühmtesten
und angesehensten Männer nach dem alten Ephyra,
theils um ihre Gunst zu genießen, theils um ihre
Reize zu bewundern oder die Vollkommenheit weiblicher Schönheit zur Nachahmung durch Kunstwerke
des Pinsels und Meißels zu studiren. Sie konnte
wirklich nur mit geringer Uebertreibung behaupten,
daß ganz Griechenland zu ihren Füßen liege, wie
der römische Elegiker Propertius von ihr singt.

Durch die ihr dargebrachten überschwänglichen
Huldigungen, namentlich aber „durch die Gold-
Statere*) wild und übermüthig gemacht," welche
ihre Verehrer als Tribut für empfangene Gunstbezeigungen ihr anfangs in übertriebener Freigiebig-
keit zu Füßen legten, wurde sie bald so kostbar und

---

*) Eine Goldmünze von beiläufigem Werthe von 7½ fl.

wählerisch, daß sich nur die Reichsten den Genuß ihrer Reize gestatten konnten. Diese Unzugänglich= keit für mittellosere Verehrer, wie die Härte ihres Charakters überhaupt, zog ihr den Beinamen Axine, d. i. Axt, Beil, zu. Selbst ihre begünstigten Lieb= haber mußten sich viel von ihrer Laune gefallen lassen. Auf eine ihr nicht gefällige Einladung eines Verehrers, zu ihm zu kommen, ließ sie zur Antwort sagen: „es ist zu kothig."

Oft war ihr das Aeußere oder das Alter eines Bewerbers nicht genehm. Dies erfuhr auch ein verliebter Greis, Namens Myron, dessen Begebniß mit Laïs uns der römische Dichter Ausonius in folgenden Versen*) erzählt:

„Der greise Myron bat die Laïs einst
Um eine Nacht, ward aber abgewiesen,
Er merkte wohl warum, und färbte sich
Das weiße Haar mit einer schwarzen Schminke.
Das Haar verändert, doch nicht das Gesicht,
Verlangte Myron wieder das Erbetene.
Doch jene, wie sie Haare und Gestalt verglich,
Sei's, daß sie wirklich ihn nicht mehr erkannt,
Vielleicht auch nur um eines Scherzes willen,
Entgegnete dem Schlauen mit den Worten:
„Wie kannst du, Thor, um das mich bitten, was
Ich deinem Vater schon hab' abgeschlagen." —

Ihr stolzes Herz blieb jedoch den Regungen liebender Hinneigung nicht ganz verschlossen. Sie fand

---

*) Auson. Epigr. 17.

sonderbarer Weise an dem schmutzigen Kyniker und Tonnenbewohner Diogenes einen solchen Gefallen, daß sie sich ihm umsonst hingab, was indeß den abenteuerlichen Mann ziemlich kalt ließ und nicht von der Ausübung gewisser schmählicher Werke abhielt.

Eine noch tiefere Neigung faßte Laïs zu einem Wettläufer, Namens Eubatas, ja sie bewarb sich sogar um dessen Hand. Aelianos*) erzählt diese Episode aus dem Leben der berühmten Hetäre mit folgenden Worten: „Als Laïs mit Eubatas von Kyrene bekannt wurde, entbrannte sie so sehr von Liebe gegen ihn, daß sie ihm Heirathsanträge machte. Um sich nicht hinterlistigen Angriffen von ihr aus= zusetzen, willigte er ein, hatte jedoch keinen Umgang mit ihr, und führte fortwährend ein enthaltsames Leben. Sein Versprechen hatte er nach Beendigung der Kampfspiele zu erfüllen. Nachdem er in diesen Sieger geworden, ließ er, um nicht den Schein der Wortbrüchigkeit gegen die Dirne auf sich zu laden, sich ein Bild der Laïs malen, nahm es mit sich nach Kyrene und behauptete nun, er habe den Ver= trag nicht gebrochen, denn er führe die Laïs heim. Zur Belohnung seiner Treue ließ ihm seine recht= mäßige Gattin in Kyrene eine sehr große Bild= säule errichten." —

Vergeblich war hingegen das Bemühen des

*) Var. hist. l. X., c. 2.

Aristipp, die Liebe der schönen Hetäre zu gewinnen, obwohl er von allen ihren Verehrern wohl den meisten Umgang mit derselben hatte und ungeheure Summen für sie vergeudete. Als man ihm vorhielt, daß er für ein Weib so viel Geld verschwende, welches sich dem Diogenes umsonst ergebe, soll er geantwortet haben: „Ich zahle sie, daß sie mir ihre Gunst gewährt, nicht, daß sie sie anderen versagen soll." Er verbrachte jährlich viele Zeit mit ihr, theils zu Korinth, theils — während der Poseidonsfeiertage — zu Aegina.

Als ein Freund dem Aristipp bemerkte, daß Laïs ihn doch nicht liebe, gab er zur Antwort: „Ich glaube nicht, daß mich der Wein und der Fisch liebt, den ich genieße, und dennoch macht mir der Genuß von beiden Vergnügen." Ein anderes Mal soll er, als man ihn tadelte, daß er mit der Buhlerin Laïs Umgang habe, entgegnet haben: „Ich halte die Laïs fest, aber sie mich nicht; denn Vergnügungen haben, ohne sich davon überwältigen zu lassen, ist vortrefflich, nicht aber sie gar nicht zu genießen." —

Laïs erwarb sich im Umgange mit dem heiteren Philosophen einen sehr bedeutenden Grad von Bildung und Kenntnissen, so daß sie nicht nur für das schönste, sondern auch für eines der geistreichsten Weiber ihrer Zeit galt. Sie ließ sich auch von Aristipp für dessen Philosophie gewinnen, die ihr natürlich mehr zusagen mochte, als das unreinliche

System ihres Günstlings Diogenes, der es seinerseits gewiß auch nicht an Versuchen fehlen ließ, die
gefeierte Schöne zum Kynismus zu bekehren.

Zwischen Diogenes und Aristipp soll sich einmal
folgendes Zwiegespräch wegen der Laïs entsponnen haben:

Diogenes: „Aristipp, du lebst mit einer gemeinen
Hetäre. Entweder entsage ihr, oder bekenne dich
wie ich zur Sekte der Hunde."

Aristipp: „Scheint es dir ungereimt, in einem Hause
zu wohnen, das auch schon Andere bewohnt haben?"

Diogenes: „Nichts weniger."

Aristipp: „Oder in einem Schiff zu fahren, in
dem schon viele gefahren sind?" . . .

Diogenes: „Eben so wenig."

Aristipp: „So ist es auch nicht ungereimt, ein
Weib zu genießen, das schon viele genossen haben." —

Aristipp gab auch eine Schrift heraus, welche
„An Laïs" betitelt war. Ihr Inhalt ist uns nicht
mehr bekannt. Später ließ er eine zweite, ebenfalls
auf Laïs bezügliche und verloren gegangene Schrift
„An Laïs, über den Spiegel", erscheinen, welche sich
auf die gleich zu erwähnende Weihe des Spiegels zu
beziehen und eine Trostschrift (oder vielleicht ein
Pamphlet?) wegen ihrer verblühten Schönheit gewesen
zu sein scheint.

Es waren ja auch der Laïs Reize nicht un-
vergänglich! . . .

Ja, es war vielmehr eine sehr klägliche Metamorphose, welche die Herrlichkeit der gefeierten Schönen mit dem Verblühen ihrer Reize erfuhr. Die reichen Verehrer wurden immer seltener und blieben endlich ganz aus, mit ihnen natürlich auch die Goldstücke. Die schwierige Stolze wurde zahm, wohlfeil und zugänglich für Jedermann. Ueber den Verlust ihrer Herrlichkeit suchte sie sich aber durch Hingabe an den Trunk — ein nicht seltenes Laster unter den Griechinnen, namentlich Athenienserinnen — zu trösten!

Der griechische Komiker Epikrates schildert recht köstlich die bittere Zeit, wo die reichen Bewerber fortzubleiben begannen und ein Reiz nach dem andern sich verlor, in seinem Lustspiele „Anti-Laïs":

„Selbst Laïs ist geschäftlos jetzt und Trinkerin,
Nur auf ihr täglich Brod, auf Speis' und Trank allein
Die Augen haltend, scheint sie mir den Adlern gleich.
So lang der Adler sich noch seiner Jugend freut,
Entführt er kraftvoll leicht von dem Gebirg hinauf
Jetzt einen Hasen, jetzt ein Schaf zum leckern Mahl.
Doch kommt das Alter, weicht die Jugendkraft dahin,
Sieht man ihn hungrig sitzen auf der Tempel Dach,
Was dann ein großes Wunderzeichen heißen muß.
Ein Wunderzeichen kann uns jetzt auch Laïs sein.
Denn früher, als sie noch ein Nestling war und jung,
Und durch den gold'nen Stater wild und scheu gemacht,
Da nahm dich Parnabaros*) leichter an als sie.

---

*) Der bekannte vornehme Perser aus der königlichen Familie, dessen hochmüthiges Benehmen gegen Niedere, wie wir sehen, sprichwörtlich wurde.

Jetzt, da sie schon des Lebens lange Bahn durchläuft,
Und ihres Leibes Fugen auseinandergeh'n,
Erlangst du leichter Einlaß und des Anschau'ns Glück;
Gern folgt zum nahen Schmaus sie dir, wohin du willst,
Nimmt einen Stater*) oder drei Obolen an
Und läßt den Greis, sowie den Jüngling bei sich ein.
So kirr, bei Gott, ist sie geworden, bester Freund,
Daß sie das Silber von jedem aus der Hand annimmt." —

In diesem traurigen Stadium ihres Lebens
weihte Laïs — nach Hetären Art — ihren Spiegel
als unangenehme Erinnerung an die verlorene Schönheit der Göttin, deren Dienst ihr Leben gewidmet
war. Dieser Akt nothgedrungener Resignation wurde
mehrfach in Epigrammen gefeiert und zwar zuerst
vom Philosophen Platon, dessen oft nachgeahmtes
Gedicht wir auch hier mittheilen wollen. Laïs spricht:
„Ich, die stolz ganz Hellas verspottete, Laïs, an deren
    Thüren ein summender Schwarm liebender Jüng-
        linge lag,
Paphien geb' ich den Spiegel. Denn so, wie jetzo mich
        sehen
    Mag ich nicht, und wie sonst früher, so kann ich es
        nicht." —

Als es auch trotz wohlfeiler Preise nicht mehr
mit dem Hetärenhandwerk gehen wollte, legte sie sich
auf das Gewerbe einer Kupplerin. Als solche
wird sie von einem späteren Dichter also geschildert:

*) Der gewöhnliche Stater galt nur den fünften
Theil von einem Goldstater, d. i. etwa nach unserem
Gelde 1½ fl.

„Wie wurden von der Jünglinge Gluth die korinthische
                                                    Laïs
   Und vom doppelten Meere begabt, da ihr greisendes
                                                    Haupthaar
Kränze verwarf, die begehrliche Schaar und die nächt=
                                                    liche Werbung
   Ausblieb, und nur selten die Thüre vom Klopfen
                                                    ertönte
Und ihr Alter sich scheut, sich in spiegelndem Erz zu
                                                    verdammen;
   Weilet sie doch und gürtet als Kupplerin And're zu
                                                    gleichem
Dienst, und umwandelt, vom Alter gedrückt, die geliebten
                                                    Spelunken."

Sie starb nach der einen Tradition, indem sie
an einem Olivenkerne erstickte, nach einer anderen soll
ihr Wunsch „zu sterben im Liebesgenusse" in Er=
füllung gegangen sein. —

Die Korinther, welche es sich zu keinem geringen
Ruhme anrechneten, die einst so gefeierte Hetäre
beherbergt zu haben, und die nach Pausanias noch
fünf Jahrhunderte später mit Feuer „die Laïs als
die ihrige in Anspruch nahmen", errichteten derselben
im Kraneion, einem Cypressenhaine in der Nähe
der Stadt, ein Grabdenkmal, auf welchem eine Löwin,
die einen Widder zerreißt, die Raubsucht der Ver=
storbenen andeuten sollte.

Von der Menge poetischer Grabschriften auf Laïs
möge nur die nachfolgende des Antipater von Sidon hier
Platz finden. Dieselbe lautet übers. v. G. Thudichum:

„Sie, die einstens in Gold und Purpur sich, und mit dem Eros
Brüstende, weichlich wie selbst Kypris die zärtliche nicht,
Laïs ist hier, Stadtbürg'rin des meerumsäumten Ko-
rinthos,
Heiterer noch als weiß glänzt der peirenische Quell,
Sterbliche Kyprogeneia, bei welcher der stattlichen Freier
Mehrere noch als einst um die tyndarische Braut*)
Pflückten den blühenden Reiz und erkauften Genuß
Aphroditens;
Welcher das Grab auch noch duftet von Krokos-
geruch;
Welcher von duftender Salb' annoch die besprengten
Gebeine,
Und noch Weihrauchshauch athmet das glänzende
Haar;
Welcher zu Lieb' Kythereia das schöne Gesicht sich zer-
fleischte
Und mit Trauergeschrei Eros ein Seufzen erhob.
Wenn sie nicht Allen die Gunst um Gewinn zur Sklavin
gegeben,
Dann hatt' Hellas mit ihr wie mit der Helena
Noth." —

Noch im 6. Jahrhundert n. Chr. sah der geschätzte
Poet und Advokat Agathias das Grab der Laïs und
widmete demselben folgendes Impromptü:
„Als ich nach Ephyra ging, erblickt' ich am Wege der alten
Laïs ragendes Grab, welches die Inschrift besagt,
Und ich sagte mit Thränen: „O Reizende, sei mir gegrüßet,
Ob ich auch nimmer dich sah, regt sich doch Mitleid
in mir.
Viele hast du betrübt der Jünglinge: aber nun ruhst du,
Deiner Reize beraubt, in der Vergessenheit Schooß." —
*) Helena.

173

Natürlich fehlte es nicht an Statuen, welche den Ruhm der Laïs als des schönsten Weibes von Griechenland der Nachwelt auf anschauliche Weise überliefern sollten — ein Umstand, welcher den gestrengen christlichen Apologeten Tatianos*) (im 2. Jahrh. n. Chr.) zu den entrüsteten Worten reizte: „Laïs hat gehurt und Turnos*) hat sie als ein Denkmal der Hurerei aufgestellt!" . . .

Noch zu den Lebzeiten der Laïs bemächtigte sich ihrer die Komödie. Namentlich bot ihr von der glänzenden Jugendzeit so verschiedenes, klägliches Alter den Komikern Stoff zu wirksamem Spotte. Kephisodoros und Epikrates schrieben beide eine „Anti=Laïs" (d. h. Nebenbuhlerin der Laïs). In dem Stücke des Letzteren wurde Laïs als eine bejahrte, aber immer noch kokette Schöne geschildert. Theopolis zog sie in seinem „Flötenfreund" durch u. s. f. Als idealische Schönheit wurde sie hingegen nach wie vor von griechischen und römischen Dichtern gleich un=ermüdlich besungen.

Auch die spätere Nachwelt hat sich diese interessante Schöne aus dem griechischen Alterthum öfter zum Vorwurf poetischer Bearbeitung gewählt, von den Deutschen besonders Wieland in „Aristipp und seine Zeitgenossen", und Wilhelm Heinse in seinem dithy=

---

*) Tat. advers. Graec. c. 55.
*) Ein sonst nicht weiter bekannter Bildhauer.

rambischen Romane: „Laidion, oder die eleusinischen Geheimnisse." —

Arete.

Die Lehre Aristipps ging nach dessen Tode an seine begabte und gefeierte Tochter Arete über. Ihr Vater, der sie sehr liebte, ließ seinem „Süßkinde" (dies die Etymologie des Namens Arete) eine sehr sorgfältige Erziehung angedeihen und führte die Jungfrau selbst in die Philosophie ein; zugleich gewöhnte er sie von Jugend an, Reichthum und Ueberfluß zu verachten, was Arete auch vollständig zu Stande brachte. Aristipp sagte deshalb einmal: „Das Größte, was mir meine Tochter Arete zu danken hat, ist, daß ich sie gelehrt habe, auf nichts Entbehrliches einen Werth zu legen."

Sie erwarb sich außerdem zahlreiche und ausgezeichnete Kenntnisse in den anderen Wissenschaften, namentlich auch in der Naturgeschichte und Naturlehre, und hielt sich bald in Athen, bald und zwar vorzugsweise in ihrer Heimath Kyrene, bald in anderen griechischen Städten auf, wo sie die von ihr erworbenen Wissenschaften docirte, und ebensowohl durch ihre Gelehrsamkeit, wie durch die Reize ihrer Schönheit und Liebenswürdigkeit, deren sie nicht ermangelte, gerechtes Aufsehen erregte.

Von ihrer Moralität und ihrem Lebenswandel wird uns durchaus nichts Nachtheiliges berichtet;

Arete tritt uns vielmehr als uneigennützige, begeisterte Jüngerin der Wissenschaft und Philosophie von Beruf entgegen. Sie war denn auch nicht nur die Fortpflanzerin der Lehren ihres Vaters, sondern auch das Haupt der kyrenäischen Schule nach dessen Tode, als welches sie in Kyrene Philosophie lehrte und berühmte Schüler hatte. Zu ihren Zuhörern — deren Anzahl jemand*), aus mir unbekannter Quelle, auf 110 angibt — gehörte auch ihr Sohn Aristipp der Jüngere, der deshalb von den Alten den Beinamen „der Metrodidakt" oder „Mutterschüler" erhielt, sowie jener „Gottesleugner" Theodoros, der nachher ein Schüler des Cynikers Krates wurde und welchem wir noch an der Seite einer anderen Philosophin begegnen werden. Unbekannt ist, wer der Gemahl der Arete war, dem sie den nach dem Großvater benannten Sohn gebar. —

Obwohl ich mich vergeblich in der Literatur der Alten um Belege auch für schriftstellerische Thätigkeit der Arete umgesehen habe — welche übrigens gewiß nicht zu bezweifeln ist — so weiß doch Heinrich Frauenlob*) (derselbe, dessen Leiche die Frauen aus Dankbarkeit für seine Verherrlichung des weiblichen Geschlechtes in Gedichten und Schriften sehr feierlich

---

*) Th. Zwinger in s. Theatr. Vit. H. Vgl. unten Seite 177, Anmerkung 1.
*) In seinem Buche „Lobwürdige Gesellschaft gelehrter Weiber, 1631."

zu Grabe trugen) von ihrer fruchtbaren und vielseitigen Schriftstellerei zu berichten, die außer der
eigentlichen Philosophie auch verschiedene Spezial-
zweige der Naturlehre und Naturgeschichte, ja selbst
Ackerbau, Orographie, Völkerlehre u. s. w. umfaßt haben
soll. Nach ebendessen — freilich nicht authentischen —
Angaben, schrieb sie vierzig Bücher, unter welchen
die vom Ackerbau, von den Wundern des Berges
Olympos, von der Bienenzucht, von der Kinder-
erziehung, von den Beschwerden des Alters, von den
Kriegen der Athenienser, von dem Leben des Sokrates
u. s. w. die ausgezeichnetsten gewesen sein sollen.[*]

Sie starb — vermuthlich zu Kyrene und
angeblich[**]) im 77. Jahre ihres Alters und erhielt
eine sehr ehrende Grabschrift, worin sie ein „Licht
von Hellas" genannt wurde.

---

[*]) Nach Harleß „Die Verdienste der Frauen um die
Naturwissenschaft ꝛc.", dessen Angaben ich hier wörtlich
folgte, da es mir bei der Mangelhaftigkeit der hiesigen
Bibliotheken leider benommen blieb, die von seinen
Gewährsmännern (Frauenlob, lobwürdige Gesellschaft
u. s. w., Th. Zwinger, Theatr. Vit. H., Eberti, eröffnetes
Kabinet der gelehrten Frauenzimmer) benutzten, sehr ver-
dächtigen Quellen auf ihren wahren Verlaß zu prüfen.
Die genannten Werke waren auch in Antiquariaten nicht
zu finden; ebenso blieb mir trotz alles Suchens Ed's
Programmschrift „De Arete philosopha" unzugänglich.

[**]) Nach Paschius, dessen „Gynaeceum doctum" dem
Verfasser gleichfalls unzugänglich geblieben ist.

Ihr Bildniß wurde auf Gemmen geprägt und ist uns auf solchen noch erhalten.

Die sittliche Festigkeit der Arete war nicht im Stande, die aristipp'sche Lehre in der Folge vor allerlei Verdächtigungen zu schützen, die besonders die strengeren Philosophen gegen das kyrenäische System der „Wollust" erhoben. Es galt nachgerade für einen Schimpf, ein Kyrenäiker (wie später ein Epikuräer) genannt zu werden, und man gebrauchte diese Bezeichnung oft, um jemand als einen Wüstling und ausschweifenden Menschen hinzustellen.

Nach Arete's Tode setzte ihr Sohn Aristipp der Jüngere die Schule fort, bis sie nach etwa hundert=jährigem Bestande durch das neue, mit dem kyrenäischen verwandte System des Epikuros verdrängt wurde.

5. Kynische Schule.

Weil Sokrates stets barfuß ging, das ganze Jahr hindurch — mit Ausnahme an Festen und bei festlichen Gelegenheiten — dasselbe Kleid trug, sich nur selten badete und überhaupt in der allergrößten Einfachheit lebte, um den weichlichen Athenern ein Beispiel alter Einfalt und einen Beweis von den mäßigen Forderungen der Natur zu geben, glaubte Antisthenes, einer der eifrigsten Anhänger desselben, den Sinn der von dem Meister gepredigten Tugendübung lediglich in der Selbstgenügsamkeit gefunden zu haben.

Demnach setzte er die Tugend in die gänzliche Ver=
achtung des Reichthums und des Vergnügens, in
die Freiheit und Unabhängigkeit des Individuums
durch Lösung aus dem Zwange der Bedürfnisse und
geselligen Verhältnisse bis zur Verachtung von
Familie, Staat, Kunst und Wissenschaft.

Nach Sokrates Tode eröffnete er eine Schule
im sogenannten Kynosarges, dem für Ausländer und
Halb=Athener bestimmten Gymnasium auf dem gleich=
namigen Platze in der Vorstadt von Athen. Seinen
Grundsätzen gemäß vernachlässigte er den Wohlstand
und fiel bald in die lächerlichsten Extreme, indem
er z. B. mit einem Stock in der Hand und einem
Quersack auf dem Rücken wie ein Bettler öffentlich
umherzog. Wie in seinem Aufzug war er auch
unsauber in seinen Worten, weshalb er nur wenig
Anhänger gewann und seine Schule bald schließen
mußte. Da er bei seiner Lehrart sich fast stets
Bitterkeiten und ungesitteter Ausdrücke bediente,
wurde er häufig nur „der beißende Hund" genannt.
Daher und mit Beziehung auf den Ort seiner Vor=
träge, sowie auf seine und seiner Schüler unsaubere
Lebensweise wurden die Anhänger dieser philosophischen
Sekte „Kyniker" oder „Hunde" genannt.

Unter den Schülern des Antisthenes that sich am
meisten der allbekannte Diogenes von Sinope hervor,
„der närrische Sokrates", wie man ihn zu nennen
pflegte. Er ging in der Selbstgenügsamkeit noch

weiter als sein ohnehin exzentrischer Lehrer, und be=
gnügte sich mit einer Tonne als Wohnung und mit
der Hand als Trinkgefäß. In ihm ist, wie ein
neuerer Geschichtschreiber der griechisch=römischen Philo=
sophie sagt, die Enthaltsamkeit selbst zur kynischen
Lust geworden. Ebenso zahlreiche wie einfältige Anek=
doten*) knüpfen sich an die Person dieses köstlichen
Philosophen, der als der Hauptvertreter der kynischen
Sekte gilt. Von seinem oftmaligen Bestreben, vor
der Welt abgehärtet und gegen äußere Einflüsse
unempfindlich zu erscheinen, gibt folgender Vorfall
einen Beweis. Bei starkem Frostwetter umarmte er
halbnackt eine eherne Bildsäule. „Empfindest Du
Schmerz dabei?“ fragte ihn jemand. „Nein,“ ant=
wortete der Philosoph. „Nun, was ist es denn dann
für ein Verdienst, daß du dies thust?“ sagte jener. —
Er hungerte freiwillig und ging ohne Schuhe, ohne
Rock, mit einem langen Bart, einen Stock in der
Hand und einen Schnappsack auf den Schultern, in
Athen umher. Den Mantel trug er eingeschlagen,
so daß er doppelt erschien; er that dies, weil er auch

*) Bekannt ist, wie er am hellen Tage mit einer
Laterne herumwandelte, „um einen Menschen zu suchen.“
Ein anderes Mal rief er laut und gestikulirend an
einem belebten Orte: „Ho! Menschen!“ und als nun
die Menge zusammenlief, schlug er mit dem Stocke in
dieselbe und trieb sie auseinander mit den Worten:
„Menschen habe ich gerufen und nicht Kehricht.“

darauf schlief und um ein Unterkleid zu ersparen.
Alle seine Bedürfnisse machte er öffentlich in den
vom gemeinsten Pöbel besuchten Straßen ab, wo er
Spott, Schimpf und Beleidigungen aller Art mit der
größten Ruhe ertrug. Sein Vortrag, sein Witz und
seine trefflichen Antworten machten ihn übrigens bei
dem größten Theile des Publikums sehr beliebt und
es gab gar Manche, selbst Ausländer, die Alles ver=
ließen, um ihm zu folgen. Er hatte sich, wie wir gesehen
haben, sogar auch die Sympathien seiner hochgefeierten
Zeitgenossin, der schönen Buhlerin Laïs, in solchem
Grade zu erwerben gewußt, daß sie ihm umsonst ihre
Gunstbezeigungen zu Theil werden ließ, was ihren
glühendsten Anbeter Aristippos, der die größten
Summen für die stolze Schöne verschwendete, nicht
wenig verdroß und eifersüchtig machte. Im Uebrigen
war aber Diogenes dem Frauengeschlechte nicht sonderlich
hold, wovon unter Anderem eine Bemerkung zeugt,
die er machte, als er an einem Oelbaume ein paar
Weiber aufgeknüpft sah. „Schade,“ meinte er, „daß
nicht alle Bäume solche Früchte tragen.“

Des Diogenes Schüler und nächstes Haupt der
kynischen Schule war K r a t e s von Theben. Er
besaß einen großen Reichthum, vertheilte aber sein
ganzes Vermögen, das gegen eine halbe Million
Gulden nach unserem Werthe betrug, unter seine
Mitbürger, und schloß sich ganz dem Diogenes und
seiner Lehre an. Er war sehr häßlich von Gesicht,

buckelig und wurde ausgelacht, wenn er sich nackt im Gymnasium übte. Dennoch war er allgemein beliebt und allenthalben so gerne aufgenommen, daß man ihn deshalb den „Thüröffner" nannte. Er hatte wie sein Vorgänger allerlei närrische Grillen. So kleidete er sich einmal ganz in durchsichtigen Musselin und erhielt deshalb auch von der athenischen Polizei einen warnenden Wink. Er that auch den Ausspruch, man müsse so lange philosophiren, bis Heerführer für Eseltreiber gehalten würden. Krates war übrigens auch ein geschätzter Dichter und es sind uns noch recht anmuthige Proben seines poetischen Talentes erhalten. Darunter befindet sich auch die Parodie einer homerischen Stelle (in der Odyssee 19,172 ffg.), worin er die Attribute der Kyniker als: Schnappsack, Stab u. s. w. als eine Stadt schildert, die durch ihre Armuth von den Uebeln und Verderbnissen anderer Städte geschützt ist. Die Verse lauten:

„Schnappsack heißet die Stadt in der Mitte des dunkelen Hochmuths,
Schön und fett am Boden, umquarkt rings, ohne Vermögen,
Wo von Menschen herein nicht schifft ein dummer Schmarotzer,
Nicht ein Dirnleinschlecker, mit freudigem Schwunge des Steißes.*)
Nimm wo Quendel und Knoblauch wächst, und Feigen und Schwarzbrod.

---

*) Homerisch: „Mit freudigem Schwunge der Flügel."

Und so führet man auch um dies nicht Krieg mit
einander
Noch nimmt Waffen zur Hand um ein Geldstück oder
um Ehre." (G. Thudichum.)

Er schrieb auch Briefe, welche voll trefflicher Philosophie waren und sogar an Platon erinnerten. Krates stand in Verkehr mit dem berühmtesten megarischen Philosophen Stilpon, wie denn auch die megarische und kynische Richtung in der Philosophie sich damals schon sehr einander genähert hatten und bald darauf im Stoicismus zusammentrafen.

Daß die kynische Philosophie mit ihrer Vernachlässigung des äußeren Anstandes und gänzlicher Hintansetzung aller körperlichen Bequemlichkeiten nicht geeignet war, beim weiblichen Geschlechte Gefallen zu finden, ist einleuchtend. Nichts fällt der weiblichen Eitelkeit schwerer, als der Verzicht auf ein gefälliges Aeußere, auf zierliche Kleidung und hübsche Erscheinung! Dennoch hat auch diese wenig ansprechende Richtung in der Philosophie eine Vertreterin aufzuweisen, die es sogar zu keiner geringen Berühmtheit brachte und noch in unserer Zeit die Heldin einer anmuthigen romantischen Dichtung geworden ist. Diese kynische Philosophin ist

Hipparchia.

Das schöne und vielumworbene Mädchen, das mit seinem Bruder Metrokles die Vorträge des Krates hörte, wurde von der Lehre und Lebensart,

sowie von der Rechtschaffenheit dieses Philosophen so
sehr eingenommen, daß es nicht nur seine anhänglichste
Schülerin wurde, sondern sich sogar in den miß=
gestalteten Weisen verliebte. Sie verschmähte alle
ihre reicheren, vornehmeren, jüngeren und schöneren
Freier und verlangte nur nach Krates. Sie drohte
ihren Eltern, Hand an sich zu legen, wenn sie dem
Philosophen nicht zur Gemahlin gegeben werde.
Krates selbst that, von den Eltern des Mädchens
aufgefordert, Alles, um Hipparchia von diesem Gedanken
abzubringen. Da jedoch alle Vorstellungen und Be=
mühungen fruchtlos blieben, warf er endlich alle Klei=
dung: Mantel, Rock und Ranzen von sich, trat vor sie hin
und sagte: „So ist dein Bräutigam beschaffen; dies
ist seine ganze Habe. Geh' also sorgsam mit dir zu
Rathe, denn du kannst meine Gattin nicht werden,
wenn du nicht meine ganze Lebensweise annimmst.
Ueberlege es wohl, damit du später keinen Vorwand
zu einem Zanke habest." „„Schon längst,"" ent=
gegnete ihm das Mädchen, „„habe ich dies voraus=
gesehen und es genugsam überlegt; ich kann nirgends
auf Erden einen reicheren oder schöneren Gemahl
finden, als dich. Nimm mich daher mit dir, wo
immer du hingehst."" Nun gaben endlich auch die
Eltern ihre Einwilligung zur Ehe ihrer Tochter mit
dem Philosophen.

Krates, einem echt kynischen Zuge folgend, führte
seine nunmehrige Gemahlin sogleich in die Säulen=

halle, um öffentlich seine Hochzeit mit ihr zu begehen.
Hipparchia schämte sich nicht, ihre Einwilligung dazu
zu geben, und das helle Tageslicht und eine zahlreich anwesende Menschenmenge hätte den scham-
losesten Auftritt geschaut, zu dem die letzten Consequenzen des Kynismus geführt hatten, wenn nicht
ein Schüler des Krates, Zenon, einen großen Mantel
über das „Hundepaar" geworfen hätte. — Man
hat dieses Skandalum in das Gebiet des Märchens
zu verweisen versucht, ohne jedoch ein anderes Argument
dagegen vorbringen zu können, als daß eine solche Unverschämtheit ganz unglaublich sei. Es bezeugen diesen
Vorfall nicht nur vier griechische und ein römischer
Schriftsteller mit aller Bestimmtheit, sondern die Kyniker
feierten auch alljährlich in der Säulenhalle ein Fest
zum Andenken an diese „Kynigamie" oder Hunde-
hochzeit. Der Kirchenvater Lactantius berichtet sogar,
daß es von da an bei den Kynikern Sitte wurde,
ihren Weibern öffentlich beizuwohnen. „Was ist denn
auch Sonderbares daran," setzt er hinzu, „wenn sie
von den Hunden, deren Lebensweise sie nachahmen,
auch Bezeichnung und Namen angenommen haben?" ..

Hipparchia nahm ganz die Lebensweise ihres Gatten
an; sie kleidete sich wie dieser, ertrug viele Entbehrungen
und zog mit ihm umher. Daher sagte auch der Komiker
Menander in seinem Lustspiele „Die Zwillinge":

„Du sollst mit mir herumgeh'n, lumpenbehangen
Wie mit Krates, dem Kyniker, seine Frau ging."

Sie nahm auf ihren Wanderungen einmal an einem Trinkgelage bei Lysimachos theil, wo sie den sogenannten „Atheisten" Theodoros, einen Schüler des Krates und Aristipp traf und mit folgendem Sophisma angriff. „Was Theodor," sagte sie, „wenn er es selber thut, nicht ungerecht nennen würde, das kann er auch nicht ungerecht nennen, wenn es Hipparchia thut. Theodor handelt aber nicht ungerecht, wenn er sich selbst schlägt. Also handelt auch Hipparchia nicht ungerecht, wenn sie den Theodor schlägt." Er erwiderte ihr nun zwar nichts darauf, hob ihr aber den Rock in die Höhe. Hipparchia nahm dies, ohne in schamhafte Verlegenheit zu gerathen, hin, und als er, ihr das Unweibliche und Unziemliche ihrer Lebens= weise vorwerfend, in Erinnerung an die Worte des Euripides*) in dessen Tragödie „Die Bacchantinnen" von ihr sagte:

„Diese ist's
Die hinter sich den Webstuhl sammt dem Schiffchen
läßt
und einen Mantel trägt," entgegnete sie: „Ja, Theodor, die bin ich, aber scheine ich dir nicht, mir selbst übel gerathen zu haben, wenn ich die Zeit, die ich auf's Gewebe zu verwenden hatte, zum Unterricht verbrauchte?"

Es waren noch Tausend andere solcher Antworten, Sophismen und Sprüche von dieser Philosophin in

---

*) Bacchae 1225 ed. Kirchhoff.

Umlauf. Hipparchia soll auch philosophische Schriften, namentlich einige Streitschriften gegen den erwähnten „Gottesleugner" Theodoros geschrieben haben.

Krates zeugte mit Hipparchia einen Sohn, Namens Pasikles und mehrere Töchter. Diese verheirathete er sämmtlich an seine Schüler

„ihnen gebend zur Probe dreißig Tage"

wie er selbst sagte. Den Pasikles aber führte er, als er die männlichen Jahre erreicht hatte, in die Wohnung einer Magd und sagte, dies sei eine väterliche Heirath für ihn.

Von Hipparchia's ferneren Lebensschicksalen besitzen wir keine Kunde. Wie hoch man sie als Philosophin schätzen darf, muß unentschieden bleiben, da keine ihrer Schriften — wenn dieselben überhaupt echt waren — auf uns gekommen ist. Gewiß zog sie aber mehr Nutzen aus der Philosophie, als ihr Bruder Metrokles, von dem man sich folgendes, zwar nicht sehr säuberliche, aber für die philosophische Schwärmerei jener Zeit charakteristische Histörchen erzählt.

Diesem Metrokles entfuhr, als er einstmals gerade in tiefes Nachdenken über ein philosophisches Problem versunken war, ein unfreiwilliger Laut. Darüber gerieth er in eine solche Bestürzung, daß er aus Muthlosigkeit über dieses unvorhergesehene Ereigniß sich einschloß und durch Enthaltung von jeglicher Speise freiwillig sterben wollte. Da Krates davon Nachricht bekam, begab er sich zu ihm, um ihn zu trösten und aß absichtlich früher warme Bohnen, damit er den Verzweifelnden durch Thatsachen über= führen könne, daß er nichts Schlechtes gethan habe; denn es wäre ja ein Wunder, sagte er, wenn sich nicht auch die Winde auf natürliche Weise abson= derten. Da alle mündlichen Ueberredungskünste an dem Untröstlichen erfolglos blieben, that er denn absichtlich dasselbe*), was dem Metrokles von Un= gefähr sich ereignete. Erst jetzt richtete sich der Gebro= chene wieder auf, da Krates ihm auch zuredete, daß er ja von ihm jetzt etwas Gleiches wahrgenommen habe. „Von dieser Zeit an,“ bemerkt ganz ernsthaft unser griechischer Berichterstatter, „ward er ein geschickter Mann in der Philosophie.“ . . .

Auf Hipparchia findet sich in der griechischen Anthologie folgendes Epigramm des Antipater von Sidon (oder Mekadonien), das wir in der zwar sehr freien, aber fließenden Uebersetzung Jakobs mit= theilen. Es lautet:

Hipparchia.
„Nicht stolz prunkend im Faltengewand nach der Weise
der Frauen
Hab' ich, Hipparchia, mir kräftiges Leben gewählt,

---

*) Krates gefiel sich überhaupt in dieser Art Un= manierlichkeit Ein Gleiches that er z. B. statt zu antworten, auf eine ihm vom Dialektiker Stilpon vor= gelegte Frage, worauf dieser bemerkte: „Ich wußte wohl, daß du eher jeden anderen Laut würdest hören lassen, als den du solltest.“

Nimmer erfreute mich je der geheftete Mantel, des
                  Prunkschuh's
Weibliche Zier; auch nicht duftende Netze des Haars:
Sondern der Kyniker Doppelgewand und die Streu an
                  dem Boden
Und der Tornister, des Stabs würdiger Reisegesell'.
Rühm' Atalanten nicht höher als mich! Wie die Jagd
                  auf Gebirgshöh'n
Himmlischer Weisheit weicht, so die mänalische mir."—

             *

Am gefälligsten tritt uns der Geist der kynischen
Philosophie, deren so eifrige Anhängerin Hipparchia
war, in den Auseinandersetzungen des K y n i k e r s
in einem Dialoge des griechischen Voltaires, Lukia=
nos, entgegen. Dort frägt ein gewisser Lykinos
einen Kyniker: „Höre mal, Freund, was bezweckt
es, daß du Haar und Bart wachsen läßt, aber
kein Unterkleid hast, nackt und ohne Schuhe in
der Sonne dich wärmst, dich einer ganz entgegen=
gesetzten Lebensweise befleißigst als alle Anderen,
kurz ein umherschweifendes, thierisches Leben führst,
bald da, bald dort auf dem Boden liegst, so daß
eine Menge Schmutz auf deinem Mantel sitzt, der
an sich schon nicht sonderlich weich, fein und glänzend
ist? Du hast an Allem oder wenigstens am meisten,
was die Natur, die du so hoch schätzest, und die
Götter aus der Erde Herrliches hervorsprossen lassen,
so daß wir Alles nicht zum Gebrauch, sondern auch
zum Vergnügen in Fülle haben, nicht mehr Theil
als die Thiere; denn du trinkst dasselbe Wasser wie

die Thiere, issest, was du findest, wie die Hunde, und hast kein besseres Lager als die Hunde: du bist, wie sie, mit Heu zufrieden. Du trägst kein besseres Kleid, als ein besitzloser Mann. Und doch, wenn es von dir vernünftig ist, dich damit zu begnügen, so that die Gottheit nicht recht, Schafe mit feiner Wolle zu schaffen, Reben mit lieblichem Weine und andere Dinge von bewundernswerther Mannigfaltigkeit, Oel, Honig u. s. f., damit wir die verschiedenartigsten Speisen und angenehmes Getränk, damit wir Gold und ein weiches Bett, damit wir schöne Häuser und sonstige herrlich hergerichtete Bequemlichkeiten hätten: denn auch die Werke der Kunst sind Gaben der Götter. Aller dieser Dinge beraubt zu leben, ist zwar ein Unglück, wenn man derselben von einem Anderen beraubt wird, wie die in den Gefängnissen: ein weit größeres aber, wenn Einer sich selbst alle Annehmlichkeiten entzieht; das ist schon offenbarer Wahnsinn." Darauf entgegnete der Kyniker: „„Vielleicht hast du recht. Sage mir aber Folgendes: Wenn ein reicher Mann zu einem Mahle herzlich und freundlich einladet und viele verschiedene Leute, theils Gesunde, theils Kranke, bewirthet und mannigfaltige Speisen auftragen läßt, und wenn dann Einer alles fortraffen und verzehren wollte, nicht nur, was vor ihm steht, sondern auch das Entfernte, und als Gesunder das für die Kranken Zubereitete, obgleich er nur einen Magen hat, so daß er lieber zerplatzen will, als mit Wenigem seinen Hunger stillen, wofür hältst du den? für vernünftig?"«

„Nein."

„„Für mäßig?"«

„Auch nicht."

„„Wenn aber Einer, der am selben Tische Theil nimmt, die vielen, mannigfaltigen Speisen vernach= lässigt, eine von den zunächst liegenden, die zu seinem Bedürfnisse ausreicht, auswählt, diese mit Anstand verzehrt und sie allein genießt, die übrigen auch nicht einmal ansieht, meinst du nicht, daß dieser ein besonnenerer und besserer Mann sei, als jener?"«

„Ja."

„„Verstehst du nun, oder muß ich es noch sagen?"«

„Was denn?"

„„Daß die Gottheit jenem freigebigen Wirthe gleicht, die Verschiedenes von überall her, was für Gesunde und Kranke, für Schwache und Kranke paßt, in Fülle vorsetzt, nicht, damit Alle Alles genießen, sondern damit Jeder sich dessen bedient, was zunächst vor ihm steht und dessen er am meisten bedarf. Demjenigen aber, der aus Unersättlichkeit und Völlerei alles fortrafft, gleichet ihr vornehmlich: alles wollt ihr genießen, nicht allein das, was bei euch, sondern was aller Orten ist; ihr haltet weder euer Land, noch das an demselben liegende Meer für ausreichend, von den Enden der Welt erhandelt ihr eure Genüsse, zieht das Fremde immer dem einheimischen vor, das Kostbare dem Billigen, das schwere dem leicht zu Besorgenden, überhaupt wollt ihr lieber Mühen und Noth haben, als ohne dieselben leben. Welches Elend und welche saure Arbeit verursacht die Besorgung der vielen kostbaren, zum Reichthum gehörigen Geräthschaften, auf die ihr euch brüstet. Erwäge einmal: das vielersehnte Gold, das Silber, die kostbaren Häuser, die kunstvoll gefertigten Kleider und alles, was daran hängt, wie viele Beschwerden, wie viele Mühen und Gefahren, oder vielmehr, wie viel Blut, Gesundheit und Menschenleben kostet es! nicht allein, weil viele auf den Seefahrten umkommen und beim Suchen und Verfertigen dieser Dinge Schreckliches ausstehen, sondern auch, weil viel um sie gekämpft wird und ihr einander um ihretwillen nachstellet, Freunde den Freunden, Söhne den Vätern und Frauen ihren Männern. Und doch geschieht das alles, obgleich die bunten Mäntel nicht mehr zu wärmen vermögen, obgleich die Häuser mit goldgeschmückter Decke nicht mehr schützen, die goldenen oder silbernen Becher dem Trank nichts nützen, die mit Elfenbein ausgelegten Bettstellen den Schlaf nicht lieblicher machen; du wirst vielmehr oft sehen, daß die Reichen auf dem Sopha von Elfenbein und auf ihren kostbaren Pfühlen des Schlafes nicht theilhaftig werden können. Denn daß die mühsam besorgten und kunstvoll bereiteten Speisen zur Ernährung nichts beitragen, sondern dem Körper schaden und Krankheiten erzeugen, was darf man das sagen? Was soll man ferner erwähnen, was die Menschen um des Geschlechtstriebes willen thun und leiden? Und doch ist es so leicht, diese Begierde los zu werden, wenn man nicht raffinirt genießen will. Und auch hierzu scheint der Wahnsinn und die Verderbniß der Menschen nicht zu genügen, sondern sie verkehren schon den Gebrauch der Dinge und benützen jedes dazu, wozu es nicht geschaffen ist. . . Wer vermöchte wohl die unselige Thorheit der Menschen in ihrem ganzen Umfange zu schildern? und daß ich an der mich nicht betheiligen will, wirfst du mir vor? Ich für meine Person lebe wie jeder Anständige, genieße, was vor mir liegt und bediene mich des Billigsten, nach den mannigfaltigen Lecker=bissen habe ich kein Verlangen. Und wenn du meinst, daß ich wie ein Thier lebe, weil ich wenig Bedürfnisse habe und wenig gebrauche, so scheinen nach deiner Rede die Götter noch schlechter zu sein, als die Thiere, denn sie haben gar keine Bedürf=nisse."" —

6. Megarische Schule.

Allabendlich, wenn es zu dunkeln begann, konnte man gegen das Ende von Perikles Regierung einige Zeit hindurch eine weibliche Gestalt bemerken, die,

das Gesicht mit einem Schleier bedeckt, und in einen
bunten Mantel eingehüllt, haftig in der Richtung
von Megaris her der Stadt Athen zueilte, hier in
den finsteren Gassen verschwand, und beim ersten
Tagesgrauen sich wieder eben so eilig aus der Stadt
in der Richtung nach Megaris entfernte. Es war
ein Schüler des Sokrates, der in dieser weiblichen
Vermummung stak, Euklides aus Megara, der
Hauptstadt des nur ein paar Meilen großen Ländchens
Megaris. In Folge der Feindseligkeiten, welche
unter Perikles zwischen Athen und diesem kleinen
Nachbarstaate bestanden, war es nämlich eine Zeit
lang jedem Bürger von Megaris bei Todesstrafe
verboten, den Fuß auf athenisches Gebiet zu setzen.
Euklides, der, ehe dieser Befehl der Athener ergangen
war, sich fast immer in Athen aufgehalten hatte,
um den Sokrates zu hören, ließ sich durch das
strenge Edikt nicht von seiner Lernbegierde abbringen,
sondern begab sich in der beschriebenen Verkleidung
aus dem entfernten Megara täglich dahin und stahl
sich zu dem Meister, um wenigstens einige Zeit bei
Nacht seines Umgangs zu genießen. Diese Anhänglich=
keit zu Sokrates hielt ihn aber in der Folge doch
nicht zurück, von den Grundsätzen desselben ab=
zuweichen und sich der Dialektik der älteren Sophisten
und Eleaten anzuschließen. Er sah als die bequemste
Form, das Für und Wider eines Satzes zu erwägen,
den Dialog an und führte deshalb das Disputiren

ein, wobei nicht nur Euklides selbst, sondern auch, und zwar in noch höherem Maße, seine Schüler und Nachfolger in eine solche Heftigkeit geriethen, daß die ganze Sekte davon den Namen die eristische, d. h. die zänkische, erhielt. Gemeiniglich nannte man sie jedoch die „megarische", von der Heimath ihres Stifters, oder die „dialektische" (disputirende), da sie sich durch dialektische Schärfe und Gewandtheit auszeichnete.

Von den eigentlich philosophischen Grundsätzen des Euklides ist sehr wenig bekannt. Unter seinen Schülern waren Ichthyas, Alexinos, Eubulides, Trasimachos und Diodoros die bedeutendsten.

Euklides selbst hatte wohl keine weiblichen Zuhörer allein wir müßten uns sehr wundern, wenn die Dialektik oder Disputirkunst dieser philo=sophischen Sekte nicht eine besondere Anziehungskraft auf das weibliche Geschlecht ausgeübt hätte, dem man ja schon von Natur aus eine große dialektische Begabung zuzugestehen pflegt. In der That treten uns denn auch in den fünf Töchtern des eben erwähnten Diodoros die ersten Dialektikerinnen entgegen.*) Unter diesen, die der megarischen Schule alle Ehre machten, scheint sich

Argia

am meisten durch Geist und dialektische Schlagfertigkeit ausgezeichnet zu haben. Leider sind uns keine Proben

---

*) Alex. Clem. Strom. l. IV, 19.

davon und auch keine weiteren Nachrichten über ihre und ihrer Schwestern philosophische Bethätigung über= liefert worden. Die Namen der letzteren waren Artemisia, Menexene, Theognis und Panta= klea. Daß ihrer fünf gewesen seien, bezeugt gegen die Annahme Anderer, welche den Namen Menexene verschweigen, auch noch der heilige Hieronymos*), der des Diodoros Töchter nicht nur wegen ihrer philosophischen Bildung, sondern auch wegen ihrer Keuschheit preist. Dieses Zeugniß des für die heidnische Bildung gewiß nicht enthusiasmirten, ge= lehrten Kirchenlehrers des 7. Jahrhunderts, weist den Töchtern des Diodoros eine hervorragende Stellung unter den philosophischen Frauen des Alterthums zu, und gibt ein gewichtiges Argument ab gegen die wiederholt vorgebrachte Behauptung, daß alle Grie= chinnen der historischen Zeit, Dichterinnen wie Philo= sophinnen und sonstige gelehrte Frauen, die einigen Ruf erlangt haben, ohne Ausnahme der nach unseren Begriffen verachtetsten Klasse des weiblichen Geschlechts angehörten. —

Diese fünf Philosophinnen mochten kein geringes Aufsehen erregt haben, und die Oeffentlichkeit hat sich wohl viel mit ihnen beschäftigt, da ein Schüler ihres Vaters, Philon, sogar eine sehr ausführliche, aber gleichfalls verloren gegangene Geschichte über

---

*) Contra Jovinianum.

sie schrieb. Deren Erwähnung durch Hieronymos beweist ja auch, daß ihr Ruf sich durch Jahrhunderte fortgepflanzt hat. —

Der berühmteste und letzte Megariker war Stilpon aus Megara, ein Zeitgenosse und Freund des Diodoros und seiner Töchter. Jedoch soll er den Tod des ersteren auf sein Gewissen bekommen haben. Diodoros machte sich nämlich nebst dem schon genannten Eubulides durch spitzfindige Aufsuchung von Fang= und Trug= schlüssen bekannt. Stilpon, als noch gewandterer Dialektiker, legte ihm aber, als einst beide sich bei dem ägyptischen Könige Ptolemäos Soter aufhielten, so schwierige sophistische Knoten vor, daß er sie nicht sofort auflösen konnte. Der König gab ihm deshalb, außer anderen Beschämungen vor einer zahlreichen Zech= gesellschaft, spottend den Beinamen Kronos, d. i. der Dunkle, dabei jedoch die beiden ersten Laute im Sprechen durch eine kleine Pause von den nachfolgenden trennend oder beinahe unterdrückend, wodurch das Onos (d. h.: Esel) besonders betont wurde. Der so Gekränkte verließ unmuthig das Trinkgelage und schrieb, um seine philosophische Ehre zu rehabiliren, eine Abhandlung über die ihm vorgelegten Fragen. Er konnte aber die ihm zugefügte Schmach so wenig verschmerzen, daß er darüber vor Gram und Aerger starb. —

Auch mit dem Kyniker Krates pflegte Stilpon persönlichen Verkehr und jener erzählt einmal, anspielend auf dessen Disputirwuth, er habe ihn in Megara gesehen;

„Daselbst haderte er und um ihn viele Genossen."
Beide neckten und verspotteten sich einander, Krates mit Epigrammen, Stilpon mit Buchstabenspielen wie Luther's DrEck u. dgl. Die Alten schildern übrigens den Stilpon als einen Mann von eblem Charakter, der nicht nur ein ausgezeichneter Philosoph war, sondern auch an sonstiger Gelehrsamkeit die Anderen so sehr übertraf, daß wenig fehlte, daß nicht ganz Griechen= land seine Augen auf ihn richtete und die megarische Philosophie annahm, wie ein alter Schriftsteller erzählt. Wenn er nach Athen kam, liefen alle Leute zusammen, um ihn zu sehen und zeigten mit Fingern auf ihn, wie auf einen Wundermann.

Seinem Umgang mit den Kynikern, namentlich mit Krates, ist es vielleicht zuzuschreiben, daß er die megarische Philosophie dem Kynismus näherte, so daß sein Schüler Zenon von Zittium beide Systeme vereinigend und vermischend, der Stifter einer neuen, weitverbreiteten philosophischen Sekte, der der Stoiker wurde.

Unter Stilpons Zuhörern befanden sich auch Frauen, worunter seine Landsmännin

Nikarete

die bekannteste war. Man sieht, daß die griechischen Frauen auch ganz ernsten und nicht unbedeutende

Geistesfähigkeiten erheischenden philosophischen Systemen anhingen. Nikarete war die Tochter angesehener Eltern und stand im Rufe großer Gelehrsamkeit und Bildung. Der Verkehr mit Stilpon und seinen Schülern brachte jedoch ihre jungfräuliche Tugend bald zu Falle, und sie überließ sich dann nach Hetärenart jedem Megariker und vielleicht auch anderen reichen Liebhabern, die von ihren glänzenden Geisteseigenschaften und ihrem Ruf angezogen, um die Gunst der schönen Philo= sophin=Hetäre buhlten. Es scheint übrigens schwieriger gewesen zu sein, durch Ansehen und Gold, als durch Erfindung oder Auflösung eines schwierigen oder geistreichen Sophisma's ihre Gunst zu gewinnen.

Nikaretens Neigung und Liebe hatte sich aber ganz besonders dem Stilpon selbst zugewandt, der auch, obwohl verheirathet, ein sehr zärtliches und dauerndes Verhältniß mit ihr unterhielt. Stilpon hatte, ungewiß, ob von ihr oder seiner rechtmäßigen Gemahlin, eine im Geiste der megarischen Philosophie erzogene Tochter, die aber nach dem Beispiele der Nikarete auf die Sittsamkeit keine großen Dinge hielt, ja an ausschweifender Lebensart — wie es scheint — Nikarete noch übertraf. Stilpon benahm sich aber diesem Umstande gegenüber mit philosophischem Gleichmuth und sah, wie Plutarch sich ausdrückt, darin kein Hinderniß, das heiterste Leben unter allen Philosophen seiner Zeit zu führen; dem Kyniker Metrokles, der ihn darüber einmal zur Rede stellte, die Antwort: „Ist dies denn mein Fehler, oder ist es ihr Fehler?"

Als darauf Metrokles entgegnete: „„Freilich ist es ihr Fehler, aber es ist ein Unglück für dich,"" so erwiderte er:

„Wie meinst du? Sind denn nicht die Vergehungen auch Fehler?"

„„Allerdings,"" erwiderte jener.

„Aber die Fehler, sind sie nicht auch ein Fehlschlagen dessen, der den Fehler begeht?"

Auch dies bejahte Metrokles.

„Jedes Fehlschlagen, ist es aber nicht auch ein Unglück dessen, der fehlschlägt? . . .

Der Kyniker verstummte. —

Einem Anderen, der ihm sagte, seine Tochter mache ihm durch ihre unzüchtige Lebensweise Schande, entgegnete er: „Nicht mehr, als ich ihr Ehre mache." Dennoch scheint es, daß der Vater es an Ermahnungen und Zurechtweisungen nicht fehlen ließ, und es war auch einer von den neun Dialogen, die Stilpon verfaßt hat, an diese seine Tochter gerichtet.

---

7. Epikuräische Schule.

Von allen philosophischen Sekten des griechischen Alterthums kam keine auf die Dauer in solchen Verruf als die epikuräische. Es galt nicht nur bei einem großen Theile der Griechen selbst für eine Beschimpfung, wenn man von jemand sagte, er sei ein Anhänger der epikuräischen Philosophie; auch die Römer bezeichneten schon zu Kaiser Augustus' Zeiten einen Menschen, der an üppigem Sinnengenusse das Höchste fand, als „ein Schwein aus Epikurs Heerde," und im Mittelalter nannte man sogar jeden Ketzer und jeden schlechten Menschen einen „Epikuräer"; ja auch in der Gegenwart wird diese Bezeichnung sprüchwörtlich für einen Freund üppigen Lebens- genusses gebraucht. Mit welchem Unrechte dadurch der Name des Epikur gebrandmarkt wird, hat zuerst Gassendi nachgewiesen, und ergibt sich auch aus der näheren Kenntniß der epikuräischen Philosophie selbst.

Der ganze Anekdotenschatz von Scheußlichkeiten, welche über Epikur berichtet worden, ist, soweit sie dessen Person betreffen, nur eine auf Unwissenheit und Intoleranz beruhende Entstellung und Ueber- treibung eines allerdings prinzipiellen Punktes in Epikurs Lehre, welche die Stoiker (und Akademiker) zum Behuf der Polemik gern in ein Zerrbild ver- wandelten, die Kirchenväter aber zur verabscheuungs- würdigsten Quelle aller Unsittlichkeit des späteren Alterthums stempelten.

Die epikuräische Philosophie war im Ganzen nur eine konsequentere und reichhaltigere Durchführung der Prinzipien der Kyrenäiker, verquickt mit atomistischen Grundsätzen. Die Empfindung ist nach Epikur

der Maßstab des Wahren und des Werthes der
Dinge; also ist das aus der Empfindung entspringende
Vergnügen das höchste Gut, und der Schmerz das
höchste Uebel. Er stellte demzufolge das Moralprinzip
auf: Handle so, daß das Vergnügen immer dein
oberster Zweck bleibt. Die M o r a l muß uns aber
lehren, wie wir diesen Grundsatz r i c h t i g a n w e n d e n,
und die Dinge, sofern sie Güter oder Uebel sind,
richtig schätzen sollen. Daher begünstigte er die
Wollust nicht schlechthin, sondern nur ihren mäßigen
Gebrauch, weil Unmäßigkeit darin bittere Folgen
hervorbringt. Er empfahl in dieser Rücksicht auch
Arbeitsamkeit, Treue und Wohlwollen gegen den
Staat und seine Mitmenschen, Beherrschung der
Affekte und Leidenschaften, als Mittel, dem Menschen
reine Freuden zu verschaffen, und vor unangenehmen
Zuständen zu bewahren. Er lehrte auch nicht, daß
man den Schmerz unbedingt fliehen, sondern vielmehr,
wie man ihn ruhig und standhaft ertragen solle,
wenn man ihn nicht vermeiden könne, ohne sich noch
größere Uebel zuzuziehen.

Epikuros wurde im Jahre 342 v. Chr. zu
Gargettos, einem Flecken in Attika, geboren. Obwohl
seine Familie einem angesehenen Geschlechte entstammte,
war sie doch so herabgekommen, daß sein Vater sich
durch Schulmeisterei, seine Mutter durch Geisterbannen
und Wahrsagen Geld verdienen mußte. Als die
Athener eine Kolonie auf der Insel Samos anlegten,

wanderten auch Epikurs Eltern mit ihm und drei
Brüdern dahin aus. Hier blieb er bis zu seinem
achtzehnten Jahre und begab sich dann nach Athen
zu philosophischer Ausbildung, hörte daselbst den
Akademiker Xenokrates und kehrte, als nach Alexanders
des Großen Tode Athen von inneren Unruhen heim=
gesucht wurde, wieder zu seinen Eltern nach Samos
zurück. Großen Einfluß auf seine Geistesrichtung
nahm um diese Zeit ein Werk des Demokritos, eines
Atomikers, dessen Grundsätze er seinem eigenen philo=
sophischen Systeme einverleibte. Hier legte er auch
den Grund zu seiner Schule, indem er sich Anhänger
sammelte, mit denen er sodann wieder nach Athen
zurückkam, sich jedoch bald darauf nach Mitylene,
der Heimath der gefeierten Dichterin Sappho, wo er
eine Schule stiftete, und von da nach einem Jahre
schon nach Lampsakos, einer berühmten Stadt Mysiens
am nordöstlichen Theile des Hellespontos, begab,
gleichfalls Anhänger für seine Lehre werbend, deren
er auch eine bedeutende Anzahl beiderlei Ge=
schlechtes erhielt. Von seinem fünfunddreißigsten
Lebensjahre an treffen wir ihn jedoch stets in Athen,
wo er in einem kleinen von ihm angekauften Garten
lehrte. Dieser wurde in der Folge von seinen
Anhängern immer mehr erweitert und mit allen
Reizen der Wollust ausgeschmückt, so daß „die Gärten
Epikurs" endlich zu einer gewissen Verrufenheit
gelangten. Daran war aber nicht Epikur selbst

schuld, sondern der Mißbrauch, den man von seinen Moralgrundsätzen machte.

Wenn man jedoch, um die Ehre dieses hart verleumdeten Philosophen zu retten, denselben schon fast zu einem Asceten machen will, der z. B. die Mäßigkeit so sehr übertrieb, daß er nichts als Gartenfrüchte aß und nur Wasser trank, und dessen Sitten ganz ungemein streng und untadelig waren, so geräth man mit Epikur selbst in Widerspruch, der in einem Brief an die Buhlerin Leontion ausdrücklich bemerkt, daß er täglich eine Mine (etwa 40 Gulden Ö. W.) auf seinen Tisch brauche,*) und der auch aus seinem Verkehr mit Hetären, wie eben dieser, von ihm auch veröffentlichte Brief an Leontion und eine Anzahl anderer Briefe an andere Buhlerinnen beweist, kein Hehl machte. Gewiß hielt er sich aber von der Ausgelassenheit jener Orgien fern, welche seine Anhänger am Zwanzigsten jeden Monats (daher Eikaden genannt) zu Ehren des Geburtstages ihres Meisters bei gemeinschaftlichen, üppigen Mahlzeiten feierten.

Er erreichte trotz seines kränklichen Körpers und seiner unausgesetzten pädagogischen und literarischen Thätigkeit (er schrieb über dreihundert Bücher) ein Alter von einundsiebzig Jahren und starb 270 im Bade.

Außer seinen hervorragendsten Anhängern Poly=

---

*) Diog. Laert.

etronos, Mädoros und Hermachos, von denen der letztere sein Nachfolger im Lehramte wurde, hatte Epikur eine unzählige Menge von Schülern und Zuhörern aus ganz Griechenland, Asien und Aegypten, und darunter auch viele Frauen (Plutarch unterscheidet einmal*) ausdrücklich „die ganze Schule" in „Männer und Frauen") die aber zum großen Theile dem Hetärenstande angehört zu haben scheinen. Leicht denkbar. Denn was von der Lehre Aristipps galt, traf auch hier ein — es war eine bequeme und gefällige Philosophie für Leichtlebige. Wir stoßen auf eine ganze Schaar solch' „junger, hübscher Dirnen, welche den Garten Epikurs bewaideten",**) worunter sich eine Boïdion, Hedeia, Nikedion, Erotion, Marmarion u. s. w. und die berühmte Leontion befand. Dies gab nun allerdings keinen ganz unberechtigten Anlaß für die Feinde der epikuräischen Philosophie, um dieselbe als ein System der Unsittlichkeit hinzustellen. Daher konnte sich auch der strenge Moralist und Akademiker Plutarch so sehr gegen die Epikuräer echauffiren,***) „die mit der Hetäre Hedeia oder Leontion zusammenlebten, der Tugend ins Gesicht spuckten und das höchste Gut im Fleisch und Sinnenkitzel fanden"; er konnte sich darüber

---

*) In der Schrift Non posse suaviter vivi secund. Epic. c. 12.
**) Plutarch ibidem c. 16.
***) In der Schrift Λάθε βιώς c. 4.

moquiren,*) daß sich die Epikuräer „so zu sagen
aus ihren Tagebüchern vorlasen, wie oft sie einer
Hedeia oder Leontion beigewohnt, oder wo sie Thasier
getrunken, an welchen Eikaden sie am kostbarsten
geschmaust haben."

Während die übrigen epikuräischen Buhlerinnen
keine nähere Kunde von sich hinterließen, hat sich
Leontion durch das ungewöhnliche Aufsehen, welches
sie bei den Zeitgenossen wegen ihres scharfen Geistes,
ihrer hohen Bildung und schriftstellerischen Begabung
erregte, ein wenigstens in dieser Hinsicht schmeichel=
haftes Andenken bei der Nachwelt bewahrt.

Leontion.

„Das Löwchen" (dies ist die Bedeutung des
Hetären=Namens Leontion) ist unstreitig die merk=
würdigste und anziehendste Erscheinung aus der
philosophischen Demi=Monde des alten Griechenlands.
Ueber ihre Heimath und ihre Familie schweigen die
Quellen, sicherlich ging sie aus einem jener Hetären=
Seminarien hervor, die ihren Zöglingen außer in
kosmetischen Künsten und den Geheimnissen bestrickender
Galanterie auch eine sorgfältige Ausbildung des
Geistes zu Theil werden ließen.

Als sie mit Epikur befreundet wurde und anfing
Philosophie zu betreiben, gab sie deshalb, wie

---

*) In der Schrift Non posse suaviter vivi s. Epic.

Athenäos*) erzählt, das Buhlgewerbe nicht auf, „sondern überließ sich öffentlich und vor den Augen Epikurs allen Jüngern desselben in dem Garten." Dem Meister, der selbst für das so ungemein begabte Mädchen schwärmte, bereitete dies wüste Treiben großen Verdruß, wie er in einem Schreiben an seinen Schüler und späteren Nachfolger Hermachos selbst gesteht. Doch wurzelte dieses Mißvergnügen mehr in der Eifersucht, als in einer moralischen Entrüstung; denn gebrechlichen Körpers und mürrischen Wesens, wie Epikur in seinen späteren Jahren war, vermochte er das lebenslustige, übermüthige und flatterhafte Ding nicht dauernd an sich allein zu fesseln, und verübelte es ihr daher um so mehr, daß sie sich zu der Devise bekannte:

„Lieb' mich

Und sei ohne Verdruß, wenn mich ein Anderer hat", wie eine gefällige Schöne, mit welcher der Dichter Asklipiades tändelte, auf dem „buntblumigen Gürtelchen mit Goldschrift geschrieben trug." Denn wer eine allgemeine Schönheit liebt, der darf nicht eifersüchtig sein; das muß er schon an ihrem Gürtel oder ihrer Busenbinde lesen.**)

Epikur hatte denn auch an seinem intimsten Freunde Metrodor, sowie in der Folge an Sandes

---

*) Deipnosoph. lib. XIII, p. 588.

**) Wie ein Uebersetzer des betreffenden Epigrammes des Asklepiades kommentirt.

aus Lampsakus und dem von Leontion stets begünstigten schönen Timarchos, glücklichere Nebenbuhler in der Bewerbung um zeitweilig alleinigen Besitz der pikanten Hetäre. So wird sowohl von Sandes als Metrodor berichtet *), daß sie mit Leontion im Konkubinate gelebt haben und der Letztere zeugte auch einen Sohn mit ihr, den Epikur übrigens in der Folge sehr liebgewonnen haben muß, da er ihn in seinem Testamente empfahl.

Rücksichtlich des oft gespannten Verhältnisses zwischen Epikur und seiner leichtfertigen Schülerin ist ein Brief von Interesse, den Leontion bei Alkiphron (der die Gewohnheit hat, seine Episteln auf historische Umstände zu gründen) an ihre Freundin Lama, die bekannte Buhlerin und Geliebte des Demetrios Poliorketes richtet.

„Gewiß," schreibt sie, „es kann nichts Unangenehmeres geben, als einen Alten, der auf's Neue kindisch wird. Wie sich nur Epikur gegen mich benimmt! Ueber Alles zankt er, auf Alles wirft er Verdacht; seine Briefe, die er mir schreibt, sind unverständlich, und man zwingt mich recht mit Gewalt, seinen Garten zu verlassen. Bei der Aphrodite! auch wenn er ein Adonis wäre, dieser fast achtzigjährige Greis, er würde mit seinen ekelhaften und kränklichen Zuständen unerträglich werden; er, der

*) Diog. Laert.

statt mit Haaren mit dichten Zoten bewachsen ist. Wie lange kann man es mit einem solchen Philosophen aushalten. Er mag seine Grundwahrheiten von der Natur, seine zweifelsvollen Anweisungen zur Vernunftlehre bei sich behalten und lasse mich, eine freie Person, mit Verdruß und Beleidigungen verschont.

Ich habe an ihm wirklich einen kriegerischeren Liebhaber als du, meine Lamia, an deinem Demetrios besitzest. Kann man wohl bei einem solchen Manne seine Leidenschaften ruhig im Zaume halten? Sogar den Sokrates will er spielen; er gibt sich alle Mühe, in seinen Gesprächen aufgeweckt und witzig zu sein, und mit feinem Geschmacke zu scherzen. Seinen Pythokles hält er für einen Alkibiades, und aus mir gedenkt er seine — Xantippe zu machen. —

Wahrhaftig, er bringt es noch so weit, daß ich lieber in was immer für ein Land entfliehe, als ferner seine schlecht geschriebenen Briefe annehme. Das Aergste und Unerträglichste aber, was er sich gegen mich unterfangen hat, ist dasjenige, was dieses Schreiben an dich veranlaßt; denn ich möchte gern deine Meinung hierüber und welche Maßregeln anzuwenden seien, wissen.

Du kennst den reizenden Timarchos aus Kephissien. Ich stelle es keineswegs in Abrede, daß ich zu diesem jungen Manne eine zärtliche Neigung hege; dir, Lamia darf ich ja die Wahrheit gestehen. Er ist fast mein erster Lehrmeister in der Liebe; wir wohnten sehr nahe beisammen und ich fand in seinen Umarmungen mein Glück. Seit dieser Zeit macht er mir stets die ausgesuchtesten Geschenke; er verehrt mir bald Kleider, bald Schmuck, bald schwarze Sklaven und Sklavinnen, anderer Kleinigkeiten gar nicht zu gedenken. Sogar die ersten Früchte der Jahreszeit beeilt er sich, mir zu bringen, damit sie ja niemand eher verkoste als ich. Und einem solchen Geliebten, verlangt Epikur, soll ich ausweichen, soll ich den Umgang mit mir verbieten! Du weißt gar nicht, mit welchen Schimpfnamen er ihn belegt. Seine Ausdrücke sind wahrlich keines Atheners, keines Philosophen, sondern eines echten Barbaren, der nach Griechenland gekommen ist, würdig.

Ha, und wenn ganz Athen aus lauter Epikuren bestände, bei der Artemis schwöre ich's, ich würde sie alle nicht einem Arme, nicht einem Finger meines Timarchos gleichsetzen!

Was meinst du, Lamia, ist dies nicht richtig, nicht billig geurtheilt? Laß dir, ich beschwöre dich bei Kytheren, laß dir nicht etwa Einwendungen bei= kommen, wie: er ist aber doch ein Philosoph, ein Mann von großem Rufe, er hat so viele Anhänger!

Er mag mir meinetwegen, was ich besitze, ent= ziehen; er mag seinen Unterricht Anderen mittheilen; ich bin nicht von Ehrbegierde entflammt; laß mich nur, o Göttin, meinen Timarchos, den ich wünsche, besitzen! Der arme Junge! Mir zu Gefallen ist er gezwungen, das Lyceum, den Genuß seiner schönen Tage, seine Freunde und ihre Gesellschaft zu verlassen, und mit diesem Alten zu leben, ihm zu schmeicheln und seine eitlen Sätze zu bewundern. „Fliehe,“ befiehlt ihm dieser Tyrann, „fliehe aus meinem Reiche und meide den Umgang mit Leontion!“ Könnte nicht mein Geliebter mit mehr Recht sagen: „Meide du sie selbst; sie ist die meinige?“ Er, der Jüngling, erträgt den Greis, seinen Nebenbuhler, und dieser weigert sich, ihm nachzuahmen, der mit größerem Rechte diese Person vorstellt.

Bei den Göttern beschwöre ich dich, Lamia, sprich, was soll ich thun? Bei den heiligen Geheimnissen, bei dem Wunsche, diese widrigen Umstände geändert zu sehen! so oft ich mir die Vorstellung mache, von Timarchos getrennt zu werden, überfällt mich eine plötzliche Ohnmacht, der Schweiß benetzt meine Glieder und mein Herz kehrt sich um!

Nimm mich doch, ich bitte dich, wenige Tage bei dir auf; ich will ihn empfinden lehren, diesen Greis, welches Glück er genoß, als ich bei ihm im Hause war. Ich bin überzeugt, er wird diese Kälte nicht lange aushalten, und schnell den Metrodoros, Hermachos und Polyänos als Abgesandte an mich schicken.

Wie oft glaubst du wohl, Lamia, daß ich ihm, wenn ich allein um ihn war, sagte: „Was machst du, Epikur? Ist es dir unbekannt, wie Timokrates, Metrodoros Bruder, dich wegen dergleichen Sachen

in den öffentlichen Versammlungen, in den Schau=
plätzen bei den anderen Sophisten lächerlich macht?"
Aber was ist mit ihm anzufangen? Die Liebe macht
ihn unverschämt.

Gut; so will ich gleichfalls, seinem Beispiele
nach, unverschämt sein und von meinem Timarchos
nicht ablassen. Lebe wohl!" —

Ihre erste Jugendblüthe scheint Leontion jedoch
dem Dichter Hermesianax aus der jonischen
Stadt Kolophon gewidmet zu haben, der ein Schüler
des vorzüglichen Gelehrten und Elegiendichters Philetas
von Kos war. Diesem Geliebten verdankte sie wohl
auch einen großen Theil ihrer literarischen Bildung
und ihres späteren Ruhmes. Machte ja gerade er
zuerst ihren Namen allgemein bekannt und geläufig,
indem er drei Bücher Elegien an sie schrieb, und
unter dem Titel „Leontion" vereinigt, herausgab.
Leider ist von dieser im Alterthum so sehr geschätzten
Dichtung nur ein größeres Bruchstück aus dem
dritten Buche auf uns gekommen, worin Hermesianax
der Geliebten die größten Sänger und Weisen der
Vorzeit mit ihren theils historischen, theils angedichteten
Dulcineen von Orpheus bis auf seinen Lehrer Philetas
vorführte. Aus diesem Fragmente ersehen wir auch,
daß der Dichter seine Erzählungen direkt, d. h. indem
er in zweiter Person zu ihr spricht, an Leontion
richtete. (Vgl. die Verse 49, 73, 75.) Wir haben
diesem literar=historischen Poëm schon gelegentlich

Zitate entnommen, können es uns aber nicht ver=
sagen, das interessante, in seiner Art einzige Bruch=
stück (in der Uebersetzung W. E. Webers) hier voll=
ständig mitzutheilen. Es lautet:

"Als wie liebend im Schirme des thrakischen Spieles
Oeagros'*)
Herrlicher Sohn lichtauf wieder Agriope**) einst
Führte, tief zu dem grausen und unmitfühlenden
Raume
Schiffend, wo Charon in sein schweigenumlagertes
Boot
Nöthigt die Seelen der Todten; doch fernab toset
der See drein,
Wie er durch hohes Geröhr gleitende Wellen bewegt.
Aber es trug an der Wog' einsam in die Saiten zu
greifen
Orpheus, und ihm bezwang wechselnde Götter
das Lied.
Denn den Kokytos, der unter den Brauen verrucht
herlächelt,
10) Mögt' er besteh'n, wie den Blick jenes entsetzlichen
Hunds,
Welchem in Gluth auflodert die Stirn' und in
Gluthen das Auge
Starrt, daß es Schrecken in's Herz blitzt aus ver=
dreisachtem Haupt.

*) Orpheus, der bekannte mythische Sänger, war nach
der gewöhnlichen Sage der Sohn des thrakischen Fluß=
gottes Oeagros; häufig wird er auch ein Sohn des
Apollon (und der Muse Kalliope) genannt.

**) Gewöhnlich wird als Orpheus Gemahlin Eurydike
genannt. Der Mythos ist bekannt.

Dorten erhob er sein Lied und erweichte die furcht-
baren Herrscher,
Daß ihm die Freundin den Hauch zarter Belebung
empfing. —
Ließ an Verherrlichung arm auch der Chariten Hort ja,
der Mene
Sohn, Musäos,*) fürwahr, immer Antiope sein,
Die am Eleusischen Ufer dem vielumworbenen Paare
Jauchzte geheimnißvoll tönenden Weihegesang,
Wenn sie als Priesterin emsig auf Rharischer Flur**)
die Demetra
20) Feierte: kundbar drum bleibt sie im Aïdes auch. —
Dann ist gewiß, der Böote, der Hort jedweder Ge-
schichten,
Hab', auch Hesiodos***), sich fern von dem
Hause gewandt,
*) Ebenfalls ein mythischer Dichter und zugleich
Philosoph, häufig für einen Sohn des Orpheus aus-
gegeben. Mene oder Selene (Luna). Musäos erscheint
hier (der Sage gemäß) „als Verkündiger der eleusinischen
Weihen, der auch die Antiope, seine Geliebte, in seinen
Gesängen als Priesterin der Demetra verherrlicht hat."
(Jacobs.)
**) In Attika; nach Rharos, dem Vater des Keleos,
benannt, welcher die umherirrende Demeter (Ceres) bei
sich aufgenommen hatte.
***) Hesiodos soll sich, aus Kuma in Aeolien stammend,
welches sein Vater aus Armuth mit Askra in Böotien
vertauschte, diesen Aufenthalt freiwillig gewählt haben,
um seiner Geliebten willen. Es ist eine absichtliche und
witzige Erdichtung, daß diese Geliebte Eoea geheißen,
weil in dem 4. Buche von Hesiods Kataloge der Frauen
(resp. Heldenfrauen des Alterthums und ihrer Liebes-
verhältnisse zu den verschiedenen Göttern) jeder Abschnitt

Daß er um Helikons Höh' den Askräischen Flecken
bewohnte,

Und die Askräerin dann minnend, Eoia, daselbst
Manches erlitt: doch so vieles in forschenden Büchern
er aufschrieb,

Hob von dem Mädchen zuerst immer ihm an der
Gesang. —

Ihn auch, den Barden ja selbst, den nach Zeus auf
sparet das Schicksal

Allen, die Musengesang üben, als süßesten Gott,
Hin nach der ärmlichen Ithaka zog den erhabnen
Homeros*)

30) Sehnend das Lied, denn um dich, kluge Penelope
galts:

Für die mancherlei duldend er kam zu dem winzigen
Eiland,

Weit von des Vatergefilds räumigen Ebnen
entschifft.

Und nun weint er um Ikaros' Stamm, um das
Volk des Amyklas

Und Sparte, doch es dacht' eigener Leiden das
Herz.**) —

mit den Worten η οιη (ε οιο oder wie) anfange,
(daher dieses Buch auch „die großen Eöen" genannt
wurde). Dies, meint Hermesianax, sei eben der Eoea zu
Ehren geschehen. (Jacobs.)

*) Manche glaubten in der Odyssee die Liebe des
Dichters zur Tochter des Ikaros (gewöhnlich Ikarios)
zu erkennen; daher läßt Hermesianax denselben um ihret
willen mit seinen Gesängen nach dem unfruchtbaren
Ithaka wandern.

**) Amyklas, ein alter Fürst von Lakonien, von dem
Helena stammte. Sparte, Mutter des Amyklas und
Gemahlin des Lakedämon, welcher nach ihr die Stadt

Aber Mimnermos*) sofort, der den schmelzenden
Laut in der Drangsal
Tiefen sich schuf und den Hauch linden Penta=
meterklangs,
Lodert' in Gluth Nanno's, und als Greis noch, wann
ihn des Lotos'
Lockung zum Festschmaus zog, hielt bis zum Letzten
er aus.

─ ─ ─

Sparta benannte. Hier wird auf die Trauer der Helena
und Penelope, der einen über die Abwesenheit des Ge=
mahls, der anderen über ihre eigenen Vergehungen
angespielt; die letzten Worte: „Doch — Herz" weisen
auf Ilias XIX, 301, wo Briseis den todten Patroklos
beklagt und die Frauen mit ihr stöhnen „den Patroklos
verwendend, indeß jede den eigenen Kummer betrauerte." J.

*) Mimnermos aus Kolophon war ein Zeitgenosse
Solons und ein vortrefflicher Elegiker. Sein Leben und
Lied war der Liebe geweiht. Schon ein Greis, schwärmte
er noch für die schöne und junge Flötenspielerin Nanno
und widmete dieser zwei Bücher Liebeselegien mit ihrem
Namen als Titel, worin „zwischen zierlicher Darstellung
seiner Leiden schwermüthige Betrachtungen über das
Leben und anmuthige Episoden aus der Mythologie ab=
gewechselt zu haben scheinen." — Noch hat sich folgender
Rest aus der „Nanno" erhalten:

Doch was ist Leben, was Lust, wenn die goldene Kypria fern ist?
Todt sein will ich, sobald fürder nicht dies mich erfreut,
Heimlicher Liebesgenuß, süßkosende Wonn' und Umarmung!
Blüthen der Jugend ja, sie gehen im Sturme dahin
Männer sowohl als Frauen; doch ist das verzehrende Alter
Da, das zum häßlichen Mann selber den schönen entstellt,
Rastlos wogen sodann an der Brust die betrübenden Sorgen,
Und nicht freu' es ihn mehr Helios Strahlen zu schau'n;
Denn er erscheint den Knaben verhaßt, unachtbar den Frauen:
Also zu harter Beschwer machte das Alter ein Gott.

Ja, ob Hermobios ihn rastlos, und der Groll des
Pherekles *)

40) Aengstigte, sandt' er ihr doch solche Gesänge
noch zu. —

Ferner Antimachos **) auch, um die Huld der
Lydäerin Lyde,

Zog zu Paktolos ***) Erguß liebeverwundet hinweg:

Aber sobald er von Dardanos An'n, da in lockerem
Land ihm

Lag die Entschlummerte, heim, schöner noch singend,
gekehrt

Nach kolophonischen Höh'n, da füllt er die heiligen
Bücher

Mit Wehtönen und fand Linderung jeder Be=
schwer. —

Dann auch, wie viel Alkäos †), der Lesbier, Ständchen
erhoben,

Um Sappho zu dem Klang sehnender Minne
bewegt,

*) Hermobios und Pherekles dürften wohl Neben=
buhler des Mimnermos gewesen sein.

**) Epiker zur Zeit des Perikles und Landsmann
des Mimnermos. Berühmt durch seine „Thebaïs" und
„Lyde", wovon das letztere, sein Hauptwerk, Elegien auf
eine Lydierin, Namens Lyde, waren, die ihn während
eines Aufenthaltes in Lydien fesselte und deren früh=
zeitiger Tod ihn in tiefe Trauer versetzte.

***) Paktolos, ein Fluß in Lydien.

†) Dieser vortreffliche Lyriker bewarb sich vergeblich
um die Liebe seiner großen Landsmännin. Einen
poetischen Liebesantrag und Sappho's Antwort auf den=
selben findet man in „Griechische Dichterinnen" Seite 39.

Kennst du. Der Bard' entglühte der Nachtigall
durch der Hymnen
50) Wechselnde Kunst oftmals kränkend den Teïschen
Mann.
Denn auch der Honigsänger Anakreon*) nahte
ihr werbend,
Wenn sie geschmückt in der Schaar Lesbischer
Mädchen erschien;
Daß er von Samos**) daher jetzt wandelte, jetzt von
der Heimath
Unter des Speeres Gewalt trauerndem Rebengefild
Zur weinherrlichen Lesbos und fern nach dem Lektischen
Vorberg ***)
Schaueten oft, jenseits über Aeolische Fluth. —
Aber die „Attische Binne", dem Felsenbezirk von
Kolonos
Schwebend entlang, wie oft sang sie im tragischen
Chor

*) Hier verfällt der Dichter in einen Anachronismus.
Anakreon wurde erst etwa zehn Jahre nach dem Tode
der Sappho geboren. Vermuthlich ward Hermesianax
durch die Komödie irregeführt, welche die lesbische
Dichterin mit dem „Sänger des Weins und der Liebe"
paarte. Vgl. mein Buch „Aus Hellas, Rom und Thule"
(Leipzig 1882). S. 3 ffg.

**) Dort hatte Anakreon am Hofe des Polykrates
gelebt.

***) Gegenüber von Lesbos, wurde vom äolischen
Meer bespült. Nach dieser Gegend schaute Anakreon
von Lesbos' Ufer aus in's Meer, sein Vaterland mit
den Augen suchend, während die Liebe ihn in Sappho's
Nähe festhielt. Jacobs.

Bacchos zugleich und Eros: Theoris blühende Reize

60) Weckten die Zauber, die Zeus senkt' in des So-
        phokles*) Brust. —

Jener auch), sag' ich, der Mann, der sich meisterlich
        immer gewappnet,

Und von der Kindheit auf Groll in dem Busen
        gehäuft

Gegen der Frauen Geschlecht, vom gekrümmeten Bogen
        getroffen,

Hab' er sich nimmer annoch nächtlicher Qualen
        erwehrt:

Sondern hinauf und hinab Makedonias Straßen
        bewandelnd,

Folgt' er Aegino, des Hofs waltender Schaffnerin
        nach,

Bis daß ein Dämon dann dem Euripides**)
        sann das Verderben,

Als er um's Leben im Kampf grimmigen Hunden
        erlag. —

*) Sophokles (aus dem attischen Demos Kolonos)
war ein lebenslustiger Mann und hatte, obwohl verheirathet (seine Frau hieß Nikostrate) mit einer Hetäre,
Namens Theoris, vertrauten Umgang, welchem der
Vater des jüngeren Sophokles entsprang, der sich sowohl
mit seinen eigenen wie mit den Dichtungen seines Groß-
vaters Beifall erwarb.

**) Nach der gewöhnlichen Sage wurde Euripides
vom Hofe des Königs Archelaus zu Pella, wo sich
mehrere Künstler und Dichter aufhielten, auf einer Jagd
von Hunden zerrissen, welche zwei mindere Poeten aus
Neid auf ihn hetzten. Daß Euripides im Grunde gar
kein so arger Weiberfeind war — wozu ihn zum Theil
auch die Scherze des Aristophanes stempelten — beweist

Ferner auch ihn, den als Ammen die Musen gepflegt
in Kythera,

70) Daß er dem Dienste der Flöt' und des Jakchos
empor

Wuchs als getreulichster Schaffner Philoxenos*), wie
er vom Schmerzruf

Fieberisch geschüttelt dahin eilte durch unsere Stadt,

auch eine Aeußerung des Sophokles. Als ihm jemand
von des Euripides Mysogynie sprach, soll er nämlich
entgegnet haben: „Ju seinen Stücken allerdings ist er
Weiberhasser, im Bette jedoch ist er ein großer Weiber-
freund." — Man durfte es dem Dichter übrigens nicht
verargen, wenn er auf das weibliche Geschlecht nicht
gut zu sprechen war. Der Aermste war durch zwei
übel gerathene Eheweiber ein gar geschlagener Mann.
Die eine, Choerille oder Choerine hieß sie, verstieß er,
weil sie ihm untreu geworden und es mit einem Schauspieler hielt, die andere, Melitto mit Namen, war nicht
besser und verließ ihn selbst. Die Untreue und Schamlosigkeit der Ersteren soll ihn am meisten veranlaßt haben,
das weiberfeindliche Stück „Hippolytos" zu schreiben.

*) Der durch seine Freimüthigkeit gegen den invita
Minerva dichtenden Thrannen Dionysios bekannte Lyriker
aus Kythera. Vgl. oben Seite 161. Weil er es wagte,
sich in die Geliebte des Dionysios, die schöne Flötenspielerin Galatea, zu verlieben und von dieser sogar be-
günstigt erschien, wurde er von dem Thrannen in die
Steinbrüche geschickt. Dort dichtete er sein angeblich
bestes Opus, „Kyklops" oder „Galatea" betitelt, worin
er den Dionysios als den Kyklopen, sich als Odysseus
und die Flötenspielerin als Meernymphe Galatea (nach
Odyss. IX.) darstellte. Seine Freimüthigkeit brachte den
Dichter auch sonst öfter in die Latomien. Jakchos'

Kennst du ja, die du vernahmst, wie sein Sehnen er
um Galateia
Selber den Lämmern der Trift mächtig entlodert
geliehn! —
Weißt von dem Sänger zugleich, den Eurypylos
Koische Bürger
Stolz hinstellen in Erz unter der Platanos Grün,
Wie er die schüchterne Bittis besang, der gelehrte
Philetas,*)
Während er emsig den Schatz sprachlicher Formen
gehegt.
Ja auch nicht Jene sogar, die im Menschengeschlecht
Abtödtung
80) Wählend zum Ziele den Grund kitzlichen Wissens
erforscht,

(Bakchos) Schaffner heißt Philoxenos als Dithyramben=
dichter, da nach dem Beinamen (Dithyrambos) dieses
Gottes jene kühne, oft überschwängliche Lyrik be=
nannt wurde.

*) Philetas von Kos war ein Zeitgenosse Philipps
von Makedonien und eben so geschätzt als Dichter, wie
als Gelehrter (Grammatiker). Ptolemäos Lagi berief
ihn als Erzieher seiner Kinder nach Alexandrien. Die
Schönheit seiner Landsmännin Bittis oder Battis be=
geisterte ihn zu Liebeselegien an dieselbe, die ihm den
zweiten Rang unter den griechischen Elegikern verschafften.
Man erzählte sich von Philetas, er sei so dünn und leicht
gewesen, daß er Blei in den Sohlen tragen mußte, um
nicht vom Winde davongeführt zu werden. Auch soll
er sich über eine Art verfänglicher Schlüsse zu Tode
gedacht haben. — Eurypylos Bürger, weil Eurypylos,
Sohn des Herakles, ein alter Fürst von Kos war.

Daß sie verfänglich in Schlüssen verstrickt ihr eigener
Tiefsinn
Und die gepriesene Kunst siegenden Wortegefechts,
Auch sie wichen nicht aus, wenn im kriegerisch tobenden
Aufzug
Eros erschien, und gestreng lenkte der Gott sie
im Joch.
Als wie den Samischen Bürger der Wahnsinn band
um Theano,
Jenen Pythagoras,*) der sinnend der
Geometrie
Linien fand, und den Kreis, wie ihn rings einfasset
der Aether,
Fein nachbildend an unscheinbarer Kugel entwarf.
Wie dann schmelzte nicht ihn, den an Weisheit selber
Apollon
90)   Allen im Menschengeschlecht, Sokrates**), stellte
voran,
Kyprias Zorn in Flammen der Zärtlichkeit! Daß
aus der tiefen
Seel' er zum Lichte des Tags leichtere Sorgen
entband,
Wenn zu Aspasia's Haus hinwandelnd er nimmer
den Ausgang
Traf, wie geläufig ihm sonst Bahnen der Rede
gedieh'n!
Auch den Kyrenischen Mann zog Sehnsucht über
den Isthmos
Mächtig dahin, und entbrannt Laïs tyrannischem
Reiz

---

*) Vgl. oben Seite 72.
**) Vgl. oben Seite 144.

Seufzt' Aristippos*) der scharf' und entzog sich
der Weisen Gesprächen
Menschenscheu, daß er nie ferner aus Ephyre
kam." **)

Der Inhalt der beiden übrigen Bücher der
„Leontion" scheint gleichfalls aus Liebesgeschichten
bestanden zu haben, wenigstens finden wir prosaische
Nacherzählungen solcher „nach Hermesianax in der
Leontion" in Parthenios' von Nikäa „Liebesgeschichten"
(Kap. 5 und 22) und in Antoninus Liberalis
Sammlungen von Verwandlungen (Kap. 39: „nach
Hermesianax im zweiten Buche der Leontion"). — Herme-
sianax starb im besten Mannesalter. Nach ihm
scheint der erledigte Ritterdienst bei Leontion zunächst
auf Timarchos, den mehrerwähnten Schüler
Epikurs, übergegangen zu sein.

Leontion's meiste Berühmtheit knüpft sich an ihre
hohe schriftstellerische Begabung. Theophrastos, der
bekannte Schüler und Nachfolger des Aristoteles im
Lehramte, der wegen seiner Gelehrsamkeit und Wohlredenheit seinerzeit einen ungemein großen Ruf besaß,
hatte unter Anderem auch eine Schrift verfaßt,
welche „über die Ehe" handelte, und worin er das

---

*) Vgl. oben Seite 157 u. 168.

**) Daß Aristipp wegen der Laïs Korinth zu seinem
beständigen Aufenthalt gewählt habe, ist nicht richtig,
jedoch der Absicht unseres Dichters angemessen.

weibliche Geschlecht nicht eben zärtlich mitnahm. Auf diesen Anlaß hin — wenigstens gilt er als der wahrscheinlichste — schrieb nun Leontion eine Streitschrift gegen Theophrastos, in der sie so viel Scharfsinn, Gelehrsamkeit und Federgewandtheit an den Tag legte, daß sie die allgemeinste Bewunderung auf sich zog. Sogar Cicero*), der es anmaßend findet, daß die Buhlerin sich unterfing gegen Theophrast zu schreiben, gesteht zu, daß sie es allerdings in geistreicher und attischer Schreibart gethan habe. Sie unterschied sich durch ihren prächtigen und feinen Styl namentlich auch von ihrem Meister Epikur, dem gerade, wenn er recht sorgfältig sein wollte, nur holperige und schwerfällige Schreibart eigen war.

Die große Sensation, welche diese Schrift von einer weiblichen Feder allgemein hervorrief, kennzeichnet eine Stelle bei dem älteren Plinius in der Einleitung zu seiner Naturgeschichte, wo er bedenklich das Unerhörte hervorhebt, „daß gegen Theophrast, einen Mann, der in der Beredsamkeit so groß war, daß er sich dadurch den Namen des „Göttlichen" erwarb, sogar ein Weib schrieb, und daß daher das Sprichwort entstand: „man müsse sich einen Baum zum Hängen suchen."

Da uns die für die Kulturgeschichte des Weibes bei den Griechen gewiß unschätzbaren Schrift der

*) De natura deorum I, 33,93.

Leontion verloren gegangen, wollen wir dafür ein Bruchstück aus jener Abhandlung des Theophrast über die Ehe, welche die geniale Hetäre herausgefordert hat, als Anwalt ihres Geschlechtes aufzutreten, hierhersetzen, zumal da es einen wichtigen Beitrag zu dem schon ausführlicher besprochenen Kapitel der Frauenfrage bei den Griechen abgibt. Dieses einzige Fragment aus der genannten Schrift ist uns auch nicht im Original, sondern nur in der lateinischen Uebersetzung Seneca's bei dem heiligen Kirchenvater Hieronymus, im ersten Buche seiner Streitschrift adversus Jovianum erhalten. Wir geben dasselbe in der hübschen Verdeutschung durch Max Oberbreyer.

Ueber die Ehe.

. . . . . „Soll der Weise heirathen? Wenn sie schön, wohlerzogen und aus einem achtbaren Hause, und wenn er gesund und vermögend ist, dann kann ja auch wohl der Weise einmal einen Ehebund schließen. Aber freilich, sehr selten nur werden alle diese Anforderungen bei einer Heirath erfüllt. Denn zuerst würde die Beschäftigung mit der Wissenschaft unterbrochen werden: Niemand kann seinen Büchern und seiner Frau zugleich leben. Ferner haben die Frauen eine Menge Bedürfnisse: theure Kleider, Gold- und Perlenschmuck, Gesellschaften, Dienerschaft, Möbel und Prachtwagen. Dazu bekommt man Nächte lang Gardinenpredigten zu hören:*) „Die dort macht vielmehr Staat als ich: jener wird von aller Welt gehuldigt, und ich unglückseliges Weib werde in Gesellschaften über die Achsel angesehen!" — „Was hast du nur immer nach der Nachbarin zu gucken?" — „Weshalb hast du mit dem Mädchen gesprochen?" — „Nun, was hast du mir mitgebracht?"

Der Mann darf keinen Freund mehr haben, keine Gesellschaft mehr besuchen. So wie er seine Neigung zu irgend wem kund werden läßt, sofort erblickt sie darin eine Abneigung gegen sich. Wenn der berühmteste Philosoph irgendwo in einer Stadt aufträte, man darf das Weib nicht allein lassen, man darf die Reisetasche nicht zur Hand nehmen. Ist sie von Haus aus arm, so hat man seine Noth und Sorge, sie zu ernähren; ist sie reich, so ist's mit ihr nicht auszuhalten. Ueberdies hat man nicht einmal die Wahl; man muß sie nehmen, wie man sie bekommt. Ob sie jähzornig, dumm, häßlich, hoch= müthig ist, ob sie aus dem Munde riecht, kurz alle ihre Fehler erfährt man erst nach der Hochzeit. Pferde, Ochsen, Esel, Hunde und die kleinsten Gegen= stände des Besitzes, selbst Kleider, Schüsseln, Stühle, Becher besieht man, ehe man sie kauft; nur die Frau

*, Die folgenden Sätze sind gewissermaßen das klassische Grundthema, das Jerrold in „Frau Kaudels Gardinenpredigten" später so köstlich zu variiren weiß. A. d. U.

darf man vorher nicht besehen, damit sie nicht vor
der Hochzeit mißfalle.*)

Stets mußt du deine Augen auf sie gerichtet
haben und ihre Schönheit rühmen, damit sie ja nicht
glaubt, sie gefalle dir nicht, wenn du etwa eine
andere zufällig anschaust. Du mußt sie „Herrin
des Hauses" tituliren, ihren Geburtstag feierlich
begehen, bei ihrem Wohle schwören; mußt wünschen,
daß sie dich überlebe; ihre Amme, ihre Zofe, ihren
Erbsklaven, ihren schönen Hausfreund und ihren
gewandten Advokaten — lauter Titel, unter denen
sich Nebenbuhler verstecken, — mußt du ehrerbietig
aufnehmen. Wem sie geneigt ist, der muß dir,
auch wenn du ihn nicht ausstehen magst, werth und
theuer sein. Läßt du sie Herrin im Hause sein,

*) Auf diese Verhältnisse beziehen sich auch die
folgenden Versen Menanders:
„Anstatt zu fragen nach nutzlosen Dingen:
Wer ihr Großvater war, wer ihre Amme,
Die Sitten der, mit der man leben soll,
Ununtersucht zu lassen, unbesehn,
Das Heirathsgut zum Wechslertisch zu tragen
Und prüfen zu lassen, ob das Silber ächt,
Das nicht fünf Monate im Hause bleibt;
Nur an der Frau, mit der man lebenslang
Zusammen wohnen soll, gar nichts zu prüfen,
Nein blindlings sie zu nehmen, wie sie ist,
Jähzornig, unverständig, widerwärtig,
Schwatzhaft, gleichviel! — Drum führ' ich meine Tochter
Jetzt in der Stadt herum. Will Einer sie,
So sprecht: Beseht das Uebel erst, das ihr
Bekommt. Ein Uebel muß das Weib ja sein,
Und glücklich wer's im kleinsten Maaß bekommt!"

so bist du der Sklave; willst du nach deinem Belieben Anordnungen treffen, so wird sie darin Mißtrauen gegen sich sehen, wird auf dich erzürnt sein und Zank anfangen. Und gibst du ihr nicht bald nach, gibt sie dir wohl gar etwas ein. Alte Weiber, Wahrsagerinnen, Zeichendeuter, Händler mit Goldschmuck und seidenen Kleidern kommen zu ihr: läßt du diese ein, so stellst du ihre Tugend auf die Probe, läßt du sie nicht ein, so fühlt sie sich durch den Verdacht gekränkt. Was aber hilft auch die sorgsamste Bewachung? Eine unsittliche Frau kann nicht gehütet werden, eine sittsame braucht es nicht zu sein. Der Zwang ist ein unzuverlässiger Tugendwächter, und tugendhaft ist nur die, welche, obwohl sie Gelegenheit zu sündigen hatte, es doch nicht that. Eine Schöne findet schnell Liebhaber — eine Häßliche ist gern zu „Extratouren" geneigt.

Es ist schwer zu bewachen, was Viele begehren, und lästig, zu besitzen, was kein Mensch haben möchte.*) Aber sicher ist es noch immer das kleinere Uebel, eine Häßliche zu besitzen als eine Schöne bewachen zu müssen. Ein Gegenstand, den alle Welt begehrt, ist nirgends sicher. Der Eine sucht durch seine Figur, der Andere durch sein Talent, der Dritte

---

*) Bion, der Borysthenite, über das Heirathen befragt, antwortete unter Anwendung eines unübersetzbaren Wortspieles; „Nimmst du eine Häßliche, so hast du Eckel (ποινην), nimmst du eine Schöne, so hast du ein Gemeingut (κοινην)."

durch seinen Geist, noch Einer durch seine Freigebigkeit zu verführen. Und irgendwie und irgendeinmal muß denn doch eine Festung fallen, die von allen Seiten bestürmt wird.

Sucht man aber ein Weib zur Leitung des Haus= standes, zur Pflege in der Krankheit und zur Gesell= schaft in der Einsamkeit: nun — ein treuer Diener, der seinem Herrn auf den Wink gehorcht und seine Befehle pünktlich vollzieht, ist viel nützlicher für das Hauswesen als eine Frau, die ihre Herrschaft darin sieht, wenn sie gegen den Willen ihres Mannes handelt, das heißt, wenn sie thut, was ihr beliebt, nicht was ihr befohlen wird. In Krankheit aber Einem wirklich behilflich sein können Freunde und Diener, die man durch Wohlthaten an sich gefesselt hat, doch weit mehr als eine Frau, welche uns jede Thräne anrechnet, die sie als Preis der Erbschaft vergießt und dazu noch durch erheuchelten Kummer und künstliche Verzweiflung den Kranken beunruhigt.

Wird sie selbst krank, so muß man mitleiden und darf keine Minute von ihrem Bette weichen. Oder ist es in Wirklichkeit ein braves und liebes Weib — freilich ein seltener Vogel — so stöhnen wir mit, wenn sie niederkommt und jammern, wenn ihr Leben in Gefahr ist. Einsam aber kann der Weise niemals sein; er hat ja zur Gesellschaft alle guten Menschen, die je auf Erden gelebt haben und noch leben und versetzt sich im Geiste, wohin er nur will. Was er mit Händen nicht greifen kann, umfaßt er in Gedanken und fehlt ihm die Unterhaltung der Menschen, so spricht er mit Gott. Nie ist er weniger allein, als wenn er allein ist.

Schließlich — wollte man etwa deshalb heirathen, um Kinder zu bekommen, entweder zur Fortpflanzung des Familiennamens, oder zur Stütze im Alter oder um sichere Erben zu haben — so wäre das gar die größte Thorheit. Was kann uns denn daran liegen, wenn wir sterben, ob ein Anderer unsern Namen führt? Ueberdies trägt ja nicht der Sohn sofort wieder den Namen des Vaters und es gibt eine Menge Personen, die denselben Namen haben. Oder ist das etwa eine „Stütze des Alters", wenn man einen Sprößling aufzieht, der vielleicht längst vor dem Vater stirbt, oder einen, der aus der Art schlägt, oder doch, wenn er herangewachsen ist, denkt: „Ja, der Alte will auch gar nicht sterben!" — ? Was aber die Erben betrifft, so sind doch Freunde und Verwandte, die du nach Belieben aussuchen kannst, bessere und zuverlässigere Erben, als Personen, die du magst wollen oder nicht, doch nun einmal da sind.

Uebrigens gibt es noch eine viel bessere Art der Vererbung, als daß man sein mühsam erworbenes Gut einem Anderen zu ungewisser Verwendung hinterläßt, nämlich: daß man selbst sein Vermögen bei Lebzeiten zu guten Zwecken verbraucht." —

*

Von dem gefeierten Witze dieser geistreichen Philosophin-Hetäre haben wir leider nur eine unbedeutende Probe überkommen,*) ein Wortspiel, das noch dazu im Deutschen seiner ganzen Pointe verlustig geht.

Leontion lag einst mit einem eben bevorzugten Liebhaber — es dürfte wohl Timarchos gewesen sein — bei einem Gastmahle zu Tische, als auch die schöne Geliebte des Lustspieldichters Menandros, Glykera, erschien. Der Verehrer Leontion's dünkte dieser nun aber dem neuen weiblichen Gaste mehr Aufmerksamkeit zuzuwenden, als ihr, und sie nahm daher eine betrübte und gekränkte Miene an. Jener, dies bemerkend, fragte sie: „Was schmerzt dich, Leontion?" „„Der Bauch,"" antwortete sie, indem sie aber auf Glykera hinüberschielte.

Diese Antwort kann im Griechischen noch auf eine zweifache andere Weise aufgefaßt werden. Das von ihr entgegnete einzige Wort (ὑστέρα eigentlich) die Gebärmutter) kann nämlich auch „die später Gekommene" und (wenn die erste Silbe betont wird) „was sich später ereignen werde" bedeuten. Leontion brachte also durch den dreideutigen Sinn ihrer Antwort hinter der komischen Wirkung derselben auf die Frage, was sie schmerze, recht treffend die wahre doppelte Ursache ihrer Verstimmung zum Ausdrucke, daß sie sich nämlich über „die später gekommene" Glykera ärgere, weil sie

*) Athen. lib. XIII. p. 585.

ihr den Geliebten für sich in Anspruch nimmt, und zugleich besorgt sei wegen der Folgen eines etwaigen tieferen Eindruckes, den Glykera auf diesen machen könne; denn man könne dann nicht wissen, „was sich nachher ereignen werde", wie Treubruch u. dgl. —

Leontion hatte eine Tochter, Namens D a n a ë, die sie gleichfalls zur Buhlerin und Anhängerin der epikuräischen Philosophie erzog, und die später als Geliebte des Präfekten von Ephesos, Sophron, von sich reden machte.

Von einem Maler Theodoros existirte ein berühmtes Portrait der Leontion, wie sie eben in Nachdenken versunken ist.*)

Gassendi, der Vertheidiger Epikurs, versuchte auch Leontion gegen die ihr Hetärenthum konstatirende Ueberlieferung in Schutz zu nehmen, und zu behaupten, daß sie die rechtmäßige Gemahlin des Metrodoros gewesen sei; in wenig überzeugender Weise jedoch. Daß es übrigens auch ehrbare „Epikuräerinnen" gab, die sich eines bedeutenden und sogar gelehrten Rufes erfreuten, beweist sogleich das Folgende.

T h e m i s t a.

Während seines vierjährigen Aufenthaltes in Lampsakos machte Epikur auch die Bekanntschaft eines dortigen gelehrten Mannes, Namens Leoneoder Leonteus,

---

*) Plin. Hist. nat. XXXV. 11.

der von Strabo*) nebst dem Schriftsteller Jdomeneus als der trefflichste Mann dieser Stadt bezeichnet wird und eine ebenso vortreffliche wie sehr gebildete Frau besaß. Sie hieß Themista, oder wie man ihren Namen auch geschrieben findet, Themisto, und war die Tochter eines Lampsakeners Zoïlos (nicht des amphipolitanischen Rhetors gleichen Namens, der wegen seiner außerordentlichen Tadelsucht „der rhetorische Hund" und weil er auch besonders den Homer angriff und herabsetzte „Homeromastix", d. i. „Homers= Peitsche, =Geißel, zubenannt wurde).

Der Philosoph von Gargettos gewann das ihm befreundete Ehepaar bald für seine Lehre und knüpfte die intimsten Beziehungen zu demselben an, die er auch nach seinem Scheiden aus der mysischen Stadt nicht abbrach, vielmehr bis an sein Ende durch eine fleißige Korrespondenz aufrecht erhielt. Besonders für Themista hegte er die größte Ver= ehrung, und an sie war auch meistens die Adresse seiner Briefe nach Lampsakos gerichtet. Eine Stelle aus einem dieser Briefe zeigt uns ihn sogar in sklavischer Galanterie gegen diese bedeutende Frau. Seine Bitte, sie möge ihn doch einmal im Geleite ihres Mannes und mehrerer Freunde in Athen besuchen, fügt er die Worte bei: „Ich bin bereit, wenn ihr nicht zu mir kommt, mich dreimal an jenen Ort

*) L. XIII c. 1, 19.

hinzuwälzen, wohin ihr und du Themista mich rufen werdet."*) Seine Gegner konnten natürlich nicht umhin, ihm eine solche servile Ausdrucksweise einem Weibe gegenüber arg zu verübeln.

Themista's Name wurde aber auch weit über epikuräische Kreise hinaus bekannt. Sie besaß einen so hohen Grad gelehrter und philosophischer Bildung, daß man ihr allgemein die größte Bewunderung entgegenbrachte und ihre für ein Weib so ungewöhnliche Weisheit sprichwörtlich**) wurde. Der berühmte Kirchenschriftsteller Lactantius Firmianus, ein Zeitgenosse Konstantins des Großen, stellt sie denn auch geradezu als das Prototyp weiblicher Bildung und als alleinige wahre Philosophin bei den heidnischen Griechen hin.***)

Ob sie auch schriftstellerisch thätig war (woran wir übrigens nicht im Geringsten zweifeln) und in welchen Wissenschaften sie besonders exzellirte, ist uns nicht überliefert worden; eben so wenig wissen wir von ihren sonstigen Lebensverhältnissen etwas.

Schade, daß uns auch die gesammte — wie es scheint — umfangreiche Themista=Literatur verloren gegangen ist, die sich so ausführlich mit dieser Philosophin beschäftigte, daß Cicero, über eine solche Lobhudelei der Griechen verdrießlich, die ärgerliche

*) Diog. Laert. X 5, § 25.
**) Cicero in Pisonem c. 26: „weiser als Themista."
***) De falsa sapientia.

Aeußerung that, es wäre besser, über Männer wie Lykurgos, Solon, Miltiades, Themistokles und Epaminondas etwas mehr zu berichten, „als in so dickleibigen Bänden von der Themista zu schreiben." —

Theophile.

Eine ganz wackere Philosophin und zwar Anhängerin des epikuräischen Systems war nach Martial auch eine in Rom lebende Griechin, — wenn man nämlich hier aus dem griechischen Namen auf die Nationalität der Trägerin desselben schließen darf — die Gemahlin des „immer lachenden" römischen Dichters Canius Rufus, Theophile.

Der treffliche und schneidige Epigrammatist aus Bilbilis lobt den attischen Witz und Geist („das Kekropische Wort"), die hervorragende philosophische Bildung, den feinen, kunstsinnigen Geschmack, wie die Dichtkunst und Gelehrsamkeit der Theophile in nachfolgendem Gedicht an seinen Freund Canius,*) als diese dessen Braut wurde.

„Dies, mein Canius, ist Theophile, deine Verlobte,
Welcher aus voller Brust strömt das Kekropische Wort.
Sie begehrte mit Recht der attische Garten des Weisen,**)
Gern als die ihrige säh' auch sie die stoische Schaar.
Jegliches Werk wird leben, das dies Ohr prüfen du ließest.
So sehr ist ihr Geschmack nicht der des Weibs und des Volks.

---

*) Epigr. VII. 69.
**) Des Epikur nämlich.

Und nicht ziehe zu sehr sich ihr vor deine Pantänis,*)
Wenn sie auch wohl bekannt ist dem pierischen Chor,
Ihre Gedichte gelobt hätt' auch die verbuhlte Sappho:**)
Sie ist keuscher und nicht minder, als diese, gelehrt."

8. Neuplatonische Schule.

Die Verschiedenheit der einander schnurstracks
widerstreitenden philosophischen Systeme, deren An=
hänger sich stets auf das Heftigste befehdeten, hatte
allgemach bei einem großen Theile uneingenommener
Geister einen Zweifel und endlich ein allgemeines
Verzweifeln an der Möglichkeit einer wahren Erkenntniß
erzeugt. Die natürliche Folge solcher Anschauungen
war ein Verzicht auf das Wissen und Forschen, ein
Kult der Denkfaulheit, der bei dem angeborenen
Rhetorismus der Hellenen sogar selbst wieder eine
doktrinäre Richtung annahm und sich endlich auch
als neues „philosophisches" System mit der Etiquette:
„Skeptizismus" oder „Pyrrhonismus" (nach dem
Stifter dieses Systems) proklamirte, und also die
Faulheit zur Philosophie erhob!

*) Eine nicht weiter bekannte Dichterin. Vgl. „Blau=
strümpfe im alten Rom" in meinem Buche „Aus Hellas,
Rom und Thule."
**) Ueber die ungerechten Vorwürfe, welche schon
das Alterthum der großen lesbischen Dichterin hinsicht=
lich ihrer Moralität so gerne zu machen liebte, vergl.
„Griechische Dichterinnen" Seite 49 ffg. u. „Aus Hellas rc."
Seite 1 ffg.

Das Wunderbarste an der Sache ist aber, daß diese Pseudo=Philosophie oder „Methode der Fäulniß der Philosophie", wie K. Prantl sie nennt, zu ganz bedeutendem Ansehen und großer Verbreitung gelangte, und sogar berühmte Männer, wie z. B. Cicero, vom Geiste des Skeptizismus durchdrungen waren, wenn sie es auch unterließen, die letzten Consequenzen des= selben in die Praxis umzusetzen.

Allein die Skepsis gewährt keine Befriedigung, und man gab daher dem Gedanken Raum, daß das Wahre wohl in den verschiedenen Systemen zerstreut liege und aus dieser herausgesucht werden müsse. Diese neue Richtung, die zumeist nur in dem historischen Studium jener Systeme bestand, hieß daher die „eklektische" (die aussuchende).

Mit Vorliebe vereinigte man die Philosophie des Pythagoras mit der des Platon, da beide Systeme viele Berührungspunkte darboten. Dem mischte man noch andere Zusätze, namentlich jüdisch=orientalische Anschauungen bei und gab diesem philosopischen Amalgame den Namen Neuplatonismus. Als der Begründer dieses Systems gilt vornehmlich Plotinos im 3. Jahrhundert n. Chr. Dasselbe war „den krankhaften Dispositionen" der Philosophie entsprungen und „nur die großartigste Gestalt, in welcher das damalige Streben Ausdruck gewann; und darum fanden in ihm vorzüglich eine Menge hervorragender Persönlichkeiten Befriedigung. Die neuplatonische Philosophie war also in gewissem Sinne allerdings zeitgemäß; aber sie war darum nicht weniger Verfall und allen wissenschaftlichen Werthes bar und ledig."

Die Anhänger dieses neuen, weitverbreiteten Systems bildeten übrigens keine besondere philosophische Schule, die nach einerlei Begriffen und Grundsätzen philosophirte; das sie einigende Band bestand lediglich in der Gemeinheit der A r t des Philosophirens. Die Hauptpflanzstätte des Neuplatonismus wurde Alexandria, welche Stadt sich nunmehr zum Hauptsitz des Welthandels, sowie der griechischen Gelehrsamkeit und Philosophie emporgeschwungen hatte.

Plotinos, der eigentliche Stifter des Neuplatonismus, wurde geboren im Jahre 205 n. Chr. Aus dessen Jugend weiß sein Schüler und Biograph Porphyrios nichts zu berichten, als daß er, bereits acht Jahre alt, zu einer Zeit, da er schon die Schule besuchte, noch an der Brust seiner Amme trank, und als diese ihn schalt und einen lästigen Jungen nannte, er endlich dieser Art der Ernährung entsagte. Achtundzwanzigjährig treffen wir ihn in Alexandrien, der Philosophie beflissen. Allein keiner der dortigen berühmten Lehrer konnte ihn befriedigen, als der Sackträger-Philosoph Ammonios (Sakkas), bei dem er bis zu dessen Tode blieb. Dieser Ammonios war anfangs Christ und trat erst später zum Heidenthum über; er verband mit der platonischen Lehre, welche die Grundlage seiner Vorträge bildete aristotelische Sätze und brachte sogar christliche Anschauungen hinein, wodurch er unvermerkt den Uebergang von der heidnischen Philosophie zum Christenthum anbahnte.

Plotin trat nun selbst lehrend auf und gewann sowohl durch seine einnehmende Persönlichkeit, wie durch die Anmuth seines Vortrages und die Zeitgemäßigkeit seiner Lehre einen solchen Anhang, daß sich nicht nur die Jugend, sondern Philosophen, Aerzte, Staatsmänner und auch F r a u e n aus den vornehmsten Geschlechtern ihm anschlossen. Dies gilt besonders für seinen Aufenthalt in Rom, wohin er sich in seinem vierzigsten Jahre begab und woselbst er eine Schule eröffnete.

Er stand auch bei der Kaiserin S a l o m i n a in höchsten Ehren, die an seiner Lehre großen Gefallen fand. Von den zahlreichen S c h ü l e r i n n e n des Plotin werden besonders die beiden G e m i n a, Mutter und Tochter, dann A m p h i k l e a genannt, ohne aber Ausführlicheres über dieselben anzugeben.*) Von

---

*) Porphyrios, Plotins Biograph, erzählt, daß viele Männer und Frauen aus den vornehmsten Ständen, wenn sie den Tod herannahen fühlten, ihre Kinder, sowohl die Söhne wie die Töchter, sammt allem Hab und Gut dem Plotin, wie einem heiligen und göttlichen Wächter zur Obsorge übergaben, so daß sein Haus stets eine Menge Pflegebefohlener beiderlei Geschlechtes beherbergte, die er im Geiste seiner Philosophie erzog.

einer Wittwe und Anhängerin des Plotin, Namens Chione, die mit ihren Kindern im Hause des Philosophen wohnte, wird erzählt, daß ihr eine kostbare Halskette entwendet worden sei und Plotin deshalb alle Sklaven und Hausgenossen versammeln ließ, jedem Einzelnen in's Gesicht schaute und indem er dann auf einen von ihnen hinwies, sagte: „Dieser hat den Schmuck genommen." Der Bezeichnete versuchte anfangs zu leugnen, bis er endlich durch Schläge zum Geständniß und zur Herausgabe des gestohlenen Gutes gezwungen wurde.

Den Alten erschien Plotin im Nimbus des Uebernatürlichen und sie schrieben ihm auch Wunderkraft zu. Porphyrios berichtet ganz ernstlich, bei seinem Tode, der im Jahre 270 erfolgte, sei ein Drache unter dem Bette, auf welchem Plotin lag, hervorgekommen, und nachdem er das Gemach durcheilt, in einer Maueröffnung verschwunden.

Die neuplatonische Philosophie verbreitete sich aber so schnell und so allgemein auch unter den Römern, daß man sie für die damalige Zeit gewissermaßen als die Staatsphilosophie des römischen Reiches bezeichnen kann.

Nach Plotin wandten sich die Häupter der neuplatonischen Philosophie nach dem religiös-spekulativen Osten, und im Anfange des 4. Jahrhunderts strömte das ganze oströmische Reich nach Syrien, um den großen Theosophen Jamblichos (den älteren) zu hören, der mittlerweile die platonische Philosophie mit der Theurgie verbunden hatte, und damit dem untergehenden Heidenthume das einzige Mittel übrig ließ, den alten Götterkultus zu vertheidigen.

Unter dem weiblichen Theile von Jamblichos' Auditorium in Asien ragt eine vornehme und gelehrte Frau hervor, welche sich durch ernste Hingabe an die Philosophie auszeichnete:

Sosipatra.

Nach dem einzigen kurzen Berichte über diese asiatische Adeptin des Neuplatonismus bei Eunapios*) war dieselbe reich, schön und edelmüthig, und mit dem Präfekten von Kappadokien, Eustathios, vermählt, der selbst ein Neuplatoniker und Schüler des Jamblichos und dessen Nachfolgers, des Aedesios, war, und von Eunapios sehr gelobt wird. Nach dem Tode des Eustathios war Sosipatra die Angebetete (oder Gemahlin?) eines Verwandten von ihm, Namens Philometor, und widmete ihr ferneres Leben der Pflege der Wissenschaften und der Philosophie, sowie der Erziehung ihrer Kinder, die sie selbst unterrichtete und zu tüchtigen Jüngern der Philosophie heranzog.

*

Athen, welches nun schon lange Zeit aufgehört hatte, eine Pflegestätte der Philosophie zu sein, kam endlich durch die von Julian, dem Apostaten, neu

---

*) Vita Aedesii p. 28 fg.

gegründete Schule des Platonismus, wieder zu einigem Ansehen. Der erste Lehrer der neuen Akademie war Plutarchos († 434), der Sohn des Nestorios (wie er zum Unterschied von vielen anderen Plutarchen zubenannt wird). Derselbe hatte außer einem der Philosophie ergebenen Sohne Hieros, auch eine Tochter Namens

Asklepigenea,

die in alle Geheimnisse des Neuplatonismus und der Theurgie eingeweiht war und in der neuen Schule eine hervorragende Rolle spielte. Ein Anhänger der neu-platonischen Philosophie, Marinos, erzählt, sie allein habe nach dem Tode des Plutarch die Kenntniß der großen Orgien und der ganzen theurgischen Lehre, die sie von ihrem Vater überkommen, bewahrt. — Diese theurgischen Schwärmereien lagen so recht in den Zuständen jenes Zeitalters und nahmen ihren Anfang besonders unter dem heidnischen Wunderthäter und späteren Rivalen des Weisen von Nazareth, Apollonios von Tyana.

Trefflich entwickelt Fr. Jacobs diese Genesis des Wunderglaubens. „Die drückende Obmacht der allgemeinen Monarchie," — schreibt der bekannte Gelehrte — „hatte dem öffentlichen Leben immer mehr und mehr jedes Interesse entzogen, und es auf die Theilnahme an dem leeren Pompe der Zirkusspiele, auf die Thierhetzen und auf geistleere Pantomimen beschränkt, so daß es fast keine große Bewegung und

keinen Aufstand gab, der nicht aus diesen Armselig-
keiten hervorbrach). Aber diese Ergötzungen waren
auf gewisse Zeiten beschränkt und für die unbeschäf-
tigten Zwischenräume blieb nichts übrig, als das
Gepränge einer Volksreligion, die ebenfalls, weil sie
nicht mehr in das öffentliche Leben des Staates ein-
griff, von Tag zu Tag an Ansehen und Wirksamkeit
verlor, und für die kleinere Zahl der wissenschaftlich
Gebildeten die rhetorischen Schauspiele, wobei mund-
fertige Sophisten durch unvorbereitete Lösung schwieriger rhetorischer Aufgaben Bewunderung und Wett-
eifer rege hielten. Dabei blieb für diejenigen, welche
nicht durch das Bedürfniß und die Erhaltung des
Daseins hinlänglich beschäftigt waren, Muße genug
für das Gefühl der Leere bei dem Mangel an tief-
ergreifenden Anregungen; und wir können nicht
zweifeln, daß dieses Gefühl sehr viel dazu beigetragen
hat, den mystischen und unverständlichen Religions-
gebräuchen, die aus dem Orient einbrachen, und
nebenbei einer Philosophie den Weg zu bahnen, die
bei dem Streben, das Unerklärliche zu erklären, den
festen und sichern Boden des Erkennbaren verschmähte,
um sich in dem Gebiete einer phantastischen Willkür
unbeschränkt zu bewegen. Ein neues mystisches
Heidenthum entwickelte sich, in welchem die alte
plastisch gebildete Götterwelt von einer Schaar gestalt-
loser Phantome umringt wurde, die, in beständigem
Verkehr mit dem Menschen, durch Sühnungen mannig-

faltiger Art gewonnen werden konnten. Die Gabe der Weissagung, die Kraft, Wunder zu thun, ging von ihnen aus; und was dämonische Männer durch ihre Herrschaft über die Natur Ungewöhnliches thaten oder zu thun schienen, diente dem natürlichen Wunderglauben zur Bekräftigung. Ihn zu hegen, galt für Religion, ihn verwerfen und bestreiten, hieß Atheïsmus." —

Jene Asklepigenea also, war die besondere Hüterin der theurgischen Geheimnisse und nahm nach dem Tode ihres Vaters eine hervorragende Stellung in der neuen Akademie ein, hielt auch selbst Vorträge und übte im Verein mit ihrem Bruder Hierios eine bedeutende Anziehungskraft auf die philosophirende Jugend aus, wie u. A. auch aus einem Briefe des Synesios, des „halb christlichen, halb philosophi=schen Schöngeistes aus Kyrene" hervorgeht. Freilich bemerkt der seine Lehrerin abgöttisch verehrende Schüler der alexandrinischen Philosophin Hypatia spottend, daß „das Gespann der weisen Plutarchäer (nämlich Sohn und Tochter des Plutarch) nicht durch den Ruf seiner Vorträge in den Auditorien die Jugend anziehe, sondern durch die Weinkrüge des Hymettos, indem sie nämlich freigebige Mahlzeiten veranstalten.

Asklepigenea heirathete den Archiadas, der „im Besitze eines ansehnlichen Vermögens, Philosophie mit Werkthätigkeit in der städtischen Verwaltung

Athens verband," und der vertrauteste Freund des Berühmtesten aus der neuen Akademie, des exzentrischen Schülers und zweiten Nachfolgers des Plutarch, Proklos, aus Konstantinopel war.

Der Ehe mit Archiadas entsprang ein Tochter, Asklepigenea die jüngere, welche gleichfalls eine Anhängerin der neuplatonischen Philosophie war, und die einst der ebengenannte Proklos durch sein inbrünstiges Gebet zu Asklepios vom Tode gerettet haben soll, als sie schwer erkrankt war. Diese Enkelin Plutarchs war später an Theagenes verheirathet, dem reichsten der Hellenen, der von seinem Vermögen den großartigsten Gebrauch machte, indem er Lehrer und Aerzte reichlich beschenkte und herabgekommene Städte aufrichtete.

Eine hervorragende Bedeutung in der Geschichte der Philosophie wird den beiden Asklepigeneien wohl kaum zuzuschreiben sein können, da schon das System der Theurgie, dem sie anhingen, wie wir gezeigt, wissenschaftlich ganz werthlos ist.

Dagegen leuchtete um jene Zeit ein wahres weibliches Gestirn an philosophischer Bildung und bewunderungswerthem Wissen in Alexandrien auf, ein Gestirn, mit dessen Untergange auch die heidnische Philosophie und damit das Heidenthum selbst verblaßte:

Hypatia*)

Wohl die schönste Frucht von Alexanders des Großen erhabener Idee, hellenische Kultur auch über die Marken Griechenlands hinaus in die reichen eroberten Länder zu tragen, war die Gründung der nach ihm benannten, nachmals so berühmten wie wichtigen Welt= und Handelsstadt im Westen des Nil=Delta's.

Entworfen von dem genialen Architekten Dinochares, aufgeführt von Kleomenes von Naukratis, zog sich Alexandria in Form eines ausgebreiteten makedonischen Reitermantels um eine weite Bucht her, und lockte durch seine ausgezeichnete Lage als Stapelplatz für den Seehandel, durch seine gesunde Luft in den heiteren breiten Straßen und auf den vielen freien Plätzen, endlich durch seine vortrefflichen, wissenschaftlichen Anstalten und die Munifizenz des kunstsinnigen Ptolemäerhofes eine so zahlreiche Ansiedlerschaft herbei, daß seine Bevölkerung binnen Kurzem bis auf 500,000 Einwohner stieg.

Im Fluge hatte sich die junge Stadt zur Beherrscherin des damaligen Weltverkehres und zur Kulturvermittlerin dreier Erdtheile emporgeschwungen, und als im eigentlichen Griechenland Kunst und Wissen=

*) Hauptquellen: Suidas in v. Ὑπατία, Sokrates Scholastikos, Hist. eccl. II. V, 16, VII, 14. 15, Nikephoros, Kallistos, Hist. eccl. I. XIV c. 16.

schaft in Verfall gerieth, erwachte in ihr beides
zu neuem, kräftigen Leben, so daß sie nicht nur den
Ruf als Hauptsitz für griechische Bildung und Gelehrsamkeit erlangte, sondern sogar einem ganzen Zeitalter den Namen gab.

Der engere Sitz „alexandrinischer" Gelehrsamkeit
war das von den beiden ersten Ptolemäern gestiftete
Museum, eine Art Akademie der Wissenschaften, gleich
merkwürdig durch die ausgezeichneten Männer, welche
es aufnahm und die Fortschritte, welche ihm die
Erfahrungswissenschaften verdanken, wie durch die
leibliche Versorgung und Besoldung seiner Mitglieder
und die Länge seiner Existenz. Mit diesem in seiner
Art ersten, wenn auch nicht einzig dastehenden, gelehrten
Institute war die bedeutendste und berühmteste Bibliothek
des Alterthums verbunden, welche Alles, was die
griechische, römische, persische, indische und ägyptische
Literatur an Schätzen der Weisheit enthielt, zu freier
Benützung vereinigte. Durch solche Förderungen und
Gelehrte ersten Ranges gediehen namentlich die
Grammatik, Naturforschung, Astronomie und ganz
besonders die Medizin und Mathematik zu hoher
Ausbildung. Aber auch für philosophische Studien
war Alexandrien ein bevorzugter Sitz, der sich später
sogar über Athen erhob. Unter den Gelehrten des
Museums gab es Anhänger aller bestehenden philo-
sophischen Sekten, wenn auch die dialektische Richtung
immer vorherrschte. Daneben verbreitete das durch

die Handelsverhältnisse geschaffene Zusammenleben mit Orientalen, namentlich mit den zahlreichen Juden, welche hier eine hervorragende, gesellschaftliche Stellung inne hatten, morgenländische Anschauungen und Religions=Philosopheme, zu denen sich bald nach seinem Entstehen auch das Christenthum gesellte, das in der geräuschvollen Weltstadt fast unbemerkt und mit erstaunlicher Raschheit Wurzel faßte und frühzeitig zu bedeutender Macht gelangte. Die Opposition des Christenthums rief gerade hier die letzte Form der griechisch=heidnischen Philosophie, den Neu=Platonismus hervor, der sich endlich der christlichen Theologie so sehr näherte, daß er mit derselben verschmolz und den Sieg des Christenthums vollendete.

Gegen sieben Jahrhunderte und unter allen politischen Trangsalen, blieb Alexandria eine Hauptstätte der Wissenschaften und der Bildung, wenn auch nach dem Untergange der ptolemäischen Dynastie ein Stillstand und allmäliges Sinken hierin nicht zu verkennen ist. Das hochberühmte Museum lief unter der Herrschaft der Römer sogar Gefahr, seines ausgezeichneten Rufes verlustig zu werden, da die Cäsaren bei Ernennung von Mitgliedern desselben gewöhnlich nach Gunst und Laune verfuhren, die Plätze oft an Fremde vergaben, die sich nie oder selten in Alexandrien aufhielten, oder „die ägyptische Speisung", wie man die Versorgung durch das Museum auch nannte, zu „Pfründen einer Gnaden= und Invalidenanstalt"

(Bernhardy) machten. Auf solche Fälle, die übrigens doch nicht gar zu häufig vorgekommen sein dürften, konnte man dann nicht ohne einige Berechtigung den Spott Timons anwenden, den dieser gallsüchtige Hohnredner gegen die dogmatischen Systeme der Philosophie mit Unrecht und aus Mißverständniß schon gleich nach der Stiftung des Museums gegen die Mitglieder desselben in seinen „Syllen", den Xenien des griechischen Alterthums, richtete, indem er das Museum mit einem Futterkorbe und die in demselben unterhaltenen Gelehrten mit kostspieligen Vögeln vergleicht, die man hinter Netze einschließt und mästet.

Ein schwerer Schlag traf das Museum durch die Grausamkeit des Caracalla, der auf die Alexandriner einen tiefen Haß geworfen hatte, weil er sie für die Urheber der mancherlei beißenden Reden hielt, die über seinen Brudermord in Umlauf waren. Er richtete in Alexandrien ein Blutbad an. Darauf folgten abermals harte Stürme bis zur Eroberung und Plünderung der Stadt durch Diocletian. Das Museumgebäude war geschleift worden, die Bibliothek wanderte mit einem Theile der Gelehrten in das Serapeon, die übrigen Gelehrten begaben sich nach Konstantinopel, wo Konstantin ihnen einen besonderen Palast, das Oktogonum, einräumte und sie auf öffentliche Kosten verpflegen ließ.

Der Tempel des Serapis, der nächst dem Kapitol in Rom für das prächtigste Bauwerk der damaligen

Welt gehalten wurde und daher mit Recht den Stolz der Alexandriner bildete, hatte schon früher in engerem Anschlusse an die Pflege der heidnischen Gelehrsamkeit in Alexandrien gestanden, da sich daselbst schon frühzeitig eine Filiale der Museumsbibliothek befand und Serapispriester häufig Mitglieder des Museums waren. Ueberdies war der Serapistempel der Wallfahrtsort für die Heiden aus allen Provinzen des römischen Reiches, da die Verehrung des Serapis sich über ganz Aegypten, Asien, Thrakien, Griechenland und Italien verbreitet hatte. „Alexandria," äußerte sich der Sophist Eunapios,*) „war durch seinen Serapistempel eine heilige Stadt. Die Fremden, die seinetwegen von allen Seiten ihr zuströmten, kamen an Zahl der Menge der Einwohner gleich." Hier also fand die altgriechische Gelehrsamkeit den letzten Zufluchtsort und glaubte unter dem Schutze des Weltrufes und der Heiligkeit ihrer neuen Stätte nunmehr ungestört ihren alten Traditionen nachkommen zu können.

Sicherer als durch äußere Gewalt wurde hingegen durch das Umsichgreifen des Christenthums ein Umsturz der bestehenden Verhältnisse herbeigeführt. Die neue Lehre bewies sich gleich unverträglich mit dem Heidenthum wie mit dem Judenthum und gewann seit Konstantins Uebertritt zu derselben rasch die Präponderanz über jene beiden Religionen. Der heidnisch-

---

*) V. Aedes. p. 43.

hellenische Kultus ward nun sogar von Staatswegen eingeschränkt und seiner Anhänger wurden immer weniger. Die mannigfachen Restaurationsversuche der Philosophen und Gelehrten, eine Zeit lang von Erfolg begleitet, erwiesen sich dennoch mehr und mehr als unausführbar. Mit Wehmuth erkannte man endlich die Ohnmacht solcher Bemühungen und sah gefaßt, jedoch nicht ohne bittere Resignation dem unaufhaltbaren, völligen Verfalle der alten Welt mit ihrer Wissenschaft und ihrem Ruhm entgegen. Die Verse eines alexandrinischen Dichters aus jener Zeit gewähren uns einen treuen Einblick in die Verstimmung und traurige Resignation der dem alten Glauben treugebliebenen Geister. Das Scheinleben, welches die alte Welt noch fristet, bezeichnend, sagt Palladas:

„Sind wir nicht todt und leben nur in Einbildung
Hellenische Männer, vom Geschick zu Fall gebracht?
Nun halten wir für einen Traum das Leben nur,
Wofern wir leben, wenn doch todt das Leben ist."

Da aber die Gottheit den Sieg der neuen Lehre entschieden haben müsse, dürfe man sich auch ihrer Entscheidung nicht entgegenstellen und die unter ihrem augenfälligen Schutze Stehenden nicht mit Haß und Neid verfolgen:

„O weh, des Neides allergrößter Schlechtigkeit!
Den Glückbegabten haßt man, den die Gottheit liebt
So unbedachtsam irren wir im Neid umher,
So schnell gewärtig dienen wir dem Unverstand.

Hellenen sind wir, die zu Staub geworden sind,
Die Hoffnung haben auf die Todten in dem Grab,
Denn umgewandelt haben alle Dinge sich." —

Aus dieser Zeit ragt auf dem Boden des wankenden
Heiden= und Hellenenthums eine Erscheinung hervor,
welche im höchsten Grade bewunderungswürdig ist.
Die heidnisch=hellenische Philosophie und Wissenschaft
suchte sich zum letztenmale aus den immer drückender
werdenden Banden des Christenthums zu neuer Freiheit
und zu neuem Glanze emporzuraffen unter dem Ein=
flusse und der Führerschaft einer hochweisen und
sittenreinen alexandrinischen Jungfrau, der Tochter
Theons, Hypatia. Noch einmal leuchtete die ver=
sinkende alte Welt auf unter dem Banne dieses
geistesmächtigen Weibes, und Alexandrien und ganz
Aegypten gelangten zu neuem Ruhm durch Pflege
der Wissenschaften und der Philosophie. Hypatia
selbst aber erscheint uns als ein Wunder ihres Ge=
schlechts und nimmt durch ihre seltenen Eigenschaften
des Geistes und des Herzens, durch die hohe Erhaben=
heit ihres Wesens, wie durch ihr staunenerregendes
Wissen unbeschränkte Achtung und Bewunderung,
durch ihr unglückliches Ende aber das regste Mit=
gefühl der Nachwelt in Anspruch.

Durch ihre Abkunft stand Hypatia gewissermaßen
schon von Geburt aus in enger Beziehung zu der
Seele der heidnisch=alexandrinischen Gelehrsamkeit und
Philosophie, indem ihr Vater ein (und zwar das letzte)

Mitglied des Museums war. Theon, zur Unter=
scheidung von einem früheren Namens= und Fach=
genossen auch zuweilen „der jüngere" genannt, ist
vorzüglich bekannt als Mathematiker und Verfasser
einer Reihe mathematischer, astronomischer und natur=
historischer Schriften — nach der damaligen Gepflogen=
heit zumeist Kommentare und Sammlungen — von
denen noch Einiges erhalten ist. Auch mehrere Ge=
dichte von ihm finden sich noch vor, die jedoch ihrem
Verfasser neue Ehren einzutragen, nicht geeignet
erscheinen.

Es war um das Jahr 370 n. Chr. als dem Theon
ein Mädchen geboren wurde, welchem er den Namen
Hypatia gab. Es war nicht sein einziges Kind, doch wie
es scheint, sein einziges Mädchen, da er der Erziehung
desselben die denkbar größte Sorgfalt zuwandte.
Ueber die Mutter ist nichts bekannt; ein Bruder hieß
Epiphanios. Bald erkannte Theon die außerordent=
lichen Talente des Kindes, und gab ihm selbst den
sorgfältigsten Unterricht, den er zu seiner Freude bei
den erstaunlichen Fortschritten, die das Mädchen machte,
schon binnen Kurzem auch auf sein eigenes Lieblings=
studium: Mathematik, Mechanik und Astronomie aus=
dehnen konnte. Sodann ließ er Hypatia, da sie
„edleren Geistes war als der Vater" (wie der etwas
spätere Philosoph und Schriftsteller Damaskios*) sich

---

*) Bei Suidas s. v. Hypatia.

ausdrückte) und nach strengerer philosophischer Aus=
bildung des Geistes strebte, bei den tüchtigsten Männern,
die es damals in Alexandrien gab, also wohl bei
Mitgliedern des Museums, in der Philosophie Unter=
richt nehmen. Sie studirte alle philosophischen Systeme
mit gleicher Gründlichkeit und bekannte sich selbst zu
der damals verbreitetsten Richtung des Neuplatonismus.

Außerhalb Alexandriens hat Hypatia wohl kaum
eine Erweiterung ihrer Bildung gesucht. Wo hätte
sie dieselbe auch in lohnendem Maaße erlangen
können, da ja die Vaterstadt ohnehin noch immer
den Mittelpunkt hellenischer Bildung bildete? Man hat
zufolge einer mißverstandenen Stelle bei Suidas an=
genommen, daß sie sich zur Vollendung ihrer Studien
auf einige Zeit in Athen aufgehalten habe. Höchstens
könnte man aus jenen Worten, welche von dem An=
sehen berichten, das die Philisophie auch bei den
Staatsmännern genoß, den Schluß ziehen, daß sie
später einmal, als ihr Ruf bereits in der ganzen
gebildeten Welt verbreitet ware, in Athen gewesen
und von den ersten Personen der Stadt durch Besuche
ausgezeichnet worden sei.*) Allein auch diese An=
nahme bleibt unwahrscheinlich, wenn man sie einem
Briefe des Synesios, des späteren Schülers und
Verehrers der Hypatia, entgegenhält, den dieser um

---

*) Vgl. über diese Stelle R. Hoche im Philologus
XV, 3, 1859, (Hypatia).

das Jahr 400 bei Gelegenheit eines Aufenthalts in Athen*) an seinen Bruder schreibt. „Das jetzige Athen," heißt es darin**), „hat gar nichts Großes mehr aufzuweisen, als nur die berühmten Namen in seiner Umgebung. Und wie von einem geschlachteten Opferthiere nur die Haut übrig bleibt, zum Zeichen, daß es einmal ein Thier gewesen ist, so kann man auch hier, nachdem die Philosophie ausgewandert ist, allerdings noch herumgehen und die Akademie be= wundern, das Lyceum, und beim Zeus die bunte Halle, nach der die Philosophie des Chrysippos ihren Namen hat (die Stoa), die aber jetzt nicht mehr bunt ist. Denn der Prokonsul hat die Gemälde weg= genommen, welche der Thasier Polygnotos als Proben seiner Kunst hinterlassen hatte. In unserer Zeit ist es Aegypten, wo die Saaten aufgehen, welche Hypatia gesäet hat. Athen war früher ein Heerd der Weisen; jetzt ist es blos durch seine Bienenzüchter berühmt" u. s. w. Es ist kaum anzunehmen, daß Synesios, dem die Lebensschicksale seiner geliebten, hochverehrten Lehrerin wohl wie keinem anderen ihrer Schüler

---

*) Er besuchte Athen, um „nicht immerfort die heilige Stadt preisen zu hören von Leuten, die dort gewesen waren und nun wie Halbgötter unter Halbeseln einhergingen, weil sie die Akademie und das Lyceum und die Halle, in welcher Zenon philosophirte, gesehen."

**) ep. 136.

bekannt waren, an der Stelle, wo er ihres erfolg= reichen Wirkens gedenkt, ihren Aufenthalt in Athen habe unerwähnt gelassen, wenn ein solcher je statt= gefunden hätte. Oder sollte sie erst nach Synesios' Rückkehr, in einem Alter von über dreißig Jahren und nach so traurigem Bericht über den Zustand der philosophischen Wissenschaften in der altehrwürdigen Kekropsstadt, von Verlangen erfüllt worden sein, da= hin eine beschwerliche Reise zu thun, etwa Folge leistend einer Einladung von Plutarchos Tochter Asklepigenea, ihrer Kollegin in der Philosophie?...... Dann wäre es aber doch auch befremdlich, in der Correspondenz des Synesios mit Hypatia und seinen Freunden dieses Ereigniß mit keinem Worte erwähnt zu finden.

Zur vollerblühten Jungfrau herangereift, verband Hypatia mit den seltensten Vorzügen des Geistes und Charakters nach der Ueberlieferung der Alten auch noch die Reize einer ganz außergewöhnlichen Schönheit. Sie ward der Gegenstand der schmeichel= haftesten Huldigungen von Seiten aller Gebildeten und selbst die Christen achteten ihre Bescheidenheit und Sittenreinheit.

Mit ihrer begeisterten Anhänglichkeit an den Glauben und die Wissenschaft der Väter, mit ihrer für eine Frau so ungewöhnlichen Bildung, mit ihren ausgezeichneten Tugenden, mit dem Zauber ihrer ganzen Persönlichkeit mochte die gefeierte Jungfrau den hellenischen Heiden wohl wie ein höheres Wesen erscheinen, von den Göttern gesandt, um den alten Glauben an dieselben gegen die feindliche neue Lehre der Christen in Schutz zu nehmen, und mit den Waffen hoher Weisheit und sittlicher Erhabenheit zum Siege über dieselbe und zu neuem Ansehen und Glanze zu führen. Eben dies war ja auch das Steben der jungfräulichen Philosophin. Sie bereitete sich eben zum Antritte dieser Mission vor, indem sie anfing, Vorträge aus Philosophie und Geometrie zu halten, als sie zur Zeugin eines Ereignisses ward, das sie tief erschüttern und mit Groll und Feind=schaft gegen das Christenthum erfüllen mußte.

Hypatia mochte etwa 21 Jahre zählen, als ein Edikt des Kaisers Theodosios I. nach Alexandria ge=langte, welches befahl, daß unverzüglich mit der Zerstörung der heidnischen Tempel und Götzenbilder vorzugehen sei. Diese Maßregel war auf Betreiben des Patriarchen von Alexandria, Theophilos, erflossen und hatte zunächst die folgende Veranlassung.

Schon seit zwei Jahren kam es zwischen Heiden und Christen zu häufigen, oft blutigen Auftritten. Theophilos, ein unruhiger, herrschsüchtiger und rück=sichtsloser Mann, hatte in roher Weise die von ihm bei dem Umbau einer alten Basilika aufgefundenen Geräthe und heiligen Symbole des Bacchoskultus in Prozession durch die Straßen der Stadt geführt, und sie dem höhnenden Spotte des christlichen Pöbels preisgegeben. Ein solches Vorgehen rief natürlich den höchsten Unmuth der Heiden hervor und diese fielen in ihrer Erregtheit mordend und plündernd über die Christen her. Es kam zu einem förmlichen Bürgerkriege, der auf beiden Seiten mit der äußersten Wuth und Grausamkeit geführt wurde, und es währte lange, ehe es den Behörden gelang, die Ruhe einigermaßen wieder herzustellen. Ueber diese Vorfälle wurde aber an den Kaiser berichtet und beide Parteien sahen mit Spannung der Entscheidung desselben entgegen. Als diese ankam, versammelten sich die Heiden und Christen unbewaffnet auf einem öffentlichen Platze, wo das kaiserliche Dekret verlesen wurde. Es enthielt zwar keine weiteren Gewaltmaßregeln gegen die Aufständischen, befahl jedoch, um einer Wiederholung ähnlicher Auftritte für die Zukunft vorzubeugen, die Zerstörung aller heidnischen Tempel und Götzenbilder in Alexandria. Nun frohlockten die Christen laut über ihren Sieg, die Heiden aber, durch diese Maßregel niedergeschmettert, zogen sich schnell und stillschweigend zurück, um dem Spotte und der Wuth ihrer Feinde zu entgehen.

Mit der Durchführung der kaiserlichen Verordnung war in dem Edikte der Patriarch beauftragt worden, und Civil= wie Militärbehörden waren angewiesen, ihn dabei zu unterstützen. Nun war es dem herrschsüchtigen Kirchenfürsten wohl. Er begann das Vernichtungswerk mit der Zerstörung des Serapistempels, der ihm als Hauptstätte des Heidenthums schon längst auf das Aeußerste verhaßt war. Alles was von diesem Prachtgebäude über der Erde war (die unterirdischen Theile des Gebäudes mußte er wegen der Festigkeit ihrer Masse unberührt lassen) wurde in einen Schutthaufen verwandelt und auf dem Platze eine christliche Kirche zu Ehren der Märtyrer erbaut. Auch die in dem Tempel befindliche Kolossalstatue des Serapis konnte der Zertrümmerung nicht entgehen, obwohl die Christen ebenso wie die Heiden vor der= selben eine unüberwindliche, ehrfurchtsvolle Scheu bezeigten, da ihnen ja in ihrem Aberglauben die Existenz der heidnischen Götter als boshafter, tückischer Dämonen feststand. Es galt aber als ausgemachte Sache, daß eine Berührung des Götterbildes durch frevelhafte Hände die sofortige Auflösung der Erde in das ursprüngliche Chaos zur Folge haben müsse. Darum wagte es anfangs niemand, sich an dem gefürchteten Koloß zu vergreifen. Endlich versuchte ein verwegener christlicher Soldat das schreckliche Wagstück; derselbe holte eine Leiter herbei, bestieg den Götzen und zerschmetterte mit einem gewuchtigen Axthieb dessen Kinnladen. Voll abergläubischer Furcht und ängstlicher Erwartung hatte der christliche Pöbel dem kühnen Unterfangen zugesehen. Als jedoch der Weltuntergang auf sich warten ließ, folgten dem Beispiele des Soldaten auch Andere und bald stürzte der Koloß zu Boden und wurde in Stücke geschlagen.

Diese wurden darauf unter Triumphgeschrei durch die Straßen der Stadt geschleift und auf schimpfliche Art mißhandelt. Der verstümmelte Rumpf aber wurde zuletzt im Amphitheater verbrannt. Auch die übrigen heidnischen Götterbilder und Tempel Alexandriens und der Umgebung wurden vom gleichen Schicksale betroffen. Die goldenen und silbernen Bildsäulen und Gefäße wurden eingeschmolzen, die kostbare Bibliothek des Serapeons zum Theil vernichtet, zum Theil zerstreut. Einige Götterbilder erhielten sich, indem man sie durch Umnennung in christliche Heilige, wohl auch mit einer Veränderung am Körper und Emblemen rettete, ein Vorgehen, das der Dichter Palladas mit den nachfolgenden, ironischen Worten begleitet:

„Da sie Christen geworden, olympischer Häuser Besitzer
Wohnen sie allhier unbeschädiget und kein Tiegel,
Lebenden Blasbalg treibend, gedenkt sie in's Feuer zu
legen." —

Das war für das Heidenthum ein wahrhaft niederschmetternder Schlag. An dem Serapiskultus hatte dasselbe bisher noch eine feste Stütze gefunden. Nun war auch diese gefallen und die heidnische Ge=lehrsamkeit dadurch gewissermaßen obdachlos geworden.

Ein Edikt des folgenden Jahres verbot auch die geheime Verehrung der heidnischen Götter im eigenen Hause. Die gänzliche Unterdrückung der alten Lehre wäre somit vollendet gewesen — jedoch vorläufig doch nur auf dem Papier. Man hütete sich, die

Heiden durch wirkliche Gewalt zum Abfalle von ihrer Religion zu zwingen, da sie noch immer eine bedeutende Macht besaßen, indem die meisten Familien senatorischen Ranges in allen größeren Städten des oströmischen Reiches noch zu ihnen zählten und in den angesehensten Staatsämtern saßen. So erhielt sich das Heidenthum auch ohne öffentlichen Kultus und Tempeldienst noch einige Zeit.

Diese Nachsicht und stille Duldung von Seiten des Staates hatte denn auch die Häupter der heidnischen Partei zu Alexandria von ihrer Bestürzung und Entmuthigung nach jenem furchtbaren Schlage bald wieder einigermaßen erhoben und insgeheim wohl auch die eitle Hoffnung nähren lassen, daß ihre Sache denn doch noch nicht verloren sei. Entschlossen und ungebeugt stand denn auch Hypatia nochmals für dieselbe ein, nachdem ihr ja das Christenthum durch die brutale Art, in der es seine gewonnene Uebermacht kundgab, nun völlig verhaßt worden war. Darum verschmähte sie auch selbst in ihrer Stellung gegen dasselbe die Waffen gehässiger Anfeindungen, und suchte vielmehr mit Ruhe und Würde durch fortgesetzte, eifrige Pflege und Verbreitung der alten Wissenschaften das Heidenthum in weiterem Ansehen und Werthe zu erhalten. Es schien auch wirklich, als ob dies Streben von dauerndem Erfolge begleitet sein würde. Sie setzte ihre Vorträge aus Philosophie und den übrigen Disziplinen in ihrem eigenen Hause fort und hatte bald die Freude und Genugthuung, lernbegierige Jünglinge und Männer durch ihren Ruf selbst aus entfernten Gegenden herbeigelockt und ihren Hörsaal füllen zu sehen.

Hypatia überragte an Wissen und Gelehrsamkeit und namentlich auch in der Philosophie sehr bald alle ihre Zeitgenossen, wie die alten Quellen aus= drücklich bezeugen. — Im Vortrage und mündlichen Verkehr mit den Schülern und den vielen, meist hoch= gestellten Personen, welche der Zauber ihres wunder= baren Wesens in ihren Kreis zog, ließ sie den Mund von herrlicher Wohlredenheit überfließen. Im sonstigen Umgange war sie von einer Liebenswürdigkeit und Leutseligkeit, daß sie von Hoch und Nieder mit gleicher Auszeichnung und Liebe behandelt wurde. Und ein solches Ansehen erwarb sie sich alsbald, daß selbst die ersten Männer und Gewalthaber von Alexandria in persönlichen Verkehr zu ihr traten, darunter auch der kaiserliche Präfekt Orestes, und daß sie sogar Zutritt hatte zu den Versammlungen des Rathes. „Sie scheute sich nicht, in der Mitte einer Versammlung von Männern zu erscheinen", sagt Sokrates Scholastikos,*) „denn alle hatten vor ihr ehrfurchtsvolle Scheu und bewunderten sie." Ihr Haus war das Stelldichein aller gebildeten Heiden, und es gehörte nachgerade „zum guten Ton, in

---

*) Hist. Eccl. lib. VII, c. 15.

Alexandria zu philosophiren und mit der Philosophin Umgang zu haben". So ward Hypatia bald der Mittelpunkt und die Seele der noch immer ziemlich zahlreichen Gemeine der Heiden und zwar zunächst der heidnischen Hellenen Alexandriens.

Kein Wunder denn, daß die so herrliche, wunderbare Jungfrau namentlich auch von der jungen Männerwelt mit einer Begeisterung verehrt wurde, die schon fast an Abgötterei grenzte. Hypatia's Name war ohne Unterlaß im Munde Aller und begegnete in zahlreichen Lobgedichten auf dessen gepriesene Trägerin. Wie vollends zeigt sich z. B. nicht Palladas, der doch wahrlich kein Schwärmer für das weibliche Geschlecht genannt werden darf,*) von der Erhabenheit ihres

---

*) Von 150 Epigrammen, welche sich von diesem bald zu hoch geschätzten, bald wieder zu sehr verkannten Dichter erhalten haben, sind ein guter Theil harte Invektiven auf das weibliche Geschlecht. Hier ein paar Proben davon

Schon Homer stellt das Weib, „den Zorn von Zeus" als schlimm und verderblich dar. Selbst die Sittsamkeit der Frau bringt Verderben, „wenn überhaupt eine Frau sittsam zu heißen verdient." Palladas klagt deshalb:

Jegliches Weib als schlimm und trügerisch zeigt u :s Homeros
H..' und züchtige Frau, beide der gleiche Verderb.
Denn von Helena kam, von der Buhlerin, Männerermordung,
Und um Penelope's Zucht holten sich Andre den Tod.
Ilias ist demnach um ein einzelnes Weib das Erlitt'ne
Aber Penelope gibt für Odyssea den Stoff. —
Der Ehemann hat seine Ilias im Hause.
„Singe den Zorn," das lern' ich, und singe dem Zorn, das
bozirt' ich,
Und das „verderbliche" Weib führt' ich Unseliger heim.

Wesens hingerissen, wenn er, das Sternbild der Jung=
frau als ihren Typus bezeichnend, an dieselbe Verse
richtet wie die folgenden:

„Wenn ich dich seh', dein Wort vernehm', bet' ich
dich an,
Der hehren Jungfrau sternbedecktes Haus erblickend;
Denn auf den Himmel nur erstreckt sich all' dein Thun,
Du jeder Rede Zier und Schmuck, Hypatia,
Der höchsten Weisheit reiner unbefleckter Stern!"

Darf es ferner Wunder nehmen, wenn so mancher
ihrer Verehrer, von tiefer Leidenschaft erfaßt, sich
ihr mit Liebesanträgen nahte, den Besitz dieses einzigen
Weibes für das Höchste der Erdengüter haltend?
Allein die strenge Sittenreinheit und Tugend Hypatia's
wies alle derartigen Anträge ausnahmslos zurück.
Sie blieb immer Jungfrau.

Für die sittliche Strenge der Hypatia ist 'eine
Anekdote charakteristisch, welche uns Suidas (aus
Damaskios' Leben des Isidoros) überliefert hat; und
wenn wir auch nicht sagen können, daß sich in der
dort mitgetheilten Handlung gerade ein fester, weib=
licher Charakter offenbare, so beweist die Erzählung
doch, daß das Lob, welches ihrer Keuschheit gespendet
wird, ein gerechtes ist. Bevor wir das seltsame

Taglang streitet sie nun, und die Nacht lang ist sie im Kriege.
Gab zur Mitgift ihr etwa die Mutter den Streit?
Will ich jedoch stillschweigen und ihr nachgeben im Kampfe,
Streitet sie dann um was ich ja nicht streite mit ihr."

Histörchen mittheilen, wollen wir jedoch unsere schönen
Leserinnen bitten, sich von den Griechinnen ein klein
wenig Unbefangenheit zu entlehnen.

„Einst," so erzählt Suidas, „verliebte sich in Hypatia
einer ihrer Zuhörer, und da er seine Liebe nicht länger
zurückhalten konnte, gestand er ihr dieselbe. Einige
Unwissende behaupten nun, Hypatia habe denselben
mit Hilfe der Musik von seiner Leidenschaft befreit.
Allein die Wahrheit ist, daß sie vielmehr gewisse,
bei einer monatlichen Gelegenheit gebrauchte Tücher
hervorgezogen und vor ihn hingeworfen hat, und
— hinweisend, wie unrein die menschliche Zeugung
sei — sagte: „Dies liebst du, junger Mann, aber
nichts Schönes." Der Jüngling aber wurde durch
diesen Anblick von solcher Scham und Betroffenheit
erfaßt, daß er seinen Sinn änderte und bescheidener
wurde." —

Von Hypatia's Schülern aus der ersteren Zeit
ihres Lehramtes sind mit Namen bekannt: Aurentios,
Athanasios, Euoptios, Herkulianos, Hesychios, Olym-
pios und Synesios. Der hervorragendste unter diesen
Männern war der geistreiche Philosoph, Redner, Dichter
und Epistolograph, später Christ und Bischof von
Ptolemais in der Pentapolis, S y n e s i o s aus Kyrene.*)
Dieser Mann hatte sich, nachdem er in seinem elterlichen

*) Vgl. über diesen außerordentlich vielseitigen und
gediegenen Mann die treffliche Schrift von Dr. Richard
Volkmann: „Synesius von Kyrene. Eine biographische

Hause bereits eine sehr sorgfältige Erziehung erhalten hatte, zu seiner weiteren Ausbildung mit seinem älteren Bruder Euoptios nach Alexandria begeben, um dort in „den heiligen Chor" von Hypatia's Schülern einzutreten. Dieser Lehrerin verdankte er auch fast ausschließlich seine vorzügliche philosophische und literarische Bildung, und somit sein bedeutendes Ansehen bei den Zeitgenossen. Dafür war er aber auch der Philosophin mit einer Verehrung zugethan, die ihres Gleichen sucht und selbst nach seinem Uebertritt zum Christenthum noch in ungeschmälertem Maße fortdauerte.

Von dieser Verehrung seiner Lehrerin gibt namentlich Zeugniß eine Anzahl von Briefen aus der noch erhaltenen Korrespondenz des Synesios mit seinem Bruder, seinen Freunden und Hypatia selbst, und dieselben bilden denn auch ein würdiges Ehrendenkmal für diese. In einem Schreiben an Euoptios (Br. 4) bittet er: „Empfiehl mich der überaus ehrwürdigen und gottgeliebten Philosophin und dem glücklichen Kreis, der auf ihre erhabene Stimme lauscht." —

Da seine Heimath, wohin er sich nach Vollendung seiner Studien zurückgezogen, um mit Muße seinen schriftstellerischen Arbeiten und der Philosophie zu obliegen, unablässig von wilden, plündernden Horden

---

Charakteristik aus den letzten Zeiten des untergehenden Hellenenthums. Berlin. 1869." Dieselbe wurde auch für diese Darstellung mehrfach benutzt.

beläſtigt wurde, erhielt er von Hypatia wohl die
Einladung, den unruhigen Aufenthalt daſelbſt mit
dem zu Alexandria zu vertauſchen, denn er ſchreibt
an dieſelbe (Br. 124):

„Wenn den Geſtorbenen auch man vergißt in Aïdes
Wohnung*)
ſo werde ich dagegen auch dort meiner lieben Hypatia
gedenken, ich, der ich jetzt von den Leiden meines
Vaterlandes umringt, ſeiner überdrüſſig bin, weil ich
täglich feindliche Waffen ſehe, Menſchen hingeſchlachtet
wie Opfervieh und eine von der Fäulniß der
Leichen verpeſtete Luft einathme, und ſelbſt erwarten
muß, daß es mir ebenſo geht; denn wer kann da
noch guter Hoffnung ſein, wenn ſogar die uns um-
gebende Luft ſo ſchaudervoll iſt, verdunkelt von dem
Schatten der fleiſchfreſſenden Vögel — aber dennoch
mit Liebe an meine Heimath hänge. Was ſoll ich
auch machen als geborener Libyer, wenn ich die nicht
unrühmlichen Gräber meiner Vorfahren**) vor Augen
ſehe? Allein Deinetwegen, glaube ich, könnte
ich mein Vaterland verachten, und ſobald ich dazu
Zeit gewinne, auszuwandern.“ Indeß blieb Syneſios

---

*) Hom. Il. XXII, v. 389.

**) Die Familie des Syneſios leitete ihren Stamm-
baum in gerader Linie von Herakles ab und konnte ſich
dieſerhalb auf die noch vorhandenen öffentlichen Denkmäler der Stadt Kyrene berufen. Volkmann Syneſ.
Seite 11.

doch), nachdem er gegen die frechen Räuber=
banden eine Art Landsturm organisirt und dadurch
eine einigermaßen leidliche Ruhe wieder hergestellt
hatte.

In einem anderen Schreiben (Br. 154) bittet er
seine Lehrerin um ihr kritisches Urtheil über mehrere
gleichzeitig übersandte größere Werke. „Ueber dies,"
schreibt er gegen das Ende dieses ziemlich umfang=
reichen Briefes über eines dieser Werke, „will ich
nun dein Urtheil abwarten. Und wenn du dich
für eine Veröffentlichung der Schrift entscheidest, so
soll sie zugleich den Rhetoren und Philosophen vor=
gelegt werden, den einen zur Freude, den andern
zum Nutzen, natürlich nur dann, wenn sie nicht von
dir, die darüber zu urtheilen vermag, verworfen
wird. Erscheint sie dir aber eines hellenischen Leser=
kreises unwürdig, vorausgesetzt nämlich, daß du mit
Aristoteles die Wahrheit höher stellst, als Deinen
Freund, so soll sie im tiefsten Dunkel verborgen
werden und die Menschen sollen nichts von ihr zu hören
bekommen." Wie beschaffen die Begutachtung der
Hypatia ausfiel, ist nicht schwer zu errathen, da jene
Schriften wirklich veröffentlicht wurden. — Ein
anderesmal bittet er die Philosophin (Br. 15), ihm
ein Hydroskop verfertigen zu lassen, und zwar nach
seiner eigenen Aufgabe und unter ihrer Aufsicht. —
Dieselbe scheint ihm einmal einen gewissen Menschen,
Namens Alexandros, empfohlen zu haben; dieser

erwies sich der Fürsprache Hypatia's auch vollkommen
würdig, denn Synesios berichtet „an die große
Philosophin" (Br. 33): „Wie das Echo thut, so thue
ich jetzt; den Laut, den ich empfangen habe, gebe ich
zurück, wenn ich den vortrefflichen Alexandros bei
dir lobe. —

Im Jahre 409 mußte Hypatia abermals ein für
sie sehr schmerzliches Ereigniß sich vollziehen sehen;
ihr schwärmerischer Verehrer fiel zum — Christenthum
ab. Noch Heide und ein Ehemann traf Synesios
die Berufung auf den bischöflichen Stuhl in Ptole=
mais und derselbe nahm sie an, wenn auch nicht
ohne Zögern und mancherlei Bedenken und Vor=
behalten. Seine Taufe fiel mit seiner Ordination
zusammen. Eine solche Wandlung mußte Hypatia
um so befremdlicher erscheinen, als Synesios früher
ein eifriger Gegner des Christenthums war und gegen
dasselbe, namentlich gegen das Mönchthum und die
christliche Theologie, auch in seinen Schriften auf
das Heftigste polemisirte. Eitler Ehrgeiz und die
Aussicht auf eine glänzende äußere Stellung war
es nicht, was ihn zu diesem Schritte führte; da=
gegen wohl die Entfernung aus dem engeren Bann=
kreise seiner alexandrinischen Lehrmeisterin, dann
wohl auch der Einfluß seiner christlichen Gemahlin;
denn daß dieselbe, eine Alexandrinerin, Christin war,
ist zweifellos, da er sie aus der Hand des fanatischen
Patriarchen Theophilos erhielt, der es nie und nimmer

vermocht hätte, die Verheirathung einer heidnischen Frau mit einem heidnischen Sophisten zu protegiren, wohl aber hoffen durfte, durch den Einfluß einer christlichen Frau allmählich auch den talentvollen, angesehenen Mann für das Christenthum zu gewinnen. *)

So schmerzlich Hypatia auch ihren langjährigen geschätzten Freund und Anhänger aus der heidnischen Gemeine scheiden sah, so ließ sie es doch dem sonst so edlen Manne durch keine Bitterkeit entgelten und bewahrte demselben — äußerlich wenigstens — auch noch ihre frühere Freundschaft, wie sich ja auch Synesios durch seinen Uebertritt zum Christenthum keineswegs veranlaßt fühlte, seiner schwärmerischen Verehrung zu Hypatia Abbruch zu thun oder selbst nur die Korrespondenz mit ihr einzustellen. Er übertrifft sich vielmehr noch in schmeichelhaften Ausdrücken der Achtung und Freundschaft, wie wir aus einem Briefe (16) ersehen können, in welchem er seiner ehemaligen Lehrerin die mannigfachen Leiden klagt, die nach einander auf ihn einstürmten, und wovon ihn der Kummer um den Verlust seiner drei Kinder nun auch auf das Krankenlager warf. „Vom Krankenlager aus," so lautet das Schreiben, „diktire ich diesen Brief an dich und wünsche, daß du ihn gesund empfangen mögest, du, meine Mutter, meine Schwester und Lehrerin und durch dies

---

*) Vergl. Volkmann a. a. O. S. 96 und 185.

Alles meine Wohlthäterin, der Inbegriff alles dessen, was es für mich Ehrwürdiges gibt. Meine körperliche Schwäche rührt von meinem Seelenleiden her. Die Erinnerung an den Verlust meiner Kinder reibt mich allmählich auf. Nur so lange hätte Synesios am Leben bleiben sollen, als er frei war von den Leiden des Lebens. Die sind nun mit einem Male, wie ein aufgehaltener Strom über mich hereingebrochen und die Annehmlichkeit meines Lebens ist umgeschlagen. O, daß doch das Leben oder die Erinnerung an das Grab meiner Kinder ein Ende nehme! Bleibe du nur gesund und empfiehl mich deinen glücklichen Freunden, vom Vater Theo= teknos (Theon) und dem Bruder Anastasios ab, allen der Reihe nach und wenn einer dazugetreten ist, der dir lieb ist. Ich muß es ihm Dank wissen, daß er dir lieb ist. Grüße auch ihn, wie meinen liebsten Freund, von mir. Wenn du dir etwas aus meinen Angelegenheiten machst, so thust du wohl daran, wo nicht, so mache auch ich mir nichts daraus."

Indessen scheint man in Alexandria doch das Interesse für den Apostaten mehr und mehr verloren zu haben, denn er klagt in einem weiteren Briefe (10) an Hypatia schmerzlich darüber, daß er verachtet und vernachlässigt werde, daß man ihn ohne alle Nach= richten lasse: „dir selbst," schreibt er, „und durch dich den hochbeglückten Genossen meinen Gruß, glück=

liche Herrin! Schon lange wollte ich euch gerne den
Vorwurf machen, daß ich keines Briefes mehr gewürdigt werde. Jetzt seh' ich mich aber freilich von
euch allen verlassen, obwohl ich nichts Unrechtes begangen habe; aber ich bin in den meisten Dingen
unglücklich, so sehr nur ein Mensch unglücklich sein
kann. Würde ich aber von euch Briefe bekommen
und erfahren, was ihr treibt (ihr seid ja ganz gewiß in einer viel besseren Lage und erfreut euch
eines günstigeren Geschickes), dann würde ich wohl
um die Hälfte nicht so unglücklich sein, da ich durch
euch glücklich wäre. Jetzt ist auch dies Eines von
jenen Leiden, welche mich betroffen haben: zugleich
mit meinen Kindern bin ich auch meiner Freunde
und des Wohlwollens Aller beraubt worden! Was
aber das Schlimmste ist, auch deines göttlichen
Geistes, welchen ich mir allein zu erhalten wußte und
der mächtiger ist sowohl wie mein gegenwärtiges
Unglück als wie die Strömungen des Geschickes
überhaupt."

Eine ähnliche wehmüthige Stimmung, welche noch
durch das traurige Gefühl seines verlorenen Ansehens
und Einflusses, sowie auch durch sein Unvermögen,
den Unterdrückten und Freunden zu helfen, gesteigert
wurde, durchzieht auch den letzten noch erhaltenen
Brief (80) an Hypatia. Derselbe lautet: „Wenn
mir das Schicksal auch nicht Alles zu rauben im
Stande ist, so will es doch, so viel es bekommen kann

„Welches der Söhne so viel und tapfere raubte mir
Armen."*)

Aber immer das Beste zu wollen und den Be=
brückten beizustehen wird es mir nicht nehmen können,
möchte es nur nicht auch meine Gesinnungen haben
wollen. Ich hasse die Ungerechtigkeit; das darf ich
auch; auch verhindern möchte ich sie, allein dies ge=
hört gleichfalls zu dem, was mir entrissen ist. Vor
meinen Kindern war mir schon dieses dahin!

„Vor Zeiten waren die Milesier stark."**)

Es gab eine Zeit, in der ich auch den Freunden
nützen konnte; da sagtest du, ich sei so gut gegen
Freunde, weil ich für Andere von der Aufmerksamkeit
der Mächtigen gegen mich Gebrauch machte; diese
waren gleichsam meine Hände. Jetzt stehe ich von
Allen verlassen da, außer wenn du noch etwas ver=
magst. Denn fürwahr, dich und die Tugend halte
ich für Güter, die mir nicht entrissen werden können.
Du bist und mögest immer einflußreich sein, da du
ja deinen Einfluß auf die beste Weise gebrauchst.
Daß Nikaeos und Philolaos, die tüchtigen und braven
jungen Leute und meine Verwandte, ihr Eigen=
thum wieder erlangen, das möge Allen, die dich
verehren, am Herzen liegen, seien sie in einem Amte
oder nicht."

---

*) Hom. Il. XX. 44.

**) Sprichwort ähnlich unserem: „Vorüber sind die
Tage von Aranjuez.

Synesios erlebte noch das Patriarchat des Kyrillos, aber kaum das für Hypatia so verhängnißvolle Jahr 415. Sein Todesjahr kann nicht genau bestimmt werden. Obwohl er es selbst als Bischof nicht zu völliger Rechtgläubigkeit an die katholische Lehre bringen konnte und namentlich das Dogma von der Auferstehung des Fleisches durchaus nicht annehmen wollte, auch trotz wiederholter und strenger Aufforderung von Seiten seiner kirchlichen Oberen sich nicht dazu verstand, seine Ehe aufzugeben, so hat sich gleichwohl die christliche Legende seiner bemächtigt und ihn sogar mit dem Nimbus eines wunderthätigen Mannes umgeben. So erzählt das „Pratum spiritiale" (Kap. 195 u. 620) eine von Johannes Mochos, mit dem Beinamen Eukratas, verfaßte Lebensbeschreibung von Mönchen und Heiligen, eine Wundergeschichte von Synesios, die gerade die Kraft seiner Rechtgläubigkeit auch in Bezug auf die Auferstehungslehre beleuchten soll! —

Der „großen Philosophin" war inzwischen eine ganz besondere Auszeichnung zu Theil geworden. Etwa um das Jahr 400, da sie dreißig Jahre zählen mochte, wurde Hypatia auf den öffentlichen Lehrstuhl für neuplatonische Philosophie in Alexandria berufen und auf Staatskosten besoldet. Eine solche Auszeichnung, ja offene Begünstigung der heidnischen Sache mußte der damaligen Welt als ein ganz außerordentliches und räthselhaftes Ereigniß erscheinen, und rechtfertigte durchaus das dadurch gehobene Selbstvertrauen und die Triumphgefühle der Heiden, wie die grenzenlose Betroffenheit und den maßlosen Aerger der Christen, namentlich der Geistlichkeit Alexandriens.

Die Erklärung dieser gewiß ebenso auffallenden, wie interessanten heidenfreundlichen Verfügung des Staates bereitet denn auch in der That einige Schwierig= keiten, und hat bei der Undeutlichkeit der Quellen zu mannigfachen Vermuthungen geführt, wer Hypatia zu dieser Stellung berufen habe, ob sie, wie es sonst bei den Neuplatonikern geschah, gleichsam die Erbin ihrer Lehre wurde, oder ob sie durch eine Art von Wahl zur Leitung der Schule berufen worden sei. Sie sei wohl, nimmt man am übereinstimmendsten an,*) von der Obrigkeit in Alexandria mit der Leitung der neuplatonischen Schule beauftragt worden, und habe dafür Gehalt bezogen, obwohl ein solcher Fall in der neuplatonischen Schule vereinzelt dastehen würde, sich jedoch aus dem Umstande erklären ließe, daß die Stelle im Museum vom Kaiser oder seinem Vertreter vergeben wurde, und Hypatia also, wenngleich über ihre Mitgliedschaft an dieser Anstalt, (deren letztes bekanntes Mitglied ja ihr Vater Theon sei), nichts überliefert worden sei, doch aus dem Fonds des Museums habe Gehalt empfangen können. . . .

Sollte der Schlüssel zur Lösung dieses Räthsels nicht etwa am kaiserlichen Hofe zu Konstantinopel

---

*) Vgl. R. Hoche a. a. O.

selbst zu suchen sein? Seit 395 herrschte über die östliche
Hälfte der durch Theodosios getheilten römischen Welt=
monarchie, willenlos und unselbstständig, Arkadios.
Eine Puppe in den Händen seiner Hofbeamten, wurde
er als Werkzeug einer Kabale mit der schönen Eudoxia,
der Tochter eines fränkischen Heerführers, Namens
Bauto, verkuppelt. Eudoxia hatte zu Konstantinopel
eine vortreffliche Erziehung erhalten und gewann
sofort die vollständige Herrschaft über den schwachen
Kaiser. Der ausgezeichnete Ruf der alexandrinischen
Gelehrtin, der sich schon über die ganze heidnische und
christliche gebildete Welt verbreitet hatte, konnte auch
der Kaiserin nicht unbekannt bleiben. Sollte sie
nun nicht, durch eine so beispiellose Thätigkeit einer
Frau in den schwierigsten Wissenszweigen der Männer
in ihrem Geschlechte geschmeichelt, den Kaiser — vielleicht
auch noch auf besondere Empfehlung durch die
alexandrinische Obrigkeit, an deren Spitze ja Hypatia's
persönlicher Freund Orestes stand — bestimmt haben,
diese Zierde des weiblichen Geschlechts ungeachtet
ihres Heidenthums gebührend auszuzeichnen, ihr Gehalt
aus dem öffentlichen Fonds des Museums gebend?
Die Behörde von Alexandria würde es wenigstens nach
den Erfahrungen der letzteren Jahre ohne Zustimmung
des Kaisers wohl kaum gewagt haben, eine ebenso
seltsame wie der herrschenden Zeitströmung wider=
strebende Verfügung zu treffen. —

Als öffentliche Lehrerin der Philosophie und Vor=

steherin der neuplatonischen Schule trug Hypatia die Systeme des Plotin und Aristoteles vor, welche sie miteinander zu vereinigen suchte. Doch ist nicht ersicht= lich, welche Modifikationen sie an denselben etwa vornahm, noch wie weit sie auch dem so verbreiteten System des Theurgen Jamblichos huldigte. Jedenfalls war Hypatia weniger Schwärmerin als die anderen Anhänger der neuplatonisch=mystischen Richtung, namentlich auch als die gleichzeitige athenische Philosophin Asklepigenea. Für ihren scharfen, in den positiven Wissenschaften geschulten Geist mußten solcherlei Phantastereien und Aberglauben nur geringen Werth besitzen. —

Nach Philosophenart beschränkte Hypatia ihre Vorträge nicht blos auf den Hörsaal. Mit dem weißen Mantel, der Tracht der heidnischen Philo= sophen bekleidet, wandelte sie durch die Straßen Alexandriens und „legte denen, welche sie öffentlich hören wollten, des Platon oder des Aristoteles oder was immer für eines Philosophen Schriften aus", wie Suidas berichtet. Bei all' ihrer Tüchtigkeit in der Phiosophie, worin sie, wie schon erwähnt, nach den Zeugnissen der Alten*) „nicht nur die Philo= sophen ihrer Zeit, sondern auch die lange vor ihr gelebt haben, überragte", blieben doch die mathe= matischen Disziplinen stets ihre Haupt= und Lieblings= studien, und ihr Ruhm als Gelehrtin in diesen

---

*) Nikephor. Kall. hist. eccl. l. XIV. c. 16.

Wissenschaften übertraf, wenn möglich, noch ihr Ansehen als Philosophin. Philostorgios Cappadox sagt,*) Hypatia habe ihren Lehrer (Theon) ganz besonders in der Sternkunde bei weitem übertroffen; auch Hesychios**) spricht von ihren hervorragenden astronomischen Kenntnissen; doch blieb ihre Hauptthätigkeit vorzüglich der reinen Mathematik zugewandt.

Daß Hypatia auch Schriftstellerin war, erscheint wie selbstverständlich. Von ihren leider verloren gegangenen Werken sind uns dem Titel nach bekannt: ein Kommentar zu den Schriften des trefflichen alexandrinischen Arithmetikers Diophantos (nach welchem als ihrem Erfinder noch heute die unbestimmten Gleichungen „diophantische" genannt werden); ferner ein zweiter Kommentar zu des „großen Geometers" Apollonios von Perga acht Büchern von den Kegelschnitten, einem Werke voll Scharfsinn und neuen Erfindungen; dann ein astronomischer Kanon. —

So wirkte Hypatia ruhmvoll und fruchtbringend, Leben und Streben einzig nur der Wissenschaft weihend — der Stolz Alexandriens und Aegyptens. Der Zudrang zu ihren Vorträgen wuchs stetig und war endlich ein massenhafter, indem aus allen Weltgegenden Schüler und Bewunderer zusammenströmten. Mit Recht konnte daher Synesios sagen, daß, während Athen verödet sei, in Aegypten die Saaten aufgehen,

*) Hist. eccl. im Auszuge bei Photios I. VIII, c. 9.
**) Περὶ σοφῶν in Ἰσαυρία.

welche Hypatia gesäet hat. Selbst bei den gebildeten christlichen Laien stand die große Philosophin in vorzüglicher Achtung und viele derselben standen sogar jahrelang in freundschaftlichem Verkehr mit ihr. Vermied sie ja doch geflissentlich jede offene Opposition gegen die neue Lehre. Wie klug dieses Vorgehen war, das bewies am besten ihre eigene ehrenvolle und einflußreiche Stellung und das erneute Ansehen, welches dadurch das Heiden- und Hellenenthum, das sie vertrat, gewann. Mit warmer Befriedigung durfte sie denn auch die Früchte ihres Strebens überblicken, und ihr Busen mochte wohl von noch kühneren Hoffnungen geschwellt worden sein. Da aber nahte das Unheil mit Riesenschritten.

Seit 408 herrschte als Kaiser des oströmischen Reiches Theodosios II., ein energischer Mann, der die Unterdrückung des Heidenthums mit größerem Nachdrucke fortsetzte als Arkadios, der stille Beschützer Hypatia's. Alexandria hatte nach dem im Jahre 412 erfolgten Tode des Theophilos den St. Kyrillos, einen noch unduldsameren Heidenhasser als jener war, zum Patriarchen erhalten. Es kam wieder häufiger zu Reibereien zwischen den einzelnen Religionen. Auch die Juden blieben von Kyrillos nicht unangefochten, ja sein Sinn ging dahin, dieselben ganz und mit Gewalt aus Alexandria zu vertreiben. Ein heilloser Tumult war endlich die Folge dieser Anfeindungen, und der kaiserliche Statthalter Orestes hatte alle

Mühe, die Ruhe wieder herzustellen, indem er für die Juden, welche seit dem Bestande der Stadt mit zu dem angesehensten Theile der Bevölkerung gehörten, und mit der vornehmsten Klasse gleiche Rechte und Privilegien besaßen, mit Recht Partei ergriff. Dem hohen geistlichen Störenfried mochte derselbe jedoch unzweideutig zu erkennen gegeben haben, daß er sich die Provokation solcher Unruhen für die Zukunft verbeten haben wolle. Mit dem guten Einvernehmen zwischen dem weltlichen und geistlichen Oberhaupte Alexandriens hatte es seit diesem Vorfalle ein Ende. Der Patriarch sann aber auf Mittel und Wege, wodurch er dem Präfekten jenes unkollegiale Entgegenkommen entgelten lassen könne. . . . „Einstmals," so erzählt Suidas, „traf es sich, daß Kyrillos an dem Hause der Hypatia vorbeiging und an den Thüren ein großes Gedränge sah von gehenden, kommenden und bleibenden Menschen und Pferden. Als er sich erkundigte, was diese Menge zu bedeuten habe und warum ein solcher Lärm vor dem Hause stattfinde, berichtete ihm sein Gefolge, daß die Philosophin Hypatia eben jetzt vortrage und dies ihr Haus sei." Eine Regung des höchsten Unwillens durchzuckte den Kirchenfürsten, da er das ihm verhaßte Teufelsweib (denn als solches erschien Hypatia ihm, dem eifrigsten Marienverehrer*) seiner Zeit, und wurde

---

*) Die Marialatrie oder göttliche Verehrung der Mutter Christi nahm eben damals und zwar gerade am meisten durch Kyrillos ihren Anfang, nachdem das

sie auch von der Geistlichkeit dem christlichen Volke hingestellt) das er bald als die eigentliche Seele des Heidenthums in Alexandria erkannt hatte, also geehrt und von solchem Anhange umgeben sah. Und gehörte nicht auch Orestes zu ihren Freunden? ging nicht vielleicht von ihr, als seiner natürlichen Feindin, die Anregung aus zu dessen jüngstem feindlichen Vorgehen gegen ihn? . . . Auch seine geistliche Umgebung bezeichnete ja Hypatia als die eigentliche Urheberin jenes Zwistes. Ein Streich, gegen diese geführt, mußte nicht nur das Heidenthum auf das Empfindlichste treffen, sondern schien auch ein vortreffliches Mittel, an Orestes Rache zu nehmen. Ein

fromme Andenken an die durch Sagen und Legenden mit allerlei wunderhaften Zügen umkleidete Frau schon früher durch Gebete, Umgänge und Opfer, zum Theil durch Uebertragung des Kybele-Kultus auf dieselbe (wie bei den sogenannten Kollyridianerinnen) vornehmlich von den Christenfrauen geehrt wurde. Noch im 4. Jahrhundert war es selbst unter strenggläubigen Kirchenlehrern, wie z. B. Basilius und Chrysostomus, etwas ganz Gewöhnliches, von den Fehlern Mariens zu sprechen. Erst als Nestorius, der Patriarch von Konstantinopel, Maria statt „Mutter Gottes" und „Gottesgebärerin" nur „Christusgebärerin" genannt wissen wollte, begann man die ewige Jungfrauschaft und Makellosigkeit derselben ernstlich als Glaubenslehre zu verfechten, und Nestorius wurde auf Betrieb des Kyrillos auf der Kirchenversammlung zu Ephesos 431 als Häretiker seines Amtes entsetzt.

tenflischer Entschluß krönte diese Erwägungen des Patriarchen: „er sann sofort auf Hypatia's Ermordung und zwar auf die verruchteste."

Die Mönche von Nitria und den nächstgelegenen Einöden wurden allarmirt und zogen in Schaaren nach der Stadt. Hier wurde der christliche Pöbel durch mannigfache Vorspiegelungen gegen die Philosophin aufgereizt. Sie wurde, trotz jeden Mangels an Beweisen, nunmehr offen und mit aller Bestimmtheit als diejenige bezeichnet, welche an der Feindschaft des Staathalters mit den Patriarchen die Schuld trage. Ihre vorzüglichen astronomischen Kenntnisse wurden als freventliche Vermessenheit, in den Sternen lesen zu wollen, ihre sonstige Wissenschaft als gefährliche Künste des Teufels, ihre Sittenreinheit und Tugend als betrügerische Gleißnerei gedeutet....

Als der Klerus den Pöbel zureichend gegen die Philosophin fanatisirt hatte, überließ Kyrillos das weitere Arrangement und die Ausführung des Complottes einem seiner servilsten Heißsporne, einem angehenden Priester (Lektor) Namens Petrus. Den Heiden war der schreckliche Plan sehr geschickt verheimlicht worden. So konnte es geschehen, daß sich eines Tages — es war im März des Jahres 415 — eine lärmende Pöbelhorde von Priestern, Mönchen und allerlei christlichem Gesindel, mit Petrus an der Spitze, dem Hause der Hypatia näherte, ohne daß Jemand von den Heiden oder Hypatia selbst etwas von dem Vorhaben jener Leute ahnte, oder sich auch, da man den tumultsüchtigen Charakter des alexandrinischen Pöbels kannte, um die Ursache der Zusammenrottung weiter kümmerte. Vor dem Hause der Philosophin steht ihr Wagen, ihrer zur gewohnten Ausfahrt harrend. Ungeduldig scharren die Pferde, während die Horde sich in einen Hinterhalt legt. Da eilt Hypatia aus dem Hause, rasch besteigt sie den Wagen und eben will sich derselbe in Bewegung setzen; da stürzt heulend und tobend eine Rotte „den wilden Thieren ähnlicher Menschen", (wie Suidas sich ausdrückt) unter der Anführung des Petrus auf den Wagen los. Einige fallen den Pferden in die Zügel; die Anderen reißen das von Ueberraschung und Entsetzen fast bewegungslose Weib vom Wagensitze, schleifen dasselbe in die nächstgelegene Kirche, reißen ihm sämmtliche Kleidungsstücke vom Körper, so daß der keusche Leib völlig nackt den Blicken der Frevler preisgegeben ist, und tödten es auf die qualvollste Art mit Ziegelstücken und Muschelschalen. Sodann reißen sie ihr die Glieder vom Leibe und verstümmelten sie auf die scheußlichste Weise. Die einzelnen Stücke des zerrissenen Körpers werden unter lautem Jubel nach dem Platze Kinaron gebracht und hier verbrannt.

Es war eine gräßliche That, und sie zog auch dem Patriarchen, der unbeschadet dieser Mordanstiftung nachher in die Zahl der christkatholischen

Heiligen aufgenommen wurde, sowie der ganzen alexandrinischen Klerisei gerechten Tadel und die Mißbilligung selbst frommgläubiger Kirchenschriftsteller zu. So schreibt Sokrates Scholastikos: „Diese That brachte sowohl dem Kyrillos wie der Kirche von Alexandria nicht geringe Schande. Denn Mord und Streit und dergleichen Dinge sind der christlichen Lehre fremd." Und Nikephoros Kallistos: „Dieser Schandthat wegen wurden am meisten Kyrillos und seine Kirche getadelt." —

Der Ruhm Hypatia's blieb jedoch auch unter den Christen noch lange sprichwörtlich, wie wir unter Anderem aus der Bemerkung des Nikephoros Gregoras (in seiner byzantinischen Geschichte, 3. Buch, 3. Kap., 2. Abschnitt) ersehen können, wo er von Eudokia, der Gemahlin Konstantins des Paläologen sagt, dieselbe sei in den schönen Wissenschaften wohl unterrichtet und überhaupt von so ausgezeichneter Bildung gewesen, daß sie eine zweite Theano und Hypatia genannt wurde.

Nach dem Tode der großen Philosophin und dem Absterben ihrer „Saaten", denen auch noch zu Alexandria eine warme Freundin der Philosophie, die treffliche Aedesia, Gattin des Hermias und Verwandte des Syrianos (Beide hervorragende Neuplatoniker) entsproßte, hat der Niedergang der heidnischen Wissenschaft, Philosophie und Religion in Alexandria wie überhaupt einen raschen Verlauf genommen. Im Jahre 529 machte Justinian durch ein strenges Edikt dem Heidenthum völlig ein Ende.

Das Andenken an Hypatia wurde in der Gegenwart und nachhaltig aufgefrischt durch den englischen Schriftsteller und Geistlichen Charles Kingsley, welcher das tragische Schicksal derselben in würdiger Weise romantisch bearbeitet ein seiner vortrefflichen Dichtung: „Hypatia or new foes with an old face." Die deutsche Uebersetzung dieses Romanes von Bunsen, hat vor nicht langer Zeit eine zweite Auflage erfahren.

Zweite Abtheilung.

Philosophinnen im weiteren Sinne.

(Gelehrte Frauen.)

I. Weibliche Aerzte.

1. Heroisch-mythisches Zeitalter.

Es ist ein eigenartiger und tiefwurzelnder Zug
des weiblichen Naturells — der des zarten Mitleids
und der fürsorgenden Theilnahme an den leidenden
Mitmenschen. Von Alters her finden wir das Weib
am Lager und an der Seite kranker und gebrestiger
Menschen als Wärterin, Trösterin und Helferin, stets
beflissen um deren Genesung oder Linderung ihrer
Leiden. Jetzt wäscht es die brennenden Wunden des
tapferen Kriegers, gießt kühlendes Oel in dieselben
und labt den zum Tode Ermatteten mit einem
stärkenden Trunke; jetzt bringt es dem in langem
Siechthum bereits dahin Schwindenden neues Leben
durch ein heilkräftiges Kraut; jetzt befreit es den
Fieberkranken von seinen glühenden Qualen durch
eine Wurzel; jetzt weiß es Heilung von dieser Krankheit
und jenem Gebrechen durch dieses und jenes von der
Erfahrung bewährter Mittel; jetzt endlich fleht es
zu der erzürnten Gottheit und sucht dieselbe durch Gebete und Opfer dem Kranken günstig zu stimmen, daß

sie ihm im Traume erscheine und das Mittel zu seiner Genesung angebe. Denn im hohen Alterthum hielt man die Krankheiten für Züchtigungen erzürnter Gottheiten.

Die Pflege der Kranken und das Mitleid mit den Leiden derselben, verbunden mit dem Drange zu lindernder Abhilfe und der Sorge um deren Genesung führte das Weib zur Kenntniß von mancherlei heilkräftigen Kräutern und Wurzeln, wie sonstigen Mitteln und Vorkehrungen. Der Kreis solcher arzneilicher Kenntnisse des Weibes — die jedoch über die roheste Empirik nicht hinausgingen — wurde oft, theils durch zufällige neue Erfahrungen, theils durch den Aerzten abgelauschte Mittel, theils aber auch durch eigenes Forschen und selbstständiges Versuchen bedeutend erweitert. „Ist es ja doch — um Chr. Fr. Harleß'*) schöne Worte zu gebrauchen — „nicht ausschließend dem Manne gegeben, in der Natur zu forschen, mit scharfem Späherblick in ihre Schöpfungen einzudringen, und mit immer neuer

---

*) „Die Verdienste der Frauen um Naturwissenschaft, Gesundheits- und Heilkunde, sowie auch Länder-, Völker- und Menschenkunde, von der ältesten Zeit bis auf die neueste. Ein Beitrag zur Geschichte geistiger Kultur, und der Natur- und Heilkunde insbesondere von Dr. Christian Friedrich Harleß, Göttingen 1830" — ein sorgfältiges, wenn auch zum Theile veraltetes Werk, dessen mythologischer Abschnitt mit großer antiquaristischer Gelehrsamkeit behandelt ist (wir haben denselben auch

Lust an ihren Reizen sich zu weiden. Die in ihrer
unendlichen Mannigfaltigkeit ewig neu wiederkehrenden
Wunder dieser herrlichen Natur ergreifen und fesseln
nicht blos des Mannes Sinn und Gemüth: Die
Mysterien des Lebens und des Todes, das wunder=
bare Wirken entgegenstrebender Kräfte im Bilden und
Zerstören zu einem Ganzen entzünden nicht bloß in
seinem Geiste das heilige Feuer der Wissenschaft
und das Streben nach solcher. Auch dem Weibe,
dem feinsinnigen, für das Große und Erhabene nicht
minder wie für das Schöne empfänglichen, schließt
sich die Natur in der Allgewalt ihrer Kräfte, wie in
der Fülle ihrer Reize gleich anziehend auf. Auf des
Weibes reines Gemüth wirkte von jeher gleich mächtig der
Geist des Lebens, der durch die ganze Natur geht,
und der unendliche Zauber, den sie, die schaffende,
wie die geschaffene, allenthalben verbreitet. Und
tiefer und geheimnißvoller noch ergriff von jeher das
Unbegreifliche in dem Wirken und Walten der All=
bebenden und Allerhaltenden das in Ahnung und
Anbetung sich auflösende Gefühl der Edleren des
Geschlechtes, das eben in diesem reichsten und
lebendigsten Theile seines Seins, Wesens und Er=
fassens gewiß nicht das schwächere ist. Wo der

in den meisten Artikeln über mythische Heilfrauen benützt).
Als „um Naturwissenschaft, Gesundheits= und Heilkunde"
verdiente Frauen werden in diesem Buche freilich auch
die Verfasserinnen von — Kochbüchern aufgeführt.

Mann, sobald der Geist in ihm erstarkte, den Ursachen der Erscheinungen und Veränderungen in der Natur nachspürte, die verborgenen Kräfte ihres Wirkens zu erforschen, und Gesetze für das Leben und die Thätigkeiten der Natur in der unermeßlichen Mannigfaltigkeit ihrer Offenbarungen in Zeit und Raum zu entdecken sich bemühte, da weidete sich das sinnige und gemüthreiche Weib anspruchslos am Genuß des Schönen und Großen und Wundervollen, was sich ihrem Blicke, so weit er reichte, auf der Erde und am weiten Firmamente darbot; da fand das Herz des Weibes überall in der Natur und in jedem Hauch ihres Lebens das Höchste, was es suchte und worauf sein innerstes Wesen es hinwies — den Ausdruck der Liebe. Und diese natürlichste und lebendigste Auffassung der Außenwelt, die zugleich auch die schönste wie die höchste ist, konnte sie ohne den wohlthätigsten Einfluß auf Erhöhung der Theilnahme edelgesinnter Frauen am menschlichen Wohl und Wehe bleiben? Und wenn sich dann eine solche Theilnahme an den Freuden und Leiden anderer nahe stehender Menschen mit einer aufmerksamen Beobachtung der eigenen Natur in den so verschiedenen Zuständen von Kraft und Schwäche, von Gesundheit und Krankheit verband, wenn dem Bedürfniß der Erhaltung der ersteren und der Abwendung und Heilung der anderen schon in den ältesten Zeiten der günstige Zufall, ein glückliches Versuchen, eine

sorgsame Beachtung des Analogen und des Ver=
schiedenen in den Verhältnissen und in dem Erfolg,
wohlthuende und rettende Mittel an die Hand gaben,
war es dann nicht dieser milbthätige und mitleids=
volle Sinn des Weibes, der es von jeher an das
Lager der Kranken und Hilfsbedürftigen zog, um
ihnen Trost und Pflege und Hilfe mit zarter Sorg=
falt und jeglicher Aufopferung zu spenden? — Die
Geschichte ist bis auf den heutigen Tag voll von
Beweisen des verdienten Ruhmes, den sich edle und
wohlthätige Frauen durch solche Theilnahme und
solche Werke hilfreicher Thätigkeit um die Heilkunst,
wie um die leidende Menschheit erworben haben." —

Zu den vornehmsten alten Völkern, welche sich
durch schon vorgeschrittene medizinische Kenntnisse
berühmt machten, gehörten neben den Aegyptern und
Römern auch die Griechen. Sie hegten in den
frühesten Zeiten gleichfalls die Meinung, daß die
Krankheiten besondere Schickungen der Götter seien,
und suchten durch Versöhnungsopfer und Gebete
Hilfe gegen dieselben. Daher entstanden denn auch
medizinische Gottheiten bei den Griechen, weil man
zu bemerken glaubte, daß einige Götter vorzüglich
bereit waren, den Kranken ihre Hilfe angedeihen zu
lassen. Solche medizinische Gottheiten waren neben
Appollon, der für den Urheber jeder Krankheit, jedes
Todes, wenn er zürnte, aber auch jeder Genesung
galt, wenn er versöhnt auf die Sterblichen herab=

blickte, auch dessen Schwestern Artemis und Pallas.

Artemis schickte in ihrem Zorn Viehseuchen, Hagelschaden, Krankheiten aller Art, sowie schwere Geburten. Doch trat sie meistens als wohlthätige und segenbringende Gottheit auf. Sie wurde von den alten Dichtern und Mythographen nicht nur als eine große Freundin und Forscherin der Natur, insbesondere des Pflanzenreiches (wozu schon ihre Jagdliebe und ihr beständiges Durchstreifen der Fluren und Wälder sie führen mußte) sowie als Entdeckerin einiger Heilpflanzen gerühmt. So soll sie u. A. die Gattung Artemisia (angewendet gegen Frauenkrankheiten) und den kretischen Dictamnus entdeckt haben, der nach Plinius und Anderen einen großen und alten Ruf als geburtbeförderndes Mittel besaß. Vorzüglich war sie aber die wohlthätige Hilfsgöttin der Gebärenden und die Beschützerin und Pflegerin der Kinder. Als Geburtsgöttin hatte sie auch den Namen Eileithyia. Obwohl wenig früher als ihr Bruder Apollo geboren, stand sie doch schon ihrer Mutter bei dieser Geburt mit ihm bei. Die Schmerzen, die jene bei der Niederkunst aushalten mußte und wovon Artemis Zeugin war, hatten ihr die Liebe so verhaßt gemacht, daß sie Zeus bat, er möge ihr vergönnen, ewig Jungfrau bleiben zu dürfen; daher war sie auch die Göttin der Keuschheit. Als sie (nach Nikandros und Ovid) der Mutter des Herakles, Alkmene, bei der Entbindung beistehen sollte, suchte sie diese Geburt anfangs zu hemmen oder doch zu erschweren, indem sie sitzend die Knie übereinanderschlug und die Hände fest gefaltet hielt, — nach dem alten Volksglauben ein die Geburt hindernder Zauber. — Artemis wurde von den Alten auch öfters mit Hekate identifizirt.

Pallas, als Gesundheitsgöttin Hygieia zubenannt, doch als solche von untergeordneter Bedeutung, wurde als Augengöttin und Schafferin warmer Heilquellen gerühmt. Auch die dem ägyptisch-phönizischen Mythus entlehnte Kybele wurde von den Griechen wegen ihrer Heilungen von Krankheiten der Kinder und des Ackerviehs verehrt und wegen ihrer besonderen Sorgfalt in der Pflege und Erhaltung der Kinder, welche sie durch besänftigende Gesänge heilte, und die sie mit großer Liebe in den Armen trug, auch „die Mutter vom Berge" genannt. Sie war nämlich als neugeborenes Kind auf dem Berg Kybelos ausgesetzt und dann von einigen Hirtinnen gefunden und auferzogen worden. —

Beruht das Vorkommen dieser weiblichen medizinischen Gottheiten in der Mythologie der Griechen nicht auch in dieses Volkes früher Erkenntniß der nahen Beziehungen des Weibes zur Heilkunst? ... Und waren es nicht Erinnerungen an das segenbringende Dasein und Wirken von Frauen, die sich durch ausgezeichnete Fähigkeiten und die für ihr Zeitalter ungewöhnliche Thätigkeit und Geschicklichkeit in der Naturbetrachtung, wie in der Behandlung von Krankheiten zuerst hohe Bewunderung, bald auch die Glorie des Uebernatürlichen erworben hatten, und denen dadurch die Apotheose zu Theil wurde? . . . Will man schon die historischen Spuren dieser Göttinnen, die von Artemis und Kybele denn doch nicht völlig verwischt zu sein scheinen, nicht anerkennen und sie als eine Schöpfung dichterischer Phantasie und „des idolatrischen Polytheïsmus" hinstellen, so kann man doch die griechische Helden = und Sagen = geschichte eines geschichtlichen Hintergrundes nicht ganz und gar entkleiden; und hier begegnen wir denn einer stattlichen Reihe mit arzneilichen Kennt = nissen begabter Frauen.

Da finden wir am Königshofe von Kolchis gleich drei solcher „Zauberinnen" — wie die Sage sie wegen ihrer Kenntniß von der Wirksamkeit vieler Wurzeln und Kräuter und der erfolgreichen Anwen = dung derselben nannte: — die Gemahlin des Königs Aeetes, Hekate, mit ihren beiden Töchtern Medea und Kirke. —

Hekate

besaß vorzüglich eine große Kenntniß der giftigen Pflanzen und ihrer Zubereitung, und entdeckte unter Anderen das Aconitum. Ihre Versuche mit der Natur und den Wirkungskräften dieser Gift = pflanzen machte sie an Gästen, welchen sie diese mit

Speisen vermischt vorsetzte. Auf diese Weise zu einer großen Erfahrung über diese Gifte gelangt, vergiftete sie ihren Vater, bemächtigte sich der Regierung, und vermählte sich mit Aeetes, dem sie außer einem Sohne die zwei Töchter Medea und Kirke gebar, auf die sie ihre Giftkenntniß und „Zauberkünste" übertrug. Nach ihrem Tode wurde sie in den Orkus versetzt und galt als infermate Zaubergöttin.

Der Kern dieses mit phantastischer Uebertreibung des Bösen und Unheilvollen in dem Charakter und den Handlungen der Hekate reich ausgeschmückten Mythos ist, wie wir mit Harleß annehmen, unzweifelhaft kein anderer, als daß diese Frau sich einen höchst ausgezeichneten Ruf in der Kräuterkunde, und insbesondere in der Kenntniß und Anwendung starker narkotischer Pflanzen erworben hatte. „Wollen wir, wie es uns eine menschlichere und mildere Ansicht und Deutung dieses historischen Mythos so nahe legt, weder alle diese Pharmaca für wirkliche Giftpflanzen erklären, sondern überhaupt für stark und heroisch wirkende Arzneipflanzen, noch Hekaten in ihrer Bereitung und Anwendung bloß als Giftmischerin, sondern vielmehr als eine kühn unternehmende und für heroische Mittel dieser Art besonders geneigte Heilkünstlerin; wollen wir die Beschuldigung absichtlichen Giftmordes lieber so deuten, daß manche ihrer Heilversuche mit solchen Mitteln, wie das Akonit, einen tödlichen Ausgang gehabt haben mochten: so erscheint uns diese so gefürchtete und verwünschte Zauberin vielmehr als eine merkwürdige, für ihr Zeitalter (kurz vor dem Argonautenzug) höchst ausgezeichnete Heroine im Felde der Naturforschung und der Heilkunst. Und diese Annahme wird um so glaublicher, wenn man sich erinnert, daß in jenem Zeitalter der Kindheit aller Erkenntniß solche Menschen, die an physiologischen und arzneilichen Kenntnissen über ihre Zeitgenossen hervorragten, und auffallende Heilungen unternahmen, für Zauberer gehalten und als böse Wesen oder „Kakodämonen" gefürchtet und verurtheilt wurden, wie dieses noch immer bei allen sogenannten wilden Völkern der Fall ist, und wie dieses ja vor nicht so gar langer Zeit selbst in unserem Vaterlande sich durch die traurigen Geschichten der Hexenprozesse und Hexenverbrennungen bekundete." —

Medea.

Die von der Dichtung*) mit Vorliebe ausgebeutete, aber auch mannigfach entstellte, bekannte Sage von dieser kolchischen Fürstentochter berichtet, daß dieselbe nicht nur wegen ihrer ausgezeichneten Schönheit, sondern noch viel mehr wegen ihrer Kenntniß von den

---

*) Die Medea-Sage bearbeiteten unter Anderen: Aeschylos („Medea", verloren gegangen), Sophokles (in seinen gleichfalls verloren gegangenen Tragödien „Kolchides" und „Pelias"), Euripides („Medea"), Seneca („Medea") und neuerlich unser Grillparzer.

Eigenschaften der Kräuter berühmt war, und des=
wegen den Ruf einer Zauberin erhielt, welche durch
magische Künste den Mond, die Sterne und Flüsse
in ihrem Laufe aufzuhalten, die Wälder aus ihrer
Stelle zu rücken, die Sonne zu verdunkeln, die Erde
mit Schlangen zu bedecken, und die Geister der Ab=
geschiedenen aus der Unterwelt heraufzubringen ver=
möchte.*)

Die ihren Ruf als Kräuter und allerlei Zaubers
kundige Frau begründenden Episoden der Sage sind
vornehmlich die folgenden: Als Jason ihr den ver=
langten Eid unwandelbarer Treue geschworen hatte,
gab sie ihm zur leichteren Bestehung der ihm von
Pelias aufgegebenen Abenteuer bei der Erbeutung
des goldenen Bließes eine von ihr bereitete Salbe,
die ihn unverwundbar und übermenschlich stark machte,
sodann einen Stein, den er unter die furchtbaren
Sprossen der gesäeten Drachenzähne warf, worauf
sie, statt ihre blitzenden Schwerter auf Jason zu
kehren, dieselben gegen sich selbst richteten und einander
niedermachten; endlich Kräuter und einen Trank, womit
er den das goldene Bließ bewachenden Drachen ein=
schläfern und sich dadurch des kostbaren Schatzes
bemächtigen konnte. Mit Jason in dessen Heimath
gelangt, verjüngte sie dort den alten Aeson, Jasons
Vater, durch heiße Bäder, oder wie die Fabel sich

---

*) Apollod. et Ovid. ap. Nat. Com. VI, c. 7.

ausdrückt, durch Kochen im Kessel, tödtete aber auf
eben diese Weise den Pelias. Nach zehnjähriger
glücklicher Ehe zwischen Jason und Medea erstand
aber dieser eine Nebenbuhlerin in der reizenden
Tochter des Königs Kreon von Korinth: Glauke
(oder nach Andern Kreusa). Jason verlangte von
Medea, daß sie gutwillig sich von ihm trennen möge,
was diese jedoch zurückwies, worauf er sich selbst von
ihr schied, und Anstalt zu seiner Vermählung mit
der neuen Geliebten machte, nachdem er der armen,
verstoßenen Medea angedeutet hatte, sich von Korinth
zu entfernen. Diese stellte sich sanft und duldend,
aber in ihrem Herzen kochte Rache. Sie bat den
Kreon, nur noch einen Tag in Korinth verweilen
zu dürfen, was ihr auch gestattet wurde. Diesen
Aufenthalt benutzte sie nun, um sich mittelst ihrer
Geheimmittel ihr Gesicht bis zur Unkenntlichkeit zu
entstellen und so bei Nacht in die königliche Burg
zu schleichen, die sie mit einer Art Wurzel, welche
sie von ihrer Schwester Kirke kennen gelernt hatte,
und welche die Eigenschaft besaß, wenn sie einmal
angezündet war, nicht mehr ausgelöscht werden zu
können, in Brand steckte, wobei Glauke und ihr
Vater umkamen. Nach anderen Berichten soll Medea
der Glauke ein vergiftetes Kleid und anderen Leibes=
schmuck zum Hochzeitsgeschenk geschickt haben, welches,
als Glauke es an den Leib brachte, diese, sowie den
ihr zu Hilfe eilenden Vater verbrannte. Medea

floh nun zu Herakles nach Theben, der ihr in Kolchis
für die Treue des Jason Bürgschaft leistete, und den
sie eben in jenem von Here über ihn verhängten
wilden Wahnsinn traf, in dem er seine Gemahlin
und Kinder erschlug. Sie heilte ihn von dieser
Krankheit durch ihre Geheimmittel, ging hierauf nach
Athen, mußte aber von da fliehen, da Theseus sie,
angeblich wegen eines Versuches, ihn durch vergifteten
Wein zu tödten, als Giftmischerin belangte und ver=
folgte. Sie ließ sich zuletzt wieder in Kolchis nieder,
wo sie sich abermals mit einem dortigen Fürsten
vermählte. —

Alte wie neuere Interpreten haben sich die Er=
klärung der von Medea angeordneten wunderbaren
Mittel und Operationen sehr angelegen sein lassen.
Jene unverwundbar machende und übermenschliche
Stärke verleihende Salbe stellt sich nach der wahr=
scheinlichsten Annahme der Erklärer als eine Mischung
von balsamischen Substanzen heraus, denen man
vielleicht auch die gerade im kaspischen Meere am
meisten vorkommende Ambra, oder Erdnaphtha, oder
wohl auch Farbestoffe nebst fettem Oel als Zuthat
beigab. Die Verjüngungskuren, die Medea an ver=
schiedenen Personen, vorzüglich aber an Aeson, und
mit lethalem Erfolg an Pelias, vorgenommen haben
soll, erscheinen uns als eine Verbindung mehr heißer
als warmer Kräuterbäder mit Dehnung und Reckung
der Gliedmaßen, und dem sogenannten Massiren

der Orientalen, sowie mit nachherigem Salben, ganz
so, wie es noch jetzt im Morgenlande und in Aegypten
Sitte ist. Sie habe, meint man, ihre Bäder, viel=
leicht zugleich mit Benutzung der Dämpfe, nicht so=
wohl bloß als diätische Mittel und des Wohlbehagens
oder der Hautreinigung wegen, sondern hauptsächlich,
und in dieser Beziehung vielleicht zuerst, als eigent=
liche Reizungs= und Belebungsmittel, zumal bei ab=
gelebten und entnervten Menschen, in Gebrauch gesetzt;
und sie habe sie für eben diesen Zweck nicht nur
mit den Abkochungen verschiedener aromatischer
Kräuter, vielleicht auch mit balsamisch harzigen Auf=
lösungen, versetzt, sondern auch Dämpfungen und
Räucherungen der letzteren Art, nebst Salbungen und
sonst noch mancherlei Erregungsmittel damit in Ver=
bindung gebracht. Daß es mit diesen heroischen
Badekuren nicht immer glücklich gehen mochte, daß
vielmehr der zu hohe Hitzegrad, die zu lange Dauer
des Badens, die Gewalt der aromatischen und Wasser=
dämpfe, und mehrere andere Fehler und Mißgriffe
eines rohen Empirismus, den Tod der Badenden
herbeiführen konnten, beweise eben die Geschichte des
alten Pelias, welcher im Bade starb, ohne daß
Medea die Absicht hatte, ihn zu tödten, wessen sie
namentlich von den Dichtern angeschuldigt worden
ist. Schon Palaephatos*) gibt eine ähnliche, sehr

---

*) De incredibilibus c. 44.

vernünftige Deutung dieser Operation. „Die an=
geblichen Verjüngungskuren der Medea," schreibt er,
„verhielten sich also: Erstlich hatte sie eine Pflanze
entdeckt, durch welche sie nach Willkür die Haare
weiß oder schwarz färben konnte. Sodann hatte sie
auch die Anwendung heißer Bäder erfunden, welche
jedoch die, welche dazu Lust hatten, nicht öffentlich
gebrauchen durften, damit kein Arzt hinter diese
Kunst käme. Diese nannte man Abkochung, es waren
aber nur Fomentationen. Und da durch diese die
Menschen gesunder und gelenkiger wurden, so glaubten
die Leute, als sie den Apparat, nämlich die Kessel
(Wannen) und die Hölzer und das Feuer unter
ihnen erblickten, es sei dieses eine wirkliche Kochung
des Leibes selbst. Indem aber Pelias, ein alter und
schwacher Mann, auch ein solches Bad gebrauchte,
verlor er dabei das Leben." —

Die Substanz, womit Medea den Königspalast
in Korinth in Brand gesteckt und die Kleider der
Glauke vergiftet hat, war nach Plutarch ein flüssiges,
brennbares Erdharz, welches in großer Menge in
Babylonien und Ekbatana zu Tage kam und an
der Luft sich in hellen Flammen entzündete. Auch
Andere nannten jene Substanz eine Naphtha, welche,
wenn sie mit Feuer oder mit dem Sonnenlichte in
Berührung käme, sich plötzlich entzünde und Alles,
was in ihren Bereich komme, unrettbar verbrenne.
Nach Angabe des Demetrios Skepsios sollen gewisse

scharfe Kräuter, die nur an dem Tanais wuchsen, Bestandtheile dieses Mittels gewesen sein. Auf angeführte Gegengifte hin, wäre man fast versucht an den Arsenik zu denken (etwa in einer Verbindung mit der Erdnaphta oder dem Petroleum, wenn nicht die Entdeckung des Arseniks erst in einer viel späteren Zeit sich nachweisen ließe); denn nach einem anderen griechischen Autor*) wurde „das furchtbare Feuer der kolchischen Medea" auch als Trank gegeben, welcher kaum an die Lippen gebracht, im Innern ein schwer zu stillendes Brennen verursachte. —

Wenn wir nun aus dem Vorstehenden bei Abstreifung des Fabelhaften ein geschichtliches Résumé ziehen, so erscheint uns Medea „als eine Frau von ganz ungemeiner Energie des Geistes und Charakters, sehr muthvoll und entschlossen, eben so besonnen als gewandt und schlau, und in allen Lagen ihres wechsel= und unruhvollen Lebens um Rath und That nicht verlegen. Sie erscheint uns zugleich als eine von Jugend auf (und gewiß schon durch mütterliche Unterweisung) mit der Beobachtung und Erforschung der Natur des Menschen wie der Gewächse in ihrem Gesichtskreis eifrig beschäftigte Frau, welche vorzugsweise den heilsamen wie den giftigen Wirkungen mehrerer Pflanzen nicht nur, sondern auch, wie es scheint, einiger geistig=ätherischer

---

*) Nikandros in Alexipharmac.

und inflammabler Substanzen emsig nachspürte, und, nicht zufrieden mit der Kenntniß von einfachen Heil= mitteln (oder respektiven Giften) dieser Art, deren sie vermuthlich mehrere, zumal aus der Klasse der narkotischen und der ätzenden entdeckte, sich ebensowohl mit mannigfacher Zubereitung derselben, durch Kochen, Extrahiren und Eindicken, Infusion 2c., als mit Zusammensetzungen in Tinktur= und Salbenform, viel bemühte." Auf dieses hin kann demnach Medea mit Fug als die erste historische Vertreterin weiblicher Heilkünstler und ihre diesbezügliche Thätigkeit als der Anfang der Geschichte weiblicher Arzneikunde angesehen werden. Dies ist auch der Grund, daß ihr hier eine umfassendere Abhandlung gewidmet wurde. Darum wollen wir sie aber auch noch gegen die ungerechte Herabsetzung und bös= artige Entstellung ihres Charakters in Schutz nehmen, in der die Dichtung und die Volkssage sich gefiel. Mag sie immer von großer Leidenschaftlichkeit und auch von sonstigen Fehlern nicht frei gewesen sein: eine gemeine Mörderin und Giftmischerin im bösen Sinne des Wortes war sie nicht. Dies er= kannten schon unbefangenere Geschichtsforscher des Alterthums, indem sie zum Theil Medea von den argen Beschuldigungen der Giftmischerin und des Mordes freisprachen und sie aus einem viel milderen und würdigeren Gesichtspunkt darzustellen suchten.

An der Spitze von Medeens Anwälten steht als

der glaubwürdigste der treffliche Historiker Diodoros von Sizilien, welcher ihr das Zeugniß gibt, sie sei zwar von ihrer Mutter und Schwester in den Kräften und in der Anwendung aller Arzneien unterrichtet worden, habe aber einen viel besseren Gebrauch davon gemacht als diese. Sie habe sich es stets angelegen sein lassen, Fremde, die an die Küste von Kolchis schiffbrüchig verschlagen worden waren, aus der Lebensgefahr zu befreien, und habe durch Bitten und ihre unwiderstehliche Grazie von ihrem Vater für die von ihm Gefangenen und Verurtheilten Rettung und Freiheit zu erhalten gewußt. Auch sei es nur reine Menschlichkeit und Herzensgüte gewesen, die Medeen vermocht hätten, dem Jason auf seinem Zuge zu folgen und ihm Beistand zu leisten. Auf dem Zuge selbst habe Medea mehrere Heilungen verwundeter Argonauten, so z. B. des Jason und Laërtes, durch Kräuter und Wurzeln in wenigen Tagen bewirkt. Selbst als sie sich bereit finden ließ, den Pelias, nach dem Ausspruche der Argonauten, zur Strafe seiner Mordthaten durch Giftmittel zu tödten, habe sie erklärt, daß sie solcher Gifte sich niemals vorher zum Verderben der Menschen bedient habe und jetzt nur zur wohlverdienten Strafe großer Schuld gebrauchen wolle. —

Kirke.

Von nicht geringerer Bedeutung für die Geschichte weiblicher Natur= und Arzneikunde, wenn auch aus

dem Nebel von Sage und Dichtung minder scharf
hervortretend als ihre Schwester Medea ist, die
aus der Odyssee berüchtigt = bekannte Zauberin
Kirke. Sie wird als eine Frau von wunderbarer
Schönheit, hohem, durchdringendem Geist, aber von
verworfenem Charakter und ausschweifenden Sitten
geschildert. Während die Einen, darunter Homer,
von ihr als einer „hohen und Ehrfurcht gebietenden
Göttin“ sprechen (wenngleich der angeführte Dichter
sie auch wieder als eine „Furchtbare“ und „Schreck=
liche“ bezeichnet), brandmarken sie Andere als Hexe,
Verbrecherin und größte Giftmischerin ihrer Zeit, und
Horaz*) nennt sie sogar auch noch eine „meretrix“.

Ich überlasse es meinen Lesern, Homers amüsante
Schilderung ihrer Persönlichkeit und Lebensweise,
wie des Odysseus und seiner Genossen Abenteuer
mit ihr, in der bekannten Episode der Odyssee (X.
v. 136 ffg.) selbst nachzulesen, und gebe hier das
Geschichtliche dieser Sage, wie es Diodor**) erzählt:
„Sie sei,“ schreibt der sizilische Historiograph, „in der
Kenntniß aller Heil= und Giftpflanzen bewandert
gewesen und habe aller solcher Wurzeln Natur er=

---

*) „Circes pocula nosti,
   Quae si cum sociis stultus cupidusque bibisset,
                              (scil. Ulysses)
   Sub domina meretrice fuisset turpis et excors.“
                              Epist. l. I. 1. 1.
**) Bibl. hist. lib. IV. c. 45.

forscht und unglaubliche Kräfte in ihnen entdeckt. Vieles habe sie von ihrer Mutter Hekate, weit mehreres aber durch eigenes Forschen und Bemühen gelernt, so daß sie in der Kenntniß der Arznei= bereitung ihres Gleichen nicht gehabt habe. Sie sei früher an den König der Sarmater, die man auch Skyther nenne, vermählt gewesen, habe aber ihren Gemahl durch Gift getödtet, sich dann der Regierung bemächtigt und nun mit so viel Grausamkeit und Gewaltthätigkeit gegen ihre Unterthanen verfahren, daß diese sie von Thron und Land verjagt hätten. Sie sei hierauf nach dem Ozean geflohen und habe sich auf einer wüsten Insel mit einigen sie auf der Flucht begleitenden Weibern (nach Pausanias waren es vier Zofen) niedergelassen. Nach anderen Ge= schichtschreibern habe sie, nachdem sie den Pontos verlassen hatte, ihren Wohnsitz auf jenem Vorgebirge Italiens aufgeschlagen, das noch heutzutage das Circeische heiße." —

Strabo erzählt, daß der Kirke auf einer der Pharmakusen=Inseln, unweit von Salamis, ein Grabmal errichtet worden sei, woraus man schließen könnte, daß Kirke ihr Leben in Griechenland beschlossen habe, wenn man nicht lieber annehmen wolle, „daß die Athener oder Eleer ihr zum Ge= dächtniß ihrer großen Kenntnisse von Heil= und Gift= kräutern auf dieser „Pharmakusen"=Insel, welche ihren Namen wahrscheinlich von ihrem Reichthum an solchen Arzneikräutern (griechisch: „pharmakon") hatte, ein Mausoleum errichtet hatten."

Die Giftkräuter, mit denen Kirke so verderben= bringend umzugehen verstand, bestanden wohl in stark narkotischen Pflanzen, vorzüglich aus der Familie der Tollkräuter, (Solanaceae Bartl.) und Sinngrünarten (Apocyneae R. Br.) resp. Loganiaceen (Strychninae), wie man aus der Benennung Circea für eine sehr berauschende und giftige, zu den Toll= kräutern zu zählende Pflanze, durch Plinius und Dioskorides entnehmen kann. Dies geht auch aus der Anwendung jener Moly=Wurzel als Antidot gegen Kirkes Verzauberung hervor. Diese „Moly", über welcher schon seit alter Zeit viel gestritten wurde, und welche Homer als eine schwarze Wurzel, die milchweiße Blüthen trägt, beschreibt, scheint nämlich der wahrscheinlichsten Annahme nach), eine Art von Knoblauch gewesen zu sein. Dann läßt sich mit K. Sprengel jene Verwandlung der Gefährten des Odysseus in Schweine sehr ungezwungen als Be= rauschung durch betäubende Gifte erklären, durch welche dieselben in einen thierartigen Zustand versetzt wurden und gegen die der Saft jener Knoblauchart ein Schutzmittel wurde. —

Hygiea und ihre Schwestern.

Zur Zeit des Argonautenzuges lebte in Thessalien ein Fürst, der sich mit besonderer Vorliebe der Heil=

kunst widmete und dieselbe mit den glücklichsten Erfolgen an seinen Unterthanen und Landsleuten ausübte. Dieses wohlthätige und menschenfreundliche Wirken trug dem fürstlichen Heilkünstler die dankbarste Bewunderung und Verehrung ein, und erwarb ihm die größte Popularität. Was Wunder, wenn ihm nach seinem schwer empfundenen Hingange die Lands= leute das ehrenvollste Andenken bewahrten und die Sage sich sofort des allverehrten und gepriesenen Mannes bemächtigte, denselben mit übermenschlichem Nimbus umgab und endlich sogar als vergötterten Arzt in den Olymp versetzte und mit olympischer Genealogie ausstattete? Nach dieser galt Asklepios — denn kein Anderer ist jener thessalische Fürst — für einen Sohn des Apollon (den wir ja als obersten Heilgott der Griechen schon kennen gelernt haben) und einer böotischen Königstochter Koronis, und wurde als Gott der Gesundheit und Patron der Aerzte göttlich verehrt und erhielt zahlreiche Tempel.

Asklepios (bei den Römern Aeskulap) war ver= mählt mit Epione und zeugte mit ihr zwei Söhne, Podalirios und Machaon, auch wieder als Aerzte und Chirurgen ihrer Zeit berühmt, und — der Sage nach — vier Töchter: Hygiea, Panakea, Jaso (auch Akeso genannt) und Aegle. Diese sollen nun gleichfalls von ihrem Vater die Arzneikunst erlernt haben und wackere Aerztinnen geworden sein. Von ihrem Heilwirken ist Näheres nicht bekannt;

doch war Hygiea die berühmteste und gefeiertste unter ihnen und partizipirte denn auch am meisten an der göttlichen Verehrung ihres Vaters, die übrigens, wenngleich in geringerem Grade, auch den drei anderen Töchtern desselben zu Theil wurde. Doch ist die historische Existenz, wenigstens dieser letzteren, nicht außer Zweifel gesetzt. Nicht nur, daß diese vier Namen sämmtlich als Personifikationen der Gesundheit (Hygiea), Heilung (Jaso oder Akeso und Panakea) und Kraft (Aegle) erscheinen, auch das späte Aufkommen des Kultus aller vier jungfräulichen Heilgöttinnen, sowie der Umstand, daß die vorzüglichsten Verfasser der griechischen Göttergenealogie dieselben nicht erwähnen, machen sie sogar sehr unsicher. Die meiste Wahrscheinlichkeit einer historischen Existenz haben noch Hygiea und Panakea, da sie in dem berühmten (pseudo=) hippokratischen Eide aufgeführt wurden, der also anhub: „Ich schwöre bei Apollon, dem Heiler, bei Asklepios, Hygiea und Panakea, sowie bei allen Göttern und Göttinnen u. s. w."

Am plausibelsten ist wohl die Annahme, daß nur Hygiea und Panakea wirklich Töchter des Asklepios waren, und diese Namen ihnen erst später, zur Zeit ihrer Apotheose, beigelegt wurden, vielleicht sogar abwechselnd mit den Namen der beiden anderen angeblichen Töchter des Gott=Arztes, so daß Jaso (Akeso) und Aegle nur für Pleonasmen der ersteren anzusehen sind.

Hygiea wurde frühzeitig in den Kult ihres Vaters mit eingezogen und man fand auch ihre Altäre und Statuen gewöhnlich in den Tempeln des Asklepios errichtet, wie sie auch in vielen sehr alten Inschriften gemeinschaftlich mit diesem genannt wurde. Nur auf Münzen und Gemmen erscheint sie häufiger allein. Dargestellt pflegt sie zu werden als eine schöne Jungfrau von hohem schlanken Wuchs, mit gescheiteltem Haar, oft auch mit einer Stirnbinde, auch wohl mit mehreren Binden um den Leib, immer aber in ein langes Gewand gehüllt. Fast niemals fehlt die Schlange, als ein ihr mit ihrem Vater gemeinschaftliches Attribut, und eine Schaale, woraus sie dieser Speise zu reichen scheint, oder sie auch sonst in der Hand hält. — Die Verehrung der Hygiea bildete häufig einen Akt häuslicher Freudenfeste und Libaturien, indem man nach beendigter Mahlzeit und nachdem man sich die Hände gewaschen hatte noch einen Becher Wein zu Ehren der Hygiea unter Ausrufung ihres Namens zu leeren pflegte, wie z. B. der athenische Lustspieldichter Philetaeros in seinem „Asklepios" erzählt:

„Er schwenkte rasch den großen vollen Becher,
Und rief Hygeen an, zum Segen für das Haus."

Als Göttin der Gesundheit wurde Hygiea natürlich viel besungen; so namentlich schon von (Pseudo) Orpheus und Ariphron in je einer schwungvollen Hymne, wovon wir die des Letzteren unseren Lesern nicht vorenthalten wollen. Sie lautet in Grubers*) Uebersetzung:

„Hygiea, verehrungswürdigste der seligen Götter,
Möcht' ich wohnen bei dir mein übriges Leben!
O wärest du freundlich meines Hauses Genossin!
Denn gibt der Reichthum Wonne, oder Kinder,
Und Königsherrschaft, die Menschen
Gleich macht den Göttern, oder die Freuden,
Die in verborgenen Netzen Aphroditens wir fangen;
Oder ist irgend ein anderes Ergötzen den Menschen
                                        verliehen,
Oder Erquicken nach Arbeit gegönnt,
So bleibet mit dir nur, Göttin Gesundheit,
Alles, und glänzt der Charitinnen Lenz.
Doch ohne dich ist niemand glücklich!" —

Helena.

„Die schöne Helena", die leichtsinnige Urheberin des trojanischen Völkerduells, erwarb sich außer dem Rufe großer Schönheit und — Liederlichkeit auch eine Art medizinischer Berühmtheit. Es wird ihr nämlich die Entdeckung einer in der Folge nach ihr benannten Pflanze, Helenium, und deren Heilkräfte zugeschrieben. Die alten Schriftsteller, welche davon sprechen, sind jedoch in der Bestimmung dieser Pflanze nicht einig. Man pflegt den Alant (Inula Helenium L.) dafür zu halten. Die Sage erzählt, daß dieses Helenium aus den Thränen der schönen Tyndaride

---

*) Mytholog. Wörterbuch, II. B. S. 288.

entstanden sei, welche dieselbe aus Reue wegen des begangenen Treubruchs an Menelaos vergossen haben soll, als ihr Entführer Paris sie das erstemal zu seinen Umarmungen nöthigte.

Helena verstand sich später auch auf die Bereitung eines schmerzstillenden und sorgenbrechenden Trankes. Als sie die Hochzeitsfeier ihrer einzigen mit Menelaos erzeugten Tochter, Hermione, beging, kam sie in die Gesellschaft des Telemachos, den sie als Odysseus Sohn erkannte, und ließ sich mit ihm in ein Gespräch über das Schicksal seines unglücklichen Vaters ein, das der ganzen Gesellschaft Thränen entlockte. Sie heiterte dieselbe aber wieder auf, indem

„Schnell in den Wein sie warf, wovon sie tranken, ein Mittel,
Kummer zu tilgen und Groll und jeglicher Leiden Ge-
dächtniß.
Kostet' einer davon, nachdem in den Krug es gemischt ward,
Nicht an dem ganzen Tage benetzt' ihm die Thräne das Antlitz.
Nicht, ob selbst gestorben ihm wär' auch Mutter und Vater,
Nicht, ob den Bruder vor ihm, ob selbst den geliebtesten Sohn ihm
Tödtete feindliches Erz, und er mit den Augen es sähe.
Solcherlei Würze der Kunst hatt' Helena, Tochter Kronions,
Heilsamer Kraft, die einst die Gemahlin Thon's, Poly-
damna

Ihr in Aegypten geschenkt, wo viel die nährende Erde
Trägt der Würze zu guter und viel zu schädlicher
Mischung."

Nach Troja's Eroberung kehrte nämlich Menelaos
wieder mit Helena, die nach des Paris Tode sich
auch schon wieder mit dessen ältestem Sohn vermählt
hatte, nach Sparta zurück. Auf dieser Heimreise,
die acht Jahre dauerte, irrte er, von bösen Stürmen
verschlagen, auch in der Gegend oberhalb Aegyptens
und Aethiopiens umher, und gab die wiedergewonnene
Gemahlin inzwischen dem ägyptischen Präfekten Thonis
zur Aufbewahrung, dessen Gattin Polydamna ihr,
vermuthlich um sie aufzuheitern, jene nachher so
berühmt gewordene Nepenthes gab oder sie doch
damit bekannt machte. Diese Nepenthes (d. h. Sorgen-
verscheuchungsmittel) bestand aber der allgemeinsten
Annahme zufolge, in nichts Anderem als — dem
Opium und zwar aus dem reinsten, thebaischen
Opium, wie es von selbst aus den geritzten Mohn-
köpfen ausfließt, und der Helena fällt daher das
Verdienst der ersten Anwendung und Einführung eines der allerwichtigsten Arzneimittel in Griechenland zu.

Von der Polydamna soll Helena auch ein schlangen-
vertreibendes Kraut erhalten haben. Die noch immer
verführerische Schöne verrückte nämlich auch ihrem
Unterstandgeber Thonis den Kopf und er wollte sie zur
Befriedigung seiner Liebesbegierden zwingen. „Da

geht nun die Sage, Helena habe aus Furcht Alles gesagt, und Jedes der Gemahlin des Thonis, Polydamna, und diese, aus Besorgniß, die Fremde möchte sie durch ihre Schönheit ausstechen, zugleich auch aus Mitleid, habe Helena nach der Insel Pharos geschafft, und ihr ein den dortigen Schlangen feindliches Kraut gegeben, vor dem sich die Schlangen, als sie Witterung davon bekamen, unter die Erde verkrochen." Auch eine von diesem Kraut verschiedene Pflanze, die ein Gegengift gegen den Biß giftiger Thiere war, soll Helena von der Polydamna erhalten haben. —

Vielleicht interessirt es meine Leser noch, zu erfahren, daß das Alterthum hinsichtlich des Charakters dieser spartanischen Fürstin im Ganzen gar nicht so schlecht dachte, als die pessimistische Gegenwart. Homer spricht immer für sie zum Besten und die noch vorhandene Lobrede des Isokrates auf sie enthält, alle Kunst der Rhetorik abgerechnet, auch viel Wahres. Nicht weniger berühmt war im Alterthum die Palinodie des Stesichoros, der, wie (nach Pausanias) die Volkssage der Krotoniaten versichert, beim Tadel der Helena erblindete. Sie war den Alten keine buhlerische Landstreicherin, sagt Böttiger, sondern eine Dame von Tugend und Sittsamkeit (?). Es gab ja auch eine apologetische Sage von der Helena, welche ihre Ankunft in Troja und die dem Paris gestatteten Umarmungen geradezu leugnete.

Oenone.

Paris hatte nach verschiedenen späteren Schriftstellern vor der Helena die Oenone zur Gemahlin, welche
ebenfalls in der Kräuter= und Arzneikunst sehr
bewandert gewesen sein und dieselbe der Sage nach
sogar von Apollon selbst — für eine galante Dienst=
erweisung — erhalten haben soll, wie Ovid sie an ihren
wegen Helena treulosen Gemahl schreiben läßt:

„Aber Oenone bleibt auch treu dem sie täuschenden
                        Gatten;
Und du konntest getäuscht werden nach deinem Gesetz.
Flinke Satyre — ich hielt mich tief in den Wäldern
                    verborgen —
Suchten, die lüsterne Schaar, eilenden Fußes mich auf
Und, das gehörnte Haupt umkränzt von spitzigen Fichten,
Faunus, wo seine Höh'n mächtig der Ida erhebt.
Troja's Befest'ger, berühmt durch die Saiten, hat mich
                   ·geliebet.
Und um der Jungfrauschaft Blüthe beraubte mich er,
Und auch das nur im Kampf; doch zerriß ich sein
                Haar mit den Nägeln,
Und sein Gesicht hab' ich wund mit den Fingern gemacht.
Und nicht fordert' ich Gold und Gestein als Lohn der
                 Umarmung;
Schande der Freien, verkauft sie für Geschenke den Leib!
Selber lehrte mich er, mich für würdig achtend, die
                Heilkunst
Und zu seinem Geschenk ließ er mich brauchen die Hand.
Was auf Erden nur wächst an Hilfe leistenden Kräutern

Und von Wurzeln, zum Heil dienend, das ist mir
bekannt.
Ich Elende, daß nicht durch Kräuter Liebe geheilt wird,
Hilflos lässet die Kunst mich, die Vertraute der Kunst!"

Als Paris sie verließ, prophezeite sie ihm, er
würde verwundet werden, und niemand als sie würde
ihn heilen können. Dies geschah auch bei der
Belagerung von Troja, durch einen Pfeil des Herakles
von Philoktet. Keiner konnte die Wunde heilen und
er begab sich nach seiner treulos verlassenen Gemahlin
auf den Berg Ida; aber ihr gerechter Zorn verweigerte
ihm die Heilung. Er wurde also wieder nach Troja
zurückgebracht, und starb an seiner Wunde. In=
dessen empfand Oenone bald Reue über ihre Härte;
sie folgte ihrem Gemahl nach, und da sie ihn schon
todt fand, so erhängte sie sich aus Verzweiflung.
Nach einem andern Berichte*) hatte Oenone die
Leiche des Paris durch ihre Zauberkräuter wieder
belebt; da sprach er mit dem ersten Lebenshauch den
Namen der Helena, der verhaßten Nebenbuhlerin,
aus und Oenone ließ ihn in den Tod zurücksinken.

----

*) Schol. Bernens. Lucan. IX, 973: „ab hac Paris
dilectus est: qui cum a Philoctete occisus esset, acceptum
corpus herbis quibusdam animaverat, rursusque eum passa
est mori, cum ille recepto spiritu nominaret Helenam cum
suspirio".

Agamede.

Auch der Tochter des Königs von Elis, jenes durch seine Heerde von dreitausend Rindern und deren in dreißig Jahren nicht gereinigten Stall bekannten Augias, gedenkt Homer*) als einer arzneikundigen Frau

„Agamede, der Blonden,
Die Heilkräuter verstand, so viel rings nähret das
Erdreich.“

Bei dem Idyllendichter Theokritos und dem römischen Elegiker Propertius führt sie auch den Namen Perimede. Der Scholiast zu Ersterem behauptet wenigstens die Identität der Perimede mit dieser homerischen, kräuterkundigen Frau, wofür auch die Etymologie der beiden Namen (Agamede wie Perimede bedeutet „die sehr Kluge, die außerordentlich Kluge") spricht, welche sich uns als auszeichnende Epitheta einer mit ihrem wahren Namen uns und auch schon den Alten unbekannten, der Heroenzeit angehörigen Frau von großen Kenntnissen erweisen. Sie galt den späteren Griechen wie auch den Römern als Zauberin neben Medea und Kirke. Darum fleht auch in einem Idyll**) des Theokritos ein Mädchen, das mit Zauber den Geliebten beschwören will, zu der Göttin alles Zauberspukes, zu Hekate:

---

*) Il. 11, 740.
**) In dem prächtigen Id. II. v. 14—16.

„Hekate! Heil! du Schreckliche! Komm und hilf mir
vollbringen!
Laß unkräftiger nicht mein Werk sein, als wie der
Kirke,
Ihres, Medea's auch, und als P'eremide's, der
Blonden!"
und bei Propertius*) heißt es in der Elegie an
einen verliebten Freund:
„Liebenden hilft kein Kraut, das Nachts die Cytäerin
sammelt,
Das Perimede's Kunst kochet zum Zaubergetränk."

Aus diesen Versen der beiden Dichter scheint
auch zu erhellen, daß unter den Heilmitteln, worin
Agamede so erfahren war, größtentheils m a g i s c h e
zu verstehen sind. —

Mit Agamede verlassen wir die arznei= und
naturkundigen Frauen der griechischen Sagen und
Heldengeschichte und wenden uns den Aerztinnen
und sonstigen der Medizin nahe stehenden Frauen
der historischen Zeit Griechenlands zu. —

---

2. Historisches Zeitalter.

Auf das verhältnißmäßig ziemlich häufige Vor=
kommen von pflanzen= und arzneikundigen Frauen
in der heroischen Zeit ist es einigermaßen befremdend,

---

*) Lib. II. 4,7-8.

erst spät den geschichtlichen Spuren ein ernsteren
Betheiligung des weiblichen Geschlechtes an der
Medizin und den mit ihr verwandten Fächern zu
begegnen. Der Grund dieser Erscheinung ist wohl
in der größeren Freiheit der gesellschaftlichen Stellung
der Weiber im heroischen Zeitalter gelegen. Bis
kurz vor Perikles glücklichem Zeitalter hören wir
nicht, daß eine Griechin sich durch besondere medizinische
Kenntnisse ausgezeichnet habe. Mit einiger Kräuterkunde waren viele Frauen allerdings auch bis dahin
schon vertraut, und manche mochte sich dazu auch die
Kenntniß von der Wirkung und Anwendung verschiedener
Naturkräfte angeeignet haben. Allein man machte
doch selten eine nützliche Anwendung solcher Kenntnisse;
man unterwarf sie vielmehr dem Aberglauben, der
Ueppigkeit, der Sittenlosigkeit und dem — Verbrechen.
Da brauten alte Weiber Liebestränke, brachten junge
Mädchen ihrem Ungetreuen Mittel bei, um ihn zur
Liebe untauglich zu machen, nahmen eitle Ehefrauen
Abertiva ein, um ihre Körperschönheit durch Ver-
hütung von Geburten lange zu erhalten, kochten
Giftmischerinnen ihr todtbringendes Gebräu, um es
gegen guten Sold der Rachgier oder Habsucht zu
verkaufen, trieben „Zauberinnen" ihr betrügerisches
Unwesen.

In ganz Griechenland und über dasselbe hinaus
waren namentlich die thessalischen Weiber wegen
ihrer Bereitung von allerlei Zaubertränken bekannt oder

berüchtigt. Sie gaben besonders vor, durch ihre Mittel die Männer zur Liebe reizen zu können, wie sie auch behaupteten, Menschen in andere Gestalten verwandeln, Bisse von Skorpionen und Nattern heilen, Herden und Bienen tödten, sowie junge Ehemänner impotent machen zu können. Sie bereiteten ihre Liebestränke auf mancherlei Art. Gewöhnlich nahm man dazu das Hippomanes, worunter die Alten sowohl den Brunstschleim der Stuten, als auch das Pferdemilz, einen zähen Körper auf der Stirn des neugeborenen Füllens, verstanden; ferner verschiedene Kräuter, Insekten, welche durch die Fäulniß erzeugt worden, den Saugefisch (Echeneis Remora, L.), Eidechsen, das Gehirn eines Kalbes, das Haar von dem Schwanzende eines Wolfes, etwas von den Genitalien desselben, die Knochen von der linken Seite einer Kröte, welche von Ameisen gefressen worden war u. A. Auch aus Taubenblut, Schlangengerippen, Uhufedern, Bändern, womit ein Mensch, der sich selbst erhängt hatte, umwunden gewesen war, zerrissenen Lumpen, Fackeln, und Ueberbleibseln aller Art von Verstorbenen, fabrizirte man Liebestränke. — Um die Liebe und den Geschlechtstrieb ersterben zu machen, streute man Keuschlamm (Vitex agnus castus, L.) unter die Bettdecke, gab Schierling zu trinken oder — bestäubte die betreffende Person mit Staub, worin sich ein Maulesel gewälzt hatte, oder band Kröten an die Haut eines kurz geschlachteten Thieres.

Oft wurden Liebestränke aus so heroischen Mitteln bereitet, daß sie schwere Krankheit und sogar Wahnsinn und Tod zur Folge hatten.

Mit der Bereitung von Abtreibemitteln waren wohl vorzüglich die Geburtsfrauen beschäftigt. Diese Geburtsfrauen sind in Athen von den späteren Hebammen wohl zu unterscheiden, da sie nicht, oder doch nur bei den leichtesten Geburten und unter der niedersten Volksklasse, die eigentliche Geburtshülfe ausüben durften. Sie waren vielmehr Beihelferinnen der Aerzte, welche lange Zeit allein das Privilegium der Geburtshülfe besaßen, und besorgten nur die kleineren Geschäfte, wie das Abschneiden der Nabelschnur*) u. dgl. Sie mußten wohl auch Rath bei sonstigen Erscheinungen und Unregelmäßigkeiten des weiblichen Geschlechtslebens, und die erfolgreiche Anwendung erfahrunggemäß wirksamer Mittel konnte dann leicht der einen oder anderen dieser Geburtsfrauen den auszeichnenden Titel einer „Aerztin"**) eingetragen haben.

Der vollen Ausübung der Geburtshilfe durch Frauen stand, wenigstens in Athen, ein Gesetz entgegen, welches den Sklaven wie den Weibern verbot, die Arzneiwissenschaft und die damit verbundene Ent-

---

*) Daher von Hippokrates und Aristoteles „Ὀμφαλότομοι" genannt.

**) Sie hießen als solche: ἰατρομαῖαι, ἰατρίναι, ἐπιστρίδες.

bindungskunst zu erlernen, und die Aerzte als privilegirte Geburtshelfer, hatten ein wachsames Auge auf die strikte Befolgung dieser Verordnung, die ihnen ja vielleicht den größten Theil ihres Einkommens sicherte. Eben dieser — übrigens nicht aufbewahrte — Erlaß des Areopags macht es ziemlich wahrscheinlich, daß in früheren Zeiten die Ausübung der Geburtshülfe doch auch den Frauen Athens ohne Beschränkung zugestanden worden war, und erst in Folge der allzu sichtbaren Unwissenheit und rohen Ungeschicklichkeit der Weiber, und wahrscheinlich auf die hierüber erhobenen Klagen der Aerzte, ihnen dieses Recht entzogen und die höhere Geburtshülfe bei allen schweren und mehr Kenntniß und Kunstgeschicklichkeit erfordernden Geburten aus= schließlich den Aerzten übertragen wurde, und die Geburtsfrauen nur mehr als Beihelferinnen dieser thätig sein durften. —

Es ereignete sich nun aber oft, daß eine sehr sittsame Frau aus Schamhaftigkeit den männlichen Beistand bei der Geburt zurückwies und dann nicht selten sammt dem Kinde starb. Daher begannen die Frauen mit jener harten Verordnung, die ihnen in den schwersten Stunden noch ein weiteres Ungemach bereitete, immer unzufriedener zu werden, und die Aerzte, die sich vielleicht auch noch manche Ungebührlich= keiten zu Schulden kommen ließen, kamen bei dem größten Theile der Damenwelt in immer ärgeren Mißkredit.

Aus diesen peinlichen Verhältnissen brachte endlich
— die Zeit ist nicht genau bekannt — der mann=
hafte Entschluß einer athenischen Jungfrau Erlösung.

Agnodike

hieß die Muthige, die es unternahm, die engen
Schranken des „Frauenzwingers" zu durchbrechen,
um für ein unterdrücktes natürliches Recht ihres
Geschlechts einzustehen. Sie faßte den Vorsatz, heimlich
Medizin zu studiren, und sich dann den Frauen auch
im Geheimen zu ärztlichem, besonders aber geburts=
hilflichem Beistand anzubieten. Zu diesem Zwecke
schnitt sie sich die Haare ab, zog Männerkleider an
und nahm bei einem Arzte, Namens Hierophilos,
Unterricht in der Medizin. Nachdem sie sich hin=
reichende Kenntnisse angeeignet, besuchte sie, noch
immer als Mann verkleidet, zunächst die gebärenden
und der Niederkunft nahen Frauen, und erbot sich
zu ihrem Beistande, indem sie ihnen ihr Geschlecht
entdeckte. Kein Arzt wurde mehr zu einer Geburt
gerufen. Darob entstand denn unter den Herren
Medici zuerst große Verwunderung, sodann aber
noch größere Aufregung, als sie die Wahrnehmung
machen mußten, daß sie allsammt durch einen ganz
jungen Heilkünstler um ihre so einträgliche, geburts=
hülfliche Praxis gebracht wurden.

Dagegen konnte man nicht gleichgültig bleiben,
und alsbald brachten die Aerzte in corpore eine

Klage ein, worin sie ihren vermeintlichen Kollegen mit glattrasirtem Gesicht beschuldigten, daß er die Frauen verführe und diese in sträflichem Einverständnisse mit ihm stünden. Agnodike wurde vor den Richter geladen und sah sich endlich gezwungen, öffentlich ihr Geschlecht zu bekennen. Nun waren die Aerzte nur um so erboßter und erhoben eine noch schwerere Anklage gegen sie, da sie mit solcher Kühnheit sich unterfing, dem Gesetze zuwider zu handeln. Agnodike wäre auch verurtheilt worden, wenn ihr nicht im entscheidenden Augenblicke noch die vornehmsten Frauen der Stadt zu Hülfe gekommen wären, die vor den Richtern erschienen und zu ihnen sagten: „Ihr seid nicht unsere Männer, sondern unsere Feinde, weil ihr diejenige, die uns unsere Gesundheit wiedergab, verurtheilt." Das Mädchen wurde nicht nur freigesprochen, sondern es erschien nun das Gesetz, daß es in Hinkunft auch freigeborenen Weibern erlaubt sein soll, die Medizin zu studiren. —

Alsbald gab es eine Menge ärztlicher Elevinnen, von denen sich jedoch der größte Theil nur der Erlernung der Geburtshülfe hingab. Eine nicht unbeträchtliche Anzahl derselben strebte jedoch nach einer universelleren medizinischen Bildung, wenn sie sich auch neben der Geburtshülfe vorzüglich der Behandlung von Frauen- und wohl auch Kinderkrankheiten, also der Gynäkologie und Pädiatrik zuwenden mochten. Jedenfalls muß man aber die gewöhnlichen Hebammen von den

eigentlichen Aerztinnen scheiden, wie dies auch von
den antiken Autoren, die beide Klassen erwähnen,
geschieht. Jene sanken bald in der öffentlichen Achtung,
da sie die Freiheit ihrer Stellung mißbrauchten.
Allerlei Unfug in Erlernung und Ausübung der
Geburtshülfe veranlaßte auch in kurzer Zeit die Behörden neuerdings zu regelndem Einschreiten. Es
wurde kein Weib mehr zur Hebammenkunst zugelassen,
welches nicht selbst Kinder geboren hatte, und somit
aus eigener Erfahrung den Zustand einer Gebärenden
kannte; ferner mußte jede Hebammenaspirantin sich
in einem Alter befinden, in dem ihre eigene Fruchtbar-
keit aufgehört hatte; das Gesetz bestimmte hierfür
das vierzigste Jahr.

Sokrates spricht in einer Schrift Platon's von
den Eigenschaften einer guten Hebamme. Wegen der
darin vorkommenden Bemerkungen über das damalige
Hebammenwesen und da Sokrates seine eigene Lehrthätigkeit mit der Ausübung der Hebammenkunst
vergleicht und an eben diesem Orte die Verwandt-
schaft seiner Methode mit dieser Kunst nachweist,
wollen wir den betreffenden Abschnitt aus Platon's
Schrift auch unseren Lesern mittheilen. —

Sokrates hatte einem jungen Mann und Schüler
von ihm, Namens Theätetos, eine Frage vorgelegt,
die dieser nicht zu beantworten vermag; er habe
zwar schon viel darüber nachgedacht, allein weder
selbst eine genügende Erklärung gefunden, noch sie

von einem Anderen vernommen; doch könne er das Bestreben darnach nicht aufgeben.

Sokrates: „Du hast nämlich Wehen, lieber Theätetos, weil du nicht leer, sondern schwanger bist."

„„Das weiß ich nicht, lieber Sokrates,"" entgegnete Theätetos, „„ich sage nur, wie mir's ergeht.""

„Hast du, Närrchen, denn noch nicht gehört, daß ich einer gar wackeren und ehrwürdigen Hebamme, der Phänarete, Sohn bin?""

„„Ja, das habe ich schon gehört.""

„Auch, daß ich mich mit derselben Kunst abgebe?""

„„Nein.""

„So wisse nur, so ist's. Doch trag' mich nicht aus bei den Anderen. Denn ich besitze, mein Lieber, diese Kunst im Geheimen. Sie sagen mir das nicht nach, weil sie es nicht wissen, sondern daß ich ein wahrer Sonderling sei und die Menschen in Verlegenheit bringe. Hast du das auch schon gehört?"

„„Ja wohl.""

„Soll ich dir den Grund davon sagen?"

„„Allerdings.""

„Besinne dich nur auf Alles, was sich auf die Hebamme bezieht, und du wirst leichter verstehen, was ich sagen will. Denn du weißt doch, daß keine, die noch selbst schwanger wird und Kinder bekommt, Andere entbindet, sondern nur solche thun es, die bereits nicht mehr im Stande sind, Kinder zu bekommen."

„„Allerdings.““

„Daran soll die Artemis Schuld sein, weil ihr, die selbst unvermählt ist, die Geburtshülfe zufiel. Unfruchtbaren verlieh sie füglich die Entbindungs= kunst nicht, weil die menschliche Natur zu schwach ist, um eine Kunst zu erlangen für Dinge, in denen sie keine Erfahrung besitzt, sondern denen verlieh sie dieselbe, welche durch vorgerücktes Alter zum Gebären unfähig sind, und ehrte darin den ihrem eigenen ähnlichen Zustand.“

„„Wahrscheinlich.““

„Ist nicht auch das wahrscheinlich und noth= wendig, daß Hebammen besser als Andere erkennen, wer schwanger ist und wer nicht?“

„„Gewiß.““

„Ferner vermögen die Hebammen durch ihre Mittelchen und Besprechungen die Wehen zu erwecken und wenn sie wollen, milder zu machen und die schwer Gebärende gebären zu lassen und wenn es ihnen pflichtmäßig erscheint, eine Frühgeburt*) hervor= zurufen?“

„„So ist's.““

„Hast du ferner auch die Eigenschaft an ihnen bemerkt, daß sie auch zur Freierei höchst tauglich sind, weil sie sich vorzüglich darauf verstehen, welches Weib und welcher Mann sich vermählen müssen, um die besten Kinder zu erzeugen?“

*) Vgl. unten Seite 338 ffg.

„„Das weiß ich gerade nicht.““

„Du mußt wissen, daß sie auf diese Wissenschaft stolzer sind als auf die Kunst, die Nabelschnur abzuschneiden. Denn bedenke. Sollten es wohl Aufgaben derselben oder verschiedener Künste sein, einmal die Pflege und das Einernten der Früchte des Feldes und andererseits die Erkenntniß, in welchen Boden man jede Art von Pflanzen und Samen einlegen muß?"

„„Nein, ein und derselben Kunst kommt beides zu.““

„In Bezug auf das Weib aber, mein Lieber, sollte es da eine andere Kunst geben für diese Sache und eine andere für's Einernten?"

„„Das ist gewiß nicht wahrscheinlich.““

„Nun, gewiß. Doch wegen des unrechtmäßigen, kunstwidrigen Zusammenbringens von Mann und Frau, das man Kuppelei nennt, meiden die Hebammen auch die Freierei, weil sie ehrbare Frauen sind und fürchten, um jenes Geschäftes willen in den Verdacht zu fallen, als übten sie dieses. Denn an sich ist es gewiß allein der echten Hebammen Sache, richtig zu freien."

„„Offenbar.““

„Und doch, ist die Aufgabe der Hebammen auch schon so bedeutend, so ist sie es doch weniger als mein Geschäft. Denn bei Frauen kommt es nicht vor, daß sie manchmal Scheingebilde gebären und manchmal echte Kinder, und daß beides nicht leicht zu unterscheiden wäre. Denn wenn es vorkäme, so wäre es die wichtigste und edelste Aufgabe der Hebammen, wahre und falsche Geburten zu unterscheiden. Oder meinst du nicht?"

„„Freilich.""

„Meine Kunst der Entbindung nun ist in allen Stücken wie die der Hebamme, unterscheidet sich aber dadurch von ihr, daß sie Männer, nicht Weiber entbindet und daß sie die schwangeren Seelen ins Auge faßt, nicht die Leiber. Das ist aber der höchste Vorzug in unserer Kunst, daß sie auf jede Weise zu prüfen vermag, ob das Denken des Jünglings ein lügnerisches Scheinbild gebären will, oder etwas Echtes und Wahres. Denn im folgenden Stück bin ich ganz wie die Hebammen. Ich bin unfruchtbar an Weisheit und der Vorwurf, den mir schon viele gemacht haben, daß ich die Anderen frage, ohne selbst über irgend etwas zu antworten, weil ich keine Weisheit besitze, ist gegründet. Der Grund ist folgender: Der Gott zwingt mich zum Entbinden, läßt mich aber nicht erzeugen. Daher bin ich selbst nicht eben gar weise und gibt es keine Erfindung, die aus meiner Seele entstammt wäre. Von denen aber, die mit mir verkehren, erscheinen Einige anfangs auch ganz unwissend. Alle aber machen bei fortgesetztem Verkehr, wenn's der Gott ihnen gestattet, ganz wunderbare Fortschritte, wie es ihnen selbst und den Anderen dünkt. Das ist klar, daß sie von mir nie etwas gelernt haben, sondern selbst aus sich viel Schönes erfunden haben und festhalten. An der Entbindung freilich ist der Gott und bin ich Schuld." —

Was Sokrates von den guten und „ehrbaren" Hebammen sagt, trifft natürlich nicht auch in demselben Maaße auf die gemeinere Sorte derselben zu. Diese betrieb die nach Sokrates von den anständigen Hebammen perhorreszirte „Kuppelei" geschäftsmäßig, und zog sich deshalb, wie auch wegen ihrer sonstigen liederlichen Lebensweise, besonders wegen ihrer Trunksucht die Mißachtung und Unzufriedenheit der Frauen, wie den Spott der Männer zu. — Doch wir haben uns mit den Hebammen als solchen nicht länger zu befassen, da sie auch, wie wir bei Platon vernommen, sich nicht besonders durch weitere als ihr Fach betreffende Kenntnisse hervorgethan haben.

Eine um so größere Beachtung verdienen die eigentlichen Aerztinnen, die nicht selten auch als medizinische Schriftstellerinnen aufgetreten sind. Diese verordneten Arzneien und schrieben Rezepte gleich ihren männlichen Kollegen, mit denen sie rivalisirten. Wie schon erwähnt, waren sie gewöhnlich Spezialistinnen in der Gynäkologie und Pädiatrik, dem natürlichsten Berufszweige weiblicher Aerzte überhaupt; manche beschäftigten sich (wie es auch römische Aerztinnen liebten) vorzüglich mit speziellen Zweigen der Gynäkologie, wie mit der Behandlung kranker Brüste u. s. w., doch haben sich einzelne Aerztinnen auch in anderen medizinischen Fächern mit Auszeichnung hervorgethan, und manche unter ihnen strebten sogar nach dem Rufe medizinischer Gelehrsamkeit, oblagen dem eifrigsten Studium der Schriftsteller, sammelten Rezepte, erfanden neue Arzneimittel und gaben selbst medizinische Schriften heraus. In den Zeiten des aufs höchste gestiegenen Luxus bemühten sich die Aerztinnen auch um die Kosmetik, welche damals ein weit ausgedehnter und selbst von berühmten Aerzten mit großer Sorgfalt kultivirten Theil der Hygiene und der Medizin war, und suchten sich einander in der Erfindung einer unzähligen Menge von Toilettenmittelchen, Schminken, Schönheitswassern, Haut= und Haarsalben, Pasten und Pulvern, und Weinaufgüssen zum Vertreiben der Ausschläge und Flecken, oder zum Waschen der Haare u. dgl. m. zu überbieten.

Bei aller Auszeichnung, mit der mehrere solcher Aerztinnen von den Alten genannt werden, darf man natürlich denselben nur ein dem damaligen primitiven Zustand der Medizin entsprechendes, ziemlich bescheidenes Wissen beimessen und keinerlei Bedeutung für die wissen= schaftliche Geschichte der Medizin zumuthen. Sie standen als Weiber noch mehr unter dem Banne des Aberglaubens und der Wundersüchtelei als ihre männlichen Berufsgenossen. Und wie weit es selbst diese herein brachten, zeigt das Vorgehen der Priester in den Gesundheitstempeln, die doch noch am meisten medizinische Kenntnisse besaßen und wenigstens einige Erfahrungen über den Gang der Krankheiten, über die Wirksamkeit der Natur und einiger Heilmittel zur Genesung der Kranken machen konnten. Wendete sich ein Kranker an einen solchen Tempelarzt, so wurde er durch Bäder, Fasten, mystischen Spuk, Ein= räucherungen, Salbungen u. dergl. zu der göttlichen Traumerscheinung vorbereitet, die ihm das Heilmittel für seine Krankheit angeben sollten. Wenn die Phan= tasie des Kranken durch diese Vorbereitungen gehörig erhitzt worden, so konnte man mit ziemlicher Wahr= scheinlichkeit auf irgend einen bedeutenden Traum rechnen. Dem Schlafenden erschien entweder der Gott und gab ihm das Heilmittel an, oder dieses erschien selbst in seiner eigenen oder unter einer allegorischen Gestalt. Die Heilmittel, welche der Traum angab, waren gewöhnlich von der Art, daß sie weder schadeten noch halfen, z. B. gelinde Ab= führungen oder eine leichte Diät. Oft waren es aber auch so gewagte und gefährliche Rathschläge, daß nur der blindeste Aberglaube ihnen folgen konnte, z. B. Gyps und Schierling oder beständig wieder= holte Brechmittel zu nehmen u. dergl. Die Aus= legung der Träume besorgten die Aerzte selbst, und oft träumten diese auch an Stelle des Kranken, wenn dieser nicht den hinreichenden Wunderglauben zu haben schien.

Die berühmten Aerzte von Kos, die Askle=

piaden, kannten keine Anatomie und Diätetik, und
die mit ihnen wetteifernden heidnischen Aerzte vernach=
lässigten vollständig die Kenntniß von den Zeichen
der Krankheiten, und wußten das Wesen derselben
von manchen zufälligen Umständen nicht zu unter=
scheiden, und wendeten ohne Rücksicht auf den Zeit=
punkt und die Ursache der Krankheiten gegen die
verschiedensten Zustände dieselben — meist purgirende —
Mittel an. Auch die wissenschaftlichen Grundlagen,
die nacheinander Hippokrates, Aristoteles und der
Alexandriner Herophilos der Medizin gaben, konnten
nur langsam einen Umschwung in das abergläubische
und schwindelhafte Treiben der Aerzte herbeiführen.

Man darf sich demnach auch nicht verwundern,
unter den auf uns gekommenen Rezepten mehrerer
Aerztinnen oft die unzweckmäßigsten und abenteuer=
lichsten Compositionen anzutreffen.

Als Schriftstellerinnen schrieben die Aerztin=
nen vornehmlich über Frauenkrankheiten. In den
späteren verweichlichten und entsittlichten Zeiten liehen
sie ihr Talent jedoch gerne der Demoralisation und
Ueppigkeit und schrieben über Kosmetika, Aphrodi=
siaka, Abortiva und Aergeres — damit den Hetären
in das Handwerk greifend, welche nach Plinius diese
unrühmliche Literatur beherrschten. Derlei Schriften
waren ja eine, namentlich von der Damenwelt, viel=
begehrte Lektüre und wurden auch in vielen Exemplaren
nach Rom exportirt, wo sie gleichfalls an den

Damen der vornehmen Stände fleißige Leserinnen fanden.*) —

Von all' den ziemlich zahlreichen Werken von Aerztinnen sind aber, vielleicht mit Ausnahme eines einzigen, nur einige Exzerpte und Zitate bei späteren medizinischen Schriftstellern auf uns gekommen. Die neuere Medizin hat diesen Verlust wohl schwerlich zu beklagen, denn das Wenige, was uns von eben diesen griechischen und römischen Autoren aufbewahrt worden ist, ist bei allem relativ Bemerkenswerthen in sachlicher Hinsicht doch so dürftig und unbedeutend und vom rohesten Empirismus wie Aberglauben zeugend, daß es nur vereinzeltes, auf seiner Kuriosität beruhendes Interesse in Anspruch nehmen kann.

Immerhin verdienen aber diese Aerztinnen als Vorkämpferinnen der Frauenemanzipation einige Würdigung, und ich glaube wenigstens der Zustimmung meiner verehrten Leserinnen gewiß zu sein, wenn ich die berühmtesten unter ihnen einer unverdienten Vergessenheit entreiße und Ausführlicheres über dieselben berichte — so weit nämlich die spärlichen über sie vorhandenen Notizen mich dazu in Stand setzen. Eben diese Kargheit des Quellenmaterials gestattet mir auch nur eine muthmaßliche chronologische Aufführung derselben, was ja hier ohnehin nicht von Belang ist.

*) Vergl. „Blaustrümpfe i. a. Rom" in m. Buche: „Aus Hellas 2c."

Aspasia.

Nicht die geistreiche Gemahlin des großen athenischen Staatsmannes Perikles, auch nicht die wegen ihrer Schönheit, adeligen Gesinnung und holder Weiblichkeit gefeierte Geliebte des jüngeren Kyros, des Sohnes des Darios, sondern eine spätere Dame, welche diesen durch die schöne Milesierin zur Mode gewordenen Namen trug. Diese „medizinische" Aspasia, wie wir sie zur Unterscheidung von den beiden vorgenannten nennen wollen, war eine der tüchtigsten Aerztinnen, die sich nicht nur mit dem praktischen Theile der Geburtshülfe, sondern auch mit der Chirurgie und der damals beliebten Pflaster- und Salbenkur, wie mit der Erfindung einer Menge von solchen äußerlichen Mitteln beschäftigt hat und medizinische Werke schrieb.

Wir kennen diese Aspasia nur aus dem erst zu Ende des 5. Jahrhunderts n. Chr. lebenden Arzt und Schriftsteller Aëtios, welcher uns auch mehrere Bruchstücke aus einem verloren gegangenen Werke derselben über Frauenkrankheiten aufbewahrt hat. Diese Fragmente*) behandeln: 1. de corrumpendo foetu et abortu promovendo; 2. de cura post

---

*) Meine schönen Leserinnen, welche des Lateinischen nicht mächtig sind, werden mir das plötzliche Verfallen in diese Sprache der Medizin um des heiklen, medi-

foetus exsectionem; 3. de menstruis supressis; 4. de reclinatione, anteversione et prolapsu uteri; 5. ad uteri nomas s. ulcerationem; 6. de haemorrhoidibus uteri; 7. de hydrope mulierum, et de hernia varicosa; 8. de condylomate. Außer diesen sind noch einige andere, unbedeutende Bruchstücke angeführt. Nur über das erste dieser, hier nicht weiter diskutirbaren Kapitel aus dem Werke der Aspasia, sei es mir gestattet, der gerechten Verwunderung meiner Leser über eine so öffentliche Besprechung dieses Gegenstandes durch eine Frau mit der Bemerkung entgegen zu kommen, daß die Griechinnen und namentlich die attischen Frauen eben nichts besonders Unrechtes und Strafbares darin erblickten, Abortiva zu geben oder zu gebrauchen, und daß die Ansichten der Alten über den Beginn der Lebensfähigkeit des menschlichen Embryos von den Erfahrungen der Neuzeit bedeutend abwichen. Die Anwendung von Abortiva wird in gewissen Fällen sogar von alten Schriftstellern angerathen. Aristoteles*) z. B. will (zur Erzielung einer kräftigen Nachkommenschaft), daß es gesetzlich festgestellt sein soll, wie viele Kinder in der Ehe erzeugt werden dürfen. „Kommt es alsdann vor," fährt er weiter, „daß sich Eheleute über diese Zahl

zinischen Gegenstandes willen, der darin berührt wird, hoffentlich nicht allzu übel nehmen.

*) Politik, lib. VII, c. 14 § 10.

hinaus noch mit Erfolg beiwohnen, so sind, noch ehe die Frucht Leben und Empfindung erhält, Abortiva anzuwenden." Nun rechnete man aber die eigentliche Lebensfähigkeit der Frucht erst vom Anfang des siebenten Monats, wenn man gleich das Beginnen der organischen Bildung schon zwischen dem 30. und 40. Tage nach der Empfängniß, und die lebendige Bewegung nach drei und vier Monaten annahm. Vor dieser Zeit galt also die Bewirkung eines Abortus nicht als das Verbrechen, als welches es später den Aerzten in dem Eide des Hippokrates strenge verboten war. Darum konnte auch die An= wendung von Abortiva in medizinischen Büchern (wie z. B. in den pseudo=hippokratischen) als eine unter den griechischen Hetären, sowie leichtfertigen und eitlen Frauen sehr häufige Sache genannt und durch Angabe mehrerer dazu führender Mittel sogar empfohlen werden; darum konnte sogar auch Platon*) gleichgültig von der Hervorrufung einer Frühgeburt als zur Kunst einer tüchtigen Hebamme gehörend sprechen. —

Weitere Nachrichten über das Leben, die Heimath und die sonstigen Verhältnisse dieser Aerztin sind uns nicht erhalten, doch dürfte ihre Lebenszeit zwischen 400—300 v. Chr. fallen.

---

*) Siehe oben Seite 329.

Laïs, die jüngere.*)

Es gab, wie wir schon oben erfahren haben, zwei berühmte Buhlerinnen dieses Namens; die eine lebte zur Zeit des peloponnesischen Krieges (431—405) und der Philosophen Aristippos und Diogenes, die andere zur Zeit des großen Redners Demosthenes († 322) und des Malers Apelles (um 356—308). Beide hielten sich zu Korinth auf und waren wegen ihrer ausgezeichneten Schönheit und ihrer Verbindungen mit gefeierten Männern berühmt. Diese gleichartigen Umstände in dem Leben der beiden Schönen hatten zur Folge, daß dieselben schon im Alterthum häufig mit einander verwechselt, und die Erzählungen und Anekdoten, die von der Einen galten, auch von der Anderen berichtet wurden, wobei man sogar die auffallendsten Anachronismen übersah.

Die jüngere Laïs, mit der wir uns hier zu beschäftigen haben, war gebürtig aus Korinth und ein uneheliches Kind; Vater und Mutter sind unbekannt.

Als ihre Reize sich zu entfalten begannen und sie davon Gebrauch zu machen anfing, entstand unter

---

*) Dem berühmten Namen zur Liebe und da die Lebensverhältnisse der zwei bekanntesten Trägerinnen desselben, noch immer nicht streng genug auseinander gehalten werden, wollen wir uns über die jüngere derselben ausführlicher fassen, als sie es an dieser Stelle eigentlich verdient.

den Lebemännern und galanten Damen Griechenlands
eine große Bewegung. Apelles, dieser berühmteste
Maler der Griechen, soll zuerst ihre aufblühende
Schönheit bemerkt und ausgebildet haben. Nach
Berichten der Alten erblickte sie Apelles, als sie,
noch ein junges Mädchen, aus der Pirene-Quelle
Wasser holte, und war sogleich von ihrer Schönheit
so völlig eingenommen, daß er sie einmal seinen
Freunden bei einem Gastmahl vorführte. Als diese
ihn aber verlachten, daß er statt einer Hetäre (denn
mit solcher pflegte man auch häufig die Gäste zu
regaliren) ein Kind zum Mahle bringe, sagte er: „Verwundert euch nicht; ich werde sie euch, bevor drei Jahre
vorüber sein werden, wieder zeigen; dann könnt ihr sehen,
wie sehr sie für künftige Genüsse geeignet sein wird."

Das Fragment eines Briefes (bei dem anmuthigen
griechischen Epistolographen Alkiphron), den die
Hetären Korinths, eifersüchtig auf ihre künftige Nebenbuhlerin, an die Hetären Athens schreiben, meldet
in erregten Worten von dem Aufsehen, das Laïs in
der Aphroditen-Stadt Korinth hervorruft: „Habt ihr
noch nicht erfahren," so schreiben sie, „was sich hier
Neues begibt? Habt ihr noch nicht den Namen der
neuen Hetäre vernommen? Welch' große Gefahr
erhebt sich gegen uns; denn Laïs wird von dem
Maler Apelles abgerichtet! Ihr Armen! verschließt
eure Werkstätte, oder vielmehr, schließt euch selbst
ein; denn Ein Weib setzt das ganze Hellas in

Bewegung, nur Eines! „Laïs" heißt es in den Stuben der Bader, „Laïs" in den Theatern, in den Volksversammlungen, in den Gerichtshöfen und auf dem Rathhause: überall spricht Alles von ihr. Ja, bei der Aphrodite, auch die Stummen winken sich ihre Schönheit zu. So gibt Laïs auch denen eine Zunge, die nicht sprechen können. Kein Wunder denn bekleidet ist sie von schönster Wohlgestalt, entkleidet aber scheint sie ganz Angesicht zu sein. Sie ist weder mager noch beleibt, sondern von gefälliger Schlankheit, ihre von Natur gekräuselten Haare sind blond und ungefärbt, und fließen weich und voll auf die Schultern herab; ihre Augen sind schöner gerundet als der volle Mond, und deren tiefschwarze Sterne schwimmen im reinsten Weiß." —

Sie hatte, wie Aulus Gellius erzählt, die reichsten Personen aus ganz Griechenland zu ihren Anbetern und ließ sich auch ihre Gunstbezeigungen sehr theuer bezahlen. Doch war die Zahl ihrer Anbeter nicht so groß als die ihrer Zeitgenossin Phryne. Aus Eitelkeit, um dieser nicht nachzustehen, soll sie daher auch an Aermere ihre Gunstbezeigungen verkauft haben. Im Uebermuthe war sie jedoch in ihren Forderungen von unverschämter Frechheit.*)

Mitten im Glanze ihres Ruhmes trat jedoch die berühmte und vielgeliebte Hetäre, „die ganz Hellas

---

*) z. B. gegen Demosthenes. Vergl. unten im Anhang.

mit Verlangen entzündete und um welche zwei Meere
stritten" (wie Plutarch sagt), plötzlich von dem Schau=
platze ihrer Eroberungen ab ...... Ein Thessalier,
Namens Hippolochos, lehrte sie die Liebe kennen;
sie entfloh mit ihm heimlich der Schaar ihrer übrigen
Liebhaber und lebte ehrbar mit ihm in Thessalien.
Ihre Schönheit sollte ihr aber hier ein trauriges
Ende bereiten. Aus Neid und Eifersucht (Laïs
soll dem Hippolochos nicht ganz treu gewesen sein)
lockten sie die thessalischen Weiber in den Tempel
der Aphrodite, und steinigten und verstümmelten sie.
Andere erzählen, Laïs sei von vielen Thessaliern
geliebt worden; dieses habe die Eifersucht der Weiber
erregt und sie hätten ein Fest der Aphrodite benutzt,
bei welchem keine Männer gegenwärtig zu sein pflegten,
um sie (durch Schlagen mit Fußschemeln) aus dem Leben
zu schaffen. Nach ihrer Ermordung soll sodann eine
Pest in Thessalien ausgebrochen sein, welche nicht eher
endete, als bis man der Aphrodite zur Versöhnung
einen Tempel erbaute. *) —

Eben diese Laïs genoß nun auch neben dem
Rufe ihrer ausgezeichneten Schönheit einige Berühmt=
heit als medizinische Schriftstellerin, wenngleich sie

---

*) Ein unbekannter griechischer Dichter richtete folgende
Verse an die jüngere Laïs:
"Hellas, nimmer besiegt im Kampfe der Männer, mit stolzem
Ruhme bekränzt, erlag Laïs unsterblichem Reiz.
Diese hat Eros gezeugt; es nährte sie Akrokorinthos;
In Thessaliens Flur ruht der Entschlafenen Staub."

hierin nur als Dilettantin angesehen werden darf, es wäre denn, daß sie nach ihrer Vermählung mit Hippolochos dem Studium der Medizin oblegen hätte. Jedenfalls stammen aber ihre Schriften aus dieser Zeit der Muße. Sie handelten vorzüglich über die verschiedenen Zufälle des weiblichen Geschlechtslebens wie auch über sympathische Kurmittel, und obwohl dieselben bei den Alten in nicht unbedeutendem Ansehen gestanden zu haben scheinen, so schlugen sie doch nicht aus dem gewöhnlichen Genre ähnlicher Schriften, wie auch die Bemerkung des Plinius zeigt, daß sie darin Mittel angebe, um einen Abortus hervorzubringen, Sterilität zu beheben oder zu bewirken u. dergl. Von ihr scheint auch zuerst das noch zu erwähnende Sympathiemittel gegen den Biß mit der Wuth behafteter Hunde und gegen das Wechselfieber empfohlen worden zu sein. —

Antiochis.

Heraklides von Tarent, einer der besten Aerzte des Alterthums, der auch als fruchtbarer Fachschriftsteller wirkte und der erste war, der über die Bereitung der sogenannten kosmetischen oder Schönheitsmittel schrieb, welche zur Vertreibung der Flecken und Mäler dienten, und dadurch Veranlassung gab, daß, wie oben bemerkt, die Aerzte sich sehr häufig mit Zusammensetzung solcher Mittel beschäftigten, widmete einen Theil seiner Schriften einer Dame, Namens Antiochis. Daraus kann man wohl den Schluß ziehen, daß Antiochis sich zum mindesten sehr für die Medizin interessirte. Da aber auch der große Gelehrte Galenos in einem seiner medizinischen Werke von einer Antiochis als Aerztin und Erfinderin eines Pflasters (malagma Antiochidis) spricht, so ist es sehr wahrscheinlich, daß derselbe Name auch ein und dieselbe Person bezeichnet, und Antiochis demnach eine um 240 v. Chr. in Großgriechenland lebende Aerztin war, die sich vorzüglich mit der Salben- und Pflasterkur beschäftigte und berühmt machte.

Das „Malagma Antiochidis" beschreibt uns Galenos als ein Weichpflaster, das aus Schleimharzen, Eichenmistel, spuma nitri u. dgl. zusammengesetzt war und gegen übermäßigen Schweiß, Milzleiden, Gicht und Hüftschmerzen u. s. w. angewendet wurde, also ein wahres Universalpflaster gewesen sein muß. Weitere Nachrichten über Antiochis sind nicht auf uns gekommen.

Kleopatra.

Auch diesmal haben wir es kaum mit der bekanntesten Trägerin des Namens der Ueberschrift, sondern mit einer viel bescheideneren Namensgenossin derselben zu thun. Es existirten nämlich (und sind zum Theil auch noch erhalten) verschiedene Bücher von einer Verfasserin Namens Kleopatra. Dieselben handelten „von den arzneilichen Schönheitsmitteln", über „Weiberkrankheiten" und „über die Gewichte und

Maaße" u. s. f. Da nun jene berühmteste Kleo=
patra, die ausschweifende ägyptische Königin und
Geliebte des Antonius, allerdings in allen kosmetischen
Künsten sehr bewandert war, und auch mancherlei
Kenntnisse in der Naturwissenschaft besaß, wie man
u. A. aus jener bekannten Anekdote von der großen,
auf eine Million Sestertien (ca. 55555½ fl.) ge=
schätzten Perle, welche sie bei einem Gastmahle aus
Uebermuth in Essig aufgelöst und getrunken haben soll,
sowie aus ihrer emsigen Suche nach vegetabilischen und
thierischen Giften beweisen will, so haben fast alle älteren
Schriftsteller wenigstens das erste der genannten
Werke, das Buch „von den arzneilichen Schön=
heitsmitteln" der ägyptischen Königin beigelegt.
Die Autorschaft der letzten Ptolemäerin an einem
zum großen Theil medizinischen Buche erscheint jedoch
höchst unwahrscheinlich. Bei all den vielumfassenden
Kenntnissen, die ihr von sämmtlichen Geschichts=
schreibern einmüthig zugestanden werden, ist es doch
nicht recht glaublich, daß ein Weib, dessen stetes
Sinnen und Trachten auf neue Liebeshändel und die
ausgesuchtesten Wollüste und Sinnesgenüsse gerichtet
war, sich mit ernsten Schriftstellern und schon gar
mit der langweiligen Entwerfung einer Sammlung
schulgerechter arzneilicher Vorschriften zur Kosmetik
und sogar zur Heilung von Hautausschlägen be=
schäftigt habe.

Wir werden demnach als Verfasserin jener Schriften

eine Aerztin annehmen müssen, die, mehreren Indizien zufolge, bald auch dem früher erwähnten Heraklides von Tarent lebte. Doch selbst dieser können nur die Bücher „von den arzneilichen Schönheitsmitteln“ und „über die Gewichte und Maaße“, welche beide vielleicht mit einer noch angeführten kleineren Schrift dieser Kleopatra „von den die Haare kräuselnden Mitteln“ ein einziges größeres Werk bildeten, angehören; denn das Buch über Weiberkrankheiten oder wie der Titel desselben eigentlich lautet: „Ueber die Niederkunft und Weiberkrankheiten“ weist auf eine um mehrere Jahrhunderte spätere Entstehung hin.

Wir haben also eine ältere und jüngere Aerztin Kleopatra anzunehmen. Von den erwähnten zum Theil noch erhaltenen Schriften wollen wir nur aus dem älteren Buch über Kosmetik eine kurze Mittheilung machen, um unseren Lesern eine Probe von der Art und dem Geschmack zu geben, in welchem die Empiriker und Kosmetiker jener Zeit ihre Rezepte und Kurmittel gegen mancherlei Fehler und Krankheiten der Haut, der Haare, der Zähne u. s. w. zusammenzusetzen pflegten. — Gegen die lepröse und senile Kahlheit verordnete die ältere Kleopatra:

a) Sandarach (ein Harz) mit viel Eichelmistelsaft abgerieben, und mit Nitrum (natürlichem Kalksalpeter) gemischt; auf den Kahlkopf einzureiben;

b) Squilla, 1 Quint. Veratrum album, 1 Quint. mit Nitrum abgerieben;

c) Calamus arom., Nitrum mit weichem Pech;

d) bloßes Pulver mit getrockneten Fliegen=
köpfen; einzureiben;

e) bittere Mandeln mit den Hülsen, mit Essig
und Honig in die zuvor blutig geriebenen Stellen
einzureiben;

f) „als das alle übertreffende und wahrhaft be=
wunderungswürdige Mittel": die Asche von ver=
brannten Hausmäusen, die Asche von Weinreben, das
Pulver von calcinirten Pferdezähnen, Bärenfett, Hirsch=
fett, Kalmus, von jedem gleiche Theile, mit Honig
gemischt; einzureiben bis wieder Haare wachsen;

g) gegen das Haarausfallen: gedörrte Mücken
mit Bärenfett und Cedernöl in Wein gelöst;

h) cimolische (lemnische) Erde mit Wein, Maul=
beersaft und Bilsenkraut u. s. w.

Die Personalien dieser zwei Aerztinnen bleiben
bei den obigen Deduktionen natürlich ganz unbekannt. —

Salpe.

Eine von dem gelehrten Harduin irrthümlich für
identisch mit der gleichnamigen lesbischen Dichterin*)
gehaltene Aerztin, die sich vorzüglich mit der praktischen
Geburtshülfe beschäftigte, und auch über medizinische
Gegenstände schrieb. Zahl und Titel ihrer Werke
sind jedoch unbekannt, ebenso ihre sonstigen Lebens=
umstände und der Erfolg ihrer schriftstellerischen

---

*) Vgl. „Griech. Dichterinnen" Seite 201.

Thätigkeit. Nur Plinius hat uns in seiner Natur=
geschichte einige Behauptungen und Sympathie=
mittel aus ihren Schriften aufbewahrt. Nach ihr,
sagt er, wird, wenn irgend ein Glied einschläft,
die Erstarrung gehoben, sobald man in den Busen
spuckt oder das obere Augenlid mit Speichel be=
netzt. Zur Kräftigung der Augen empfiehlt Salpe
das Bähen derselben mit Harn; auch streicht sie
diesen mit dem Weißen von einem Ei, und zwar,
um die Wirkung zu verstärken, von einem Straußenei,
zwei Stunden lang auf Sonnenbrandschäden. Als
wirksames Aphrodisiakon räth sie an, das betreffende
corpus delicti mit den siebenmal in heißes Oel
getauchten Genitalien des Esels zu bestreichen! Sie
war auch eine Anhängerin der verbreiteten Meinung,
daß das Blut gewisser regelmäßiger Vorfälle der
Weiber, in der Wolle eines schwarzen Widders in
ein silbernes Armband eingeschlossen, den Biß wüthender
Hunde und das Wechselfieber heile. —

Olympias.

Olympias war aus Böotien, und zwar aus
Theben gebürtig. Obwohl eigentlich nur eine ein=
fache Hebeärztin, machte sie sich doch durch ihre aus=
gebreiteten Kenntnisse in der Heilkunde einen berühmten
Namen, und zeichnete sich auch als Schriftstellerin in
ihrem Fache aus. Sie schrieb eine Art *Compendium*
über Frauenkrankheiten oder doch eine Sammlung
von Rezepten gegen diese. Plinius führt daraus an,

daß Malvenblätter mit Gansfett äußerlich angewendet, einen Abortus bewirken sollen, und daß gegen die Amenorrhoe der Frauen Stiergalle mit Ysop und Salpeter gut sei.

Die Lebenszeit der Olympias fällt wohl schwerlich in eine frühere Zeit, als ins zweite Jahrhundert v. Chr.

Elephantis.

Diese unter den ersten römischen Kaisern lebende Griechin, die auch Elephantine genannt wird, war eine begabte und sehr fruchtbare Schriftstellerin. Sie verfaßte sowohl prosaische wie poetische Werke; allein sie machte von ihrem Talente den schnödesten Mißbrauch, indem die meisten ihrer Schriften höchst lasciven und unzüchtigen Inhalts waren. Man kann sich aber auch von der grenzenlosen Demoralisation jenes Zeitalters eine Vorstellung machen, wenn man bedenkt, daß nicht nur das weibliche Schamgefühl sich nicht empörte, solche Produkte des Unflaths hervorzubringen, sondern daß eine Frau es sogar wagen konnte, ihren Namen darunter zu schreiben. Und Elephantis war nicht die einzige ihres Geschlechts, welche die griechische Zotenliteratur mit den skandalösesten Produkten bereicherten!*)

---

*) Ich habe über die „Skandalliteratur" der Griechen und den Antheil der Frauen daran ausführlicher gehandelt in meinem Buche: „Griechische Dichterinnen" 2c. Seite 208 und ffg.

Daß sie an diesem Orte genannt wird, zeigt, daß sie auch in der Medizin nicht unbewandert war, und wir haben allen Grund, anzunehmen, daß sie eine jener Aerztinnen war, die, leichtfertiger Sinnesart, von dem schmutzigen Strudel der Sittenlosigkeit erfaßt, in den Abgrund der tiefsten moralischen Verkommenheit hinabgezogen wurden, und nunmehr ihre für das Heil der Menschheit bestimmten Kenntnisse der Wollust und Entsittlichung dienstbar machten. — Als medizinische Schriftstellerin beschäftigte sich Elephantis vorzüglich mit der Beschreibung und Zusammenstellung von Mitteln zur Erhaltung der Schönheit des weiblichen Körpers und mit einer sorgfältigen Sammlung von Abortiven und anderen ähnlichen, meist unmoralischen Mitteln. Die das letztere betreffende Schrift der Elephantis scheint übrigens Plinius für gewisse Kapitel seiner Naturgeschichte stark benutzt zu haben, obschon er derselben wenig Glauben schenkt. Ihre Studien und Erfahrungen über Schönheitsmittel legte sie in der Schrift „Toilettengeheimnisse" nieder, worin sie auch Haarwuchsmittel angab.

Daß sie mehr als eine Dilettantin in der Medizin gewesen sein muß, ja, daß sie sich selbst um die Erfindung neuer Arzneimittel bemühte, beweist der Umstand, daß von ihr ein sehr beliebtes und 'wirksames Pflaster herstammte, wenn anders das von dem römischen Gelehrten und Schriftsteller Cornelius

Celsus als „elephantinisches" Pflaster bezeichnete nach unserer in Rede stehenden Dame benannt ist, woran zu zweifeln wir keinen Grund haben. —

Sotira.

Es ist ungewiß, ob Sotira der eigentliche Name einer von Plinius angeführten Heilfrau oder nicht vielmehr ein auch mehreren anderen in der Heilkunst bewanderten Frauen beigelegter Ehrennamen (Sotera = Erhalterin) ist. Sie muß ohne Zweifel auch geschriftstellert haben, denn Plinius sagt: „Bei der Hebärztin Sotira findet sich die Behauptung, daß das Blut der menses sich sehr wirksam zeige, wenn es bei drei= oder viertägigen Fiebern dem Kranken an die Fußsohlen gestrichen werde, und daß der Erfolg noch sicherer sei, wenn es ohne dessen Vorwissen von dem Weibe selbst geschehe, und daß man auf dieselbe Weise Fallsüchtige zu sich bringe." Es soll sich ja auch das Werk einer Sotira über Frauenkrankheiten handschriftlich in der Bibliothek zu Florenz befinden. Dieser Schatz scheint aber noch immer nicht gehoben zu sein, oder es steckt ein Betrug dahinter. —

Pamphile.

Suidas, „der kolossale Lexikograph" in der zweiten Hälfte des zehnten Jahrhunderts unserer Zeitrechnung, führt in seiner Encyklopädie eine Pamphile aus Epidauros als Verfasserin verschiedener Schriften und auch eines Werkes: „Ueber den Beischlaf" auf;

er identifizirt aber die epidaurische Pamphile mit der ägyptischen Schriftstellerin gleichen Namens, welcher nach dem Zeugnisse früherer Autoren alle übrigen Schriften mit Ausnahme jener über den Beischlaf angehören.

Als Verfasserin der eben genannten Schrift reiht sich aber Pamphile aus Epidauros mit Fug an die medizinischen Frauen ihres Volkes an. Da uns jedoch das Werk selbst verloren gegangen ist, so wissen wir freilich nicht, von welchem Gesichtspunkte aus sie ihren Gegenstand behandelt hat, ob mehr als medizinisch-physiologischen oder bloß physischen oder moralischen, oder ob sie vielleicht gar mit ihrem Produkte an die Seite einer Elephantis und Genossinnen zu stellen ist.

Sie dürfte im ersten Jahrhundert nach Christus gelebt haben; ob sie aber aus der lakonischen Stadt Epidauros Limera am argolischen Meerbusen, oder aus der argolischen gleichnamigen Stadt am saronischen Meerbusen mit dem berühmten Tempel des Asklepios gebürtig war, muß dahingestellt bleiben.

Myro.

Obwohl von den Alten „eine Philosophin" genannt, ist Myro doch unter die Aerztinnen einzureihen, da die Mehrzahl ihr zugeschriebener Schriften medizinischen resp. auf die Geburtshülfe bezüglichen Inhaltes waren.

Suidas führt von ihr nur „Aussprüche königlicher Frauen und Erzählungen" an, während Eudokia Mekrembolitissa (in ihrem für die griechische Alterthumskunde so wichtigen „Veilchengarten") diesem Werke noch „Gebräuche der Hebammen und Vorschriften für dieselben", „Auf die Entbindung bezügliche Zaubersprüche und Kuren", dann „Heilsarten des Leibschneidens der Mütter" hinzufügt. Myro war also wohl eine gelehrte Aerztin, welche sich auch mit Philosophie beschäftigte und leichtere Schriftstellerei betrieb.

Gebürtig war sie von der Insel Rhodos, auf welcher ein reges wissenschaftliches und künstlerisches Leben herrschte und namentlich auch die Medizin sorgfältige Pflege fand. Zeitalter und sonstige Lebensumstände dieser Landsmännin der berühmten fürstlichen Dichterin Kleobuline sind nicht mehr nachzuweisen.

Spendusa,

eine Heilfrau, von der Galenos ohne nähere Angabe ihrer Lebenszeit und sonstigen Verhältnisse, ein Mittel gegen eiternde Ohren erwähnt, sowie

Maja,

wahrscheinlich eine anonyme Hebärztin (denn Maja heißt Geburtshelferin), deren Mittel gegen harte Beulen und starke Hautaufschürfungen derselbe medizinische Schriftsteller lobt, und

Berenike,

von der der späte Arzt Aëtios mehrere Medikamente anführt, mögen die Reihe dieser immerhin denk= würdigen medizinischen Frauen beschließen, welche unsere modernen Doktorinnen als gewiß erwünschte Vorbilder für die Ausübung der Arzneikunst durch das weibliche Geschlecht „aus dem klassischen Alterthume" den Eiferern gegen diese Befugniß der Frauen ent= gegenstellen können. —

II. Der Astronomie, Physik, Mathematik, Chemie, Grammatik und Geschichte kundige Frauen.

Jene natürliche Anregung, welche das weibliche Geschlecht zur Beschäftigung mit der Arzneikunde führte, war für die Pflege anderer Wissenszweige in weit geringerem Maße vorhanden. Berühren streng wissenschaftliche Disziplinen überhaupt nur selten den Kreis der Häuslichkeit, so war bei der damaligen Kindheit und Ausschließlichkeit der Behandlung ernsterer Wissenschaften durch die Philosophen einige Bekannt-schaft mit den wichtigsten Doktrinen derselben lange nur das unbeachtete Besitzthum weniger privater Schüler und Anhänger jener Weisen. Erst mit dem Aufblühen und der zunehmenden Popularität wohl organisirter Philosophen- resp. Sophisten-Schulen drang neben der gewöhnlichen Elementar- auch allmählig eine höhere wissenschaftliche Bildung in weitere Kreise des Volkes, bis sich in der alexandrinischen Periode sogar eine zunftmäßige Gelehrsamkeit entwickelte.

Am frühesten erwachte ein allgemeines Interesse für solche Wissenszweige, welche der „Schwindel"-

Sucht und dem Aberglauben jener Zeiten ein ergiebiges
Feld darboten. Astronomie und Astrologie,
mit Magie und Nekromantie im Gefolge, waren
denn auch die ersten Spekulationsgebiete, deren sich
weitere Kreise des Volkes bemächtigten. Die astro=
nomischen Kenntnisse der Griechen waren übrigens
die primitivsten und hinter den sonstigen Fortschritten
in den Wissenschaften wohl am weitesten zurück. Sie
hatten dieselben von den Asiaten, vorzüglich aber
von den Aegyptiern überkommen. Thales war der
erste Grieche, der seinen Landsleuten astronomische
Begriffe lehrte; er soll auch schon die Kugelgestalt
der Erde und die Ursache der Sonnen= und Mondes=
finsternisse gekannt haben. Einem Schüler desselben,
Anaximandros, wird die Entdeckung der Schiefe
der Ekliptik zugeschrieben, und Pythagoras soll
auch schon die Bewegung der Erde um die Sonne
gelehrt haben, wozu der um 300 Jahre spätere
Aristarchos aus Samos noch die Behauptung fügte,
daß die Erde sich gleichzeitig auch um ihre eigene
Achse drehe. Für den eigentlichen Gründer einer
wissenschaftlichen Astronomie bei den Griechen gilt
jedoch erst Hipparchos von Nikäa (lebte von 160
bis 125 v. Chr.), welcher auch schon ziemlich genau
die Länge des Sonnenjahres und die Exzentrizität
der Erde bestimmte, Sonnentafeln berechnete, ein
Fixsternverzeichniß verfertigte und auch das Vorrücken
der Nachtgleichen entdeckte. Im Uebrigen machte

man noch spät, und ärger denn je unter den Kaisern seit Markus, zwischen Astronomie und Astrologie (auch Astromantie genannt) keinen Unterschied; die „Sterndeuter" waren in Theurgie und Orakeln geschäftig und narrten und beschwindelten die abergläubische Menge so gut es anging. Insoferne die Astrologie auch lehrte, durch Hülfe der die Gestirne bewegenden Geister (man hielt ja auch die Gestirne für lebende Geschöpfe) das Verborgene zu erkennen, zu wahr= sagen, Metalle zu verändern, Krankheiten zu heilen u. s. w., gerieth sie in den Kreis der Magie, jener bei den Chaldäern, Persern, Indiern, Aegyptiern, Griechen und Römern so beliebten Zauberkunst, welche vorgab, allerlei die natürlichen Kräfte der Dinge übersteigende Wirkungen hervorbringen, sich in die genaueste Verbindung mit höheren Geistern, ja mit der Gottheit selbst setzen und dadurch die reinsten Genüsse von Glückseligkeit sich verschaffen zu können. Die Astrologen und Magiker, gewöhnlich Beides in Einer Person, übten auch die Nekromantie oder Nekyomantie, eine Art Zauberei, in geheimen Zeremonien und Gebräuchen bestehend, durch welche man die Seelen der Verstorbenen wieder aus den Gräbern hervorrufen zu können glaubte, um sie über die Zukunft zu befragen. Die Nekromantie war zuerst nur in den Tempeln und von den Priestern betrieben worden, ging jedoch bald, wie auch die Magie und Astrologie, in den Gebrauch von Laien über. Man nannte diejenigen, welche sich mit solchen Künsten oder richtigen Schwindeleien abgaben, gemeiniglich „Zauberer" und fanden dieselben auch allerwärts Anhänger und Beschützer. Nur die Zauberer von der schädlichen Art wurden bei den Griechen für ehrlos gehalten, verabscheut und nicht selten auch bestraft.

An all' diesem betrügerischen Unfug betheiligte sich, wie wir schon oben bemerkt, auch das weibliche Geschlecht, das ja hierfür in der Göttin Hekate, wie an den Heroinnen Medea und Kirke, Vorbilder fand, und dem schon von Natur aus ein stärkerer superstitiöser Zug eigen ist. Wir lernten vorzüglich schon die Frauen von Thessalien als erfahren in mannigfachen, zum Theil sehr unrühmlichen Zauberkünsten, kennen. Von ihnen ging der Ruf, daß sie außer anderen Zaubereien (vergl. oben Seite 322) durch ihre Kunst auch die Sonne in ihrem Laufe hemmen, den Mond auf die Erde herabziehen, Stürme erregen und besänftigen, Todte erwecken und Lebende ins Grab befördern könnten. Doch machten sich auch die Weiber anderer Landschaften Griechenlands, sowie bei den barbarischen Völkern, wegen ihrer meist schädlichen Zauberei berüchtigt. Indessen fehlte es auch unter diesen „Zauberinnen" nicht an Personen, denen bei ihren Betrügereien ein gewisses, wenn auch bescheidenes Maaß, astronomischer und physikalischer Bildung zu Grunde lag. Aus edlem und uneigennützigem Wissenstriebe hingegen eigneten sich die ernsteren Anhängerinnen philosophischer Sekten, welche sich auch mit der Sternkunde abgaben, astronomische Kenntnisse an, insbesondere aber jene Pythagoräerinnen, welche an dem geheimen Unterrichte der obersten Klasse des so berühmt gewordenen Bundes theilnahmen, dessen vielseitiger, gefeierter Stifter und tüchtige Mitglieder sich ja auch um diesen damals so vernachlässigten Wissenszweig große Verdienste erwarben und darin mit neuen, sehr beachtenswerthen Doktrinen auftraten. In späteren Zeiten, als es in gewissen Frauenkreisen zur Mode wurde, einen Anstrich encyklopädistischer Bildung zur Schau zu tragen, gab es eine Menge Dilettantinnen in der Astronomie; ja es fehlte hierin sogar nicht an weiblichen Kapazitäten, wie u. A. das Beispiel der Philosophin Hypatia zeigt.

Ein hohes Alter, wenngleich nur in ihren rohesten Rudimenten, hat auch die Chemie, die stete Begleiterin der Arzneiwissenschaft, in ihrer Vorläuferin der Alchymie, aufzuweisen, welche, wie die Astrologie für die Astronomie, den Grund für das Gebäude der wahren Wissenschaft legte. Die Griechen lernten den Betrieb dieser Kunst vorzüglich durch die Aegyptier kennen (deren König Hermes Trismegistos für den Begründer derselben galt), und verbanden sie mit der Magie, mit welcher sie auch ihre nicht immer ruhmvollen Geschäfte theilt. Die rein chemischen Kenntnisse

der Alten blieben fast ausschließlich auf geringe
medizinische und technisch-ökonomische Erfahrungen
beschränkt, und gelangten erst später zu literarischer
Verwerthung und einigermaßen wissenschaftlicher
Behandlung. Die Betheiligung des weiblichen
Geschlechtes an der Medizin führte bei diesem natur-
gemäß auch zu einiger Vertrautheit mit den wichtigsten
chemischen Erfahrungssätzen, und man kann mit
Harleß sogar Medea als erste Chemistin und
Pharmaceutin betrachten (immerhin diese Ausdrücke
im weitesten Sinne genommen und ohne sie eben
einer pragmatischen Geschichte der Chemie und
Pharmacie zur Stammmutter aufdringen zu wollen),
und zwar um so eher, je weniger die mannigfache
Zubereitung ihrer verschiedenartigen Heilmittel ohne
einige technische Handgriffe und ohne instrumentale
Hülfsmittel geschehen konnte, und je weniger sich von
ihren Arzneizusammensetzungen, und noch mehr von
der kunstmäßigen Behandlung und Mischung der
brennenden Erdnaphta oder auch anderer Inflamma-
bilien und des Schwefels, mit Farbestoffen (wie sie
Medea nach den hierin ziemlich überstimmenden
Angaben mehrerer alten Schriftsteller geübt haben
muß) Prozesse der Zerlegung und des Chemismus
trennen lassen.*)

Die übrigen Zweige der Naturwissenschaft als:

---

*) Harleß a. a. O. Seite 68.

Naturhistorie und Physik, wurden vornehmlich durch die Philosophen gepflegt, und erfuhren zuerst durch Aristoteles und dessen Nachfolger eine strengere methodische Behandlung. Der wissenschaftliche Geist der ersten Peripatetiker verpflanzte sich aber nicht auch in gleichem Maße auf die Alexandriner, welche in den Naturwissenschaften, statt, wie jene, auf Organismen und Naturgesetze, vielmehr auf vereinzelte Denk= und Wissenswürdigkeiten eingingen, obwohl ihnen die Könige theils durch Erwerb neuer oder seltener Exemplare in der Zoologie und Botanik, theils durch Ausrüstungen wissenschaftlicher Expeditionen, neue Anregung und neuen Stoff zuführten. Die Polymathie galt ihnen, wie Bernhardy bemerkt, vor dem physikalischen Interesse. Den Frauen blieben, in so weit sie Philosophen= und spätere Gelehrten=Schulen besuchten oder durch Selbststudium sich bildeten, natürlich auch naturwissenschaftliche Kenntnisse nicht unvermittelt, wenngleich sie hierin nicht eben Hervorragendes leisteten.

Auch in der Geschichte und Geographie scheint das weibliche Geschlecht nicht besonders stark gewesen zu sein, trotz einiger sogar literarischer Vertreterinnen dieses durch Herodot und Thukydides schon im Alterthum wohlgepflegten Wissenszweiges, zu dessen Vermittlung an weitere Kreise in der alexandrinischen Periode sogar Lehrbücher in Knittelversen erschienen.

Ein wichtige Rolle spielte in der wissenschaftlichen

Erziehung der Griechen die Mathematik. Ausdruck und Begriff stammt von Pythagoras her und bedeutet eigentlich nur Wissenschaft schlechthin. Der Weise aus Samos gab der Mathematik diesen Namen, weil sie ihm denselben vorzugsweise zu verdienen schien, oder weil sie die wahre Vorbereitungswissenschaft zu anderen ist, oder weil sie der Zeit des Ursprunges nach anderen Wissenschaften vorherging. — Zur Mathematik zählten die Griechen außer Arithmetik, Geometrie und Stereometrie auch die Musik und Astronomie, zu den Zeiten des Aristoteles und Euklides auch die Mechanik und Optik.

Die Geometrie besonders wurde seit Platon (der auch ihre ethische Wichtigkeit hervorhebt) zur Vorschule der Philosophie und zum populären Lehr=gegenstand — nicht ohne lächerlichen Uebereifer und Ueberschätzung ihres Nutzens von Seiten der Platoniker, wovon ja Einiges bekannt genug. — Ein Reihe von Geistern ersten Ranges, welche gemeinsam an den kühnsten Entdeckungen arbeiteten, haben die Mathematik rasch über die vorgefundenen Elemente hinausgehoben und auf allen Gebieten der Theorie und angewandten Mathematik, in Geometrie und Zahlenlehre, in Astro=nomie und Mechanik, scharfsinnig ausgebildet, besonders aber in letzterer für Kriegsbaukunst oder fürstlichen Luxus durch die Könige reichlich unterstützt.*)

---

*) Bernhardy a. a. O. Seite 548.

Mit warmer Begeisterung und besonderer Vorliebe betheiligten sich auch die gebildeten Frauen an
dem Kult der mathematischen Disziplinen, und der
nach seinem Erfinder Pythagoras benannte und
allbekannte Lehrsatz in der Geometrie, der den angehenden jugendlichen Mathematikern gewöhnlich als
erstes schwieriges Problem aufstößt, war schon vor
mehr als 2400 Jahren auch Mädchen und Frauen
bekannt und verständlich. Vorzüglich verlegten sich
die schöngeistigen Hetären gern auf das Studium der
Mathematik, und es fehlte nicht an solchen, die sich
hierin durch seltene Kenntnisse und bewunderungs-
würdigen Scharfsinn bei ihren Zeitgenossen berühmt
machten! Alle Philosophinnen waren, da ja die
Mathematik als Vorschule für die übrigen Wissenschaften und besonders für die Philosophie galt, auch
mehr oder minder tüchtige Mathematikerinnen. Das
Beispiel der hochberühmten alexandrinischen Philosophin Hypatia, die auch als mathematische Schriftstellerin glänzte, beweist uns aber, daß das weibliche
Geschlecht mitunter sogar mit staunenswerther Gründlichkeit und Ausdauer dem Studium dieses so ernsten
Wissenszweiges oblag.

Auch der steinige Boden der Grammatik wurde
von weiblichen Händen bebaut, gewöhnlich unter
dem Einflusse väterlicher Zunft. Die Grammatik,
worunter man die „mit rastlosem Fleiße angebaute
Wissenschaft des Alterthums, deren Grundlage die

neugeschaffene Technik der Sprachstudien war," verstand, bildete den Kern jener sogenannten alexandrinischen Gelehrsamkeit, welche unter dem Schutze der Wissenschaft und Literatur liebenden Ptolemäer, in Alexandrien durch eine Reihe von Jahrhunderten in der Blüthe stand. Bei allen Verdiensten dieses Zeitalters um die mannigfachsten Zweige des Wissens krankte dasselbe jedoch an der Sucht der Viellernerei und Vielschreiberei, und gerade die Grammatiker leisteten Unglaubliches an eitler Vielleserei und philosophisch-literarischer Produktivität. Kallimachos, der Abgott der Philologen jener Zeit, schrieb nicht weniger als 800 Bücher und Didymos*) sogar gegen 4000 philosophische Schriften. Ein Philologe, der nicht skribelte, hätte damals für märchenhaft gegolten. Bei der erdrückenden Quantität solcher Produkte litt natürlich deren Qualität. Ueber die unbedeutendsten und uninteressantesten Dinge, „die man, wie Seneca zu den Schriften des vorgenannten Dydimos bemerkt, wieder verlernen sollte, wenn man sie wüßte", wurden die langweiligsten Bücher und Abhandlungen geschrieben. Natürlich wollten die weiblichen Philosophen ihren männlichen Collegen in Nichts nachstehen, und bewiesen deshalb dieselbe Schreibseligkeit wie diese. Doch haben immerhin einige Grammatikerinnen sich auch um Erklärung und Kritik von Autoren, sowie durch archäologische Forschungen verdient gemacht.

*) Dieser Skribler, der seiner unermüdlichen Thätigkeit

Bevor wir zur Aufführung der in den eben besprochenen Wissenszweigen tüchtigen Frauen schreiten, wollen wir an dieser Stelle kurz noch der berühmtesten solcher Frauen gedenken, die sich zwar nicht durch Gelehrsamkeit in diesem oder jenem wissenschaftlichen Fache hervorgethan haben, sich jedoch durch glänzende Geistesgaben, Lebensklugheit oder verschiedenartige Manifestationen eines großen Geistes den Ruf „weiser Frauen" erwarben. Häufig erhielten auch Priesterinnen, namentlich delphische, diese Bezeichnung, worin wir aber weniger eine Anerkennung persönlicher Geistesbildung, als vielmehr einen Ehrentitel ihres zwischen Göttern und Menschen vermittelnden Amtes erblicken dürfen. Wurden ja doch gerade die delphischen Priesterinnen aus Mädchen vom niedrigsten Stande gewählt, die gewöhnlich ohne Erziehung und von beschränktem Verstande waren.

Dagegen war bei fürstlichen Frauen hohe Geistesbildung nicht selten. Eumetis (auch Kleobuline genannt) des Kleobulos, Tyrannen von Lindos und eines der sieben Weisen, Tochter und Nachfolgerin auf dem Throne, war ebenso wegen ihres Verstandes in Staatsangelegenheiten, wie wegen ihrer Dichtkunst

---

und seines eisernen Fleißes wegen den Beinamen χαλκέντερος d. h. „der Mann mit den eisernen Eingeweiden" führte, vergaß wegen der Menge seiner Schriften öfters, was er früher geschrieben hatte und kam daher nicht selten in Widerspruch mit sich selbst.

und großen Weisheit berühmt und noch lange von der Nachwelt gefeiert. Olympias, die Gemahlin Philipps von Makedonien und Mutter Alexanders des Großen, wurde, obwohl sie wegen ihres herrschsüchtigen Charakters und ihres unheimlichen, phantastischen Treibens wenig beliebt war, doch allgemein wegen ihres Geistes und ihrer vorzüglichen Bildung bewundert, wovon noch verschiedene von ihr überlieferte geistreiche Antworten und Bemerkungen Zeugniß geben. Wie treffend sein erdacht ist z. B. das Antwortschreiben, das sie ihrem Sohne, als er von solchem Eigendünkel befallen wurde, daß er für einen Sohn des Zeus gehalten werden wollte und einen Brief an seine Mutter mit den Worten begann: „König Alexander, ein Sohn des Zeus Ammon, entbietet seiner Mutter Olympias seinen Gruß", zusandte! „Ich bitte dich, mein lieber Sohn," schrieb sie ihm, „höre doch auf, dich solcher Ausdrücke zu bedienen und mich dadurch bei der Here*) in Verdacht zu bringen. Was werde ich nicht von ihrem Zorn zu befürchten haben, wenn du so fortfährst, mich in deinen Briefen für ihre Nebenbuhlerin zu bekennen?"

Berühmt nicht nur wegen ihrer Schönheit und ihres berückenden Wesens, sondern auch wegen ihrer hohen geistigen Bildung und namentlich wegen ihres außerordentlichen Sprachentalents war auch die ptole

---

*) Die eifersüchtige Gemahlin des Zeus.

mäische Königin Kleopatra, die bekannte Buhle zuerst des Cäsar und dann des Antonius. Was Wunder, wenn diese beiden römischen Heerführer, alle Politik außer Acht lassend, sich in die Netze dieses durch ihre körperlichen wie geistigen Reize gleich bezaubernden Weibes verstrickten. „Wenn sie redete," schildert sie Plutarch*), „so lag schon in dem Klang ihrer Stimme etwas Bezauberndes; ihre Zunge glich einem Instrument mit vielen Saiten, welches sie ohne Schwierigkeit und ganz nach ihrem Belieben für jede Sprache zu verwenden wußte, so daß sie nur mit äußerst wenigen Ausländern die Vermittelung eines Dolmetschers bedurfte, während sie den meisten ganz allein und unmittelbar ihre Antworten ertheilen konnte, z. B. den Aethiopiern, Troglodyten (Höhlenbewohner an der Küste des rothen Meeres), Hebräern, Arabern, Syrern, Medern, Parthern u. s. w. In der That soll sie noch viele andere Sprachen erlernt haben, während ihre Vorgänger auf dem Throne sich nicht einmal die Mühe nahmen, das Aegyptische sich anzueignen und einige sogar die makedonische Sprache nur mangelhaft redeten." —

Auch Thessalien hatte eine durch Weisheit und Schönheit gleich ausgezeichnete Fürstin: Thargelia, des Königs Antiochos Gemahlin, welche sich von einer Abenteuerin zur Königin emporschwang. Sie

---

*) M. Antonius c. 27.

war eine Jonierin, aus Milet gebürtig, und wußte sich durch ihre Liebenswürdigkeit und feine Bildung mit den meisten bedeutenden Männern Griechenlands in vertrauten Verkehr zu setzen. Nach Antiochos Tode regierte sie selbst in Thessalien als Königin, und bewirthete den persischen König Xerxes, als er gegen Griechenland zog. Sie führte ein sehr bewegtes Leben und soll nicht weniger als vierzehn Männer geheirathet haben. Dennoch fand sie Muße genug, sich mit verschiedenen Wissenszweigen und sogar mit Philosophie zu beschäftigen, wodurch sie ihre interessante Persönlichkeit mit einem weiteren pikanten Reiz umkleidete, und selbst bei der Nachwelt noch so viel von sich reden machte, daß Aeschines ihre Berühmtheit zum Gegenstande einer seiner Prunkreden machte.*)

Mit Fug können wir hier auch einer anderen Jonierin, der schönen Favoritin des jüngeren Kyros, gedenken, der Tochter eines freien, wenn auch unbemittelten Mannes in Phokäa, der dem Mädchen, das früh seine Mutter verlor, eine sorgfältige Erziehung angedeihen ließ. Wegen ihrer blendenden Reize wurde sie dem väterlichen Hause entführt, um in den Harem des Kyros gebracht zu werden. Der Widerstand, den sie hier den Galanterien des persischen Königssohnes entgegensetzte, verbunden mit den schönsten weiblichen Tugenden, die ihr inne wohnten,

---

*) Philostr. ep. 13 p. 910.

fesselten diesen so sehr, daß er sie allen anderen
Haremsfrauen vorzog, und nachdem er endlich auch
ihre Liebe gewonnen, ihr fast alle Rechte einer legi=
timen Gemahlin einräumte. Sie hieß ursprünglich
Milto*) wegen ihrer blühenden Gesichtsfarbe; allein
weil sie außer ihrer Schönheit auch sehr viele Kennt=
nisse besaß und sehr geistreich war,**) nannte er sie
nach ihrer Landsmännin, der berühmten Geliebten
des Perikles, Aspasia. Diese jüngere Aspasia,
unter welchem Namen sie bei den Griechen bekannter war
als unter ihrem ursprünglichen, ist eine der anmuthigsten
weiblichen Erscheinungen des ganzen Alterthums, und
ihre von Aelian recht warm erzählte Geschichte ver=
diente bekannter zu sein. Wir wollen denn auch die
schöne Phokäerin, auf welche Athenäos ebenso ungerecht
wie unüberlegt den Schimpf des Hetärenthums wirft,
gegen die ihr von der Nachwelt zu Theil werdende
Zurücksetzung in Schutz nehmen und derselben na=
mentlich gegenüber ihrer so übermäßig gefeierten
milesischen Stammesgenossin und Namensmutter
Aspasia Gerechtigkeit widerfahren lassen, indem wir
ihre Geschichte, obwohl schon aus dem Rahmen unserer
Darstellung tretend, im Anhange zu diesem Abschnitte
wörtlich nach der Erzählung des Aelian wieder=
geben. —

---

*) D. h. die mit Röthel oder Mennig Geschminkte.
**) Xenoph. Anab. I, 10, 2. Athen l. XIII.

Unter den zahlreichen griechischen Dichterinnen
gab es gleichfalls nicht wenige, die sich auch durch
andere Geistesgaben und Vorzüge, durch große Weis=
heit und sogar gelehrte Bildung auszeichneten. Sappho
schreitet auch in dieser Beziehung allen übrigen Dichte=
rinnen voraus, und erwarb sich zu ihren sonstigen sie
verherrlichenden Attributen auch noch den Beinamen
„die Weise“. Die Böotierinnen Myrtis und Ko=
rinna machten den auf ihren Landsleuten lastenden
Vorwurf der Unbildung glänzend zu Schanden. Die
Sykonierin Praxilla legte in ihren über ganz
Griechenland verbreiteten Skolien oder Trinkliedern
einen reichen Schatz von Lebensweisheit nieder, und
Telesilla, die Sängerin politischer Lieder aus
Argos war nicht weniger wegen ihrer hohen musikalischen
Bildung, als wegen ihrer ruhmvollen Kriegsthat*)
gefeiert. Moero (oder Myro), die Mutter des
alexandrinischen Tragikers Homer, trug in ihren Poesien
Bekanntschaft mit alexandrinischer Gelehrsamkeit zur
Schau. —

Von sonstigen weisen und gelehrten Frauen sei
noch gedacht der Timoxena, welche über weibliche
Tugenden schrieb; der Eurydike, die des Plutarch
Unterricht und Freundschaft genoß; der Klea, einer
sehr gebildeten und frommen Frau aus Delphi,

---

*) Vergleiche darüber „Griechische Dichterinnen“,
Seite 165 ffg.

welcher derselbe Gelehrte und Schriftsteller mehrere Schriften widmete, und der **Melanippe**, (derselben, welche Euripides feierte?)*), welcher nach des Tatian Bericht der Bildhauer Lysistratos wegen ihrer Weisheit ein Denkmal setzte. —

Wir schreiten nun zur Aufführung der im engeren Sinne gelehrten Frauen, wobei wir die vorzüglich als Philosophinnen berühmten und deshalb bereits im ersten Theile dieses Buches ausführlich besprochenen, übergehen wollen. —

Wir beginnen mit einer mythischen Gelehrtin.

Hippo.

Dieselbe war eine Tochter des wegen seiner Weisheit und seiner Kenntnisse in ganz Griechenland berühmten Kentauren und Erziehers der vornehmsten Prinzen der damaligen Zeit (wie der Helden und Heroen Bacchos, Jason, Herakles, Achilles, Asklepios, Nestor, Theseus, Pallamedes, Odysseus u. s. w.), des Chiron. Dieser lehrte sie alle seine eigenen Kenntnisse, namentlich auch die Naturwissenschaften. Sie wurde die Gemahlin des Aeolos, eines Sohnes des Poseidon und der Melanippe, und unterrichtete diesen in denselben Wissenschaften, welche sie selbst von ihrem Vater gelernt hatte.

---

*) Vergl. oben in der Einleitung Seite 49.

Hippo war auch in der Astronomie, vielmehr Astrologie, wohl bewandert, und Euripides sagt von ihr, daß sie es war,

„Die auch zuerst mit deutlichem Orakelspruch
Zukünftige Dinge aus den Sternen prophezeit."

Aganike.

Es bot sich uns schon wiederholt die Gelegenheit dar, des Zauberspukes und geheimnißvollen, oft verbrecherischen Treibens der thessalischen Weiber zu gedenken. Die Alten führten den Ursprung dieses Unwesens unter den Thessalierinnen auf Medea zurück, indem sie erzählten, sie habe auf ihrer Flucht einen Kasten mit Zaubermitteln in Thessalien zurückgelassen. *) Sicherlich ging jedoch eine mächtige Anregung hiezu von der Berühmtheit einer thessalischen Frau aus, die sich durch astronomische und andere Kenntnisse einen weitverbreiteten Namen erwarb. Es war dies Aganike oder wie sie auch genannt wird, Aglaonike, die Tochter eines sicheren Hegetor (oder Hegemon) in Thessalien.

Diese Frau besaß eine für die damalige Zeit ganz erstaunliche astronomische Bildung. Sie kannte die Art der Entstehung von Mondesfinsternissen, und wußte sogar den Zeitpunkt ihres Eintreffens voraus. Durch diese und sonstige ungewöhnliche Kenntnisse

---

*) Schol. Aristoph. nub. II. sc. 1.

setzte sie sich bei ihren Landsleuten in den Ruf einer Zauberin, was jedoch ihrer Eitelkeit schmeichelte und sie veranlaßte, noch mehr aus sich machen zu wollen, als sie ohnehin schon der Menge erschien. Sie führte deshalb allerlei Betrügereien aus und täuschte namentlich ihre einfältigen und abergläubischen Geschlechtsgenossinnen durch die absurdesten Vorspiegelungen und Uebertreibungen ihres Wissens und ihrer „Zauberkraft." So prahlte sie unter Anderem auch, daß sie bei jeder Mondesfinsterniß den Mond durch Zauberei vom Himmel herabziehe. Als sie später von harten Schicksalsschlägen getroffen wurde und, wie es scheint, sogar eines unnatürlichen Todes starb, bezeichnete der Volksmund dies als eine Strafe der Götter wegen ihrer prahlerischen Ueberhebung und man pflegte von da an, wenn Jemand wegen seines Uebermuthes bestraft wurde, zu sagen: „Der zieht den Mond vom Himmel." Auch wurde dieses Sprüchwort als Bezeichnung einer groben Täuschung gebraucht.

Es wäre recht interessant, etwas Genaueres über diese Thessalierin zu wissen, besonders, auf welchem Wege sie zu ihren astronomischen Kenntnissen gelangte, ob als Autodidaktin, ob und durch welche fremde Vermittlung; allein wir entbehren aller weiteren Nachrichten über dieselbe so vollständig, daß nicht einmal ihr Zeitalter näher bestimmt werden kann. Doch deutet das Alter jenes Sprüchwortes auf eine ziemlich frühe Zeit hin, wenn auch nicht vor das Zeitalter des Thales, der von 639—548 vor Chr. lebte und zuerst unter den Griechen die Ursache der Sonnen- und Mondesfinsterniß gekannt haben soll. —

Pamphile.

Als sich der Schwerpunkt griechischer Kultur und Wissenschaft von Athen nach Alexandrien verlegte, trat auch in den sozialen Verhältnissen, wenigstens des tonangebenden Theiles der Griechen, ein Um- schwung ein, der sich vorzüglich zu Gunsten des weiblichen Geschlechtes gestaltete; die Frau stand von nun an dem Manne immer ebenbürtiger zur Seite, und nahm an seinen Interessen und oft auch an seiner geistigen Beschäftigung Antheil, und verkehrte in freiester Weise mit ihm und seinem Freundeskreise, wodurch sie ihre Bildung immer mehr erweiterte, und nicht selten An- regung zu eigener schöngeistiger und wissenschaftlicher Beschäftigung schöpfte.

Auf solche Art bildete sich auch eine gelehrte Aegyptierin, Namens Pamphile. Sie war die Tochter des Soteridas, eines Grammatikers, welcher „Homerische Untersuchungen" und Anderes schrieb, und Gemahlin ebenfalls eines Gelehrten, des Sokra- tidas. Im Umgange mit diesen und zahlreichen berühmten Freunden desselben, die häufig ins Haus kamen, vervollkommnete die junge Frau, die gewiß auch schon vom Vater eine besonders sorgfältige

Ausbildung erhalten hatte, ihre Erudition in so vollendeter Weise, daß sie sogar als Schriftstellerin auftreten konnte. Freilich entbehrte sie als solche fast jeder Originalität.

Während ihrer dreizehnjährigen Ehe mit Sokratidas notirte sie sich Alles, was sie von ihm und seinen gelehrten Freunden lernte und hörte, oder was sie bei ihrer Lektüre Bemerkenswerthes fand, sorgfältig auf und stellte daraus ein Werk zusammen, welches sie „Geschichtskommentarien" oder „Miszellanäen" benannte, und das für ihr Hauptwerk galt. Sie hatte jedoch den gemischten Stoff darin nicht in Abschnitte eingetheilt oder auch nur in eine gewisse Uebersicht gebracht, sondern in buntem Durcheinander, wie sie das Einzelne in der Aufeinanderfolge ihres Journals fand, in welches sie täglich ihre Aufzeichnungen eintrug; denn sie war keinen Tag und keine Stunde müßig. Sie soll damit nicht der Schwierigkeit einer Disposition haben aus dem Wege gehen wollen; sie that es vielmehr, weil sie ein miszellenartig geschriebenes Werk seiner Abwechslung halber für amüsanter und gefälliger hielt. Es war, nach Photius, der es noch gelesen hat, ein sehr nützliches Buch. Man fand darin die verschiedenartigsten gelehrten Dinge, Rhetorisches, Poetisches, Philosophisches und Anderes, vorzüglich aber höchst werthvolle geschichtliche Notizen, welche sogar recht hübsch erzählt waren. Diogenes von Laërte hat die

Geschichtskommentarien für seine Philosophengeschichte, Aulus Gellius für seine „Attischen Nächte" benutzt. In einer Stelle der letzteren beweist jedoch ein grober Schnitzer bei Angabe von Thukydides' Geburtsjahr, daß Pamphile's Aufzeichnungen nicht immer ganz zuverlässig waren.

Außer diesem ziemlich umfangreichen Werke, verfertigte sie noch einen Auszug aus den Schriften des Historikers (und Leib-Arztes des Königs Artaxerxes Mnemon) Ktesias in drei Büchern, die über assyrische, persische und indische Geschichte handelten, — sowie Erzerpte aus anderen, meist geschichtlichen Werken. Ferner schrieb sie: „Ueber Kontroversen" und vieles Andere. Ihr Stil wird als einfach, jedoch prägnant gelobt. — Die böse Welt behauptete übrigens, daß die Autorschaft an diesen Schriften, oder doch wenigstens an den Geschichtskommentarien, eigentlich Pamphilens Vater oder Sokratidas angehörte. . . . Immerhin mochten dieselben vor ihrer Veröffentlichung durch diese beiden Männer einer gründlichen Durchsicht und Korrektur unterzogen worden sein. . . . Daß sie nicht die Verfasserin einer ihr von Suidas noch beigelegten Schrift von schlüpfrigem Thema ist, haben wir schon oben bemerkt und geht aus ihrer ganzen Geistesrichtung deutlich genug hervor.

Pamphile war eine Zeitgenossin des Kaisers Nero, und stand bei den Alten wegen ihrer Gelehrsamkeit (eigentlich wohl nur Vielwisserei) in bedeutendem

Ansehen. Weder eine ihrer Schriften, noch weitere Nachrichten über ihr Leben und sonstige persönliche Verhältnisse sind auf uns gekommen, was von den ersteren wegen des mannigfach interessanten und belehrenden Stoffes, den sie enthielten, gewiß zu beklagen ist.

Nikobule.

Geschichte, wenigstens in ernsterer Behandlung, war, wie schon bemerkt, nur selten der Gegenstand weiblicher Ambition. Auch die gebildeteren Griechinnen konnten sich für eine gründliche Beschäftigung mit derselben nicht recht begeistern. Pamphile, die von den Alten unter die Historiker gezählt wurde, haben wir als unselbständige und ungenaue Notizensammlerin kennen gelernt. Anna Komnena, welche die von ihrer Mutter Irene angefangene, aber unvollendete Geschichte der Komnenen fortsetzte und beschloß, ein Werk voll Klassizität, das zu den vorzüglichsten Produkten der byzantinischen Literatur gehört, liegt außerhalb des Zeitrahmens unserer Darstellung. Einer einzigen Historikerin von schärferem Gepräge begegnen wir aus der klassischen Zeit bei Athenaeos in dessen „Gelehrtengastmahl". Doch auch diese scheint sich nur mit einem Zweige der Geschichtsschreibung, der Biographie, beschäftigt zu haben. Sie hieß Nikobule und hatte ein Werk über Alexander den Großen herausgegeben.

Des genialen königlichen Kriegshelden Leben und Thaten (welche sogar im Mittelalter noch zur Ausbildung einer vollständigen Alexandersage Anlaß boten) wurden schon von dessen Zeitgenossen häufig beschrieben und bildeten diese — sämmtlich sehr überschwenglich und oft märchenhaft gehaltenen — Berichte das Haupt= quellenmaterial für die späteren Lebensbeschreibungen des Diodor, Curtius, Plutarch, Trogus Pompeius und Anderer, während Arrian dieselben als zu wenig glaubwürdig verschmähte. In welche dieser beiden Kategorien der Nikobule Buch gehörte, ob zu den Schriften der Zeitgenossen Alexanders, oder zu den späteren Kompilationen, läßt sich nicht mit Be= stimmtheit feststellen; doch reihte es wohl in die erstere, woraus sich auch ihr genaueres Zeitalter ergeben würde.

Athenaeos führt aus dem in Bücher eingetheilten Werke der Nikobule zwei Stellen an, welche beide von Alexanders üppiger und wüster Lebensweise vor seinem Tode handeln. Sie erzählt da, daß den König während des Mahles Musiker und pantomimische Schauspieler zu unterhalten pflegten, und beim letzten Gange Alexander selbst eine Episode aus der Andro= mache des Euripides, welche er im Gedächtniß hatte, nach Art der tragischen Schauspieler deklamirt habe; auch daß er beim Zutrinken, welches er mit Vorliebe that, ungemischten Wein trank und die Uebrigen gleichfalls zum Trinken nöthigte. — Die letzten Gelage, denen Alexander beiwohnte, wurden bekanntlich von seinem Freunde und Liebling Medeos gegeben. Hier holte er sich auch den Tod durch forcirtes Trinken.

Nikobule erzählt dies mit den Worten: „Während eines Gastmahles bei dem Thessalier Medeos, wo zwanzig Gäste beisammen waren, trank Alexander Allen zu und nahm auch von Allen die Erwiderungen an. Darauf entfernte er sich vom Gelage und begab sich alsbald zu Bette." —

Es scheint, daß auch Plinius das Werk der Nikobule in seiner „Naturgeschichte" benutzt hat. Im zwölften Buche derselben, in welchem Mehreres über Alexander vorkommt, wird nämlich unter den benutzten Schriftstellern und mit anderen Autoren über den großen makedonischen König auch ein Nikobulos aufgeführt. Diese männliche Form des Namens unserer Historikerin bezeichnet wohl kaum einen sonst unbekannten Autor, sondern wird vielmehr auf ein Versehen zurückzuführen sein.

Uebrigens genoß auch Nikobule nicht unbestritten die Ehre einer Schriftstellerin. Es scheint nach unserem Gewährsmann das Gerücht verbreitet gewesen zu sein, daß sie jenes Werk zwar edirt, aber nicht selbst verfaßt habe.

Thukydides' Tochter.

Nochmals haben wir einer zur Geschichte in Beziehung gebrachten Griechin zu gedenken, und zwar keiner anderen als der Tochter des „Vaters der attischen Geschichtschreibung", des Thukydides. Dieser hatte nur zwei Kinder, einen Sohn, Namens Timotheos, von dem aber weiter nichts bekannt, und eine Tochter, deren Namen uns nicht überliefert ist. Von der letzteren wurde nun im Alterthume mehrfach behauptet, sie habe das achte Buch von ihres Vaters berühmten Geschichte des peloponnesischen Krieges abgefaßt, und zwar deshalb, weil dieses Buch den sieben früheren hinsichtlich der erhabenen und sorgfältigen Diktion nachstehe, und auch in der sonstigen Darstellung und Konzeption von denselben abweiche. Einige schrieben dieses Buch (Thukydides selbst theilte sein Werk nicht in Bücher, sondern in „Sommer" und „Winter" ein) auch dem Xenophon, Andere dem Theopompos zu, während es jetzt so ziemlich für ausgemacht gilt, daß dasselbe wie die früheren dem Thukydides selbst angehört und daß er nur durch den Tod am Anlegen der letzten Feile verhindert worden ist.

Sehr einfältig und nichtssagend sind aber die Einwürfe, die ein Biograph des großen Geschichtsschreibers — Markellinos — in seiner wenigstens aus drei Aufsätzen verschiedener, schwachköpfiger Verfasser zusammengestoppelten Schrift über Leben und Schreibart des Thukydides, gegen die mehrfach verbreitete Behauptung von dem Antheil der Tochter desselben an dem hochgefeierten Geschichtswerke, erhebt. Er schreibt: „Es behaupten Einige, das achte Buch sei unecht und rühre nicht von Thukydides her, und die Einen schreiben es seiner Tochter, die Anderen dem Xenophon zu. Diesem entgegnen wir: Daß es von seiner Tochter nicht herrührt, ist ganz klar;

denn es ist der weiblichen Natur nicht möglich, es solcher Tüchtigkeit und Kunst gleich zu thun. Und gesetzt den Fall, sie wäre dennoch von der Art gewesen, so hätte sie gewiß nicht gewünscht, im Verborgenen zu bleiben, und hätte auch nicht das achte Buch allein geschrieben, sondern noch vieles Andere hinterlassen, worin sich ihre eigene Natur zeigen konnte u. s. w." Wenn man die geistigen Fähigkeiten eines Weibes nach der „männlichen" Geistesbeschränktheit eines Mar- kellinos bemessen wollte — dann allerdings würde es schlecht genug um dieselben bestellt sein.

Man hätte aber jene Zumuthung der Tochter des Thukydides gewiß nicht machen können, wenn sie hierzu nicht wenigstens durch eine vorzügliche Geistesbildung und vielleicht auch durch bewundernde und verständnißvolle Theilnahme an der großen Schöpfung ihres Vaters einige Berechtigung gegeben hätte.

Hestiaea.

Im Jahre 1674 n. Chr. wurde die gelehrte Welt durch ein seltenes literarisches Ereigniß über- rascht. Es erschien in Paris eine Ausgabe des Kallimachos von — einer Dame. Anna Dacier, die Tochter des französischen Humanisten Tanequi Lefèbre (Tanaquil Faber) und Gattin des André Dacier, eines früheren Schülers ihres Vaters, wagte das tollkühne Unternehmen einer Text-Kritik und Erklärung jenes schwierigen alexandrinischen Dichters und Grammatikers *) — und hatte sogar einen solchen Erfolg, daß sie nicht nur das Erstaunen und die Bewunderung aller Gelehrten erregte, sondern sofort auch vom Herzoge von Montausier den Auftrag er= hielt, mehrere alte Schriftsteller für den Gebrauch des Dauphin (in usum Delphini) zu bearbeiten. Noch größeres, wenngleich unverdienteres, Aufsehen machte ihre (Prosa=) Uebersetzung des Homer, durch die sie aber mit einem anderen Homer=Uebersetzer, dem Schöngeiste Houdart de Lamotte in einen Konflikt gerieth, den sie alsbald (nach Philologen = Manier) zu einer literarischen Fehde ausspann. Mit der Gründlichkeit eines Kommentares bekämpfte sie in den „Considérations sur les causes de la corrup- tion du goût (einer Vertheidigung Homers) ihren Gegner, der ihr, da er nur eine mangelhafte klassische

*) Der vollständige Titel dieses interessanten Buches lautet: „Καλλιμαχου Κυρηναιου Υμνοι, Επιγραμματα και αλλα αττα. Callimachi Cyrenaei hymni, epigrammata et fragmenta. Ejusdem poematium de Coma Berenices a Catullo versum. Accessere alia ejusdem Epigrammata quaedam, nondum in lucem edita et Fragmenta aliquot in aliis editionibus praetermissa. Adjecta sunt ad Hymnos vetera Scholia Graeca. Cum Notis Annae Tavaquilli Fabri Filiae. Parisiis, Excudebat Sebast. Mabre - Cromoisy. M.DC.LXXV. Cum privilegio regis christianissimi." — Die meisten Schriften der Dacier erlebten zahlreiche Auflagen.

Bildung besaß, mit den Waffen des Witzes parirte. Bald darauf band sie in ihrem „Homère defendu" auch mit dem Jesuiten Hardouin an, der sich unterfing, den Homer zu verunglimpfen. Sie übersetzte und kommentirte (in fließendem Latein) sodann den Terenz, Stücke des Plautus, den Anakreon, die Sappho,*) sowie den „Plutos" und die „Wolken" des Aristophanes — die erste französische Uebersetzung dieses Dichters. Die gebildete Welt bewunderte und feierte die talentvolle Frau, und gelehrte Männer, wie der Sprachforscher Gilles Menage, widmeten der „doctissima" huldigend ihre Werke. Es erschien als etwas Niedagewesenes, daß eine Frau es den gelehrtesten Männern an Wissen und Gründlichkeit gleich that, und schon gar auf dem trockenen und schwierigen Gebiete der klassischen Philologie. Man wußte nicht, oder vergaß, daß Mme. Dacier als Sprachgelehrte schon im Alterthum nicht unberühmte Vorgängerinnen hatte, und zwar gerade unter jenem Volke, dem man so gern die gänzliche Unbildung und

---

*) Der Vater der Dacier hatte die Gedichte der Sappho im Urtexte herausgegeben. Hierbei gerieth er wegen zu milden Urtheils über diese Dichterin mit dem ihm als Professor an der Akademie zu Saumur vorgesetzten Konsistorium in einen solchen Konflikt, daß er von seiner Stelle zurücktrat, und eine ihm vom Kurfürsten von der Pfalz angebotene ehrenvolle Anstellung in Heidelberg annahm.

Vernachläſſigung ſeines weiblichen Geſchlechtes zum Vorwurf machte — bei den Griechen.

Es waren, wie ſchon oben angedeutet, zumeiſt Philologentöchter, welche im alexandriniſchen Zeitalter in die gelehrten Fußtapfen ihrer Väter traten, ſich mit Erklärung und Kritik älterer, klaſſiſcher Schriftwerke befaßten und archäologiſchen wie literargeſchichtlichen Studien oblagen. Die hervorragendſte dieſer „Grammatikerinnen" war zweifelsohne Heſtiaea aus Alexandria.

Dieſer gelehrten Frau fällt noch deshalb eine beſondere Bedeutung zu, weil ſie unſeres Wiſſens die Erſte war, welche den Schauplatz des trojaniſchen Krieges auf die topographiſchen Angaben Homers hin wiſſenſchaftlich unterſuchte, und ſchon damals der populären Anſicht, daß Neu-Ilion genau die Stelle der alten Stadt einnehme, gerechte Zweifel entgegenſetzte. Denn obwohl die Bewohner der neuen Stadt verſchiedene (angebliche) Reliquien der alten, wie den Athene-Tempel, die Lyra des Paris, das Haus des Priamos, den Altar des Zeus, an welchen der unglückliche König erſchlagen ward, und Rüſtungen homeriſcher Helden zeigten und auch eine Jahrhunderte lange Tradition Neu-Ilion als die wahre Stelle des alten Troja bezeichnete, ſo erhellt doch aus den vielen und eflatanten Widerſprüchen, welche ſich bei einer kritiſchen Unterſuchung zwiſchen den wirklichen topographiſchen Verhältniſſen jener Gegend und den

Angaben der Ilias schon zu Hestiaeas Zeit ergaben und noch ergeben, und die auch Schliemann's räthselhafte Funde nicht zu beseitigen vermögen — daß das homerische Ilion nicht an der Stelle der jüngeren gleichnamigen Stadt (der heutigen Ruinen Hissarlik) gesucht werden dürfe. „Die ganze Geschichte der Belagerung und der Kämpfe, wie sie die Ilias erzählt, daß die Griechen zehn Jahre lang von einem unbefestigten Schiffslager am Hellespont aus auf die wohlbefestigte Stadt ihre Angriffe gerichtet, ist unbegreifbar, wenn Ilion auf Hissarlik lag, in so unmittelbarer, stets bedrohender Nähe, kaum eine halbe Meile von dem feindlichen Lager entfernt. Es ist unbegreifbar, wie die kleine nördliche Ebene zwischen Hissarlik und dem Hellespont soll Raum geboten haben für jene großen Kämpfe und Schlachten der Gesammtheere, wenn wir auch einen guten Theil der Streiter auf Rechnung dichterischer Uebertreibung setzen wollten. Dies, sowie zum Theile die geschilderten Botengänge und Entfernungen zeigen, daß sich der Dichter die Stadt weit weg vom Meere gedacht. Hier liegt kein Strom, fließt kein Skamander zwischen Stadt und Lager, wie ihn die homerische Schilderung voraussetzt, welchen das Griechenheer vordringend zu passiren hatte; nur ein dünner Wasserfaden, der Dumbrek, mit dem Namen „Bach" über Gebühr geehrt, schlängelt sich nahe dem mittleren Höhenzuge dahin, ohne für Heere oder einzelne Kämpfer ein Hinderniß zu bilden.

Wenn hier die Troer saßen, bedurften sie keiner Warte abseits der Stadt und keines Spähers, der nach den anrückenden Feinden auslugte; denn Hissarlik gewährt selbst die weiteste Aussicht und es gibt vor ihm nach dem Hellespont hin keinen Punkt zur Ausschau.

Der Hügelvorsprung von Hissarlik bildet unmöglich die geeignete Szenerie für jene sturmschnelle Jagd, da Achill seinen Gegner Hektor um die Stadtmauer herumtreibt, vor welcher in angstvoller Spannung, zitternd für ihres Helden Heil, die Trojaner den Wettlauf verfolgen; denn Hissarlik ist nicht umlaufbar, nicht ein nach allen Seiten freies Plateau, von der Ebene wie von einer hindernißfreien Arena umgeben, wie der Dichter dieser Szene sich den Schauplatz gedacht."*)

Diese Erkenntniß eröffnete sich auch schon der Hestiaea, welche, wie Strabo**) erzählt, „über Homers Ilias geschrieben und untersucht hat, ob der Kampf um die jetzige Stadt her geführt ward und wo die troïsche Ebene ist, welche der Dichter zwischen der Stadt und dem Meere angibt. Denn diese (so schreibt Hestiaea) welche man vor der heutigen Stadt erblicke, sei später erfolgte Anschlämmung der Flüsse. Auch wäre Polites***),

---

*) Vgl. W. Hartel: Troja und Ithaka. Beilage zur Wiener Abendpost des Jahres 1877 Nr. 65—68.

**) Lib. XIII, c. 36 sig.

***) Ein Sohn des Priamos und der Hekuba. Er

Der als Späher von Troja, den hurtigen Fersen ver-
trauend,
Saß auf dem Gipfel des Grabes von Aesyetes, dem
Greise,*)

ein Thor gewesen; denn wenn er auch auf dem
Gipfel des Grabes saß, so konnte er doch von der
viel bedeutenderen Höhe der Burg aus fast gleicher
Entfernung herabschauen, ohne zu seiner Sicherheit
hurtiger Fersen zu bedürfen; denn der sich noch jetzt
zeigende Grabhügel des Aesyetes liegt fünf Stadien
entfernt am Wege nach Alexandria (Troas). Auch
der Lauf des Hektor um den Berg herum hätte dann
nichts Wahrscheinliches; denn die heutige Stadt läßt
sich wegen des daranstoßenden Bergrückens nicht
umlaufen, die alte aber hat freien Umlauf." —

Hestiaea beschäftigte sich auch sonst eingehend
mit der Auslegung und Erläuterung der homerischen
Gedichte, begleitete dieselben mit Sach- und Wort-
erklärungen, wie z. B. warum Aphrodite in der
Ilias öfter „die goldene"**) genannt werde, erging

---

war wegen seiner Schnelligkeit im Laufen berühmt, und
wurde deshalb auf den Vorposten am Grabmale des
Aesyetes gegen das griechische Lager gestellt, um Wache
zu halten und auf den Anmarsch der Griechen zu achten.

*) Ilias, II., 792, 793. Aesyetes, ein Trojaner.
Vater des Antenor, eines der weisesten Fürsten von Troja.

**) Schon damals machte also die Erklärung dieses
Attributes der Liebesgöttin Schwierigkeiten. Hestiaea
leitet dasselbe von einer Ebene her, in welcher Aphrodite
verehrt wurde und auch einen Tempel hatte, und welche

sich in der Frage, ob die Gesänge vom Kampfe um Troja etwas Geschichtliches enthalten, oder pure Dichtung seien: — kurz sie stand in Nichts ihren gelehrten Kollegen von Alexandria nach, die ihr eine gerechte Anerkennung gewiß nicht versagten.

Ihr genaues Zeitalter ist nicht bekannt; doch fällt dasselbe nicht nach dem des Skepsiers Demetrios, welcher um 160 v. Chr. blühte, und gleichfalls die trojanische Landschaft auf Grund der homerischen Zeugnisse untersuchte, da dieser in seinem großen Werke über den Schiffskatalog im zweiten Buche der Ilias schon die Ergebnisse der gleichartigen Untersuchungen durch Hestiaea anführte. —

Agallis.

Wenn wir unter den einheimischen Alexandrinerinnen gelehrten Frauen und namentlich „Grammatikerinnen" begegnen, so kann uns dies bei Alexandria's bekanntem Rufe als Stadt der Gelehrsamkeit und Grammatik

---

die „goldene" genannt wurde. Neuere Ausleger nehmen das „golden" für „herrlich", Andere für „goldgeschmückt" oder „goldgelockt". In einem Epigramm des Antipatros von Thessalonike erfuhr jedoch dieses „Gold" der Aphrodite eine ganz andere, nicht so harmlose Deutung. Dort heißt es:

„Alles hat schön, doch das, daß die Goldene sei Aphrodite,
    Hat am trefflichsten noch der Mäonide gesagt.
Wenn des Geprägten du bringst, mein Theuerster, ist dir der Wächter
    Nicht auf dem Fuß, und der Hund nicht an die Thüre gestellt.
Kommst du anders, so ist's selbst Kerberos. U. s. w.

par excellence als etwas so gar Auffallendes nicht erscheinen; dagegen ist es um so beachtenswerther und ein schönes Zeugniß für den Ernst scientifischer Bestrebungen auch unter dem weiblichen Geschlechte jener Zeit, daß Frauen aus Begeisterung und Liebe zur Wissenschaft ihr väterliches Heim verließen, und nach oft weit entfernten berühmten Städten der Gelehrsamkeit wanderten, um dort des Umganges und Unterrichtes der ersten Meister in den verschiedenen Wissenschaften theilhaftig zu werden. Schon Platon und andere Philosophen hatten, wie wir gesehen haben, unter ihren Zuhörern Mädchen und Frauen, welche aus weiter Ferne herbeigekommen waren; doch gehörte dies damals noch zu den Seltenheiten, während es zur Zeit des Neuplatonismus und jener zunftmäßigen Gelehrsamkeit nichts Ungewöhnliches war, in Athen sowohl wie in Alexandria fremde, der Philosophie oder Grammatik beflissene Frauen anzutreffen.

Eine fremde Dame von der Insel Kerkyra (Corcyra) war auch die später in Alexandria ansässige Grammatikerin — und als solche natürlich Schriftstellerin — Agallis (Suidas nennt sie Anagallis.) Dieselbe hörte Grammatik bei dem vortrefflichen Aristophanes von Byzanz (von 221—180 v. Chr.), einem der vielseitigst gebildeten und tüchtigsten alexandrinischen Philologen, der sich ganz besonders um die homerischen Gedichte verdient machte, indem er durch Einführung der Accente, Scheidezeichen und Worttrennung das

Verständniß derselben erleichterte — der sich aber von der Mehrzahl seiner Kollegen in der Grammatik auch dadurch unterschieden zu haben scheint, daß er etwas von einem Lebemanne in sich hatte, worauf nicht nur seine Autorschaft an einer Schrift über die Hetären, sondern auch eine Anekdote von seiner Liebe zu einer Blumenverkäuferin,*) in die er sich mit einem Elephanten theilen mußte, hindeuten.

Ueber die persönlichen und Familienverhältnisse der Agallis verlautet bei den Alten nichts Näheres. Da aber aus der Schule des Aristophanes auch ein Grammatiker Agallias aus Korkyra, der über Homer schrieb, genannt wird, so vermuthet man nicht mit Unrecht, daß dieser der Vater der Agallis gewesen sei.

Sie schrieb gleichfalls über Homer.**) Dessen Gesänge gaben ja vor allem Anderen den Bemühungen der Kritiker den reichsten Stoff. „Das hohe Alter des Dichters, die Unsicherheit seiner Vaterstadt und Herkunft, der lange Zeitraum zwischen dem Entstehen und der Aufzeichnung seiner Heldenlieder, die nach Ländern und Städten verschiedenen Handschriften, das panhellenistische Interesse seines Gegenstandes, waren nebst der unbeschreiblichen Anmuth seiner Gesänge besonders geeignet, den Scharfsinn der Gelehrten

---

*) Plinius H. N. VIII, 8,13, Aelian H. A. I. 38, Plut. de solert. animi 18.

**) Suidas s. vv: ὄρχηστρις und σφαῖρα Athen I. 14 a.

anzuregen."*) Doch gab es auch eine Menge Klein=
geister, die alle an Homer ihre Kräfte versuchen zu
müssen glaubten, die sich mit der Lösung selbst=
geschaffener Schwierigkeiten, mit mäßigen Spielen
des Witzes, langmächtigen, gelehrten Abhandlungen
über die unbedeutendsten, verständlichsten Dinge und
kleinlicher Kritik einzelner Stellen, wie der ganzen
Gedichte befaßten, wodurch die Homererklärung nicht
im Mindesten gefördert wurde. Was Schiller von
Kant und seinen Auslegern sagte, könnte man, wie
noch sonst öfter, auch auf diese Sorte von Gramma=
tikern mit Bezug auf Homer anwenden:

„Wie doch ein einziger Reicher so viele Bettler in
Nahrung
Setzt! Wenn die Könige bau'n, haben die Kärrner zu
thun!"

Homer war auch wirklich die Milchkuh aller großen
und kleinen Schulmeister; denn obwohl die Grammatik
eigentlich die ganze Gelehrsamkeit über das Alterthum
umfaßte, so befaßte sie sich doch vornehmlich mit der
Erklärung Homers. Darauf bezieht sich auch ein
bezeichnendes Epigramm des Spötters Lukianos, welches
lautet:

„Sei, Grammatik, mir hold, Allnährerin; gegen den
Hunger
Hast du das Mittel entdeckt: „Singe den Zorn des
Achill."

---

*) Parthey, d. alex. Museum.

Dich auch sollte die Welt mit herrlichen Gaben verehren,
Und Altäre dir weih'n, dampfend von Opfern und
Duft.
Denn auch von dir sind voll die Märkte, die Häfen
und Meere,
Alles! und Alle zumal, nimmst, o Grammatik, du auf." —

Ein Ptolemäos soll der Agallis eine Schrift über Aristoteles gewidmet haben. Es kann dies von den fünfzehn uns bekannten, literar-historischen Ptolemäern wohl nur der bei dem arabischen Schriftsteller Dschemaluddin als Anhänger des Aristoteles bezeichnete Philosoph Ptolemäos sein, welcher ein Buch über des Aristoteles' Leben, Tod und Folge seiner Schriften verfaßt hat.

Von den Schriften der Agallis ist nichts mehr erhalten. Suidas*) notirte daraus die Behauptung, Nausikaa sei die Erfinderin einer Art Ballspieles gewesen. —

Theodora.

Eine sehr gelehrte Frau lebte zur Zeit des Unterganges der heidnischen Philosophie in Athen: Theodora. Sie war die Tochter sonst kaum bekannter Eltern, der Kyrine und des Diogenes, eines Enkels des Eusebios J. Flabianos, von Vaters Seite verwandt mit dem berühmten Neu-Pythagoräer Jamblichos und befreundet mit Isidoros aus Alexandria (nicht Gaza, wie

---

*) s. v. σφαῖρα et ὄρχησις.

man aus dem Umstand geschlossen hat, daß Suidas den Ulpianos aus Gaza einen Bruder des Philosophen Isidor nennt), der einige Zeit an der Spitze der neuplatonischen Schule in Athen stand. Von diesem wurde sie auch im Verein mit ihren Schwestern in das Studium der Philosophie und verschiedener anderer Wissenschaften eingeführt. Als sich derselbe bald darauf nach Alexandria begab, übernahm dessen Schüler und Nachfolger im Lehramte Damaskios von Damaskos die völlige Ausbildung derselben und zwar mit dem besten Erfolge.

Theodora war nicht nur eine ganz tüchtige Philosophin, sondern eine noch vortrefflichere Grammatikerin und Mathematikerin, dabei bewandert in Allem, was sich auf Dichtkunst und Literatur bezog. Auf ihr Verlangen vornehmlich schrieb Damaskios sein „Leben des Isidoros", ihres gemeinsamen Lehrers, eine der wichtigsten und bedeutendsten Schriften dieses letzten Neuplatonikers in Athen, welche jedoch wegen der überaus häufigen Episoden eigentlich weniger eine Biographie des Isidor als eine Geschichte der Philosophie dieser und früherer Zeit bildete. Damaskios widmete denn das Werk auch der Theodora, welche, wie es scheint, zu Isidor von einer warmen Schwärmerei erfaßt war.

Nach Suidas müßte Theodora eine Zeitgenossin der Hypatia gewesen sein, da er die letztere zur Gemahlin des Isidor macht. Doch befindet sich der fleißige Lexikonschreiber bei dieser Angabe (wie auch sonst öfter) in einer unbegreiflichen Konfusion und im Widerspruche mit sich selbst, indem er gleich darauf von Hypatia sagt, sie sei immer Jungfrau geblieben. Man vermeinte diesen Widerspruch zu lösen, indem man annahm, Hypatia sei wohl mit Isidoros vermählt gewesen, habe aber ihre Jungfräulichkeit bewahrt. Mit nichten. Des Isidor Gemahlin hieß vielmehr Domna, und Damaskios berichtet, daß sie durch ihren Tod, der fünf Tage nach ihrer Entbindung erfolgte, den Philosophen von „einem schlimmen Thiere und einer bitteren Ehe" befreite. Bei möglichst genauer Begrenzung der Lebenszeit des Isidor übergibt sich überdies mit Bestimmtheit, daß dieser erst geboren wurde, als Hypatia bereits ermordet war. —

Ein Edikt des Kaisers Justinian verbot im Jahre 529 den philosophischen Unterricht in Athen und führte damit das Ende der hellenischen Philosophie überhaupt herbei. Damaskios wanderte mit sechs Schülern nach Persien aus.

Theosebia.

Das Widmen von Büchern und Schriften war schon bei den Griechen eine beliebte Form der Huldigung an gelehrte und hochgebildete Frauen, und kann gewiß als das beredteste Zeugniß angesehen werden für die ehrenvolle Anerkennung, welche man wenigstens in der späteren Periode dem weiblichen Geschlechte für Leistungen und Bestrebungen auf dem Gebiete der Wissenschaft zu Theil werden ließ. Es pflegten aber solche Dedikationen bei den Alten einen viel persönlicheren Charakter zu tragen, indem der Autor seine Schrift direkt an die von ihm gefeierte Persönlichkeit richtete, sie auch wohl gelegentlich im Kontexte apostrophirte. Auch trat der Name der so geehrten Person häufig in engere Verbindung mit dem Titel des gewidmeten Werkes und wurde auch mit demselben überliefert; kurz: die Widmungen der Alten waren sinnreicher und ehrenvoller, als es solche Respekts= und Höflichkeitsäußerungen heut zu Tage gemeiniglich zu sein pflegen, und das verhältnißmäßig häufige Vorkommen von Widmungen griechischer Schriftsteller an Frauen darf daher bei Beleuchtung der sozialen Stellung des griechischen Weibes um so weniger unterschätzt werden. Der Inhalt der Schrift bewegte sich natürlich stets auf einem Gebiete, welches demjenigen, dem sie dedizirt wurde, entweder besonders lieb, oder auf welchem derselbe selbst sehr tüchtig oder doch wenigstens wohl bewandert war, so daß man aus dem gewidmeten Werke zugleich auch auf die Art und den Grad der wissenschaftlichen Bildung der gefeierten Person schließen konnte. Auf dem Wege solcher Vermittlung lernen wir denn auch eine Gelehrtin Namens Theosebia kennen, welche sich mit — Chemie beschäftigte. —

Theosebia war die Schwester des Philosophen und Schriftstellers Zosimos, der um 400 n. Chr. lebte, und aus Alexandria, oder, nach Anderen, aus der Leinweber- und Steinmetzenstadt Panopolis (Pan's Stadt) in Oberägypten (der sogenannten Thebais) gebürtig war. Derselbe verfaßte ein chemisches Werk in achtundzwanzig Büchern, nach der Zahl der Buchstaben, und widmete dasselbe der Theosebia. Es war betitelt „Chemisches" oder „Werke der Menschenhand — ein mystisches Buch", und Bruchstücke daraus befinden sich noch handschriftlich in verschiedenen Bibliotheken.

Es braucht wohl nicht wiederholt zu werden, daß, wenn von der Chemie der Alten die Rede ist, man nicht an unsere heutige Wissenschaft der Chemie denken darf. Die chemischen Erfahrungen der Alten erweiterten sich, wie schon oben bemerkt, meist durch Zufall und durch das Probiren Gewerbetreibender. Es kam Niemanden in den Sinn, die verschiedenen Kenntnisse unter einem einheitlichen Gesichtspunkte zusammenzufassen. Der Begriff der chemischen Elemente war damals noch ganz unbekannt. Dagegen befand sich die gewerbliche Chemie bereits auf einer hohen Stufe der Ausbildung. Bis ins hohe Alterthum hinauf reichte z. B. schon die Gewinnung von Gold, Silber, Kupfer, Blei und Zinn aus Erzen, die Bereitung von Kochsalz und Soda, die Fabrikation des Glases, Schmalzes, der Ziegeln und mannigfacher

Farben, desgleichen die Färberei. Die Aegyptier ge=
wannen Salmiak aus Vitriol, verstanden die Be=
reitung von Essig, Seife, Fäulniß verhindernden
Ingredienzien (zum Einbalsamiren von Leichen),
mannigfachen Heilmitteln und Anderem. Von ihnen
lernten die Griechen, welche bei ihrer überwuchernden
Spekulation auf diesem Gebiete zu keiner rechten
Selbstständigkeit gelangen konnten.

Das „chemische" Werk des Zosimos unterschied
sich von ähnlichen phantastischen Produkten jener
Zeit auf das Vortheilhafteste, und war vielmehr
eine Encyklopädie der gewerblichen Künste und Fertig=
keiten, wie die noch vorhandenen Fragmente zeigen.
Man findet darunter Abhandlungen über das Stählen
des Eisens, über das Bierbrauen u. dergl.

Das Bier, dieses Lieblingsgetränk der Germanen,
war nämlich auch im Alterthum nicht unbekannt und
wurde schon von Herodot, Aeschylos, Archilochos, So=
phokles, Diodor von Sizilien u. A. mit verschiedenen
Namen als: Gerstenwein, pelusisches Getränk u. s. w.
genannt. Die Erfindung des Bieres wird den Aegyptiern
zugeschrieben, welche sie wieder von Osiris überkommen
zu haben behaupteten, während die Griechen sie auf
den Bacchos zurückführten. Das Bier der Alten war
von dem unsrigen nicht wesentlich verschieden, denn
Gerste ist die Grundlage beider, und Hopfen fehlt
auch in manchen Bieren der Gegenwart. Uebrigens
versetzte man auch damals schon das Bier mit

bitteren Kräutern. Außer Gerste gebrauchte man auch andere Cerealien zum Bierbrauen. Die größten und berühmtesten Brauereien des Alterthums waren zu Pelusium an den Nilmündungen. „Der edle Gerstensaft", den die Römer bekanntlich cervisia nannten, scheint jedoch dem älteren Plinius nicht sonderlich gemundet zu haben, denn er nennt ihn „einen abscheulichen Trank, der stärker berausche als Wein." —

Doch wir haben uns allzuweit von unserem eigentlichen Thema entfernt, und kehren zu Theosebia zurück, von der wir nicht mehr viel zu berichten haben. Außer jener Widmung ihres Bruders besitzen wir noch ein anderes Zeugniß ihrer hohen Bildung, nämlich ein recht hübsches und sinniges Epigramm in der griechischen Anthologie, worin die Göttin der Heilkunst (Akestoria) mit den berühmtesten Aerzten vermählt dargestellt wird, wozu Theosebia auch einen gewissen, sonst wenig bekannten Arzt Ablabios zählt, dem sie in jenem Gedichte einen so schmeichelhaften und doch so sinnigen Nachruf spendet. Das Epigramm lautet:

Dreimal Wittwe.

„Dreimal Trauer erfuhr Akestoria, schnitt sich das Haar ab;
Um den Hippokrates erst, und wiederum wegen Galenos,
Und nun liegt hier dahier an Ablabios' kläglichem Denkmal,
Scham empfindend, nach ihm bei den Menschen sich ferner zu zeigen."

Milto=Aspasia.*)

Aspasia von Phokaea, die Tochter des Hermotimos, wurde, da ihre Mutter bei ihrer Geburt gestorben war, als eine Waise, und zwar von Kindheit an in Armuth, jedoch züchtig und streng erzogen. Sie hatte fortwährend einen Traum, der ihr Gutes prophezeite und ihr künftiges Glück andeutete, daß sie nämlich mit einem schönen und edlen Manne werde verbunden werden.

Als sie noch ein Kind war, bekam sie in ihrem Gesichte unter dem Kinn ein Gewächs, das sie sehr verunstaltete und ihr und ihrem Vater Kummer machte. Ihr Vater führte sie nun zu einem Arzte, und dieser versprach auch, gegen eine Belohnung von drei Staterren das Uebel zu heilen; als aber der Vater versicherte, daß er nicht soviel habe, erklärte jener, daß er auch keine überflüssigen Heilmittel besitze. Aspasia wurde darüber natürlicherweise sehr betrübt, ging weg und weinte, nahm darauf den Spiegel vor, verfiel aber, als sie sich darin besah, in noch größere Traurigkeit, und gab sich dem Kummer so ganz hin, daß sie nicht einmal Nahrung zu sich nahm. Zur gelegensten Zeit überfiel sie nun der Schlaf, und im Schlafe erschien ihr gleich eine Taube, welche sich in eine Frau verwandelte und zu

---

*) Getreu nach dem Griechischen des Aelian V. Hist. lib. XII. c. 1. in der Uebersetzung von Dr. Wunderlich.

ihr sprach): „Sei getrost und suche nicht mehr Hülfe bei Aerzten und Aerztinnen, sondern wenn du unter den Rosenkränzen der Aphrodite solche findest, die schon abgewelkt sind, so presse und lege sie als Um= schlag auf das Gewächs." Das Mädchen that, wie es ihr gesagt worden, und das Gewächs verschwand. Aspasia wurde, da ihr die schönste der Göttinnen ihre Schönheit wiedergeschenkt hatte, wiederum die schönste unter ihren Gespielinnen; sie vereinigte der Reize so viele, als keine andere Jungfrau ihrer Zeit. Ihr Haar war blond und etwas kraus, die Augen groß, die Nase etwas gebogen, die Ohren ziemlich klein, ihre Haut zart. Die Farbe ihrer Wangen glich den Rosen; deswegen nannten sie auch die Phokäer, so lange sie noch ein Kind war, Milto.*)

Ihre Lippen waren roth und ihre Zähne weißer als Schnee. Sie hatte auch schöne Füße wie die schönsten Frauen, von denen Homer spricht, der nach seiner Ausdrucksweise sie durch den Beinamen „schön= füßig" ehrt. Ihre Stimme war lieblich und sanft, und wer sie sprechen hörte, konnte glauben, eine Sirene zu hören. Von weiblicher Eitelkeit und Putz= liebe war sie ganz frei. Denn hiezu führt gewöhnlich nur der Reichthum; Aspasia aber war arm und von einem gleichfalls armen Vater erzogen, und suchte daher ihre Schönheit nicht durch gesuchten und er= künstelten Schmuck zu heben.

*) Vergl. eben S. 370.

Eines Tags kam Aspasia zu Kyros, dem Sohne des Darios (Nothos) und der Parysatis, dem Bruder des Artarerres (Mnemon), aber weder auf eigenen Antrieb, noch durch einen freien Entschluß ihres Vaters dazu veranlaßt, sondern mit Gewalt dazu genöthigt. Dies war öfter der Fall, wenn eine Stadt erobert wurde, oder Tyrannen und oft auch Statthalter sich Gewaltthaten erlaubten. So hatte denn auch Einer von den Statthaltern des Kyros sie mit anderen Jungfrauen demselben zugeführt. Sehr bald erhielt sie von allen Nebenfrauen den Vorzug, weil ihre Sitten einfach waren, ihr Betragen sittsam und ihre Schönheit frei von künstlicher Beihülfe. Die besondere Gunst des Kyros genoß sie aber auch wegen ihres Verstandes, wie denn Kyros sie öfter über Sachen von Wichtigkeit um Rath fragte, und es nie bereute, ihn befolgt zu haben.

Als nun Aspasia das erstemal vor Kyros erschien, hatte dieser eben gespeist, und schickte sich nun, nach persischer Weise, zum Trinken an. Wenn nämlich die Perser zur Genüge gegessen haben, so rüsten sie sich, als gälte es einem Feinde, zum Trinken, und leben dann ganz für den Wein und das Zechen. Mitten unter dem Trinkgelage nun wurden vier hellenische Jungfrauen, unter welchen auch die Pho=käerin Aspasia war, vor Kyros gebracht. Alle waren auf das schönste geschmückt; denn den übrigen waren von Frauen, die sie von Hause aus an's Hoflager begleitet hatten, die Haare künstlich geflochten und das Gesicht mit Salben und Schminken zierlich bemalt worden. Auch waren sie von ihren Erzieherinnen unterrichtet, auf welche Weise und durch welche Mittel sie sich bei Kyros in Gunst setzen und einschmeicheln, daß sie, wenn er sich ihnen nähere, sich nicht abwenden, wenn er sie berühre, keinen Unwillen zeigen und seinen Küssen nicht ausweichen sollten; kurz, sie hatten Belehrungen und Anweisungen erhalten, die sich vollkommen für Buhldirnen eigneten, und sollten sich betragen wie Personen, die aus ihren Reizen eine Quelle des Erwerbes machen. Daher suchte denn immer Eine die Andere an Schönheit zu übertreffen. Aspasia aber weigerte sich nicht nur ein kostbares Unterkleid anzuziehen, sondern wollte auch kein buntdurchwirktes Oberkleid anlegen, und verstand sich eben so wenig zum Baden, sondern erhob ein Klagegeschrei und flehte zu allen Göttern Griechenlands, als Beschützern der Freiheit, rief ihres Vaters Namen aus und wünschte sich und ihm den Tod, weil sie fest überzeugt war, das für sie so ungewohnte Schleppkleid und solch' übertriebenen Putz könne sie nicht an sich tragen, ohne zugleich sich in eine gewisse und entschiedene Sklaverei zu begeben. Sie wurde indeß durch Schläge genöthigt, die Kleider anzuziehen, und gehorchte dem Befehle, jedoch schmerzlich betrübt, daß man sie genöthigt, etwas zu thun, was einer Buhlerin zukomme, nicht aber einer Jungfrau.

Die Anderen nun blickten bei ihrem Eintritte den Kyros an, lächelten ihm zu und zeigten sich ganz heiter. Allein Aspasia schlug die Augen nieder, flammende Röthe überzog ihr Gesicht, ihre Augen waren voll Thränen, und in ihrem ganzen Wesen drückte sich ihr Schamgefühl unverkennbar aus. Als nun Kyros befahl, daß die Mädchen sich zu ihm setzen sollten, zeigten sich jene ganz folgsam und willig, die Phokäerin aber leistete dem Befehl keine Folge, bis der Satrape, der sie eingeführt hatte, sie mit Gewalt zum Sitzen brachte. Als nun Kyros dieselben betastete, und ihre Augen, Wangen und Finger genauer betrachtete, blieben jene ruhig, diese aber ließ es sich nicht gefallen, denn sowie er sie nur mit der Spitze eines Fingers berührte, schrie sie laut auf und drohte: er solle es bereuen, wenn er sich solches unterstehe. Daran hatte Kyros eine große Freude. Als sie nun aber, wie er auch ihren Busen betasten wollte, aufstand und entfliehen wollte, da ward, gegen die Gewohnheit der Perser, der Sohn des Darios voll Bewunderung über ihr edles Selbst=gefühl, warf einen Blick auf den, den sie herbei=geschafft hatte, und sagte: „Unter Allen, die du mir gebracht hast, ist diese die Einzige, welche ohne Sklavensinn und noch nicht verdorben ist; die übrigen Alle sind schon ihrem Aussehen, noch mehr aber ihrem Betragen nach feile Dirnen."

Aus diesem Grunde empfand denn nun Kyros

für sie mehr, als für alle Andern ihres Geschlechts, mit denen er je Umgang gehabt hatte, — Liebe, ja bald die feurigste Liebe. Diese wurde auch von Aspasia erwidert. So bildete sich zwischen ihnen nach und nach ein so inniges Verhältniß, daß beide sich einander vollkommen gleich stellten, und ihre Verbindung in Hinsicht auf Uebereinstimmung der Herzen und feste Treue ganz einer griechischen Ehe glich. Der Ruf von Kyros' Liebe zu Aspasia verbreitete sich in Jonien und in dem ganzen Hellas, auch der Peloponnes war voll von Erzählungen über sie und Kyros; ja sogar bis zum großen König*) drang das rühmende Gerücht. Man glaubte nämlich allgemein, Kyros habe seit seiner Verbindung mit ihr nie mehr eine andere Frau seines näheren Umganges gewürdigt.

Diese Verhältnisse brachten nun der Aspasia ihre früheren Traumbilder in Erinnerung: jene Taube, die Worte derselben, und was ihr die Göttin geweissagt hatte; und da sie die feste Ueberzeugung hatte, Aphrodite sei von ihrer Kindheit an ihre Schutzgöttin gewesen, so brachte sie ihr ihren Dank durch heimliche Opfer dar. Zuerst ließ sie ein goldenes Bild derselben von hinlänglicher Größe anfertigen, und, um dasselbe als ein Standbild der Aphrodite kenntlich zu machen, eine mit Edelsteinen verzierte Taube daneben aufstellen; auch war sie täglich be-

*) So nannten die Griechen den Perserkönig.

müht, durch Opfer und Lobgesänge sich ihre Huld
zu erhalten. Auch ihrem Vater Hermotimos schickte
sie öfter ansehnliche Geschenke, und machte ihn zu
einem reichen Manne. Sie selbst aber hielt sich fort=
während in den Schranken der Bescheidenheit, wie
die griechischen Frauen sowohl, als die persischen
versichern. —

Einst wurde dem Kyros von Skopas dem jüngeren
in Thessalien ein Halsschmuck zugeschickt, welchen
dieser aus Sizilien erhalten hatte, und man fand
denselben außerordentlich künstlich und fein gearbeitet.
Da er von Allen, denen ihn Kyros zeigte, bewundert
wurde, so ging er, voll Freude über das kostbare
Kleinod, sogleich in Aspasia's Gemach, traf sie aber,
da es eben Mittag war, schlafend an. Er schlüpfte
nun unter die Decke, legte sich sachte ihr zur Seite
und verhielt sich still und ruhig, so lange Aspasia
schlief. Als sie aber erwachte und den Kyros er=
blickte, umarmte und liebkoste sie ihn nach ihrer ge=
wohnten Weise. Er aber nahm den Halsschmuck aus
seinem Kästchen und zeigte ihr denselben mit den
Worten: „Dies ist ein Geschmeide, das sich für eines
Königs Tochter oder Mutter eignet.“ Und als sie
ihm beistimmte, sprach er: „Nun, hier hast du es;
ich gebe es dir zum Eigenthum; lege es jetzt gleich
an und zeige mir dann deinen Hals.“ Sie ließ sich
jedoch durch das Geschenk nicht bethören, sondern
gab die sehr kluge und feine Antwort: „Wie sollte

ich es wagen, ein Geschenk um meinen Hals zu legen, was sich für deine Mutter Parysatis eignet? Nein, Kyros, schicke ihr den Schmuck, ich werde für dich auch ohne ihn einen schönen Hals haben."

Voll hohen, königlichen Sinnes handelte hier Aspasia auf eine Weise, die dem gewöhnlichen Benehmen ihres, in so hohem Grade putzliebenden Geschlechtes völlig entgegengesetzt ist. Kyros, erfreut über die Antwort, küßte die Geliebte auf's Zärtlichste, und schickte sofort seiner Mutter den Halsschmuck mit einem Briefe, in welchem er ihr Alles, was geschehen und was gesprochen worden, genau und umständlich beschrieb. Als Parysatis das Geschenk erhielt, freute sie sich über die erhaltenen Nachrichten nicht minder als über das Gold, und zum Danke schickte sie der Aspasia große, wahrhaft königliche Geschenke. Denn sie war sehr erfreut darüber, daß Aspasia, so innig auch ihr Verhältniß zu ihrem Sohne war, doch in Kyros' Herzen seiner Mutter nachstehen wollte. Aspasia rühmte nun zwar die Geschenke, erklärte aber zugleich, daß sie derselben nicht bedürfe: es waren ihr nämlich neben anderen Gaben noch große Summen Geldes zugekommen. Diese schickte sie nun dem Kyros zu mit der Bemerkung: „Da du viele Menschen zu unterhalten hast, so möchten dir diese Dinge mehr von Nutzen sein: mir genügt's, dich lieben und in dir meinen Schmuck finden zu können." —

Solche Handlungen mußten nun den Kyros in Staunen versetzen und man konnte in der That nicht umhin, diese Frau zu bewundern, theils wegen ihrer körperlichen Schönheit, theils aber und noch mehr wegen des Adels ihrer Seele. Als nun aber Kyros im Kampfe gegen seinen Bruder fiel, sein Lager erobert, und darin mancherlei Beute gemacht wurde, gerieth auch Aspasia in Gefangenschaft; doch war sie nicht von ungefähr und zufällig den Feinden in die Hände gefallen, sondern der König Artaxerxes hat sie mit großer Sorgfalt aufsuchen lassen, da ihr Ruhm und ihre Tugend ihm nicht unbekannt war. Als man sie nun aber gebunden vor ihn brachte, wurde er sehr unwillig, ließ die, welche sie so be= handelt hatten, ins Gefängniß werfen, und befahl, ihr einen kostbaren Anzug zu geben. Sie sträubte sich aber, jammerte, weinte und konnte nur durch vieles Drängen bewogen werden, das vom König geschenkte Kleid anzuziehen, so sehr betrauerte sie Kyros' Tod. Aber auch in dem neuen Gewande erschien sie als die schönste aller Frauen; Artaxerxes entbrannte sogleich in der zärtlichsten Liebe zu ihr, gab ihr den Vorrang vor allen seinen Frauen und hielt sie außerordentlich in Ehren, indem er sich schmeichelte, durch die Gunstbezeugungen, die er ihr zu erweisen sich bemühte, sie dahin bringen zu können, den Kyros zu vergessen, und sie zu überzeugen, daß er sie nicht minder liebe, als jener. Sein Wunsch wurde auch erfüllt, doch nur nach langem Harren. Denn in Aspasia's Herzen hatte die zärtlichste Liebe zu Kyros zu fest gewurzelt, als daß sie so leicht hätte daraus vertilgt werden können. —

Einige Zeit nachher starb der Eunuch Teridates, der schönste und blühendste Jüngling in ganz Asien; der Tod ereilte ihn, als er kaum aus den Knaben= jahren in das Jünglingsalter getreten war Diesen hatte der König, wie man sagt, außerordentlich ge= liebt; deswegen betrauerte er ihn sehr und war tief betrübt, ja aus Rücksicht auf den König trauerte man allgemein in ganz Asien. Niemand wagte, sich ihm zu nahen, oder ihn zu trösten, weil man glaubte, sein Schmerz über den erlittenen Verlust sei unheilbar. So vergingen drei Tage. Dann legte Aspasia ein Trauerkleid an, und trat vor den König, als er in das Bad ging, mit weinenden Augen und den Blick zur Erde gesenkt. Verwundert über ihren Anblick fragte er, warum sie komme? Sie antwortete: „Ich wollte dich, König, in deinem Schmerz und in deinem Leide trösten, wenn du es mir erlauben willst; ist es dir aber zuwider, so entferne ich mich wieder." Der König freute sich sehr über ihre theilnehmende Sorgfalt, und befahl ihr, ihn in ihrem Gemache zu erwarten. Dort empfing sie ihn, als er vom Bade zurückkehrte, und nun ließ er sie über das schwarze Kleid noch das des Eunuchen anziehen. Das Jünglings=Kleid stand ihr zwar auch vortrefflich, noch mehr aber war es der Glanz ihrer eigenen blühenden Schönheit, wodurch sie seine Liebe wieder fesselte. Nachdem er einmal so weit gebracht war, äußerte er den Wunsch, sie möchte so lange, bis sein Schmerz sich etwas gemildert hätte, in dieser Kleidung vor ihm erscheinen — ein Wunsch, den sie mit aller Bereitwilligkeit erfüllte. Was also von allen Bewohnern Asiens, von den Frauen nicht nur, sondern auch von den Söhnen und Verwandten des Königs Niemand vermocht, das verschaffte sie dem Artaxerxes, Aufrichtung und Heilung von seinem leidenschaftlichen Schmerze, durch ihre theilnehmende Sorgfalt, welcher der König nicht widerstehen konnte, und durch ihren Trost, welchen er anzunehmen verständig genug war.

*　　*　　*

Als später Artaxerxes seinen Sohn Darios zum Kronprinzen designirte, erbat sich dieser die Aspasia zum Geschenke. Nach altem Herkommen durfte der König diese Bitte nicht versagen; er gab sie ihm, nahm sie aber sogleich wieder zurück und machte sie zur Priesterin der Anaitis (?) oder nach Justinian des Helios. Diese Handlung erbitterte jedoch den Darios so sehr, daß er auf eine Verschwörung gegen seinen Vater einging, die ihm selbst das Leben kostete. Weitere Nachrichten über Aspasia fehlen.

Anhang.

Die griechischen Hetären.

Die griechischen Hetären.*)

Absehend von der zur Zeit des Unterganges der griechischen Freiheit herrschenden Sittenverderbniß der Griechinnen vornehmlich der athenischen Frauen ehrbaren Standes, und von den dadurch herbei= geführten anomalen gesellschaftlichen Verhältnissen, wollen wir hier noch mit größerer Ausführlichkeit einer zwar bei allen hervorragenden Völkern des Alterthums sich findenden, aber doch nirgends so markant und mit so großer sozialer Bedeutung hervortretenden Erscheinung des Kulturlebens bei den Griechen ge= denken, die zuerst bei den Joniern auftrat und sich dann über ganz Griechenland verbreitete, die weibliche Bevölkerung in zwei scharf unterschiedene Klassen trennend: in die ehrbaren Frauen und in die Buhle= rinnen oder Hetären.

Der Heuchelei unseres Zeitalters widerstrebt es, von dieser Erscheinung, die es doch selbst so fürsorg=

*) Hauptquelle: Athenaeos, Deipnosophistae lib. XIII.

lich in seinen Schutz nimmt, öffentlich zu sprechen. Der Kulturgeschichtschreiber muß sich jedoch in dieser Hinsicht auf den Standpunkt der Griechen stellen, die, wie überhaupt, so auch in diesen Stücken völlige Offenheit und Unbefangenheit, sowohl des Wortes wie des Handelns, an den Tag zu legen pflegten.

Die Reizlosigkeit und Disharmonie in der Ehe der Jonier war für diese eine natürliche Veranlassung, daß sie Zerstreuung und Frohsinn außerhalb der Familie suchten und „den Umgang mit kunstfertigen Mädchen vorzogen, welche Tanz und Musik gewandt in buhlerischer Freiheit übten." An solchen „kunstfertigen" Mädchen und Weibern, die sich gegen geringeren oder höheren Entgelt dem Vergnügen der Männer überließen, fehlte es ja in Griechenland ebensowenig und noch weniger, als bei allen übrigen Völkern des Alterthums, das auserwählte Volk Jehova's, die Hebräer, nicht ausgenommen, dessen Propheten sogar mit seltener Unbefangenheit und einer gewissen Vorliebe von „feilen Dirnen" reden. Solche Mädchen wurden bei den Griechen von Kupplern und Kupplerinnen aufgekauft oder angeworben und zum Buhlgewerbe abgerichtet, wobei sie gewöhnlich zu Virtuosinnen auf irgend einem Instrumente, vorzüglich auf der Kithara und auf Flöten, ausgebildet wurden. Bevor sie aus den Reizen des Körpers Gewinn ziehen konnten, wohnten sie als Tänzerinnen und Musikantinnen den Gastmahlen der

Jünglinge bei, wo sie Muster der Nachahmung fanden
und die Sitten der berühmtesten ihrer Zunft beobachten konnten. Mit dem Erblühen der Reize
begann sodann ein Jagen nach Liebhabern, denen
sie ihre Gunst um möglichst hohe Summen zu verkaufen suchten. Von Eitelkeit und Eigennutz erfüllt,
übten sie nun die Kunst zu gefallen in der verschiedensten Weise aus und ersannen, sich gegenseitig
überbietend, die unerdenklichsten Reizungen und Lock-
mittel der Liebe. Die gefälligen Umgangsformen,
die leichten und häufig sogar geistreichen Gespräche
dieser Mädchen, verliehen dem Verkehr mit ihnen einen
besonderen Reiz, und man nannte sie „Freundinnen"
oder „Hetären", wobei von den Alten bemerkt wird,[*]
daß der Name „Hetäre" ursprünglich ehrbar und
späterhin eine Art Euphemismus war, wie auch, daß
freigeborene Frauen und Jungfrauen ihre Freundinnen
„Hetären" nannten.[**]

Der Umgang der Jünglinge und Männer mit
solchen „Freundinnen" warf gar kein so schlimmes
Licht auf dieselben. Durch Solon sollte das Institut

---

[*] Athen. D. lib. XIII. p. 272 a.

[**] Diese zarte Bezeichnung wurde übrigens nur der
feineren und gebildeteren Klasse von Buhlerinnen zu Theil,
während die ganz gemeine Dirne mit dem Worte:
„Porne" (welches unserem aus der anständigen Con-
versationssprache verbannten, gemeinen Ausdrucke „Hure"
völlig an Verächtlichkeit gleichkommt) bezeichnet wurde.

der Hetären sogar einen staatlichen Charakter erhalten. Dieser berühmte Gesetzgeber der Athener, kaufte, um die Verführung der Jungfrauen und Eheweiber hintanzuhalten, schöne Mädchen, und ließ sie in einem öffentlichen Hause ihre Reize um geringen Lohn feilbieten. Diese Maßregel zum Schutze des häuslichen Lebens wurde denn auch vielfach sehr lobenswerth befunden. Der Dichter Philemon z. B. rühmt (in den „Brüdern") die Weisheit Solons mit folgenden Versen:

„Du hast dir, Solon, aller Menschen Dank verdient.
Denn deiner Einsicht, wie man sagt, verdanken sie,
Bei Zeus, ein heilsam und volksthümlich Institut.
(Ich, Solon, sage, denk' ich, dies mit vollem Recht)
Du hast die Stadt mit jungen Leuten angefüllt,
Zu denen allen der Trieb der Natur allmächtig sprach,
So daß sie sich vergingen, wie's nicht ziemend war.
Da hast du, sagt man, Weiber gekauft und aufgestellt,
Gemeinsam Allen und zu ihrem Dienst bereit.
Sie steh'n entkleidet, keine Täuschung gibt's dabei.
Beschaue sie nach Lust, und wirst, wie sich's wohl
                                                    begibt,
Einmal bedrängt — nun gut, die Thür ist aufgethan.
Ein Obolos, und du springst hinein; und drinnen ist
Von Sträuben, Zieren, Weigern keine Rede nicht." —

In Athen galt es jedoch, wenigstens in den ersten Zeiten, von den Ehemännern für schmählich, mit einer Hetäre öffentlich Umgang zu haben und die beleidigte Gattin konnte deshalb gegen den Mann die Scheidung anstrengen, die für diesen mit Verlust der Mitgift und der Feindschaft der Anverwandten der Frau verbunden war. Erst als Perikles mit Aspasia zu verkehren anfing, trat auch hierin ein Umschwung der Anschauungen ein, und von da an begann das Hetärenthum seine vollsten, die Familie und Gesellschaft zersetzenden Blüthen zu treiben. Um jene Zeit begann man an dem Maitressenthum einen besonderen Gefallen zu finden und sich zu jener frivolen Ansicht über die Ehe zu bekennen, welche unter Anderem auch in einer (fälschlich) dem De= mosthenes zugeschriebenen Rede ausgesprochen wird, wo es heißt: „Wir haben Freundinnen für den Um= gang, Beischläferinnen für die jedesmalige Befriedigung des Geschlechtstriebes und Frauen zur Erzeugung freigeborner Kinder und zur Führung des Haus= wesens. *) —

In Korinth hatten die Hetären sogar ein halb= priesterliches Ansehen und genossen hier eine Aus= zeichnung, wie in keiner andern Stadt Griechenlands. Als im zweiten Perserkriege Xerxes in Griechenland einbrach, begaben sich alle korinthischen Hetären in den Tempel der Aphrodite und flehten zu ihr um die

---

*) Solche Ansichten und Verhältnisse sind auch unseren Zeiten nicht fremd. Gab doch ein sehr geistreicher Mann, der neben seiner Gemahlin noch eine „petite femme" hatte, als jene starb und man ihm proponirte, nun diese zu heirathen, zur Antwort: „Wo soll ich dann aber meine müßigen Stunden zubringen? . . . . . ."

Rettung des Vaterlandes und machten das Gelübde, die siegreich heimkehrenden Krieger mit ihren Liebeszärtlichkeiten zu belohnen. Die Göttin erhörte ihr Flehen und aus Dankbarkeit widmeten nun die Korinther der Aphrodite ein Gemälde, auf welchem sämmtliche Hetären abgebildet waren, die damals zur Göttin fleheten, und worunter Simonides die folgenden Verse setzte:

„Weil den Hellenen zum Heil und den gradankämpfenden
                    Bürgern
    Kypris, der waltenden, die fleheten, stehen sie hier.
Denn nicht dachte die Göttin, der bogenbewehreten
                    Meder
    Händen zu geben dahin eine hellenische Burg."

Nun machten auch Privatpersonen häufig das Gelübde, bei dem glücklichen Ausgange einer Unternehmung der Liebesgöttin eine bestimmte Anzahl von Hetären zu weihen. Die Priesterinnen der Aphrodite führten denn hier auch den Namen Hierodulen (d. i. Tempeldienerinnen) und wurden sogar von dem erhabenen Pindar in seinen unsterblichen Versen gefeiert. In einem Skolion spricht er sie an als die „gastlich heiteren Mädchen, welche, des Dienstes der Aphrodite waltend, aufwärts streben im Gemüth zur ewigen Mutter." Korinth galt auch wegen der ungeheuren Menge solcher Mädchen, die sich hier aufhielten und wegen des gewissen Ansehens, das sie hier genossen, für die Hetärenstadt par excellence, und es beherbergte auch die reichsten und schönsten derselben. War doch

Aphrodite die Schutzgöttin der Stadt und diese selbst durch ihren Charakter als eine der vornehmsten Handelsstädte Griechenlands, und daher Herberge zahlreicher Fremden, wie durch den Reichthum und die schwelgerische, sprichwörtlich gewordene Ueppigkeit und Wollust ihrer Bewohner, wie zur Protektorin des Hetärenthums ganz besonders bestimmt.

Auch in den übrigen Hafen= und Handelsstädten Griechenlands und der griechischen Kolonien stand die Prostitution in der üppigsten Blüthe, während die Landstädte in dieser Beziehung zurückstanden, ohne jedoch derselben zu entbehren. Athen namentlich litt gewiß keinen Mangel an käuflichen Schönen. Athenaeos sagt sogar, es habe deren so viel besessen, wie kein berühmter Staat tapfere Männer. Aristophanes*) führte nicht weniger als 135, Apollodoros noch mehr, Gorgias eine noch höhere Zahl athenischer Hetären an. —

Zur Zeit des Perikles unterschied man in Athen (nach ihrer bürgerlichen Stellung) vorzüglich 4 Klassen von Hetären:

1. die niedrigste, die der öffentlichen Bordell= dirnen. Es waren dies für die öffentlichen Bordelle gekaufte Sklavinnen, welche unter Staatskontrole standen und auch vom Staate taxirt wurden, und zwar von den Agoranomen oder Marktaufsehern,

---

*) Vergleiche unten.

weßhalb ihr Tarif nicht übertrieben war. Sie standen zur bequemeren Auswahl und Musterung für die Besucher beinahe ganz nackt und in einer Reihe aufgestellt und hatten nur den von Solon für die Bordelle bestimmten Zweck zu erfüllen. In Hinsicht auf diese, durch die Billigkeit und Auswahl gewährten Vortheile der **Staatsdirnen**, tadelte Xenarchos*) in seiner Komödie „Der Fünfkampf" diejenigen, welche theure Hetären besuchen oder anständige Frauen verführen, mit folgenden Versen:

„Unschickliches, ja ganz Unschickliches begeht
Die Jugend uns'rer Stadt; 's ist unerträglich fast.
Wozu, frag ich', sind in den Bordellen denn
Die schönen Mädchen da, die man beim schönsten Licht,
Fast unbekleidet, mit entblößter Brust dasteh'nd,
In langer Reihe aufgestellt, betrachten kann,
Und die nach Belieben Jedem zur Verfügung steh'n:
Dünn, wohlbeleibet, untersetzt, lang, runzelig,
Noch mädchenhaft, schon alt, im Blüh'n und reifer schon?
Da braucht man nicht geheim zu schleichen die Trepp'
                                   hinauf,
Um dann den Rückweg durch das Dach zu nehmen, noch
Einschmuggeln sich zu lassen unter Spreu versteckt.
Denn selbst, der es nicht will, den ziehen die an sich,
Mit „Väterchen" ihm schmeichelnd, wenn er älter ist,

---

*) Dieser Dichter hat sich vor dem Tribunal des Frauengeschlechts wegen folgender Stelle in seiner verloren gegangenen Komödie „Der Schlaf" zu verantworten. Er frägt:

„Sind die Zikadenmännchen nicht recht glücklich, wie? . . .
Es geben ihre Weibchen keinen Laut von sich!"

Mit „Brüderchen", wenn er noch jung. Und mit jeder
kann
Von diesen er gefahrlos und um bill'gen Preis
Vergnügen sich, bei Tag, des Abends, wie's beliebt.
Doch jene darfst nicht einmal seh'n du, und wenn ja,
So kannst du immer zitternd und in Furcht
Und Angst um deine Haut ihr nur in's Antlitz seh'n.
Was endlich ist mit solchem Umgang denn, o Kypris,
So gar Anziehendes verbunden, wenn dabei
Man der drakonischen Gesetze sich erinnert?" —

Die Hauptbezugsorte für solche Dirnen waren
vornehmlich Samos, Lesbos, Kypros, Jonien u. s. w.,
wo alljährlich große Massen von diesen und ähnlichen Artikeln in Menschen, wie Sklaven, Eunuchen
und dergleichen abgehalten wurden. Von hier stammten
gewöhnlich auch die Hetären der

2. Klasse, Sklavinnen, welche von spekulativen
Privatpersonen (Kupplern und Kupplerinnen) gekauft
und für den Dienst der käuflichen Liebe ausgebildet
und gehalten wurden. Besonders verblühte und ge-
alterte Hetären der beiden folgenden Klassen gaben
sich gern und manchmal in Compagnie mit diesem
ersprießlichen Geschäfte ab. Sie hielten eigene Bordelle, meist in Verbindung mit förmlichen Instituten
für Hetären, die bald zu Hochschulen der galanten
Künste wurden, und häufig jene ganz bedeutende
geistige Bildung vermittelten, die man an manchen
Koryphäen des Hetärenthums so sehr bewunderte und
die nicht selten auch zur Beschäftigung mit strengeren

Wissenschaften und zu literarischer Produktivität führte. Aus diesen Instituten kamen denn auch Mädchen heraus, welche oft eine bedeutende Rolle in der Gesellschaft spielten, wie Leontion, Gnathaena, Gnathaenion, Pythionike u. A. Bekannt waren die Anstalten einer Nikarete, Bacchis und der Thrakierin Sinope, welche aus Aegina nach Athen übersiedelte. Auch Megara hatte berühmte Hetärenschulen, welche mit denen des benachbarten Athen in Verbindung standen und gefeierte Zöglinge entsendeten, wie sich ja auch die megarischen und athenischen Hetären bald in Megara, bald in Athen aufhielten. Der schon genannte Komödienschreiber Alexis gewährt uns in einem Fragmente seines Hetärendramas „Isostasion" einen nicht uninteressanten Einblick in ein solches Institut, (das jedoch nicht gerade zu den renommirtesten gezählt haben dürfte). Die so häufigen Sitten und den gewöhnlichen Lebenslauf der Hetären schildernd, sagt er:

„Erstlich geht ihr ganzes Trachten auf Gewinn und
Plünderung
Aller Menschen; jedes And'r' ist Nebenwerk; d'rum stellt sie
Hinterlistig Netz und Fallen; hat dies etwas eingebracht,
Werben sie sich nun Dirnen, die den Künsten fremd noch sind.
Diese formen sie dann in Kurzem, so daß weder an Gestalt,
Noch an ihrer Art und Weise sie sich ferner ähnlich seh'n.

Ist die eine klein von Wuchse, gleich wird Kork ihr in
        die Schuh'
Eingefüttert; groß ist jene; dünne Sohlen gibt man ihr,
Und das Köpfchen wird beim Gehen auf die Schultern
        hingesenkt:
Dies vermindert ihre Länge. Wenn es ihr an Hüften
        fehlt,
Wird das Fehlende durch Wülste zugesetzt, und jedermann,
Der sie sieht, preist ihres H . . . . . . Fülle. Ist ihr
        Leib zu stark,
Helfen, wie Schauspieler tragen, falsche Brüste dem
        Uebel ab;
Denn, indem sich dieser Ansatz hebet, wird des Unter=
        leibes
Ueberfülle, wie mit Stangen, in sein Maaß zurückgedrängt.
Hat die eine feuerrothe Brauen, malt sie Kienruß schwarz.
Eine Andr' ist schwarz von Farbe; Bleiweiß streicht
        man dieser auf.
Uebermäßig blaß ist Jene; ihr reibt man Zinnober ein.
Ist ein einz'lner Theil vorzüglich, dieser wird mit
        Fleiß entblößt.
Hat sie etwa schöne Zähne, muß sie lachen früh und spät,
Daß die Leute mit Bewund'rung ihren Mund anmuthig
        seh'n.
Hat sie keine Lust zu lachen, bleibe sie zu Hause still,
Und wie in der Fleischer Buden ganz gewöhnlich zum
        Verkauf
Aufgestellte Ziegenköpfe, nehme sie von Myrthen sich
Ein gerades, dünnes Hölzchen zwischen die Lippen in
        den Mund,
Daß sie immer lachend grinse, mag sie wollen oder
        nicht. — *)

----

*) Uebersetzung von Fr. Jakobs.

Die Mädchen aus solchen Bordellen standen so=
wohl in als außer dem Hause zu Diensten, und
mußten in beiden Fällen den Preis für ihre Gunst=
bezeigungen an die Herrin oder den Maquereau
abführen. Nicht immer mochten sie von diesen hin=
sichtlich der Verköstigung und sonstiger Bedürfnisse gut
gehalten sein, da sie sich von ihren Liebhabern ge=
wöhnlich auch tüchtig füttern ließen (tout comme
chez nous!) und dabei nicht selten eine große Un=
bescheidenheit an den Tag legten, wie wir aus einem
Fragmente des Komikers Eubulos ersehen können,
wo von einer modesten Hetäre gesagt wird:
„Wie fein bescheiden diese nur beim Essen war!
Sie macht es nicht wie jene andern, welche sich
Mit ganzen Klößen voll die runden Backen stopfen,
Und Brocken Fleisch in ekelhafter Gier verschlingen.
Sie kostete nur wenig von dem Einzelnen.“ —

Manchmal wurden die Mädchen auf längere Zeit
vermiethet, oder, wenn sich ein guter Käufer fand,
auch verkauft, lebten dann als eine Art femmes
entretenues nur für einen einzigen Liebhaber, und
erlangten von diesem gewöhnlich als Beweis seiner
Gunst oder auch aus Ueberdruß die Freiheit. Sie
gehörten sodann zu der

3. und zahlreichsten Hetärenklasse, zu der der
Freigelassenen, welche auf völlig selbstständigem
Fuße lebten, und ihr Gewerbe auf eigene Rechnung
betrieben, manchmal auch hübsche Sklavinnen zum
Ausborgen hielten. Diese Klasse hielt sich besonders

gern an junge, noch unerfahrene Männer, am liebsten
an Jünglinge, die noch unter väterlicher Gewalt standen,
und die Schulen der Rhetoren, Philosophen oder
Künstler besuchten. Man hat deshalb nicht mit Unrecht das Treiben dieser Klasse mit der modernen
Grisetten-Wirthschaft des Quartier latin in Paris
verglichen.

Bei diesen Mädchen versammelten sich oft ganze
Klubbs junger Leute, wo es dann wüst und toll
genug hergehen mochte. Viele erfreuten sich von
Seite der jungen Welt einer ganz vorzüglichen Beliebtheit und wurden durch Ständchen (die bei den
Griechen überhaupt sehr häufig waren) gefeiert, wobei
es nicht ohne Fackelzug und voranziehende Musik und
— natürlich! — großen Spektakel abging, da ja solche
Huldigungen gewöhnlich nach einem lustigen Gelage
inszenirt zu werden pflegten. Nichts war für die
junge Männerwelt gefährlicher und verderbenbringen-
der und lud den Fluch der Eltern so oft auf sich
als der Umgang mit diesen Sirenenweibern. Die
niedrige Gewinnsucht der meisten dieser Klasse ver-
leiteten ihre Anbeter zu vielen Unredlichkeiten, Betrügereien und Aergerem, um für sie Geld und Geschenke zu schaffen. Auf des Vaters Namen Schulden
zu machen oder der Mutter Schmuck zu verkaufen,
waren gewöhnliche Aufforderungen und Instruktionen
an noch nicht mündige Liebhaber. Auch vom Studium
suchten sie die jungen Leute abzuziehen, namentlich aber

von dem Umgange mit Philosophen, die diesen Mäd=
chen (aus begreiflichen Gründen) nicht wenig verhaßt
waren. Doch belauschen wir über diesen Punkt
lieber die amüsante Unterredung zweier Hetären bei
dem jovialen griechischen Sittenmaler Lukian in seinen
Hetärengesprächen:

Chelidonion (Schwälbchen): Kommt der junge
Klinias nicht mehr zu dir, liebe Drosis? Schon
seit langer Zeit habe ich ihn nicht mehr bei Euch
geseh'n.

Drosis: Nein, Chelidonion; er darf nicht, sein
Lehrer hat es ihm verboten.

Ch.: Wer ist es? Doch nicht etwa der Fecht=
meister Diotimos? Der ist ja ein Freund.

Dr.: Nein, der verdammte Philosoph Aristaenetos.

Ch.: Ach, du meinst den finster Aussehenden mit
dem buschigen, langen Barte, der mit den Jüng=
lingen in der Pökile spazieren zu gehen pflegt.

Dr.: Ja, den Prahlhans meine ich: möcht' ich
ihn doch am Barte vom Henker an den Galgen ge=
schleppt sehen!

Ch.: Weshalb gibt er denn aber dem Klinias
solche Vorschriften?

Dr.: Ich weiß nicht, Chelidonion. Seit Klinias
mit Frauen zu verkehren anfing, und seine erste
Bekanntschaft war ich, hat er sich nie anderswo als
bei mir aufgehalten, und jetzt hat er sich in diesen
drei Tagen nacheinander gar nicht mehr in unserer

Gasse sehen lassen. Da mir das sehr zu Herzen ging, ich weiß gar nicht, was er mir angethan hat, so schickte ich mein Mädchen Nebris, um auf ihn Acht zu geben, wenn er auf dem Markte oder in der Pökile verweile. Sie sagte, sie habe ihn mit Aristaenetos spazieren gehen sehen und ihm aus der Ferne zugenickt, er schaute aber erröthend zur Erde und richtete keinen Blick mehr auf sie. Darauf gingen sie zusammen in die Stadt: die Nebris folgte ihnen bis zum Doppelthor, und da er sich nicht einmal umdrehte, so kehrte sie zurück, ohne etwas Gewisses melden zu können. Was meinst du wohl, hab' ich für Tage in der Ungewißheit zugebracht; wie es mit meinem lieben Jungen stände? Hat ihn etwas verletzt, sagte ich zu mir selbst, oder ist er in eine andere verliebt, weil er mich haßt? Oder hat ihn der Vater verhindert, zu mir zu kommen? Viel der Art ging mir im Kopfe herum. Schon in später Dämmerung kam Dromon und brachte mir dies Zettelchen von ihm. Nimm und lies es, Chelidonion, du kannst ja wohl lesen.

Ch.: Laß es einmal sehen, die Buchstaben sind nicht sonderlich deutlich: die hingeschleuderten Züge verrathen die Eile des Schreibenden. Es heißt: „Wie ich dich liebte, Drosis, darüber sind die Götter meine Zeugen."

Dr.: Ach, ach, der Unglückliche schickt mir nicht einmal seinen Gruß.

Ch.: „Auch jetzt laß ich von dir, nicht aus Ab=
neigung, sondern aus Nothwendigkeit. Mein Vater
hat mich dem Philosophen Aristaenetos übergeben und
dieser, der unser ganzes Verhältniß weiß, macht mir
große Vorwürfe und sagt, es sei unschicklich für mich,
als Sohn des Architeles und der Erasiklea mit einer
Hetäre Umgang zu haben: es sei weit besser, die
Tugend höher zu ehren, als die Wollust."

Dr.: Möge der alte Schwätzer nie seines Lebens
froh werden, der dem jungen Menschen solchen Un=
sinn in den Kopf setzt.

Ch.: „Daher muß ich ihm gehorchen, denn er
folgt mir stets, ohne ein Auge von mir zu lassen,
und ich darf nicht einmal einen andern ansehn, als
ihn. Wenn ich vernünftig bin und ihm in Allem
gehorche, so verspricht er, mich glücklich und tugend=
haft zu machen, nur sei eine Vorübung in Ent=
behrungen unerläßlich. Nur mit Mühe habe ich mich
fortgestohlen, um dir diese paar Worte schreiben zu
können. Lebe mir glücklich und denke zuweilen an
deinen Klinias."

Dr.: Was scheint dir von diesem Briefe. Cheli=
donion?

Ch.: Das Uebrige klingt wohl wie szythisch, nur
der Schluß: „denke an Klinias" läßt noch einige
Hoffnung übrig. —

Sehr häufig kam es vor, daß man sich durch Geschenke und galante Bemühungen zeitweilig in die besondere oder ausschließliche Gunst einer solchen Schönen zu setzen suchte und dann die Treue derselben mit größter Eifersucht bewachte. Derartige Verhältnisse endeten gewöhnlich mit dem völligen Ruin des Liebhabers; denn selten ging die Hetäre aus anderen als habsüchtigen und eigennützigen Motiven in solche ein. Wenn es gleichwohl auch an Beispielen von wahrhaft zärtlichen und großmüthigen Hetären nicht fehlt, so war dies doch nur eine Ausnahme von der allgemeinen Regel oder das Resultat von Verstellungskunst, worin ja die Hetären Meisterinnen zu sein pflegten. In solchen Ausnahmsfällen kam es dann vor, daß Männer mit ihnen wie mit rechtmäßigen Frauen zusammenlebten. Diese und die folgende Klasse stellten seit der Zeit des Perikles auch die meisten Maitressen für die verheiratheten Männer, auf welche Verhältnisse wir noch zurückkommen werden. Mit der nächsten Klasse theilten die Freigelassenen auch den Lebenserwerb im vorgerückteren Alter — die Kuppelei und Bordellwirthschaft. —

Die 4. und vornehmste Hetärenklasse war endlich die der Freigebornen. Die ziemlich leichte und pikante Art des Erwerbes der Hetären verlockte nämlich auch manche freier gestellte Jungfrau oder Wittwe zur Ergreifung dieser wüsten Carrière.

Häufiger noch wurden freigeborene Mädchen durch
die Habsucht ihrer Eltern, namentlich der Mütter,
oder Verwandten, oder durch eigene Dürftigkeit zum
Hetärenstand gezwungen, und dieselben suchten dann
durch äußeren Glanz oder wenigstens durch Er-
werbung ihrer Bedürfnisse sich für die verlorene.
bürgerliche Ehre zu entschädigen. Gewöhnlich ver-
änderten sie auch ihre Namen, um das Andenken an
ihren ehemaligen Stand zu vertilgen. Man meinte
übrigens gar Nichts so Schlimmes dabei zu begehen
und sah diese Veränderung des Erwerbszweiges mehr
für einen Wechsel in der Schutzgöttin an, indem man
sich aus der Fürsorge der häuslichen Göttin Athene,
unter den Schirm der Liebesgöttin Aphrodite stellte,
was sogar unter ernsten religiösen Zeremonien zu
geschehen pflegte. Wir finden eine solche Zuflucht
zur heiteren Aphrodite wiederholt von griechischen
Epigrammatikern poetisch behandelt, und gewinnen
dabei einen öffentlichen Einblick in die Oede und
Trübsal manch' weiblicher Häuslichkeit, wie in die
Geschichte und Motive jener Wandlungen. Recht
aus dem Leben gegriffen ist z. B. folgendes dichterische
Genrebildchen, worin ein Mädchen, des kümmerlichen
Erwerbes mit der Spindel und dem Weberschiffchen
überdrüssig, sich der Schutzgöttin der Hetären zuwendet:
„Jene Nikarete, die mit dem Schiffchen Athenens am
                    Webstuhl
Fleißig sonst stand und wohl spannte das Fadengespinnst,

Hat nun Cytheren das Körbchen, den Einschlag, und was
    daran hängt,
Alles in Feuer hier unter der Halle verbrannt,
Sprechend: „Fort mit euch, Zeug, ihr Hungergewerbe
    der armen
Weiber, durch welches der Reiz blühender Jugend
    verwelkt!" —
Und zu den Kränzen griff und der Harfe das Mädchen,
    erkor sich,
Froheres Leben fortan unter Gelagen und Schmaus.
Und sprach: „Kypris, von jedem Gewinn dir will ich
    den Zehnten
Weihen; empfang und gib wieder ein Arbeitsgeräth!"

Die Spende von Weihgeschenken an Aphrodite
für Verleihung reichlicher oder doch hinlänglicher
Kundschaft war denn auch ein ebenso natürlicher wie
gewöhnlicher Akt „frommer" Hetären, sich das Wohl-
gefallen und die weitere Gunst der Liebesgöttin zu
erhalten. Gemeiniglich wurden der Schutzgöttin
Toilettengegenstände, welche die körperlichen Reize
hoben und dadurch einen reichlicheren Verdienst ein-
trugen, doch auch kostbarere Votivgeschenke, wie Statuen,
als „Zehent vom Bette" gespendet.*) Ja die Hetären

---

*) Auch diese Seite des Hetärenlebens findet sich
vielfach poetisch beleuchtet. So bespricht ein Epigramm
des Dioskorides das Weihegeschenk einer Hetäre, Namens
Parmenis an die Aphrodite Urania, welche uns gleichzeitig belehrt, daß die so häufige Gegenüberstellung
der A. Urania und der A. Pandemos als Göttin der
„reinen" Liebe und Göttin der Fleischeslust nicht besonders

im Gefolge des Heeres, das Perikles in Samos an=
führte, sollen daselbst der Aphrodite von ihrem Er=
werb gemeinschaftlich einen Tempel gebaut haben. —
Noch eingehender lernen wir gewöhnlich zum Hetären=
stande führende Verhältnisse bei Lukian kennen, wo
eine mittellose Wittwe ihrer diesem Gewerbe sich
zuwendenden Tochter folgende Rathschläge auf die
neue Lebensbahn mitgibt.

Mutter Krobyle: Daß es nicht so schrecklich ist,
wie du glaubtest, liebe Korinna, aus einer Jungfrau
eine junge Frau zu werden, hast du schon erfahren,
da du mit einem hübschen Jüngling zusammen ge=
wesen bist, und zum Einstand hast du eine Mine
bekommen, für die ich dir sogleich ein Halsband
kaufen werde.

Korinna: Ja, Mammachen, laß es aber auch
Rubinen haben, wie das der Philänis.

Kr.: So soll es sein. Vernimm nun aber
auch von mir das Uebrige, was du thun und wie
du dich gegen die Männer benehmen mußt. Ein
anderes Mittel, unseren Unterhalt zu verdienen,

---

zutreffend ist. Das Tetrastichon des genannten Dichters
lautet:

„Den mit weichlichen Wehen die Luft stets mildernden Fächer
    Bracht' hier Parmenis dir, süße Urania, dar,
Als vom Bette den Zehnten; die drückende Hitze des Sommers
    Wehet das Dirnlein sich weichlich mit Zephyren ab.“

Vergleiche auch das Gedicht der Nossis in meinem
Buche „Griechische Dichterinnen“, Seite 180.

haben wir nicht, liebe Tochter: du weißt, wie wir uns die beiden Jahre durchgeholfen haben, seitdem dein seliger Vater gestorben ist; so lange der lebte, hatten wir Alles zur Genüge: er war ein Kupferschmied und hatte einen großen Namen im Piräos, und man kann noch Alle versichern hören, daß es nie mehr einen solchen Schmied, wie Philinos geben werde. Nach seinem Tode lebten wir zuerst von den zwei Minen, für welche ich die beiden Feuerzangen, den Amboß und Hammer verkaufte; als diese aufgebracht waren, verschaffte ich uns mit Mühe und Noth, theils durch Weben, theils durch Kämmeln und Spinnen das tägliche Brod: dich, liebe Tochter, ernährte ich in der Hoffnung —

Kor.: Auf die Mine, meinst du?

Kr.: Nein; ich rechnete darauf, daß du in diesem Alter mich unterhalten, dir selbst mit Leichtigkeit Schmuck schaffen, und reich sein und purpurne Kleider und Dienerinnen haben wirst.

Kor.: Wie sagtest du, Mutter, und was meinst du damit?

Kr.: Dazu hast du nur nöthig, mit jungen Herren zusammen zu sein, mit ihnen zu zechen, und für eine Belohnung bei ihnen zu schlafen.

Kor.: Wie die Lyra, die Tochter der Daphnis?

Kr.: Ja.

Kor.: Die ist ja aber eine Hetäre.

Kr.: Das ist doch nichts Entsetzliches: auch du

wirst wie sie reich sein und viele Liebhaber haben.
Was meinst du, Korinna? Siehst du nicht, wie
zahlreich und wie gesucht die Hetären sind und was
sie für Geld einnehmen? Von der Daphnis wenigstens
weiß ich, o du liebe Adrasteia*), daß sie Lumpen
um hatte, bevor sie herangewachsen war: jetzt aber
siehst du, wie sie auftritt, mit Gold, glänzenden
Kleidern und vier Dienerinnen.

Ko.: Wie verdient sich dies die Lyra?

Kr.: Erstlich trägt sie sich kleidend und zierlich,
und ist zu allen freundlich, nicht so weit, daß sie
leicht zu kichern anfängt, wie es deine Gewohnheit
ist, sondern bis zu einem lieblichen, anziehenden
Lächeln; sodann weiß sie sich geschickt zu benehmen:
wenn Jemand an sie herantritt, oder sie nach Hause
begleitet, so täuscht sie weder seine Hoffnungen, noch
wirst sie sich den Männern an den Hals. Geht sie
einmal für eine Belohnung zu einem Gastmahle, so
berauscht sie sich nicht — denn das macht lächerlich
und die Männer mögen solche Mädchen nicht leiden
— und füllt sich nicht gegen allen Anstand mit
Speisen voll, sondern berührt sie mit den Finger-
spitzen, nimmt schweigend einen Bissen nach dem

*) „Adrasteia" oder Nemesis straft Ueberhebung und
übermüthige Aeußerungen. Daher wird sie in solchen
Fällen angerufen, wo man glaubt, sich dieser Ueber-
tretung schuldig machen zu können.

andern, ohne sich beide Backen vollzustopfen, und trinkt ruhig, nicht in Zügen, sondern in Absätzen.

Kor.: Auch wenn sie durstig ist, Mutter?

Kr.: Dann erst recht, Korinna, und sie spricht weder zu viel, noch macht sie über einen der Anwesenden spöttische Bemerkungen, sieht nur den an, der sie gemiethet hat. Und deshalb hat Jedermann sie lieb. Wenn es zum Schlafengehen kommt, nimmt sie sich vor jeder Ausgelassenheit und Nachlässigkeit in Acht, und Alles bezweckt bei ihr nur das Eine, den Mann zu gewinnen und zu ihrem Liebhaber*) zu machen. Dies bringt ihr bei Allen Lob. Wenn auch du diese Künste lernst, werden wir ebenso glücklich sein: denn im Uebrigen bist du ihr bei Weitem — doch ich sage nichts, möchtest du mir nur leben bleiben.

Kor.: Sage mir, Mutter, sind alle, die sich Mädchen miethen, so wie Eukritos, mit dem ich gestern schlief?

Kr.: Nicht alle, einige sind besser, andere schon im Mannesalter, wieder andere sind nicht sonderlich hübsch.

Kor.: Werde ich bei solchen auch schlafen müssen?

---

*) Natürlich, weil der einmalige Kunde nur den üblichen Satz entrichtet, die Freigebigkeit des beständigen Liebhabers aber sich nur nach der Innigkeit seiner Gefühle und seinem Beutel richtet." Bemerkung des Uebersetzers Th. Fischer.

Kr.: Erst recht, liebe Tochter: diese geben auch mehr; bei den Schönen soll die Schönheit alles machen. Und darauf mußt du immer seh'n, mehr zu bekommen, wenn du willst, daß alle bald mit dem Finger auf dich weisen und sagen: Seht ihr nicht, wie reich die Korinna, die Tochter der Krobyle, ist, und wie überglücklich sie ihre Mutter gemacht hat? Nicht wahr, du wirst es thun? Ich weiß, du wirst es thun und wirst Allen leicht den Rang ablaufen. Jetzt geh' dich baden für den Fall, daß heute der junge Eukritos wieder kommt: versprochen hat er es wenigstens." —

Noch in schon vorgerücktem Alter sogar gingen Weiber, namentlich Wittwen, zum Aphroditedienst über, wenn sie bei redlicher Arbeit nur schweres Durchkommen fanden. In köstlicher Naivetät tröstet sich bei Antipater von Sidon eine schon bald in den Vierzigen stehende Wittwe über den geringen Einklang ihres Alters mit dem neuen Gewerbe:

„Ihr saugliebendes Schiffchen, das Werkzeug hungernder
                                Arbeit
   Legte Bitto hieher für die Athene geweiht,
Sprechend: „Leb' wohl, o Göttin, und nimm' dies. Ich,
                             ja, die Wittwe,
   Die in das vierte bereits ihrer Jahrzehente geht,
Weig're mich deinen Geschenken und halte dafür an der
                                Kypris
   Werfen. Das Wollen, ich seh's, fraget den Jahren
                    nicht nach." —

Die Töchter oder Wittwen einheimischer freier Männer waren aber nur die Minderzahl der Hetären dieser Klasse. Dieselbe bestand vielmehr größtentheils aus fremden Hetären, welche, von Haus aus oft ganz arme, jedoch begabte Mädchen, nach Athen kamen, um hier auf einem größeren und glänzenderen Schauplatze ihre Rolle zu spielen. Eben diese Fremden übten auf die Verfeinerung der Sitten, Umgangs= formen und der Geistesbildung der athenischen Hetären einen vorzüglichen Einfluß aus, wenn es gleichwohl auch nicht zu leugnen ist, daß gerade sie zur all= gemeinen Demoralisation des athenischen Volkes kein geringes beigetragen haben. Die für die Männer= welt so bestechend wirkende gesellschaftliche und geistige Bildung brachten dieselben aus ihrer Heimath mit, wo ja die freiere Stellung des Weibes Beschäftigung mit den musischen Künsten viel häufiger gestattete, als in dem Frauen unterdrückenden Athen.

Aus dieser Klasse gingen die vornehmsten und berühmtesten, aber auch die anspruchsvollsten und stolzesten Vertreterinnen des Hetärenthums hervor, Hohepriesterinnen der Aphrodite, welche durch das Vornehme und den äußeren Anstande ihres Auf= tretens imponirten, durch den Glanz und die Freiheit ihrer Lebensweise wie durch ihre Gaben des Geistes und die alle Gebiete des öffentlichen und Privat= lebens in ihren Kreis ziehende Unterhaltung blen= deten. Zu dieser Klasse vornehmlich gehörten jene

verzogenen „Töchter des Volkes", um deren Gunst
die angesehensten und ernstesten Männer des Landes
sich bewarben, die mit nur geringer Ueberhebung
prahlen konnten, „daß ganz Griechenland vor ihren
Thüren liege", wie der römische Dichter Propertius
von der Laïs sang.

Dieser High-life unter den Hetären lebte auf dem
glänzendsten Fuße und trieb einen kolossalen Auf=
wand. Sie hatten prächtige Wohnungen inne, besaßen
kostbare Kleider und Schmuck in Menge, hielten eine
zahlreiche Dienerschaft und erschienen nie öffentlich
ohne ein stattliches Gefolge von Sklavinnen und
Eunuchen, welch' letztere zur Zeit der gelockerten
Sitten von den vornehmen Griechinnen häufig zu
keineswegs unschuldigen Spielen gehalten wurden,
und auch im Hofstaate reicher Hetären fast nie fehlten.
Um diesen Aufwand bestreiten zu können, verkauften
sie ihre Gunstbezeigungen zu geradezu unverschämten
Preisen. Namentlich die ältere Laïs, Gnathaene,
Phryne, diese wenigstens zur Zeit ihrer Blüthe,
waren wegen ihrer unglaublich frechen Forderungen
bekannt. Auch die jüngere Laïs machte sich mitunter
ganz unglaublich kostspielig. So soll sie von dem
berühmten Redner Demosthenes, den wie manchen
anderen ernsten Mann der Ruf ihrer Schönheit an=
gelockt hatte, für eine einzige Nacht zehntausend
Drachmen (ca. 4000 fl. öst. W.) verlangt haben.
„So theuer bezahle ich meine Reue nicht," erwiederte

er und kehrte wieder heim nach Athen, von wo er einzig wegen ihr nach Korinth gekommen war. —

Korinth hatte, wie schon erwähnt, die meisten, reichsten, schönsten und berühmtesten Hetären, während man in Athen die geistreichsten und gebildetsten antraf. Die Kostspieligkeit der „korinthischen Mädchen" gab zur Entstehung des Sprüchwortes Veranlassung: „Nicht jeder kann nach Korinth reisen." Und nicht nur einzelne berühmte Schönheiten stellten solch' übertriebene Forderungen, auch die gewöhnliche Sorte der Buhlerinnen begehrte Preise, welche den Wenigbemittelten nur selten den Umgang mit ihren gestatteten. Darum heißt es auch in einer Komödie des Aristophanes:*)
„Die Dirnen aus Korinth — wenn sich an sie
Ein armer Schlucker macht — für diesen sind
Sie taub; doch wenn ein Reicher kommt, da schwänzeln
Sie mit dem Hintern gleich um ihn herum." —

Da waren die zahllosen Fremden, namentlich die reichen Kaufleute und Rheder, welche sich vorübergehend in der vielbesuchten Handelsstadt aufhielten, eine fette und häufige Beute. Gar manche solcher Unvorsichtiger wurden von diesen Sirenen völlig an Geld und Gütern ausgeplündert und für immer zu Grunde gerichtet. Bezeichnend ist in dieser Hinsicht ein hübsches Witzwort, das Strabo von einer korinthischen Buhlerin erzählt. Als eine Frau dieselbe

*) Pluto 149.

ausschalt, daß sie nicht fleißig sei und keine Wolle anrühre, gab sie zur Antwort: „Und doch habe ich, so faul ich bin, in dieser kurzen Zeit drei Bäume abgethan." *)

Abgesehen von ihren bürgerlichen Stellungen reihte auch Schönheit und Reichthum, sowie der Grad der geistigen Bildung, die Hetären in verschiedene Klassen. Es gab aus der zweiten und dritten Klasse so manche, welche den berühmteren der vierten Klasse an Geist und äußerem Glanze nicht nachstanden, wie aus dieser namentlich die prostituirten Töchter und Wittwen armer einheimischer Bürger oft ein nichts weniger als glänzendes Dasein führten. Die Schönheit ließ alle Klassenunterschiede vergessen; ihr wurde unbedingt und ohne Rückhalt gehuldigt, sie führte zu Reichthum und Rang — freilich nur so lange sie Bestand hatte. Ueberhaupt wechselte das Glück der Hetären so sehr, daß Einzelne oft von der höchsten Stufe des Ansehens und der Wohlhabenheit bis in die letzte Klasse zurückgeworfen wurden.

Die vornehmeren Hetären wurden auch wieder in

---

*) Ein Wortspiel, indem im Griechischen ein und dasselbe Wort (ἱστός) sowohl „der Webebaum (=stuhl)" als „der Mastbaum" bedeutet. Die Antwort des Mädchens kann also ebensowohl heißen: „Ich habe dreimal den Webebaum abgewebt", als: „Ich habe drei Mastbäume oder drei Schiffe (d. h. Schiffs-Herrn) zu Grunde gerichtet."

„Philosophinnen" und „häusliche Hetären" eingetheilt. Diese fesselten mehr durch ihre körperlichen Reize als durch ihren Geist; jene standen in intimem Verkehr mit der gelehrten Welt, besuchten die Hörsäle der Philosophie, gaben sich ernsten Studien hin und stellten die Prostitution unter den Schutz der Philosophie, deren verschiedene Systeme und Lehrsätze sie durch die Art der Gewährung ihrer Gunstbezeigungen zur Anwendung zu bringen suchten. Die Hetären der Akademie hatten für ihr Gewerbe den Vorwand, daß sie die Lehren des Platon von der Gemeinschaft der Weiber in das Praktische umzusetzen bemüht seien; die Anhängerinnen der Aristipp'schen Schule machten sich das Maßhalten in den Freuden der Liebe zum Prinzipe; die kynischen Philosophinnen oder die „Hündinnen" suchten einander an Unverschämtheit und Unanständigkeit der Reden und Handlungen zu übertreffen und gaben Befriedigung des thierischen Triebes auf gemeine thierische Art; die Dialektikerinnen vertheidigten das Hetärenthum mit dem Aufwande des größten Scharfsinns und der blendendsten Sophismen; die Hetären im Garten Epikurs lehrten wieder das maßlose Schwelgen und die größte Ueppigkeit im Liebesgenusse u. s. f. Auch die Manieren und der Jargon der Philosophen und Gelehrten wurde von diesen Hetären nachgeahmt; namentlich war die „sokratische" Methode lange Zeit im Schwung; auch mit Fang- und Trugschlüssen verstanden sie behende umzugehen. Wir treffen diese Hetären auch häufig in intimer Verbindung mit Philosophen, ja sogar mit Schulhäuptern, obwohl man den engeren Umgang mit dem weiblichen Geschlechte für die Philosophie wenig angemessen fand und deshalb vielmehr die Knabenliebe empfahl; denn es sei (sagte schon Anakreon)

"Mädchenliebe Verlangen stets
Von sich strahlend und salbenvoll
Und der weichlichen Zierden froh." —

Natürlich fehlte es auch nicht an Philosophen, die ihren Tadel über das freche, demoralisirende Treiben der Hetären aussprachen. Die kamen aber unter dem Spotte derselben schlecht genug weg, zumal wenn zwischen der Strenge ihrer Grundsätze und der Art ihrer Lebensweise ein nur zu klaffender Widerspruch bestand, was oft genug der Fall war.

Bei dem Komiker Phönikidas entwirft eine Hetäre eine Charakteristik ihrer Liebhaber, worunter auch ein Philosoph war. Die betreffenden Verse werden hier deshalb nicht am unrechten Orte stehen. Die käufliche Schöne jammert zu einem Freunde:

"Nein Phythias, bei der Aphrodite, nein, nicht mehr
Duld' ich dieses Leben. Fort damit. Nicht weiter sprich
Davon. Mein Entschluß ist gefaßt; ich geb' es auf.
Gleich, als ich darin eintrat, war mein erster Freund
Ein Kriegsmann. Der erzählt' mir ohn' Unterlaß
Von Schlachten vor und zeigte seine Wunden auf;
Gab aber nichts. Der König, sagt' er, habe ihm
Ein Geschenk bestimmt; und dieses sagt' er Tag für Tag,

Und für besagtes, nimmerkommendes Geschenk
Besaß mich dieser Unglücksjohn ein Jahr umsonst.
Ich dankte ihn ab. An seine Stelle trat ein Arzt,
Der führte mir ein ganzes Heer von Kranken vor,
Schnitt, brannte, sengte; ein Bettler und ein Henkers=
                                    knecht.
Er kam mir noch weit schlimmer, als der erste vor.
Mit Worten würgte jener, dieser durch die That.
Der dritte nun, den mir das Glück bescheerte, war
Ein Philosoph mit Mantel, Bart und Wörterkram.
Da fiel ich in den offenen Schlund des Mißgeschicks.
Er gab mir nichts, und fordert' ich, da hieß es gleich:
„Geld ist kein Gut." „„Ei nun eben, wenn's ein Uebel ist,
So wirf es von dir; gib es mir!"" Er hört es nicht!

Aber auch wenn ein rauher, gestrenger Lehrer
der Philosophie die Jünglinge vor den Verlockungen
und Gefahren eines zu freien Lebens, wie vor dem
entsittlichenden Umgang mit den Hetären, warnte
und sie denselben wohl auch abwendig machte,
rüsteten sie sich zum Spotte und zur Verhöhnung
jener Griesgrame. Ja, wir hören zu wiederholten
Malen Hetären sich an die Seite der Philosophen
oder „Sophisten" (denn so hießen die Griechen selbst
die Philosophen) stellen und das Verfahren derselben
mit ihren Buhlkünsten vergleichen. „Glaubst du
denn," schreibt z. B. Thais, die ein anderesmal ihre
philosophischen Studien rühmt, in dem Briefe an
einen Liebhaber, der ihrer um der Philosophie wegen
entsagt hatte: „Glaubst du denn, daß zwischen einer
Hetäre und einem Sophisten ein Unterschied sei?

Nur vielleicht, daß beide nicht durch dieselben Mittel überreden. Der Zweck ist bei beiden derselbe, daß sie gewinnen wollen. Und um wieviel besser und frommer sind nicht wir u. s. w." Auch Glykera werden wir später eine ähnliche Paralelle zwischen Hetären und Philosophen zum Besten geben hören.

Die „Philosophinnen" waren unstreitig, die interessanteste Erscheinung der griechischen Demimonde, zu der die Nachwelt und die Gegenwart kein Seitenstück aufzuweisen hat. Sie bildeten einen Theil des Publikums bei den Rednerübungen und Gerichtsverhandlungen, im Theater und bei sonstigen öffentlichen Anlässen, wo die ehrbaren Frauen nur selten erschienen. Sie nahmen Interesse an Politik und an den Ereignissen des öffentlichen Lebens, diskutirten die brennenden Tagesfragen, über Kritik an den Werken der Staatsmänner, wie der Künstler und Dichter, kurz, sie standen inmitten des gesellschaftlichen und politischen Lebens. Den öffentlichen Verhältnissen brachten übrigens alle gebildeten Hetären ein größeres oder geringeres Interesse entgegen, indem sie wohl wußten, wie sehr sie hierdurch im Verkehr mit der Männerwelt gewannen.

Eine weitere Klassifikation unter den Hetären machte die Wichtigkeit des Liebhabers. Während die Einen sich, und zwar aus allen Klassen, dem gemeinsten Pöbel preisgaben, spielten Andere hervorragende Rollen an den Höfen von Fürsten und

Königen, ja genossen nicht selten königliche Ehren. Man erinnere sich an Thargelia und Aspasia. Leaena, Lamia und Myrrhine beherrschten den Demetrios vollständig und die Letztere theilte mit dem gewaltigen „Städteeroberer" Alles außer dem Throne. Thaïs, die Geliebte Alexanders des Großen, auf deren Vorschlag die Burg der Könige von Persien in Brand gesteckt wurde, gebar dem Ptolemaeos Lagi, dessen Gattin sie nach Alexanders Tode war, zwei Söhne und eine Tochter. Pythionike und Glykera standen am Hofe des Harpalos in größtem Ansehen; Hironymus von Syrakus machte eine gemeine Bordelldirne Namens Peitho zur Gemahlin und Königin; die späteren Ptolemäer standen fast sämmtlich unter der Herr=schaft von Buhlerinnen; Philadelphos liebte eine Didyme, Blistiche, Stratonike, Myrtion (eine ganz gemeine Dirne) u. A.; Philopator eine Agathoklea, die Tochter einer Paukenschlägerin Namens Oenanthe, welche beide, wie Plutarch sich ausdrückt, königliche Diademe mit Füßen traten, jedoch bei dem durch Bedrückungen aller Art erregten Aufstand gegen den König, dessen Schwäche und Nichtswürdigkeit sie zu ihren Ränken benützten, ermordet wurden.

Das Ansehen einiger Hetären war so groß, daß dieselben durch öffentliche Denkmäler geehrt wurden. Die erste, welche einer solchen Auszeichnung theil=haftig wurde, war Leaena, die ältere, aus Athen, welche auch auf der Folter nicht die Verschwörung des Harmodios und Aristogeiton verrieth, nachdem sie als Mitwisserin der That von Hippias zur Rechenschaft gezogen worden war. Nach Vertreibung der Pisistratiden beschlossen die Athenienser ihr Andenken durch ein öffentliches Monument zu ehren. Da aber die Abbildung ihrer Person in jenem Zeitalter ehrbarer Sitten wegen ihres Gewerbes nach anstößig erschien, stellte man dafür eine Löwin ohne Zunge auf — als Symbol ihrer Verschwiegenheit — und zwar auf einem der ausgezeichnetsten Plätze, nämlich auf der Akropolis, neben dem Standbilde einer Aphrodite. Phryne hatte eine Bildsäule (von Praxiteles) zu Thespiä und eine andere aus Gold zu Delphi. In Sparta befand sich ein Denkmal der berühmten Hetäre „Kottine". Ferner hatten Statuen: Laïs, Glykera, Pythionike, Neaera, Klino, Blistiche, Stratonike u. A. Der Samia (Tochter der Kleano und Flötenspielerin zu Athen, nachher Geliebte des Demetrios) desgleichen deren Nebenbuhlerin Leaena aus Korinth errichtete die Kriecherei der Athenienser vor Demetrios sogar eigene Tempel, in denen sie wie Göttinnen verehrt wurden! Auch Pythionike, die Geliebte des Harpalos, wurde als „Aphrodite=Pythionike" in einem eigenen Tempel verehrt.

Sitten, Gewohnheiten, Sinnesart und Gemüthseigenschaften waren fast bei allen Hetären dieselben, der Hauptzug ihres Charakters gemeine Habsucht und unbegrenzter Eigennutz. Nicht Liebe zog sie zu ihren Liebhabern, sondern die Begierde, sie zu plündern, oder wie die Hetäre Thais bei Lukian sich ausdrückt, sie „auszuquetschen." Alle Empfindungen, die sie von Liebe heuchelten, dienten nur dazu, ihre Freunde desto fester an sich zu fesseln, und die Befriedigung ihrer Wünsche desto leichter zu erreichen. Bei aller äußerlichen Liebenswürdigkeit und scheinbaren Hingabe waren und blieben sie „Marmorherzen", kalt, keiner edlen Empfindung oder Regung wahrer Liebe fähig. Am gefährlichsten und herzlosesten waren in dieser Hinsicht die Hetären Athens, weshalb auch Dikäarchos*) am meisten vor diesen warnt. Wegen dieser gefährlichen Eigenschaften werden die „Marmormädchen" auch von dem Komiker Anaxilas durchgezogen, der sie in einem Fragmente seiner „Neottis" mit den schlimmsten Ungeheuern der Fabelwelt vergleicht; er schreibt:

„Welcher Mensch in seinem Leben eine Buhlerin geliebt,
Weiß, daß unter allen Wesen keines so verderblich ist.
Welchen Drachen, welche feuerschnaubende Chimäre gibt's,
Welche Charybdis oder welcher Skylla dreifach Ungethüm,
Welche Sphynx, Harpyie, Hydra oder welche Schlangenbrut,
Die der Hetären frevle Rotte nicht bei weitem übertrifft? . . . .

Er führt nun eine Reihe solcher Blutsaugerinnen an, darunter auch Sinope, Gnathaena, Phryne u. a. und schließt mit den Versen:

. . . . „Kurz; auf Erden weit und breit

*) Βίος Ἑλλ. in Kreuzer's Melett. III. 183.

Ist kein einzig Thier zu finden schlimmer als die
Buhlerin." —

Bei Alkiphron schickt eine solche nur materiell
gesinnte Schöne, Philomene mit Namen, einem ideal
oder ökonomisch schmachtenden Liebhaber ein Billet
mit den folgenden, den Eigennutz der ganzen Klasse
beleuchtenden Zeilen:

„Was nützt das ewige Schreiben und dein
Kummer? Kurzum: 50 Goldstücke muß ich haben.
Briefe brauche ich nicht. Liebst du mich, gut, so be=
schenke mich; bist du aber ein Knicker, so laß mich
in Ruh'. — — Lebe wohl." —

Den hartherzigen Charakter der Hetäre hat auch
Menandros in dem Prolog der „Thaïs" gezeichnet,
wo es heißt:

„Mir also singe, Göttin, eine solche Art:
Voller Frechheit, reizend, überredend, ungerecht,
Von der Thür abweisend, immer fordernd, keinen Mann
Je liebend, aber täuschend stets mit Liebesschein."

Von dieser Regel gab es nur selten Ausnahmen
wahrer Liebe und Hingebung, welche bisweilen in
konkubinalem Zusammenleben von Hetären mit nur
einem Manne vorkamen. Fälle der Aufopferung der
Güter oder gar des Lebens für den Geliebten, wozu
eine Leaena, in der Verschwörung des Harmodios
und Aristogeiton, oder Danaë, die Tochter der ge=
feierten Philosophin=Hetäre Leontion und Geliebte
des Sophron, Präfekten von Ephesus, sich ent=

schlossen, waren gewiß nur vereinzelte Beispiele un=
erhörter Seelengröße bei dieser Klasse weiblicher Wesen.
Dagegen fehlte es allerdings nicht an Zügen großer
Anhänglichkeit und einer gewissen Gutmüthigkeit der
Hetären, wie unter vielen anderen, das Beispiel
jener Timandra (Theodote?) beweist, welche den
Alkibiades auch in seinem Unglücke nicht verließ,
und als er unter den Pfeilen der Barbaren fiel,
ihn beweinte und bestattete.

Im Zusammenleben mit einem einzigen Manne
ließen die Hetären überhaupt ihre unangenehmen
Eigenschaften öfter zurücktreten, namentlich wenn sie
sich dadurch für längere Zeit in der Bequemlichkeit und
dem Wohlleben einer solchen Verbindung zu erhalten
vermeinten. Bisweilen gaben sie sich auch, wie bereits
erwähnt, den Schein der Uneigennützigkeit und machten
den Liebhaber glauben, daß sie in wahrer Liebe zu ihm
entbrannt seien. Vorzüglich ging aber ihr Trachten
dahin, die Männer so lange als möglich von der
Ehe zurückzuhalten, oder ihren Frauen möglichst zu
entfremden, indem sie durch die Anmuth und Freiheit
ihres Umganges, durch den Glanz ihres Auftretens
und durch sorgfältige Bildung des Geistes, die lang=
weiligen, unbeholfenen, einfachen, plumpen und un=
gebildeten, dabei oft mürrischen und zänkischen Frauen
ehrsamen Standes noch reizloser und unerfreulicher
erscheinen ließen, als sie es den Männern ohnehin
waren. (Dies gilt natürlich von den Athenienserinnen,

da wir hier zunächst die Verhältnisse Athens im Auge haben.) Wir dürfen uns daher nicht wundern, Ansichten, wie der eines Amphis zu begegnen, welcher Komödieschreiber in einem seiner Stücke folgende, auch auf die Beliebtheit des Maitressenthumes der Gegenwart anzuwendenden Verse zum Besten gibt:
„Ist etwa nicht die Hetäre bess'rer Sinnesart
Als eine angetraute Frau? . . . Um viel, fürwahr!
Die eine, wie verkehrt sie auch sei, schützt das Gesetz
Im Hause; die andre weiß, daß sie des Mannes Gunst
Durch ihr Betragen kaufen oder — wandern muß." —

Das sonstige Benehmen und die Umgangsformen der Hetären waren dem unanständigen Gewerbe, das sie betrieben, entsprechend; doch wahrte die bessere Klasse wenigstens den öffentlichen Anstand, und trug im gesellschaftlichen Verkehre, bei Gastmählern und ähnlichen Gelegenheiten einnehmende Manieren und eine gewisse feine Lebensart zur Schau; allerdings nur so lange, als die übrige Gesellschaft die Schranken des Anstandes nicht überschritt und nicht der Beginn des Gelages nach Schmausereien mit Hetären das Signal zu ausgelassenen Orgien wurde. Ungezügelter ließen diese Damen zu jeder Zeit die Rede walten, welche sie mit leichtfertigen Witzen, zweideutigen Wortspielen, sehr oft aber auch mit schamlosen Zoten würzten. Die eine suchte es der anderen zuvorzuthun im Ruhme geistreichen Witzes, um den die Hetären ganz vorzüglich buhlten. Oft freilich „galt in solchen Fällen Kynismus für Witz, oder das, was man als solchen bewunderte: die Raschheit der betreffenden Entgegnung (repartie) oder ein Wortspiel, oder eine ungewöhnliche Wendung" (Jakobs). Der griechische „Musenalmanach-Poet" Machon gab eine Sammlung witziger Einfälle der berühmtesten Demi-Monde-Heldinnen des griechischen Alterthums in einer „Chrien" betitelten Anekdotensammlung heraus (wie ja auch die Witzworte moderner, geistreicher Courtisanen gesammelt herausgegeben wurden, so z. B. von der bekannten Sophie Arnould*), die „Arnoldiana" u. A.). Fragmente jener Schrift, welche von den Alten als Unterhaltungslektüre sehr geschätzt gewesen zu sein scheint, finden sich noch bei Athenaeos aufbewahrt. Doch verletzen die meisten dort mitgetheilten Witze trotz der mildernden poetischen Einkleidung (in jambische Trimeter), die ihnen Machon gab, noch immer durch ihre derbe Zotenhaftigkeit das Anstandsgefühl unserer Zeit auf das Gröbste. Berüchtigt wegen ihrer Unfläthigkeit war namentlich

---

*) Die bekannte Königin der Pariser Oper von 1757–1778, † 1803, gleich berühmt wegen ihres ausgezeichneten Talentes, ihrer schönen Stimme, ihres treffenden Witzes und ihrer zahlreichen, galanten Abenteuer. Die vornehmsten und gelehrtesten Männer verkehrten in ihrem Salon, wie D'Alembert, Diderot, Helvetius, Rousseau, Mably, Duclos u. A. Im Anfange der Revolution kaufte sie zu Luzarche das Pfarrhaus und schuf es in eine schöne Villa um mit der Aufschrift: „Ite, missa est" (Geht, die Messe ist aus.)

die Hetäre und Kupplerin S i n o p e aus Aegina (oder
Sinope), welche deshalb sogar in sprüchwörtlichen
Verruf kam, indem man von jemanden, der sich in
Reden oder Handlungen unanständig benahm, sagte:
„er s i n o p t." Diese Hetäre wurde auch, da sie
noch als altes Weib vom Buhlgewerbe nicht abließ,
spottweise „Abydos" genannt, welches der Name
einer durch Wolluft berüchtigten Stadt war, der zu
deutsch etwa durch „Tiefenschlund" wiedergegeben
werden kann. Ueberhaupt ließ man gerne an den
Hetären seinen Muthwillen und Spott aus und fast
jede derselben hatte ihren, oft beißenden, auf hervor-
stechende Eigenschaften, Gewohnheiten oder Geschehnisse
anspielenden Spottnamen. So wurde N i k o aus
Samos, eine der bekanntesten Hetären in Athen, „die
Geiß" genannt, M e l i s s a, welche vorzüglich im
Theater ihr Unwesen trieb, hieß „Theaterrührlöffel",
N i k i o n hatte den Beinamen „die Hundsfliege"
(d. i. schamlose Fliege) wegen ihres frechen Benehmens,
K a l l i s t o oder Kallistion, vermuthlich ein unsauberes

Sie hatte eine Zeit lang sieben Liebhaber und zwar für
jeden Tag in der Woche und aus jeder europäischen
Nation einen anderen: den Grafen Lancagnais für
Sonntag, Marquis de Veux-bois für Montag, Dr.
Sphyns für Dienstag, Jan van der Slippen für Mitt-
woch, Giuseppe Zavaroni für Donnerstag, Viscount
Clanricard für Freitag, Friedrich Melchior Grimm für
Sonnabend. — Ihre Bonmots waren größtentheils
Wortspiele und oft vom derbsten Kynismus.

Ding, wurde bald „das Schwein", bald „die arme Helene" zubenannt. Zwei Schwestern, Stagonion und Anthis, von hagerer Gestalt und gewöhnlich leicht gekleidet, hießen „die Sardellen"; Metiche, welche die Dauer ihrer Gunstbezeigungen nach der Wasseruhr festsetzte, wurde deshalb „Klepsydra" (die Wasseruhr) genannt; Lais hatte bekanntlich wegen ihrer hohen Forderungen den Beinamen „Axine", d. i. „die Art". Eine andere, die den Wein liebte, hieß „die Besoffene", wieder andere wurden „Lampe", „Krähe", „Rehchen", „Löwchen", „Fäckelchen" „Pantherweibchen" u. s. w. genannt.

Die kleinen Künste der Buhlerei waren damals dieselben, wie wir sie auch heute in größeren Städten beobachten können*) und ihr Schauplatz

---

*) Wer (der sich für diese Verhältnisse interessirt) vermeint nicht z. B. in den folgenden Versen des römischen Lustspieldichters Naevius (der bekanntlich die griechischen Komiker kopirte) eine getreue Schilderung moderner Hetärenkoquetterie zu finden? Dieser Dichter schreibt in seiner Komödie Terentilla von einer kommunistischen Schönen:

> „Sie spielt sich wie ein Ball aus Hand in Hand
> Im Kreis der Jünglinge, und theilt sich unter Alle:
> Mit diesem schwatzt sie, jenem winkt sie zu,
> Den Dritten nimmt sie bei der Hand, und tritt
> Dem Vierten auf den Fuß; gibt ihren Ring
> Dem Fünften anzusehen, wirft dem Sechsten
> Ein Mäulchen zu, singt mit dem Siebenten,
> Und unterhält inzwischen mit dem Achten
> Sich in der Fingersprache" 2c.

gewöhnlich belebte Straßen und Orte. Hier machten „diese Damen" in verführerischer, oft ungewöhnlicher, immer aber eleganter Kleidung und prächtigem Putze ihre männerbestrickenden Promenaden und warfen nach allen Seiten ihr gefährliches Netz aus. So erzählt auch Asklepiades von einer Schönen, Namens Dorkion, (d. h. Rehchen, Gazellchen) wie sie auf Eroberung ausgeht, indem sie sich nach Jünglings Art in Hut und Mantel kleidete:

„Dorkion, jünglingliebend, versteht's, wie ein weichlicher Knabe
Kypria's hurtig Geschoß unter die Menge zu streu'n.
Sehnlicher Liebreiz blitzt' aus den Augen ihr, über den Schultern
Wehte der Hut, und nackt zeigte der Mantel das Bein."

Ein weiteres griechisches Epigramm führt uns eine andere, verstohlene Straßenszene recht treu und anschaulich vor. Von einer, eben mit buhlerischer Koquetterie manöverirenden Liebesindustriellen in's Garn gelockt, spricht der Hängengebliebene dieselbe an:

„Grüß' dich!"
Grüße dich auch.
„Wie heißt du?" — —
Kümmert dich dieses?
„Nicht so eilig!"
Auch du sei es nicht!
„Hast du schon Wen?"
Stets den, welcher mich liebt.
„Willst heute mit mir du zu Abend Speisen?" —
Wofern du's willst. —

„Gut, was verlangst du dafür?"
Zahle mir nichts voraus . . .
   „Neu sind ich das!" —
            Sondern so viel dir,
Wenn du geschlafen, bedünkt, zahle mir. —
               „Billig genug!
Doch, wo wohnst du? ich schicke nach dir . . . . . ."
(Auf ein Haus zeigend): Dahier! —
            „Sage, wann kommst du?" —
Wann du es wünschest. —
      „So komm' g l e i c h mit mir." —
            Gut, geh' voraus. —

Das war eine billigere und sogar gemüthliche
Schöne, wahrscheinlich zur zweiten der vorbezeichneten
Klassen gehörig. Doch nicht jedem ging es so nach
Wunsch. Da naht gleich eine Vornehme und Stolze,
die nicht ohne Begleitung mehrerer Dienerinnen aus=
geht, die vor und hinter der Herrin schreiten, und
von dieser wohl befugt sind, die ersten Präliminarien
zur Annäherung an sie selbst einzuleiten, namentlich
aber zu wenig fashionable scheinende Liebhaber durch
Vorhalt des hohen Preises gleich im Vornherein von
weiteren Bewerbungen abzuschrecken um die Gebieterin
keiner zwecklosen Behelligung auszusetzen. Dies er=
fährt gleich ein anscheinend wenig feiner Mann (in
einem Epigramm der griechischen Anthologie) der
sich also an eine vorschreitende Dienerin der stolzen
Courtisane wendet:
   „Grüß' dich, Maid!"
      „„Grüß' dich auch.""

„Sag', wer ist, die da kommt?" —

„„Ei, was brauchst zu
Wissen du's?""

„Hab' meinen Grund."

„„Meine Gebieterin ist's.""

„Darf man hoffen?"

„„Auf was?""

„Auf ein Schäferstündchen."

„„Was gibst du?""

„Gold."

„„Dann ja.""

„Und s o vieles."

„„Du richtest nichts aus." " —

Auch an den Fenstern und Thüren pflegten die
Hetären gerne ihre Verlockungskünste zu üben, wo
sie, in verführerischstem Deshabillé ihre geheimen
Reize leichter zur Geltung bringen konnten, als auf
offener Straße. Eine derartig im äußersten Negligé
sich zeigende Schöne gab einmal der Dichterin Pra-
rilla die folgenden schelmischen zwei Verse aus einem
größeren, aber verloren gegangenen Gedichte ein,
worin dieselbe also apostrophirt wird:

„Die du so lieblich durch's Fenster hindurch mich an-
blickst,

Mägdelein oben am Haupt und hinab ein Nymph-
lein!"

Auch der schon oben angeführte Asklepiades spielt
auf das beliebte Koquettiren am Fenster an, indem
er von einer ihm bekannten Hetäre, Namens Nikarete, erzählt, daß

„Jenes Gebiet der Eroten, Nikaretens liebliches Antlitz
   Das in dem Giebel so oft oben am Fenster erscheint,"
vor Liebesschmachten nach einem schönen Jüngling
„ganz zum Verwelken gebracht" wurde. —

      So war es bei Tage. Aber auch
„Bei lichtem, hellem Schein der abendlichen Lampe"
konnte man die Hetären Liebhaber erwarten oder
einladen sehen, wie Plutarch auch von der berühmten
Gnathänion erzählt. Auf eine sehr eigenthüm=
liche, doch nichts weniger als einladende Art suchte
die athenische Hetäre Phanostrate die Aufmerksam=
keit der Passanten auf sich zu lenken, indem sie vor
der Hausthüre stehend — Läuse suchte. Sie erhielt
deshalb den Beinamen Phtheiropyle, „die Lausthür",
muß aber doch an Zuspruch von Kunden nicht
Mangel gelitten haben, da sie bei ihrem Gewerbe
verblieb und sich davon ernährte. — Wenn ein
Kunde eintrat, ward er sofort umschmeichelt und in
eine heitere Stimmung gebracht. Der Komiker
Ephippos sagte in dieser Hinsicht von den Hetären:
„Sobald sie Jemand kommen seh'n mit betrübter Miene,
So suchen sie durch Zärtlichkeit ihn aufzuheitern
Und küssen ihn und machen kein langweiliges,
Feindseliges Gesicht; voll Uebermuth vielmehr,
Wie junge Sperlinge scherzen sie und trösten ihn
Und machen, indem des Unmuth's Wolke sie zerstreu'n,
Alsbald ihn aufgeräumt und guter Laune voll."

      Die Mädchen hatten aber von den wilden und
ungestümen athenischen Jünglingen viel zu leiden.

Bei den Picknicks, die man gerne bei Hetären zu veranstalten pflegte, ging es wüst und toll genug her. Wurde ein solch' unwirsches Athener Kind nicht sogleich bei einem Mädchen eingelassen, so pflegte es eine sehr unmanierliche Rache an der Thüre zu nehmen. Am wenigsten beliebt waren bei den Hetären jedoch die Soldaten (wegen ihres brüsken und übermüthigen Benehmens). Bei Lukian sprengt ein solcher die verschlossene Thür, wirft den Tisch um, zerschlägt den Weinkrug und zerprügelt den Mann, den er bei der Hetäre findet, beinahe zu Tode. —

Die geheimen Mysterien des Hetärenthums, welche zumeist von den lesbischen und jonischen (namentlich samischen) Hetären eingeführt wurden, und sogar eine eigene, zum Theil von Hetären (wie Philaenis, Elephantine, Niko u. s. w.) selbst besorgte Literatur hervorriefen, können wir wohl füglich übergehen mit der Bemerkung, daß die lesbischen und samischen Freudenmädchen in der Erfindung und Ausbildung schmählicher, unnatürlicher Künste wetteiferten, und namentlich die Unzucht der Lesbierinnen, welche ja auch das scheußliche Laster der „lesbischen" Liebe erfanden und berüchtigte Tribaden waren, geradezu sprüchwörtlich wurde. (Man vergleiche hiezu: Poestion „Griechische Dichterinnen" VI. Dichterinnen der griechischen Skandalliteratur Seite 208 ff.)

Daß es neben den Hetären auch sogenannte

„freie Frauenzimmer" gab, deren vorzügliche Tugend gerade nicht die Keuschheit war, wird durch Plutarch*) unzweifelhaft bestätigt, indem er sie ausdrücklich von den Hetären unterscheidet. Zu dieser Klasse kann man auch die Blumenverkäuferinnen, Kranzflechterinnen, Maler- und Bildhauer-Modelle rechnen, die sich gelegentlich auch durch nicht zu spröde Vorenthaltung ihrer Reize ein Nebeneinkommen zu verschaffen wußten. Recht bezeichnend hierfür ist das niedliche Distichon eines griechischen Dichters, Namens Dionysios, an ein „Blumenmädchen" gerichtet:

„Rosen und rosige Schöne besitzest du. Was denn verkaufst du?
Rosen oder dich selbst, oder sie beide zugleich?" — —

Die bekannteste Vertreterin dieser Klasse war Glykera, durch unseren Göthe verewigt. Sie war aus Sikyon gebürtig und ernährte sich vom Verkauf der Blumenkränze, die sie sehr künstlich zu flechten verstand, und die man für die mannigfachsten Zwecke, z. B. bei Gastmälern, Leichenfeiern, zum Schmücken der Thür eines geliebten Mädchens u. dgl., brauchte. Der Maler Pausias, ebenfalls aus Sikyon gebürtig, liebte sie leidenschaftlich und pflegte sich oft in einen Wettstreit mit ihr einzulassen, ob sie Blumen künstlicher untereinander binden, oder er künstlicher malen könne. Er verfertigte auch ein Portrait von ihr, welches sie sitzend, mit einem Blumenkranze, darstellte

*) Demetr. Poliork. 14.

und so vortrefflich war, daß der römische Feldherr L. Lucullus, als er nach dem mithridatischen Kriege eine Sammlung von Statuen und Gemälden anlegte, die bloße Kopie davon mit 2 Talenten (ca. 4800 fl. öst. W.) bezahlte.

Zur Ergänzung unseres Exkurses über die Hetären wollen wir noch der hervorragendsten derselben, denen nicht schon an anderer Stelle dieses Buches ein besonderer Platz eingeräumt ist, hier Erwähnung thun, namentlich jener, die ohne eine gründlichere Bildung zu besitzen, sich durch eine schlagfertige Zunge oder witzige Lebhaftigkeit des Geistes bekannt machten.

Eine der gefeiertsten athenischen Buhlerinnen war Gnathaena (=Wangeline), die Tochter der Sinope. Sie zeichnete sich namentlich durch glückliche Wort= spiele aus. Doch streiften ihre Witze oft sehr in das Gemeine. Als einstmals ein durch ihren Ruf angelockter Liebhaber aus dem Hellespont sie besuchte und bei einem Trinkgelage unerträglich viel schwatzte, nahm Gnathaena das Wort und fragte ihn:

„Sagtest du nicht, daß du aus dem Hellespont kommst?“

Er bejahte dies und sie fragte ihn weiter:

„Wie kommt es denn, daß du die Hauptstadt jenes Landstriches nicht kennst?“

„„Welche?““ fragte er.

„Sigeon,“ antwortete sie und brachte ihn durch

dieses Wort auf eine feine Weise zum Schweigen; denn Sigeon heißt „die Stadt des Schweigens". Gnathaena verfaßte auch ein „Tafelgesetz"*) (d. i. Verhaltungsmaßregeln beim Zusammenspeisen), welches sie ähnlichen Schriften von Philosophen nachahmte, und das die Liebhaber, welche sie oder ihre Tochter besuchen wollten, beobachten mußten. Mit diesem Tafelgesetz scheint Gnathaena hauptsächlich den Zweck verfolgt zu haben, die Unterhaltung zwischen sich und ihrer Ziehtochter (nach Anderen Nichte oder gar Enkelin und gleichfalls Hetäre) Gnathaenion, als diese ihr mit gutem Erfolge Konkurrenz machte, bei den Gelagen, wo auch diese zugegen war, zu theilen. Gnathaena gehörte zu den kostspieligsten Hetären. Sie forderte einmal von einem fremden Satrapen für eine einzige Nacht 1000 Drachmen.

Gnathaenion (=Wangelinchen) war eine Zeit lang auch die Geliebte des Lustspieldichters Diphilos. Da sie mit ihrer Ziehmutter zusammenlebte, kam Diphilos natürlich auch mit dieser in vielfache Berührung, und hatte von derselben — sei es aus Eifersucht oder Muthwillen — manch' beißenden Spott bezüglich seines dichterischen Schaffens zu ertragen. So erzählt Machon:

---

*) Der Anfang dieses Gesetzbuches lautete: „Dieses Gesetz, gleich und gemeinschaftlich für Alle, ist geschrieben in 323 Versen."

Als eines Tages Diphilos bei Gnathaena trank,
Sagt er zu ihr: „Dein Brunnen ist, Gnathaena, kalt."
„„Ja wohl,"" versetzt sie, „„Diphilos! wir werfen ja
Von deinen Stücken immer auch etwas hinein."" —

Gleich beliebt wegen ihrer reizenden Gestalt und
Stimme als wegen ihres angenehmen Umganges
und trefflichen Witzes war Melitta (=die Honig-
macherin, die Biene) oder wie man sie, weil sie
„zum rasend werden" (manían einai) schön war,
nannte Mania („aber nicht, ohne nicht auch die erste
Silbe des Wortes boshaft zu dehnen, wodurch es
wie eine weibliche Form des Sklavennamens Manes
klang." Jakobs). Mania zählte zu den vielen Freun-
dinnen des Demetrios Poliorketes (d. i. des Städte-
Eroberers). Sie war von etwas kleinem Wuchs und
muthwillig bis zur Ausgelassenheit. Machon erzählt
unter Anderem folgende Anekdoten von ihr:
„Ein Fremdling, der für einen Ueberläufer galt,
Und seine Wohnung zu Athen gewählt, entbot
Die Mania zu sich und gab ihr, was sie forderte.
Zu diesem Mahle hatt' er einige aus der Stadt
Geladen, die dem Wirth zu Liebe jedes Wort
Mit Beifallslächeln zu belohnen willig sind.
Um nun mit Witz und Feinheit sich hervorzuthun,
Als Mania voll von gutem Scherz und Kurzweil war,
Und oft nach einem Hasen langete
Sprach er, um sie zu necken: „Jetzt ihr Kinderchen,
Sagt, was bedünket euch von allem Wilde wohl
Das Thier, das am behendesten im Gebirge läuft?"
„„Der Ueberläufer, bester Freund,"" sprach Mania.

*

Zu and'rer Zeit, als Mania, ihn besuchend, kam,
Zog sie den Ueberläufer durch, und warf ihm vor,
Er hab' im Treffen sich von seinem Schild befreit.
Da runzelte der Kriegsmann unmuthsvoll die Stirn,
Und hieß sie fortgehn; aber sie erwiederte
Im Augenblick: „Laß dich das nicht bekümmern, Freund,
Nicht du verlorst ja damals fliehend deinen Schild,
Nein, der vielmehr, dem du ihn damals schuldig warst."

*

Mehr als Mania noch machte eine andere Freundin des Demetrios von sich reden, die schöne Lamia*)
nämlich, eine sowohl durch ihre Kunst als durch Geist
und Witz berühmte Flötenspielerin und Hetäre. Sie
war die Tochter eines freien Atheners, Namens
Kleanor, und der Schauplatz ihres ersten Auftretens
war ihre Vaterstadt Athen. Von hier reiste sie nach
Alexandrien, um die dortigen großen Flötenspieler
zu hören, und wurde mit dem ptolemäischen Hofe
bekannt. Sie begleitete auch den Ptolemäos Soter
in den Seekrieg gegen Antigonos und dessen Sohn
Demetrios, dem sie als Gefangene in die Hände
fiel. Obwohl ihre Jugendblüthe damals schon im
Verwelken war, gelang es ihr dennoch, den weit
jüngeren Demetrios einzunehmen, und durch ihre

---

*) Lamien hießen bei den Griechen gespenstige Un-
holdinnen, die unter der Maske schöner Mädchen junge
Leute an sich lockten, um ihnen das Blut auszusaugen
und ihr Fleisch zu genießen.

Anmuth so nachhaltig zu fesseln, daß er nur bei ihr als der wirklich Liebende erschien, während er bei anderen Damen der Gegenstand ihrer Liebe war, wie Plutarch im Leben des Demetrios Pol erzählt. Seine Liebe zu ihr verbarg er so wenig, daß sie allgemein offenkundig war, und nicht nur die Eifersucht seiner Gemahlinnen, sondern selbst den Neid seiner Freunde erregte. Lamia beherrschte ihn vollkommen und verleitete ihn zu mancherlei Ungerechtigkeiten. So befahl er einst den Athenern (nach Anderen den Thessaliern), deren niedrige Schmeichelei er kannte, in kürzester Frist 250 Talente abzuliefern und ließ diese Summe (ca. 600,000 fl. öst. W.) energisch und unerbittlich eintreiben. Als er das Geld zusammengebracht sah, schickte er dasselbe sogleich der Lamia und ihren Freundinnen — „für Seife." „Diese Schmach that den Leuten weher," sagt Plutarch, „als der baare Verlust, das dabei gefallene Wort weher als die Sache selbst." Aber auch Lamia selbst preßte auf eigene Faust noch vielen Personen Geld ab, so namentlich einmal, um für den König ein Festessen zu veranstalten. Dieses Festessen wurde wegen der ungeheueren Kosten, die es veranlaßte, so außerordentlich berühmt, daß sogar Lykurgos von Samos ein Buch darüber schrieb. Deßwegen hat auch ein Komiker die Lamia ganz treffend als die wahre „Helepolis", d. h. Städteverwüsterin, bezeichnet, wie man sonst eine der berühmtesten Kriegsmaschinen des Demetrios nannte. „Zu verwundern war es nur,“ meint Plutarch, „daß er, der gleich Anfangs gegen die Phila, die geachtetste seiner Gemahlinnen, einen Widerwillen faßte, weil ihr Alter nicht mehr zu dem seinigen paßte, dennoch in die Bande der Lamia gerieth und so lange Zeit in sie verliebt blieb, auch nachdem ihre Reize schon verblüht waren. Als Lamia z. B. einmal an der Tafel die Flöte spielte und nun Demetrios an Mania die Frage richtete:

„Nun, was hältst du davon?“ erwiderte diese.
„„Ein altes Weib, König!““

Ein anderes Mal beim Auftragen des Nachtisches sagte er zu eben derselben:

„Siehst du, was mir die Lamia alles schickt?“
„„O,““ antwortete sie, „„meine Mutter schickt dir noch viel mehr, wenn du auch bei ihr schlafen willst.““ —

Wir haben auch einige Calembourgs von der Lamia erhalten, doch sind sie nicht mittheilbar. Die Athenier errichteten ihr aus Schmeichelei gegen den Demetrios Altäre, brachten ihr Opfer dar und feierten ihre Feste. Die Thebaner bauten ihr sogar einen Tempel und verehrten sie als Aphrodite Lamia. Sie selbst errichtete zu Sikyon die bunte Halle.

Gleiche Ehren wie der Lamia wurden auch der Pythionike (= Siegerin in den pythischen Kampf= spielen; warum?) zu Theil, die, nachdem sie zuerst die

Geliebte zweier Brüder (Söhne eines Kaufmannes, der mit gesalzenen Fischen handelte) war, von Harpalos, dem ebenso reichen wie ausschweifenden Jugendfreunde Alexanders des Großen, während seiner glänzenden Epoche nach Babylon berufen und nicht nur durch das Ansehen, sondern wie es scheint, auch durch den Titel einer Königin von Babylon ausgezeichnet wurde. Ein Brief des Theopompos an Alexander gibt uns näheren Aufschluß über diese einst so berühmte weibliche Persönlichkeit. Die zügellose Lebensart des Harpalos schildernd, schreibt Theopompos unter Anderem: „Dieser Pythionike, einer Sklavin der Flötenspielerin Bacchis, welche wiederum eine Sklavin der Hetäre Sinope war, führte Harpolos für mehr als 200 Talente zwei Denkmäler, eines zu Athen und eines zu Babylon, auf, ihr, welche jedem Kauflustigen feil war, ließ er einen Hain und ein Heiligthum errichten, das er den Tempel und Altar der Aphrodite Pythionike nannte." Sie gebar dem Harpalos auch eine Tochter und starb noch vor der Wendung seines Glückes, weßhalb er ihr auch die in dem angeführten Briefe erwähnten Ehren spenden konnte. —

Anfangs gleichfalls eine Geliebte des Harpalos und dann des gefeierten, wenn auch körperlich mißgestalteten Lustspieldichters Menandros war Glykera (=Süßkind, Süßchen), bekannt auch aus Wieland's romantischer Dichtung in Briefen „Menander und

Glykera". Sie war die Tochter der Thalassis, aus Athen gebürtig und bewegte sich zumeist in Gesellschaft von Literaten und Philosophen, denen sie, wenn es darauf ankam, zu entgegnen wußte. Der megarische Philosoph Stilpon machte ihr bei einem Gastmahl einst den Vorwurf, daß sie durch ihre Buhlkünste die Jugend verführe. Sie gab ihm zur Antwort: „Stilpon, wir sind hier in gleicher Verdammniß. Von dir sagt man, daß du deinen Schülern unnütze und eristische,*) von mir, daß ich ihnen erotische Sophismen beibringe. So ist es also für den, der doch einmal verdorben wird, gleichgültig, ob er mit einem Philosophen oder mit einer Hetäre lebt." --

Durch den großen Ruf ihrer Schönheit und Verbindungen mit berühmten Männern ausgezeichnet, war Phryne aus Thespiä in Böotien. Sie soll eigentlich *Mnesarete* (deutsch etwa: Sittig, der Tugend eingedenk!) geheißen und den Namen Phryne (d. i. Kröte) wegen ihrer Blässe erhalten haben.**) Sie war als ganz junges Mädchen sehr arm und beschäftigte sich mit dem Verkauf von Kappern, die die Griechen, in eine Salzbrühe eingemacht, aßen. Was sie nach Athen führte und wann sie dahin kam, ist nicht bekannt, doch geschah es wahrscheinlich schon

---

*) Nach der Conjektur Jakobs. Vergl. oben S. 195.
**) Wohl weil man meinte, daß die Kröte durch Anblick und Anhauch blaß mache.

in der erſten Blüthe ihrer Reize. Sie war vorzüg=
lich ſchön an jenen Körpertheilen, welche man zu
verhüllen pflegt. Sie wußte dies wohl und war
klug genug, mit der Enthüllung derſelben ſparſam
zu ſein. Es war nicht leicht, ſie nackt zu ſehen, da
ſie die öffentlichen Bäder nicht beſuchte. Doch trug
ſie ein knapp anliegendes Gewand, das den Umriß
ihrer ſchönen Geſtalt verrieth und das ſie vielleicht,
wie aus Athenaeos hervorzugehen ſcheint, doch gegen
überreichliche Bezahlung manchmal fallen ließ. Sie
ließ ſich jedoch herbei, wenigſtens einmal den ganzen
Reiz ihrer Schönheit öffentlich zu zeigen. Dies ge=
ſchah bei einer Verſammlung zu Eleuſis, an dem
Feſte des Poſeidon, wo ſie vor allem Volke ihre
Kleider am Ufer des Meeres ablegte, die Haare
löſte, in die Fluthen des ſavoniſchen Meerbuſens
hinabſtieg und wie eine zweite Aphrodite Anadyomene
aus den Wellen kam. Apelles, der ſich unter der
ſtaunenden Menge befand, malte denn auch ſeine
aus dem Meere auftauchende Aphrodite nach ihr und
lieferte damit ein unübertroffenes Meiſterſtück. Auch
Praxiteles ſoll Zeuge dieſes bezaubernden Auftrittes
geweſen ſein und davon die Inſpiration zu
ſeiner vielbewunderten und gleichfalls unübertroffenen
Aphrodite von Knidos empfangen haben, wozu ihm
Phryne auch nachher noch Modell geſtanden haben
ſoll. Die Alten feierten dieſe Statue*) (wie auch)

*) Das Standbild und der Tempel der knidiſchen

des Apelles Anadyomene) in unzähligen Lobgedichten und Aufsätzen und betrachteten sie als eines der Weltwunder. Euenos z. B. feiert das Aphroditebild zu Knidos unter anderen auch mit folgenden Versen:

„Vormals sah sie auf Ida's Gebirg allein nur der Kuhhirt,
    Die in der Schönheit Kampf ging mit dem Preise davon.
Aber Praxiteles machte den Knidiern allen sie sehlbar,
    Der zum Zeugen der Kunst Paris' Entscheidung besitzt."

Die Anadyomene des Apelles verherrlicht am schönsten ein Gedicht des Leonidas von Tarent, welches lautet:

Als Aphrodite ihrer Mutter Schooß entfloh,
Mit Schaum des Meers, des lieblich rauschenden,
                bedeckt,
Erblickt' Apelles ihrer Schönheit holden Reiz,
Und stellt' ihn in beseelten Formen lebend dar,
Sie drückt mit zarter Hand des Haars Gelock sich aus,
Und aus den Augen strahlt der Sehnsucht sanftes Licht.
Es schwillt die Brust, der Blüthe Botin, leis' empor.
Athene selbst und Zeus' erhabene Gattin spricht:
„O, Zeus, wir unterliegen im ungleichen Streit." —

Praxiteles war auch der begünstigste Liebhaber der schönen Hetäre und diese wußte den Künstler auszunützen. „Einst bat sie ihn," erzählt Pausanias, „um das Schönste seiner Werke; er gewährte auch, so schwer es ihm war, ohne Widerrede ihre Bitte,

Aphrodite finden sich ausführlich und schön beschrieben in der lukianischen Jugendschrift: Ἔρωτες (cc. 12,13.)

wollte aber nicht gestehen, welches er für sein schönstes Werk hielt. Auf einmal kam ein Sklave der Phryne eilig hereingetreten und meldete, daß das Haus des Praxiteles in Flammen stehe, und daß wohl die meisten seiner Arbeiten ein Raub der Flammen werden würden. Praxiteles sprang sogleich auf und rief im Forteilen aus: „Es ist um mich geschehen, wenn die Flamme auch meinen Eros und Satyros verzehrt hat!" Lächelnd rief ihn nun Phryne zurück und erklärte ihm, daß an der ganzen Sache nichts sei, und daß sie ihn nur durch diesen Kunstgriff habe nöthigen wollen, ihr das schönste seiner Werke an-zuzeigen. Sie wählte darauf den Eros und weihte ihn einem Tempel in ihrer Vaterstadt." —

Ein anderer begünstigter Liebhaber der Phryne war der Redner Hyperides, der die berühmte Schöne einmal vor einer Verurtheilung durch das Gericht rettete. Ein von ihr zurückgesetzter athenischer Redner, Namens Euthias, klagte sie aus Rache des Atheis-mus oder der Gottlosigkeit an. Hyperides übernahm die Vertheidigung und sprach mit allem Feuer eines Liebhabers. Als er aber dennoch merkte, daß seine Beredsamkeit ohne Erfolg blieb und das Urtheil der Richter sich gegen die Angeklagte neigte, so er-griff er sie bei der Hand, zerriß ihren Schleier und enthüllte ihren reizenden Busen. Dieser Kunstgriff glückte ihm vollkommen. Die ernsten Richter ver-gaßen bei dem Anblicke der jugendlichen Reize das

Gesetz der Unbestechlichkeit, und wagten es nicht, die Priesterin der mächtigen Aphrodite zu verurtheilen.*)—

Phryne fand so viel Bewunderer und Fröhner ihrer Reize, daß sie ihre Gunstbezeigungen für den höchsten Preis verkaufte. Ihr gewöhnlicher Tarif scheint eine Mine (ca. 40 fl. öst. W.) gewesen zu sein. Nach Umständen begehrte sie auch mehr, zuweilen weniger, wie uns eine Anekdote aus Machon's Chrien lehrt, welche lautet:

Einst suchte Mörichos der thespischen Phryne Gunst,
Und da sie eine Mine begehrt, antwortet er:
„So viel? Hast du nicht einem Fremdling für halbes Geld,
Für zwei Goldstücke neulich gleiche Gunst erzeigt?"...
„„Wohl,"" sagt sie, „„wart' auch du, bis einmal ich wiederum Pressirt bin; dann nehm' ich auch mit diesem Preis fürlieb.""

Auf diese Art konnte denn Phryne sich einen so großen Reichthum erwerben, daß sie sich erbötig machte, die Mauern Thebens auf eigene Kosten wieder

---

*) Ein Seitenstück zu dieser etwas ungewöhnlichen Entblößung geheimer Reize vor Gericht finden wir auch im alten Rom. Hier war es eine Calpurnia, welche sogar aus eigenem Antriebe eine solche Entblößung vor den Richtern vornahm, aber nicht, um dieselbe durch ihre Reize zu bestricken, sondern im Zorn, und nicht indem sie einen verführerischen Busen, sondern gewisse — hintere Schönheiten zur Betrachtung darbot — was zur Folge gehabt haben soll, daß von da an den Weibern das Erscheinen vor Gericht verboten wurde. —

aufzubauen, wenn man ihr erlaube, die Inschrift darauf zu setzen: „Alexander zerstörte sie, Phryne, die Hetäre, baute sie wieder auf." Unter dieser Bedingung wurde nun freilich das Anerbieten nicht angenommen. — Phryne setzte auch noch im Alter ihr Gewerbe fort, ohne jedoch im Preise für ihre Gunstbezeigungen herabzugehen, denn sie machte es sich zum Grundsatze, „die Hefe", wie sie sich ausdrückte, „theurer zu verkaufen, als den Wein."

Es sind noch eine Menge Nachrichten und Anekdoten über diese Hetäre erhalten, die aber hier aufzunehmen Raum und Plan des Buches nicht gestatten. Ihre verschiedenen Einfälle und Bonmots sind übrigens ziemlich matt, oft sogar ganz unverständlich. — Sie hatte mehrere Bildsäulen, worunter eine goldene zu Delphi, die ihr von ihren Landsleuten gesetzt wurde und die berühmteste war.

Man hat mit Recht bemerkt: „So schädlich die Ausschweifungen der Geschlechter für den Staat waren, so vortheilhaft für die Kunst war die weibliche Schamlosigkeit. Es war die erwünschteste Gelegenheit für eine griechische Schöne, zu den Idealen der Maler und Bildhauer ihre unverhüllten Reize darzustellen. Sie leisteten nicht nur dem Künstler, sondern sich selbst einen großen Dienst, denn der Ruhm ihrer Schönheit konnte auf keine bessere Weise über ganz Griechenland verbreitet werden. Verband sie Geist mit Schönheit, so lächelte ihr von allen Seiten glänzendes Glück entgegen: die schönsten Jünglinge wetteiferten um ihre Zärtlichkeit, der Dichter besang sie in seinen Oden, der Künstler verewigte sie durch seinen Meißel oder Pinsel, und der reiche Wollüstling legte sein Gold zu ihren Füßen."

Im Vergleich mit der Prostitution der zivilisirtesten Völker der Gegenwart erscheint das griechische Hetärenthum im Ganzen edler (wenn dieser Ausdruck überhaupt für solche Verhältnisse gestattet ist), und entbehrt nicht eines gewissen einnehmenden, ja klassischen Zuges. Auch vom Standpunkte der Sittlichkeit aus ist dieses eher zu entschuldigen, als die gemeine käufliche Unzucht der Jetztzeit. Eine Religion, welche, wie die griechische, Gottheiten verehrte, die *in puncto* Keuschheit zum Theil selbst nichts weniger als musterhaft dastanden — der ganze Olymp ward ja nachgerade zu einem Bordell — und deren oberstes Wesen in dieser Hinsicht als ein wahrer Ausbund von Lüderlichkeit dargestellt wurde, der in allen erdenklichen Gestalten und Weisen die Tugend schöner Erdentöchter und Knaben gefährdete, eine solche Religion konnte in der freien Befriedigung des Geschlechtstriebes keine so arge Verletzung der Sittlichkeit finden.

Welch' wichtige Rolle aber die Hetären in der Gesellschaft spielten, beweist auch, daß wir sie nicht

nur oft als Hauptpersonen der (späteren) griechischen
Komödie antreffen, wo sie das Centrum der In=
trigue bilden, sondern daß auch mehrere Gelehrte
der Geschichte derselben eigene Schriften widmeten.
Es schrieben über dieselben im Alterthum: Aristo=
phanes von Byzanz, Apollodoros, Kallistratos,
Ammonios, der jüngere Antiphanes und der Athener
Gorgias. Dazu kommen noch Machons Anekdoten
von den berühmtesten Hetären in seinen „Chrien.“ —

Ende.

Alphabetisches Verzeichniß
der Philosophinnen und gelehrten (und hochgebildeten) Frauen.

Inhaltsverzeichniß.

Zu gefälliger Beachtung!

Da der Verfasser — auch noch mit sonstigen Arbeiten überbürdet und häufig kopfleidend — die Korrektur ganz allein zu lesen hatte, ist leider noch eine beträchtliche Anzahl von Druckfehlern stehen geblieben. Bei der Durchsicht der Aushängebogen sind demselben außer mehrfachen Inkonsequenzen in der Orthographie (welche übrigens nicht auf Rechnung des Autors zu setzen sind) noch folgende auffallende Druckfehler bemerkt worden, welche der geehrte Leser gefälligst vor der Lektüre des Buches berichtigen möge.

Seite 9 Zeile 8 von oben lies: Dorierinnen statt: Dorinerinnen
= 10 = 3 = = = des Ersteren = der ersteren
= 11 = 9 = unten = Griechin = Griechen
= 13 = 1 v. o. lies: dilettantenhafte statt: dilletantenhafte
= 21 = 2 u. 3 v. o. = Hausmütter = Hausmutter
= = = 8 = u. = wurden = wurde
= 24 = 14 = v. = schöner = schönen
= = = 9 = u. = und, namentlich = und namentlich
= 25 = 6 = v. = der = den
= 28 = 5 = u. = Peloponnesierinnen = Peloponesierinnen
= 35 = 1 = = = Anderem = Anderen
= 40 = 3 = v. = silberne = silberner
= = = 2 = u. = Thesmophorienfest = Thesmophorierfest
= 49 = 5 = o. = ein = nie
= 50 = 10 = = = zufällige = zerfällige
= 53 = 7 = u. = aus = auf
= 55 = 6 = v. = die = der die
= 63 = 12 = = = Publilius = Publius
= 94 = 3 = = = schickliche = schädliche
= = = 6 = u. = Maß = Maas
= 104 = 12 = = = befolgt = verfolgt
= 105 = 5 = v. = den = denn
= 106 = 5 = u. streiche: durch)

S.	Zeile			lies:	statt
S. 107	Zeile 8	v. o.	lies:	Periktione	statt Periktyone
= 113	= 13	= =	=	für klug	= klug
= 144	= 7	= =	=	Pythagoras'	= Pythagora's
= 167	= 4	= u.	=	Gattin	= Gattiin
= 185	= 13	= =	=	Kynogamie	= Kynigamie
= 204	= 1 v. u. bis S. 205 Z. 1 v. o. lies: Polyänos st. Polyetronos				
= 205	1 v. o. lies: Metrodoros statt Mädoros				
= =	= 1 = u.			Ζωσας	= Ζως
= 208	= 14	= v.	=	Lamia	= Lama
= 216	= 15	= =	=	vorwendend	= verwendend
= 232	= 2	= u.	=	Leon oder	= Leoneoder
= 239	= 14	= =	=	Salonina	= Salomina
= 254	= 11	= =	=	Philosophie	= Philisophie
= 291	= 9	= =	=	belebenden	= bebenden
= 294	= 11	= v.	=	sondern auch	= sowie
= 301	= 1	= =	=	Kolchis	= Kolechis
= 317	= 12	= =	=	Saturn	= Satyre
= 321	= 9	= u.	=	Abortiva	= Abertiva
= 323	= 4	= =	=	Ὀμφαλότομοι	= Ομφαχότομοι
= 333	= 2	= =	=	hierin	= herein
= 341	= 11	= v.	=	solchen	= solcher
= 347	= 3	= u.	=	dem	= den
= 365	= 10	= =	=	Didymos	= Dydimos
= 383	= 14	= v.	=	Kommentators	= Kommentares
= 399	= 4	= u.	=	sie	= hier
= 400	= 15	= v.	=	Stateren	= Staterren
= 401	= 1	= u.	=	oben	= eben
= 437	= 6	= =	=	Anstand	= Anstande
= 444	= 13	= =	=	übten	= über
= 446	= 12	= =	=	Lamia	= Samia
= =	= =	= =	=	Kleanor	= Kleano
= 464	= 4	= v.	=	Pol.	= Pol

Zeitfracht Medien GmbH
Ferdinand-Jühlke-Straße 7
99095 Erfurt, Deutschland
produktsicherheit@kolibri360.de